검찰개혁과 촛불시민

검찰개혁과 촛불시민

조국 사태로 본 정치검찰과 언론

오마이북

서문

백서를 펴내며

2019년 가을, 서초동과 여의도에서 타오른 촛불은 시대의 화두인 '검찰개혁'을 외쳤다. 지난 60년 동안 단 한 번도 개혁되지 않은 검찰은 '수사'와 '계좌 추적'을 매개로 행정부와 사법부, 국회를 좌지우지하는 실질적인 최고 권력이었다. 검찰의 이런 무소불위의 힘은 직접수사권, 수사지휘권, 기소독점권, 영장청구 독점권 등을 모두 가지면서 가능한 일이었다.

검찰개혁을 요구한 2019년 촛불집회의 특징은 자발성이었다. 수많은 시민들이 자발적으로 나서게 된 것은 팟캐스트 〈나는 꼼수다〉 이후 만개한 〈김어준의 다스뵈이다〉, 〈유시민의 알릴레오〉, 〈시사타파TV〉, 〈김용민TV〉, 〈이동형TV〉, 〈새가 날아든다(새날)〉 등과 같은 1인 미디어의 힘이 컸다. 이뿐만 아니라 일본의 경제 도발 이후 형성된 자발적 시민조직 '개혁국민운동본부'의 역할과 활동이 주요했다. 촛불시민들은 '검찰개혁'을 요구했고 조국 장관 가족에 대한 무리한 검찰 수사를 규탄했다. 시민들의 이러한 목소리는 고위공직자범죄수사처(공수처) 설치법과 검경 수사권 조정법의 국회 통과로 모아졌다.

반면 보수진영에서 '10월 항쟁'이라고 부르는 광화문 태극기 집회는 비자발적 동원과 자발적 동원이 혼재된 대규모 집회였다. 집회 참가자들은 '문재인 정부 규탄'과 '조국 구속'을 외쳤다. 광화문 집회에 동원된 주요 세력은 전광훈 목사를 비롯한 일부 개신교 신자들이라는 평가가 지배적인데, 여기에 당시 자유한국당 황교안 대표 및 박근혜 탄핵에 반대하는 태극기 집회 세력이 힘을 보탰다. 물론 이 집회에 동의하는 학부모들의 자발적 참여가 있었다는 사실은 부정하기 어렵다.

그럼에도 불구하고 광화문 집회에 참여한 세력들이 모두 검찰개혁을 반대한 것 같지는 않다. 자유한국당(현 미래통합당)조차도 '검찰개혁은 찬성하지만 공수처법은 개악이다'라는 정도의 입장이었던 것으로 알려져 있다. 게다가 국정농단 사건 수사를 통해 박근혜 탄핵의 초기 법적 근거를 제시한 것이 '박근혜 검찰'이었다는 점에서 검찰의 하이에나적인 속성을 비난했던 보수세력 역시 응징으로서의 '검찰개혁'에 심정적으로 동의하고 있었던 것은 분명하다. 최소한 검찰개혁은 보수와 진보 모두가 동의하는 2019년 시대적 어젠다였던 셈이다.

만약 검찰권력이 정의롭게 행사되었다면 '검찰개혁'이라는 단어는 애초에 생기지도 않았을 것이다. 일제강점기에 태동한 대한민국 검찰은 이승만 정부, 박정희·전두환 군부의 권위주의 정부, 김영삼 정부, 김대중 정부, 노무현 정부, 이명박·박근혜 정부를 거치며 '정치검찰'이라는 딱지를 떼어본 적이 없다. 군부 권위주의 정권 때는 정권의 충견 역할을 했고, 보수정권이 들어섰을 때는 권검 일체화로 검찰권을 행사하는 등 편파적인 정치검찰이라는 비난에 직면했다. 검찰은 민주정부가 들어설 때마다 돌변했다. '검찰독립'을 주장하며 민주정부와 대립각을 세우고 민주정부 길들이기에 나섰다. 검찰의 민주정부 길들이기는 '국민 지지'를 등에 업고 개혁 대통령을 압박하는 '노회한' 과정이었다.

검찰이 보수정부 때는 주로 진보정치 세력에게 칼을 휘둘렀다면, 민주정부에서는 정치권의 취약 지점을 공략했다. 재계의 비자금 수사와 정치자금 수사는 검찰의 유용한 단골 메뉴였다. 검찰은 정치자금 관련 수사를 벌일 때마다 여야를 뛰어넘은 '공정한 수사'를 표방하며 국민적 지지를 얻었다. 참여정부 초기의 '대선자금 수사'가 한 예다. 검찰은 노무현 대통령의 '정치자금 10분의 1' 발언을 배경으로 '깨끗한 정치'라는 국민적 어젠다에 편승해 정치자금 수사를 단행했고, '국민의 검찰'이라는 이미지를 구축해나갔다. 그리고 검찰 내부의 민주화가 필요한 시점에 '검찰독립'을 의제로 만듦으로써 '검찰권 강화'에 일정한 성과를 거두는 등 참여정부의 검찰개혁을 초기부터 흔들었다.

그렇다면 당시의 검찰은 과연 국민의 편이었을까? 그 답은 지금까지 검찰이 보여온 행보에 있다. 대선자금 수사로 국민적 지지를 얻은 검찰은 자신들을 개혁하려는 대통령과 사사건건 충돌했다. 그리고 개혁 대통령과 검찰의 충돌은 비극적인 역사로 귀결되고 말았다. 이명박 정부 초기에는 박연차 회장에 대한 표적·기획 수사를 통해 퇴임한 개혁 대통령을 사지로 몰아넣는 데 망설임이 없었다. 역설적으로 이 '검찰의 전대미문의 흑역사'는 2019년 검찰개혁의 강력한 추동 요인이 되었다.

2019년 마지막 국회에서 공수처법과 검경 수사권 조정법이 통과된 것은 무소불위 검찰권력을 분산시키고 검찰의 선택적 정의에 제동을 걸어야 한다는 국민적 요구에 국회가 응답한 것과 다름없다. 60여 년 만의 정치검찰 개혁이란 점에서 그 의미가 크다.

국정농단 규탄 촛불로 박근혜 정부가 무너진 뒤 문재인 정부가 출범했다. 문재인 정부는 검찰개혁에 시동을 걸었고 오랫동안 검찰개혁에 천착하며 목소리를 내온 조국 서울대 교수를 청와대 민정수석에 기용했으며 2019년 8월 9일 그를 법무부 장관에 내정했다. 그 이후에 대한민국은 '검찰개혁 대 조국 장관 가족의 불공정 및 비리 의혹'이라는 커다란 갈등에 휩싸였다.

과연 '검찰개혁' 프레임과 '조국 가족 비리 의혹' 프레임 중 어느 것이 2019년 대한민국에서 국민들이 요구하는 시대정신에 부합하는 것일까? 어느 것이 본질적인 문제이고 어느 것이 비본질적인 문제일까? 검찰개혁이 시대정신이라는 사실을 부정하는 사람은 없다. 그렇다면 '조국 가족 비리 의혹' 프레임은 왜 제기되었으며 어떻게 작동했을까? 그럼에도 불구하고 '조국 수호', '검찰개혁'은 어떻게 많은 국민들의 동의와 지지를 얻게 된 것일까?

이 백서는 2019년 문재인 정부가 검찰개혁에 시동을 걸기 시작하면서 검찰, 정치권, 기성 언론과 1인 미디어, 그리고 두 개의 광장으로 양분되어 혼란스러웠던 이른바 '조국 대전'에 참여한 주요 주체들에 대한 이야기이다. 백서는 어디까지나 백서이므로 우리는 무엇보다 '자료 제공'에 충실하기 위해 노력했다.

백서의 1부 총론은 역사학자 전우용 교수가 맡아서 정리했다. 2019년 가을부터 한국 사회를 뒤덮은 검찰개혁의 역사적 맥락과 의미를 살핀 글이다. 독자들은 이 글을 통해 '조국 대전'의 맥을 짚을 수 있을 것이다. 2019년 8월 9일부터 조국 장관이 사퇴한 10월 14일까지 여론 흐름은 최민희 조국백서추진위원회 집행위원장이 정리했다. 검찰개혁과 조국 장관 가족에 대한 검찰 수사, 언론 보도, 촛불집회와 광화문 태극기 집회, 그리고 문재인 대통령 지지율이 서로 어떤 상관관계를 보이며 움직였는지를 보여주고자 했다.

2부와 3부에서 각각 다루고 있는 검찰과 언론의 행보는 백서의 가장 주요한 핵심이다. 검찰 부분은 김남국 변호사가 초기 기획에 참여했으며 김지미 변호사가 정리했다. 우리는 조국 가족에 대한 검찰 수사가 검찰개혁에 대한 검찰의 반작용은 아니었는지, 법적 원칙에 충실한 수사였는지, 심증에 기초해 목표를 정해놓은 표적수사는 아니었는지, 법적 정당성과 충실성에 바탕을 둔 기소였는지 등등 기초적인 사항을 면밀하게 살펴보려고 노력했다. 언론 부분은 고일석 더브리핑 대표와 박지훈 데브퀘스트 대표가 맡아서 정리했다. 한국 언론이 사실성, 객관성이라는 정론의 원칙을 제대로 지켰는지, 취재원인 검찰의 입장에서 예단성 보도, 추측성 보도, 복붙 보도, 마녀사냥식 보도를 하며 검찰의 '입'으로 전락하는 우를 범하지 않았는지 등을 집중적으로 분석했다.

4부에서는 1인 미디어와 촛불시민의 활약을 다뤘다. 촛불시민의 진화 과정은 물론이고 다양한 1인 미디어에 대해서도 확장된 시각으로 접근했다. 기사 댓글과 페이스북 글, 온라인에서 화제를 모았던 '짤'까지 1인 미디어의 의미에 포함시켜 정리했다. 1인 미디어에 대한 정리는 임병도 아이엠피터뉴스 대표, 총괄 정리는 김유진 전 민주언론시민연합 사무처장이 맡았다.

우리가 백서를 준비하기 시작한 때는 2019년 겨울이었다. 2020년 7월 현재 조국 전 장관과 가족에 대한 재판이 진행 중이며 4월 15일 21대 총선에서 더불어민주당이 압승했다. 최민희 집행위원장이 이후 상황을 후기로 정리했다. 아주경제 장용진 기자의 재판 관련 자료 제공이 큰 도움이 되었다. 조국 사태 일지는 조국백서추진위원회 정원철, 이주형 간사가 정리했다. 2019년 검찰개혁을 둘러싸고 우리 사회에 무슨 일이 벌어졌는지 알고 싶은 분들을 위해 조국 장관 임명부터 사퇴까지의 주요 일지를 자세하게 기술했다. 백서 원고를 정리하는 과정에서 자유기고가 이용구 님이 도움을 주었다.

    이 백서는 '마지막 백서'가 아니다. 검찰개혁과 조국 사태를 둘러싼 우리 사회의 여러 갈등을 바라보며 몇몇 사람들이 먼저 정리한 '1차 백서'에 더 가까울 것이다. 우리가 다소 서둘러 《검찰개혁과 촛불시민》을 출간하게 된 배경에는 검찰개혁을 바라는 촛불시민들의 뜨거운 바람이 또다시 묻혀버릴지도 모른다는 우려와 검찰개혁을 반드시 이뤄내야 한다는 절실함이 작용했음을 고백하지 않을 수 없다. 백서의 참여자들은 조국 전 장관을 둘러싼 사태와 갈등을 '검찰개혁을 위한 진통'으로 바라보는 사람들이다. 하지만 백서를 만드는 과정에서는 최대한 객관적인 자료 제공에 충실하려고 노력했다는 점을 다시 한번 밝힌다.

    2019년 '조국 대전' 갈등의 핵심은 무엇일까. 검찰개혁 대 반(反)검찰개혁일까 아니면 조국 장관과 그 가족의 비리 의혹일까. 이 백서를 읽고 판단해주시기를 기대한다.

    백서 제작 모금에 힘을 보태준 김어준 님과 후원에 참여해준 시민들께 깊이 감사드린다.

2020년 7월
조국백서추진위원회

발문

촛불시민들, 민주주의 역사를 새로 쓰다

'정치검찰', 마침내 그 실체를 본 것이다. 이 나라 권력의 중심부를 뒤흔드는 사건이었다. 무엇보다도 2016년 겨울 광화문광장을 뜨겁게 타오르게 한 촛불시민들이 주도한 혁명의 운명이 판가름 나는 사태였다. 개혁 질서에 저항하는 세력과 이를 제압하려는 시민들의 일대 회전(會戰)이 치열하게 벌어지기 시작했다. 2019년 가을, 서초동에서 여의도로 이어지는 지진 같은 함성과 별처럼 무수한 대열은 정치검찰의 예봉을 꺾는 가장 위력적인 힘이었다. 이 백서는 바로 그 시민들의 힘으로 만들어진 시대의 빛나는 증언이다.

검찰은 평범한 일상을 살아가는 시민들에게는 그 실상이 제대로 드러나지 않는 존재였다. 그런데 바로 그 검찰이 어떤 일을 벌이고 있는지를 생생하게 목격하게 된 시민들은 분노했다. 군부독재를 무너뜨리고 그 후예들의 권력 농단을 막아낸 이들은 이 사태의 정체가 무엇인지 즉각 알아차렸다. '검란(檢亂)'으로 표현된 사태, 전에는 겪어보지 못한 '검찰 쿠데타'였다. 처음에는 검찰개혁에 대한 저항이었고, 그 다음은 칼끝이 권부의 핵심으로 이동하면서 표적의 범위와 대상이 분명해졌다. 제동을 걷기 쉽지 않았다. '수사 개입' 논란을 방패로 삼은 조직적 행동이었기 때문이다. 민주적으로 형성된 선출권력에 대한 '유형이 다른 공격'인 데다가 기존의 법과 절차를 무기로 삼았다. 정치군부가 저지르는 쿠데타와는 방식이 전혀 동일하지 않았다. 기존의 제도를 무너뜨리는 것이 아니라 그 제도를 타고 움직이는 공학이 작동했다. 그런 까닭에 이에 대한 선출권력의 진압은 자칫 역공을 당할 판이었다. 이 과정에서 정치검찰에 대한 지휘체계는 무너져 내리기 시작했고 민주주의는 위험에 빠졌다. 그대로 두고 볼 수 없는 사태가 전개된 것이다.

정치검찰의 기획은 대단히 교묘했다. 이른바 증거 없는 폭로가 난무했고 의혹 제기만으로 검증 절차 없이 확증이 되었다. 이성이 정밀하게 움직인다면 용납될 수 없는 여론조작이었다. 다행스럽게도 촛불시민들은 속아 넘어가지 않았다. 이름 있다 하는 언론인, 학자, 정치인 들이 이들 시민들을 세뇌당한 무리라고 조롱할 때도 전혀 흔들리지 않고 진실의 역사 그 한복판으로 뛰어들었다. 검찰개혁의 대의가 분명했고, 정치검찰의 행태 역시 선명하게 확인되고 있었기 때문이다.

하지만 촛불혁명을 지켜내려는 시민들에게 현실은 매우 불리했다. 이른바 진보언론이라고 여겨온 일부 신문조차 정치검찰의 입이 되었고, 검찰의 의도에 넘어간 언론들이 우리 사회의 뇌를 지배했다. 검찰개혁의 기본 설계자인 동시에 선봉에 선 조국은 도덕적으로 파렴치한 인간으로 몰렸고 온 가족은 재판 이전에 이미 언론에 의해 법률적 징벌의 대상이 되어 여론상 유죄판결을 받았다. 그 과정에서 조국과 그의 가족들에게 저질러진 인권유린은 너무나도 당당하게 엄호되었다. 정치검찰과 기성 언론, 기득권 세력 카르텔의 완벽한 합작품이었다.

'공정의 가치'를 구조적으로 짓밟아온 세력들이 자신들의 죄는 은폐하고 거꾸로 '조국'이라는 이름에 모든 죄를 쏟아부었다. 가해자를 피해자로, 피해자를 가해자로 둔갑시키는 요설이 판을 쳤다. 거짓이 주인 노릇을 하는 무대가 세워진 것이다. 타격의 깊이는 아주 깊었고 그 상흔은 아무리 많은 세월이 지나도 사라지기 어려울 정도였다. 인격 살인이 무수히 반복되었다.

사실 이 모든 사태의 시작은 대법원의 강제징용 관련 판결이었다. 식민지배의 불법성에 기초한 배상 요구가 법적으로 정리되자 친일세력들은 들끓었고 외교가 어떠니 경제가 어떠니 하며 문재인 정부를 공격했다. 이 나라 도처에 친일분자들이 집단적으로 서식하고 있는 현실이 적나라하게 노출된 상황이었다. 한반도의 평화와 민족의 자주적 입지를 만들기 위한 민주세력의 역사관을 무너뜨려보겠다는 자들의 반란이었다. 이들의 목적은 분명했다. 촛불시민혁명의 대의에 먹칠을 하고 그들의 세상을 탈환하겠다는 것이다. 이러한 공세는 이후 '정의기억연대'를 상대로 다시 되풀이된다. 그 과정에서 소중한 활동가 한 분이 고통을 이기지 못하고 스스로 목숨을 끊었다. 비통한 일이다. 역사의 진전을 막으려는 자들이 손에 쥐고 있던 가장 강력한 무기 가운데 하나가 다름 아닌 정치검찰이었다. 누구는 잡아넣고 누구는 풀어주고 누구는 덮어씌우고 누구는 면제받게 하는 권능은 정치군부가 사라진 현실에서 이들에게 마지막으로 남겨진 마법의 도구였다. '검찰개혁'은 이들에게 악몽 그 자체였다.

알고 보니 우리는 대통령만 바꾸고 이 사회의 기득권 체제에는 아직 손도 대보지 못한 것이다. 우리는 승리했다고 여겼으나 사실은 포위되어 있었던 것이다. 촛불혁명을 뒤엎으려는 반동의 기세는 만만치 않았다. 정치검찰의 간지(奸智)가 그득한 머리와 사회적 흉기가 된 일부 언론의 입 그리고 적폐 정치세력의 선동은 검찰개혁을 좌초시키기 위해 총력을 기울였다.

검찰개혁 과정에서 '조국 수호'는 매우 중요한 사안이었다. 검찰개혁의 진두 지휘자를 지켜내는 일은 마땅했다. 조국 개인을 아끼는 이들이 있었다고 해서 '조국 수호'가 곧 팬덤(fandom) 운동은 아니었다. 조국을 겨냥하는 정치검찰과 언론의 의도가 뻔한 현실에서 그를 방어하는 것은 검찰개혁의 중심을 잡는 일이기도 했기 때문이다. 그러나 권력 카르텔화된 언론 보도를 통해 '공정의 가치 훼손' 담론에 몰두한 일부 진보세력들마저도 자신들을 괴롭혀온 바로 그 언론의 보도와 논리에 투항했다. 비판적 점검 능력을 잃어버린 것이다. 아니, 그렇게 되고 있다는 것조차 알지 못한 채 '조국 수호'를 팬덤 정치의 차원으로만 이해했다. 조국을 불명예스럽게 만들고 고립시킨 가운데 개혁전선을 분열시키는 전략에 휘말린 것이다. 누구와 맞서야 할 것인지 망각해버리고 말았다. 이는 무엇보다도 보통의 시민들이 가진 혁명의 주도권에 대한 이해와 경의가 부재한 탓이었다. 현장에 있지 않고 사상적 특권에 사로잡힌 이들의 추상화된 의식은 이런 왜곡에 직면하기 마련이다.

검찰개혁의 촛불을 주도한 시민들은 담대하고 격렬하게 전투를 치러나갔다. 때때로 기습해오는 혼란과 착시의 공세를 뚫고 단호하고 거침없이 거대한 대오를 이루어 무리 지어 나갔다. 검찰개혁의 제도적 장치인 공수처는 그렇게 만들어졌고 정치검찰의 본부가 인사구조의 변화를 통해 일정한 재조정을 거칠 수 있도록 한 것 역시도 시민들의 힘이었다. 촛불시민들은 온몸을 던져 역사의 목표를 향해 돌진했고 언론이 가짜뉴스의 생산 공장이 되어가는 중에도 '사실 발견의 집단지성'을 발휘했으며 정치검찰의 정체를 폭로하는 작업에 탁월한 능력을 뿜어냈다. 초야(草野)에 은거(隱居)하던 무명의 고수(高手)들이 여기저기 번쩍하고 나타났다.

이 백서는 바로 그 힘의 결과물이다. 그리고 그 역사의 빈틈없는 기록이다. 하나의 사태가 지나고 나면 금세 망각이 지배하려든다. 그 망각의 공간에서 역사의 날조가 생겨난다. 기록은 그래서 소중하다. 사건의 전말이 기록되어 그 세밀한 대목이 다시 읽혀야 진상이 확실해지는 법이다. 이 기록은 역사의 생생한 육성을 들려줄 것이다. 돌아보면 우리가 백서를 준비하기 시작한 때는 2019년 말이었다. 이후 조국 전 장관 관련 재판이 시작되었고 4·15 총선에서 민주당이 압승했다. 정부의 교체에 이어 의회정치의 지형에 기본 변화가 이루어졌다. 촛불시민혁명의 두 번째 고개를 넘었다. 감사한 일이다.

관련 재판이 진행되고 있는 상황에서 이 백서는 당연하게도 마지막 백서가 될 수 없다. 어쩌면 1차 백서라고 해야 옳다. 조국 백서 참여자들은 검찰개혁의 진통을 겪었던 시간을 기록하고 자료를 제공하고자 했다. 촛불혁명의 세 번째 고개를 넘는 디딤돌이다. 역사는 끊임없이 보완되어야 한다. 이 백서는 이를 위한 기초 자원이다.

필자들은 시민들의 목소리를 대필하는 작업을 했을 뿐이다. 모든 공은 시민들의 것이며 혹 부족한 점이 있다면 시민들에게 위임받아 이 일을 맡은 우리에게 있다. 필자들의 노고에 감사를 드린다. 굳이 일일이 호명하지는 않겠으나 이 시대의 뜨거운 목소리를 촘촘히 기록한 이들의 헌신은 감동적이다. 무엇보다도 최민희 전 의원의 기여는 역사로 남긴다.

　　이 기록이 이 시대의 길을 조명하는 빛 가운데 하나이기를 바란다. 코로나19라는 미증유의 지구적 위기 속에서 여러 예상치 못했던 일들이 벌어졌다. 그런 가운데서도 우리는 미래 설계를 위한 노력을 지속하고 있다. 새로운 내일을 기획하는 일에 이 책이 작은 보탬이라도 되기를 기원하는 마음이다. 여기서 멈추지 않고 더욱 힘찬 걸음으로 함께 나아갈 것이다. 《검찰개혁과 촛불시민》은 그 출발의 한 지점이다. 촛불은 여전히 타오르고 있다.

김민웅
조국백서추진위원회 위원장

차례

서문 백서를 펴내며 … 4
발문 촛불시민들, 민주주의 역사를 새로 쓰다 ・김민웅 … 10

1부 총론 조국 정국을 어떻게 바라볼 것인가

─ 조국, 검찰개혁의 불쏘시개 ・전우용 ……………………………………… 23
─ 검찰·언론의 '합주'와 대통령 지지율 ・최민희 …………………………… 64

2부 검란 조국 사태와 정치검찰 ・김지미

프롤로그 | 왜 검찰개혁인가

─ 검찰의 전방위적 수사 ……………………………………………………… 83
─ 검찰의 '조국 수사'는 적법하고 적정한가 ………………………………… 93
─ 조국 전 장관 공소장의 주요 내용 ………………………………………… 120

에필로그 | 검찰개혁의 필요성과 방향

3부 언란 조국 사태와 언론

프롤로그 | 언론자유는 상승, 신뢰는 추락

1장 조국 가족 관련 언론 보도 · 고일석

— 위장매매 의혹 보도 · 159
— 위장전입 의혹 보도 · 165
— 입시비리 의혹 보도 · 171
— 공주대 체험활동 논문 관련 보도 · 198
— 부산대 의전원 장학금 의혹 보도 · 211
— 동양대 표창장 위조 의혹 보도 · 218
— 서울대 환경대학원 장학금 관련 보도 · 245
— '버닝썬 사건' 연루 의혹 보도 · 250

2장 사모펀드 관련 언론 보도 · 박지훈

— 사모펀드 논란의 전개 · 257
— 웅동학원 관련 의혹 보도 · 303
— 재판에서 드러나는 진실들 · 315

에필로그 | 징벌적 손해배상제도와 오보방지법

4부 시민의 힘 개혁을 향한 촛불 · 김유진, 임병도

프롤로그 | 시민들이 써내려간 역사

― 2019 촛불집회의 전개 과정과 의미 ·· **352**
　　'검찰개혁'을 시대정신으로! 시민들이 주도한 '맞춤형 저항'

― 검찰개혁과 1인 미디어 ··· **372**

― 촌철살인 '댓글 미디어' ··· **382**
　　검찰, 나를 수사하시게
　　기사를 '팩트 체크'하다니
　　수사를 이렇게 했어야지! 보도를 이렇게 했어야지!

― '전문매체'보다 뛰어난 개인 페이스북 ································ **404**
　　김두일 차이나랩 CEO
　　정영태 변호사, 전 판사

― 시민들의 언론 모니터 ··· **442**
　　카더라에 가까웠던 조국 검증 보도
　　조국 단독 기사의 절반은 검찰이 썼다

― 시민들의 창작물 ··· **476**

― 해외에서도 "검찰개혁" ··· **484**

후기 • 최민희 ··· 497

조국 사태 일지 ··· 506
백서 제작을 후원해주신 분들 ··· 536

1부

총론

조국 정국을 어떻게 바라볼 것인가

조국, 검찰개혁의 불쏘시개

영국의 역사가 E. H. 카(Edward Hallett Carr, 1892-1982)는 《역사란 무엇인가》에서 가상의 교통사고를 예로 들어 인과관계의 문제를 설명했다. 어느 날 밤, 담배를 사기 위해 길을 건너던 로빈슨이라는 사람이 자동차에 치여 사망했다. 사고를 낸 운전자는 약간 취해 있었으며, 차량의 브레이크는 고장 난 상태였다. 가로등도 꺼져 있어 골목길은 아주 컴컴했다.

사고의 원인을 조사하기 위해 위원회가 구성되어 문제점을 하나씩 짚었다. 어떤 이는 운전자가 술을 마신 것이 원인이니 그를 처벌해야 한다고 했다. 다른 이는 고장 난 브레이크가 원인이니 일주일 전에 그 차를 정밀 검사한 수리센터에 대해서도 무언가 조치를 해야 한다고 주장했다. 또 다른 이는 가로등을 제대로 관리하지 않은 시 당국에도 책임을 물어야 한다는 의견을 제시했다. 위원들이 토론하는 중 두 사람의 '유명인사'가 갑자기 회의장에 들어와 전혀 다른 의견을 제시했다. 그들은 당시 로빈슨의 담배갑에 담배가 있었다면 그는 결코 밤중에 길을 건너지 않았을 것이기 때문에 이 원인을 무시하는 어떤 조사도 시간 낭비일 뿐이라고 설득력 있게 말했다.

이 '사망 사건'은 우연과 필연의 문제뿐 아니라 구조와 제도, 의지와 행위의 문제도 제기한다. 이 사건을 제대로 이해하기 위해서는 도로 형태, 도로 주변의 조명, 운전자의 행위, 차량 상태, 사망자의 동선 등 구조, 환경, 조건, 행위 전반을 종합적으로 고려해야 한다. 그러나 사건이 일어난 상황과 맥락을 이해할 능력이 없는 사람이라면, 또는 운전자의 잘못을 억지로 감싸려는 나쁜 의도를 품은 사람이라면, 로빈슨이 그 시각 그 장소에 있었다는 '사실'만 강조해 그가 '흡연자이기 때문에' 죽었다는 단순한 결론을 내리고 사망자에게 모든 책임을 돌릴 것이다.

그런 사람들은 이렇게 말할 것이다. "흡연은 나쁜 습관이다. 나쁜 습관을 끊지 못하고 밤에 담배를 사러 나갔다가 차에 치여 죽은 로빈슨은 자기 죄에 대한 응분의 대가를 치른 셈이다." 이런 주장을 '유명인사'들 또는 '여론에 크게 영향을 미치는 언론매체'들이 앞장서서 펼친다면 어떻게 해야 할까? E. H. 카는 이런 사람들을 대하는 방법도 알려주었다.

> 우리는 재빨리 그 거침없는 웅변을 가로막고 두 방문객을 공손하게 그러나 단호하게 문 쪽으로 밀어내고는, 절대로 그들을 다시 들여보내서는 안 된다고 수위에게 지시한 다음 조사를 계속한다.[1]

'강남좌파의 위선'이라는 낙인

2019년 6월, 문재인 대통령이 대폭 개각을 준비 중이며 조국 청와대 민정수석이 법무부 장관에 기용될 것이라는 언론 보도가 쏟아졌다. 장관 물망에 오른 사람은 여럿이었으나 야당 특히 자유한국당(현 미래통합당)

---

1 《역사란 무엇인가》, E. H. 카 지음, 김택현 옮김, 144쪽, 까치, 2015

은 유독 조국 기용에 강경하게 반대했다. 이유는 크게 두 가지였다.

첫째는 '색깔론' 즉 사상 문제였다. 1995년 대법원은 당시 울산대 교수였던 조국에게 남한사회주의노동자동맹(사노맹) 산하 학술조직인 남한사회주의과학원을 결성했다는 이유로 징역 1년에 집행유예 2년을 확정 판결했다. 반면 당시 국제 앰네스티는 그를 '양심수'로 선정했다.

조국이 민정수석으로 임명될 때 이 경력을 문제 삼아 반대했던 자유한국당은 이번에도 반대의 핵심 이유로 '사상 문제'를 거론했다. 장관 후보자로 지명된 후 청문회를 앞두고 그때의 일이 다시 논란이 되자 조국은 "20대 청년 조국의 부족함과 미흡함, 그리고 국민의 아픔과 같이하려는 뜨거운 심장 때문에 했던 일로서 자랑스러워하지도 부끄러워하지도 않는다"고 말했다. 하지만 황교안 당시 자유한국당 대표는 "아무리 세상이 변했다고 해도 국가 전복을 꿈꾸는 조직에 몸담았던 사람이 법무부 장관 자리에 앉는 게 도대체 말이 되는 이야기인가?"라며 '사상 문제'를 청문회에서 집중 거론하겠다는 뜻을 분명히 밝혔다.

둘째는 민정수석이 법무부 장관에 임명되면 검찰의 독립성이 훼손된다는 주장이었다. 이런 주장은 야당뿐 아니라 검찰 내부에서도 나왔다. 한 언론매체는 이름을 밝히지 않은 평검사의 말이라며 "(조국 법무부 장관 지명은) 검찰의 중립과 독립성을 강조했던 현 정부의 기조에 역행한다. 법무부 장관은 수사지휘에 개입할 수 있는 권한이 있다. 인사권과 수사지휘권을 이용해 검찰을 정치적으로 장악하겠다는 의도로 보일 수밖에 없다"는 주장을 전했다. 반면 법조계 일각에서는 "(조국 수석은) 현 정부의 검경 수사권 조정안과 공수처 법안의 밑그림을 그렸던 인물인 만큼 법안 통과 및 실현에 탄력을 줄 것으로 본다"는 의견도 있었다.

몇몇 언론매체는 검찰 내부에 공공연히 표출하지 못하는 반대 의견이 더 있다고 보도했다. 검찰 출신도 아니고 사법고시 출신도 아닌 사람의 지휘를 받는 것에 대한 거부감이 만만치 않다는 것이다. 어떤 조직에서든 구성원들의 권한을 견제, 축소하는 개혁에 대해서는 불만이 표출되기 마련이다. 게다가 개혁을 주도하는 사람이 자기들과 같은 부류, 속칭 '한 식구'가 아닌 경우 거부감은 증폭된다. 이런 거부감을 고려하지 않고서는 2019년 여름 이후 반년 넘게 세상을 뒤흔든 일련의 '사건들'을 주도한 검찰의 행위 동기를 제대로 이해하기 어렵다. 그러나 다 알다시피 한국 언론은 '행위 주체'인 검찰의 감정과 의도에 대해서는 거의 다루지 않았다.

2019년 8월 9일 청와대는 과학기술정보통신부, 법무부, 농림축산식품부, 여성가족부 등 4개 부처 장관과 방송통신위원회, 공정거래위원회, 금융위원회 등 3개 위원회 위원장 그리고 국가보훈처장과 주미대사를 교체한다고 발표했다. 거론된 장관급 인사는 8명이었으나 야당과 언론의 관심은 조국 한 사람에게 집중되었다. 아마도 그가 문재인 정권을 상징하는 인물이라고 보았기 때문일 것이다. 하지만 청문회를 앞두고 야당과 언론의 본격적인 후보자 검증이 시작되면서 '조국 불가론'의 논점은 전혀 다른 방향으로 이동했다.

장관 후보자에 대한 인사청문회 제도가 시행된 이래로 땅을 사랑해서 선물로 받았다는 사람, 해괴한 병명으로 군 면제를 받은 사람, 변호사 개업 몇 달 만에 수임료만 수십억 원을 번 사람, 여기저기 이사 다니면서 왜 샀는지도 모를 집을 여러 채 가진 사람, 농사도 안 지으면서 농지를 가진 사람, 남의 논문을 표절한 사람, 제자 논문을 자기 논문으로 바꿔치기한 사람, 일본의 식민지배가 축복이었다고 말하는 사람, 어떻게 장관 후보자가 되었는지 도무지 이해하기 어려운 사람 등등 별별 사람이 청문회를 거쳤지만 조국 후보자에게서는 이런 문제들이 보이지 않았다. 그러자 검증이라는 명목의 사생활 조사가 그의 일가친척으로까지 확대되었다.

처음에는 조국 후보자 동생의 이혼 문제가 거론되었다. 많은 언론매체가 채무를 면탈하기 위한 '위장이혼' 가능성을 제기했다. 당사자의 해명은 대체로 묵살되거나 거짓말로 매도되었다. 한국의 언론 종사자들에게 이혼한 뒤에도 자녀 양육 등의 문제로 불편을 감수하면서 처가나 시가와 관계를 지속하는 당사자들의 고충을 배려하는 '양식'을 기대하는 것은 애초에 무리였는지도 모른다. 설령 조국 동생 부부가 위장이혼을 했더라도, 그 사실이 장관 자격과 어떤 관계인지 합리적으로 설명해준 언론매체는 없었다.

뒤이어 의심의 눈초리는 조국 후보자가 이사로 있는 학교법인 웅동학원으로 향했다. 일부 언론매체는 이 재단의 재산이 130억 원에 달한다고 보도하면서 조국 후보자의 재산에 대한 의혹을 증폭시켰다. 나중에 조국 후보자가 웅동학원을 사회에 환원하겠다고 밝히자, 보도 내용은 '웅동학원, 재산보다 빚이 더 많다'로 바뀌었다. 하지만 웅동학원 문제 역시 학교 운영에 직접 관여하지 않았던 조국 후보자의 장관 자격과 직결되는 사안이 아니었다.

청와대가 조국 장관 후보자 인사청문 요청안을 국회에 제출한 다음 날인 2019년 8월 15일, 이른바 '사모펀드' 문제가 제기되었다. 조국 후보자가 신고한 일가족 재산은 56억 원인데, 사모펀드 투자 약정액은 74억 원이라는 것이 의혹의 초점으로 떠올랐다. 일단 서민들에게는 '사모펀드'라는 이름이 생소했고, 전 재산보다 많은 액수를 투자 약정했다는 사실이 쉽게 납득되지 않았다. 공직자윤리법이 허용하는 투자 대상과 사모펀드, 사모펀드의 투자액과 약정액, 사모펀드의 운영 방식과 블라인드펀드 등에 대해 제대로 설명하는 언론매체는 거의 없었다. '사모펀드는 부자들만의 특별한 치부 수법'이라는 대중적 인식 위에서 의혹과 억측은 걷잡을 수 없이 확산되었다.

유튜브 채널 등을 운영하는 개인 미디어들도 뚜렷한 근거 없이 이런 억측을 부추겼다. 그들은 조국이 '민정수석이라는 지위를 이용해 사모펀드 운용에 직접 또는 부인을 내세워 개입하고 국책사업에 투자하게 함으로써 폭리를 취했다'거나 '대선자금을 마련하기 위해 투자 약정액을 수백 배로 불릴 계획을 세웠다'고 주장했다. 절대다수 언론매체가 이 문제를 '의혹 중심'으로만 보도한 탓에 조국 일가가 사모펀드로 천문학적인 액수의 돈을 벌었다는 헛소문이 사실인 양 유포되었다.

'사모펀드 의혹'이 확산하는 와중에 일부 언론매체가 또 다른 '가족문제'를 제기했다. 조국 후보자의 딸이 대학교와 대학원 입시 과정에서 비리 또는 부정을 저질렀고, 대학원 입학 후에는 뇌물로 의심되는 장학금을 받았다는 것이다. 특히 고등학생 때 의학 논문 작성에 참여해 제1저자가 되었다는 사실은 입시를 치른 지 얼마 안 된 청년층과 입시생 자녀를 둔 학부모들을 분노하게 만들었다. 보수와 진보를 막론하고 사실상 모든 언론매체가 한목소리로 문재인 정부의 출범 구호였던 "기회는 평등할 것입니다. 과정은 공정할 것입니다. 결과는 정의로울 것입니다"가 양두구육(羊頭狗肉)일 뿐이라고 비난했다. '말과 행동이 다른 조국', '강남좌파가 스스로 위선을 폭로했다'며 청와대와 조국을 조롱하는 기사, 뉴스, 사설, 칼럼, 만평이 홍수처럼 쏟아져 나왔다.

　　물론 강조점은 달랐다. 이른바 보수언론은 정권을 담당하는 세력 전체를 '위선'이라는 틀 안에 가두려고 했다. 반면 진보언론은 '계급 또는 계층 문제'를 중심으로 논지를 전개했다. 검찰개혁 등 문재인 정부의 정책 방향을 대체로 지지해온 사람들 중 일부도 이 문제와 관련해서는 조국 후보자에 대한 실망감이나 배신감을 공공연히 표출했다.

　　조국 후보자는 자녀의 입시 문제와 관련해 "개혁주의자가 되기 위해 노력했으나 아이 문제에는 불철저하고 안이한 아버지였음을 고백한다"면서 "당시 존재했던 법과 제도를 따랐다고 하더라도, 그 제도에 접근할 수 없었던 많은 국민과 청년들에게 마음의 상처를 주고 말았다"고 공개 사과했다. 그는 "기존 법과 제도를 따르는 것이 기득권 유지로 이어질 수 있다는 점을 간과했다"며 자책했다. 이는 그 개인의 문제를 넘어 우리 사회 전반에 몇 가지 주요한 화두를 던진 것이었으나 언론매체들은 스스로 짜놓은 '조국 개인의 부도덕성' 또는 '강남좌파의 위선'이라는 인식 틀에서 벗어나려고 하지 않았다. 일부는 이 문제가 이른바 기득권층 일반의 관행 또는 상식의 문제로 비화하는 것을 원치 않았고, 다른 일부는 기득권층의 관행과 상식을 장관 자격과 바로 연결시켰다.

　　대다수 언론매체는 우리 사회를 위해 생산적일 수 있었던 논의 주제들을 은폐하거나 묵살하고, 대중의 관심을 '개인의 도덕성'이나 '과정의 불공정성' 문제로만 몰아갔다. 일부는 다분히 의도적이었고, 일부는 사안의 경과를 쫓는 데만 급급해 생각이 미치지 못했을 것이다. 대다수 언론매체는 이 사안을 다루면서 대중적 분노를 자극하는 데 열중했을 뿐 이 문제가 법무부 장관직을 수행하는 데 중대한 결격 사유인지의 여부에 대해서는 분석하지 않았다. 어느 시대, 어느 사회에도 절대적 도덕률이나 절대적 공정성이라는 것은 없다. 도덕률도, 공정에 대한 관점과 태도도, 일반적 관행과 문화 안에서 좌표를 찍을 수 있을 뿐이다. 이와 관련해 다음 몇 가지 문제를 검토할 필요가 있다.

첫째, 사회적 네트워크(연줄) 또는 문화자본과 관련한 문제다. 영화 〈기생충〉에서 주인공 기택(송강호 분) 가족이 부잣집에 침투할 수 있는 계기를 만들어준 사람은 아들 기우(최우식 분)의 친구였다. 친구에게 과외교사 자리를 인계받고 나서 명문대 합격증을 위조하는 장면은 우리 사회에서 '스펙보다 연줄이 먼저'라는 사실을 표현한 것이다. 나머지 가족들이 침투할 때도 '연줄'이 선차적이었고 '스펙 위조'는 그다음 문제였다. 어떤 줄이냐가 다를 뿐 사회적 연줄 이용은 초계층적이다. 같은 대학교 학생이면서도 편의점에서 아르바이트를 하는 사람이 있고, 과외 교사를 하는 사람도 있다. 이런 차이조차 대개는 부모의 연줄이 작용한다. 100시간 동안 봉사활동을 하고서도 자기소개서 한 줄 분량밖에 못 채우는 고등학생이 있고, 2주간 인턴십만 하고도 논문 제1저자가 되는 고등학생이 있다. 과거 이재용 삼성전자 부회장의 아들이 영훈국제중학교에 입학했다가 '사회적 배려 대상자' 자격 시비 끝에 자퇴한 적이 있는데, 그때 가장 안타까워했을 사람은 학생 본인이나 이재용 씨가 아니라 동기생들의 학부모였을 것이다. '연줄 맺기'는 다양한 공간에서 다양한 방식으로 진행된다. 교회에서도, 고급 빌라 단지 안에서도, 골프장과 헬스장에서도, 심지어 병원 안에서도 맺어진다. 이런 연줄 맺기를 금지할 방도는 없다.

부모의 경제력 차이는 언제나 자녀들 사이에 불평등한 관계를 만든다. 하루에 몇 시간씩 아르바이트를 하면서 학자금 융자까지 받아야 하는 학생이 있고, 아무 걱정 없이 학업과 경력 쌓기에만 몰두할 수 있는 학생이 있다. 몇 년째 취업 준비생 처지에 놓인 수많은 젊은이가 있는 반면, 부모의 기업체를 물려받는 젊은이도 있다. 인류의 역사는 이런 생래적(生來的) 불평등을 완화하기 위한 집단적 노력의 역사라고 해도 과언이 아니다. 그러나 그 해소 방안은 여전히 뚜렷하지 않다. 계급을 없애기 위한 계급 혁명은 결과적으로 성공 사례를 만들지 못했다. 지금도 이런 불평등을 완화할 것이냐 고착화할 것이냐를 둘러싼 대립이 전 세계 정치적 갈등의 중심에 놓여 있다.

물론 개인 차원에서 재산과 사회적 지위를 모두 내려놓고 자기가 속한 계층 내부의 네트워크에서 단독으로 이탈하는 '실존적 결단'을 할 수도 있다. 1980~1990년대 대학생 중에는 이런 '실험'을 한 사람도 많았다. 그러나 당대에 이런 '실존적 결단'은 칭찬의 대상이 아니라 의심의 대상이었다. 그런 사람들에게는 반체제 좌경·용공분자라는 정치적·사회적 낙인이 찍히곤 했다. 게다가 부모와의 절연(絶緣)은 언제나 아주 예외적이었고, 주로 일시적이었다. '연줄'과 '부모의 경제력'이 생애 전반에 영향을 미치지 않는 사회가 존재한 적은 없다.

조국 후보자의 딸이 '논문 제1저자'가 되는 과정은 사회적 네트워크가 조직되어 학생의 '스펙'에 작용하는 방식을 여실히 보여주었다. 문제의 핵심은 학부모와 학생 개개인의 도덕성이 아니라 특수목적고등학교를 매개로 맺어지는 연줄에 있었다. 조국 후보자의 딸이 다닌 한영외고는 학생들로부터 취득한 '학부모 개인 정보'를 이용해 재학생 스펙 쌓기 프로그램을 만들어 운영했다. 프로그램을 운영하는 과정에서 재학생들을 등급화했을 가능성이 크다. 학부모와 학생 들은 학교가 만들어준 시스템과 관행 안에서 움직였다. 학부모 처지에서는 자기 자녀가 다니는 학교에서 부탁하는데 거절하기도 어렵고, 학교에서 추천하는 프로그램을 의심하기도 어렵다. 그들은 이 프로그램의 '원천적 부도덕성'을 인지하지 못했거나 인지했더라도 '일반적으로 용인되는 수준'이라고 생각했을 것이다. 조국 교수 부부가 이 프로그램의 운영에 어느 정도 개입했는지는 알 수 없지만, 사립대학교 총장 명의의 표창장까지 문제 삼았던 검찰은 이 사안을 기소 대상으로조차 삼지 않았다. 이명박 정권 당시에는 이런 '교육 활동'이 오히려 장려되었기 때문일 것이다.

문제는 계층 간 상하 연결은 끊어지고 계층 내 수평 연결만 유지되는 '연줄 사회'를 어떻게 개혁할 것인가에 있다. 그런데 자사고 폐지 반대 운동에서 보듯이 우리 사회에는 계층별로 단절된 '수평적 연줄' 문화가 계속되기를 바라는 사람이 오히려 많다. 이 시대 많은 학부모가 임대 아파트에 사는 아이들을 '별도의 학교'에 '격리'하기를 바란다. 이번 사안에 대한 언론 보도에서도 '특목고의 학부모 정보를 이용한 스펙 제공 서비스' 자체를 문제 삼은 경우는 거의 없었다. 언론매체들은 '계층별 연줄문화가 작동하는 방식'을 문제 삼지 않고 이를 개인의 도덕성 문제로 치환해버렸다. 특목고, 자사고 폐지에 반대하는 사람들과 특목고 출신이 많은 이른바 '명문대' 학생들이 이 문제를 가장 격렬히 비난한 것도 아이러니다. 자녀 입시와 관련한 이 사건은 조국이 평소 지향해온 '가치'와 비교하면 부도덕하다는 비난을 받을 만하지만, 사회적 연줄망 안에서 작동하는 우리 사회의 '평균적 욕망 실현 방식'과 비교하면 특별히 부도덕하다고 할 수도 없을 것이다.

둘째, 개혁주의자의 '위선' 또는 존재와 의식의 불일치에 관련된 문제다. 개혁이란 자기 존재의 조건을 바꾸는 행위다. 예로부터 지배 세력 내의 개혁운동가들은 한편으로 자기 존재 자체에게 주어진 혜택을 받으면서 다른 한편으로 자기 존재를 부정하려는 이율배반적 면모를 보이곤 했다. 이런 사람들에게서 보이는 '존재와 의식의 불일치'를 비난하면 개혁은 불가능하다. 지향하는 방향과 생활 방식이 반드시 일치해야 한다면 개혁주의는 '빈곤의 철학' 또는 '실패한 자의 철학'이 될 수밖에 없다. 물론 개혁을 거부하고 혁명을 추구할 수도 있다. 과거 마르크스주의 혁명운동가들은 이 '불일치' 때문에 상층이나 중간 계급 출신 지식인들을 신뢰하지 않았다. 이런 태도의 극단을 보여준 것이 '킬링필드'를 연출한 캄보디아의 폴 포트 정권이었다. 그들은 안경을 썼다는 이유만으로 자기 지지자들까지 '기회주의적 지식분자'로 몰아 학살했다.

대다수 언론매체가 기득권 세력의 삶을 누리면서 말로만 개혁을 주장하는 '위선적 면모'를 보였다며 조국 후보자를 비난했고 많은 사람이 이에 동조하거나 가세했다. 하지만 역사상 수많은 개혁주의자가 많건 적건 '존재와 의식의 불일치'를 드러냈다. 그리고 어느 시대에나 '반개혁 세력'은 '존재와 의식의 불일치'를 문제 삼아 개혁 세력을 위선적이라고 비난했다. 이런 비난에 동조하면, 자기 기득권을 유지하고 강화하는 데만 몰두하는 사람들이 오히려 솔직하게 보인다. 당대의 '기득권 구조'를 유지하는 게 도덕적으로 보이는 역설의 현상이 나타나는 것이다.

셋째, 공평과 공정에 관한 문제다. 공평은 본래 평등과는 다른 개념이다. 예컨대 고대 그리스의 권투에는 '체급'이 없었다. 그 시대 사람들은 생래적인 체격 차이가 경기력에 그대로 반영되는 것이 당연하다고 여겼다. 사람이 귀족과 노예로 나뉘는 것도 신이 정한 '불평등'이기 때문에 인간이 어쩔 수 없는 것이라고 믿었다. 공평이란 이런 생래적 불평등을 전제로 하는 개념이었다. 그래서 귀족과 천민을 달리 대우하는 것이 공평이었고, 같은 귀족이라도 등급에 따라 차등 있게 대하는 것이 공평이었다. 신분제가 철폐된 근대 이후 공평은 평등에 가까운 개념으로 이동했지만 그 기준을 정하는 일은 대단히 어려워졌다.

현대의 사회적 갈등은 대부분 '공평'을 둘러싸고 벌어진다. 뷔페식당에서 체격이 큰 사람과 작은 사람에게 똑같은 액수의 돈을 받는 것이 공평한가? 부자와 빈자에게 똑같은 액수의 세금을 걷는 것과 소득에 비례해서 세금을 걷는 것, 또는 소득이 높을수록 세율을 올리는 것 중에 어느 것이 공평한가? 똑같은 일을 하는데도 정규직과 비정규직 사이에 임금 차별이 있는 것은 공평한가? 경찰 채용시험에서 여성과 남성에게 똑같은 기준을 적용해야 공평한가? 남성만 군대에 가는 것은 공평한가? 장애인 전용주차 구역, 여성 전용주차 구역 설정은 공평한 행정인가? 농어촌 거주자 특별전형, 사회적 배려 대상자 특별전형 등은 공평한 제도인가? 민주주의 시대에서 '무엇이 공평인가'에 대한 답은 '공론의 장'에서 만들어갈 수밖에 없다. 법과 제도는 원칙상 이 '공론'에 따라 만들어진다.

'생래적 불평등'을 완화하기 위해 '생래적 약점'을 가진 사람에게 일정한 혜택을 주거나 '생래적 장점'을 가진 사람에게 일정한 핸디캡을 주는 것이 '공평'이라는 인식은 이제 보편적이라고 할 수 있다. 하지만 그 혜택이나 핸디캡의 '정도'에 대해서는 앞으로도 완전한 합의가 불가능할 것이다. 당연히 '불공평'에 대한 분노와 불만도 완전히 사라질 수 없다.

'공평'이 등급을 나누고 등급 내 또는 등급 사이의 규칙을 정하는 것과 관련된 개념이라면 '공정'은 그 규칙을 지키는 것과 관련된 개념이다. 헤비급 선수와 플라이급 선수를 똑같은 조건에서 맞붙게 해야 하는가, 헤비급 선수의 한 팔을 묶어야 하는가, 아니면 아예 같은 링에 서지 못하도록 막아야 하는가를 정하는 것이 '공평'의 문제라면, 일단 링에 오른 선수들이 규칙을 지키도록 하는 것이 '공정'의 문제다. 이 대결이 '공평'한지 아닌지는 규칙을 제정하는 기관이 정하고, '공정'하게 진행되는지 아닌지는 심판이 판단한다. 어느 한쪽이 규칙을 위반해도 눈감아주는 '편파'가 불공정이다. 법원이나 공정거래위원회가 하는 일도 '공정성'과 관련한 문제를 해결하는 것이다.

조국 후보자 딸의 입시 문제와 관련해 언론매체들은 불공평과 불공정 모두를 문제 삼았다. 하지만 불공평한 상황은 조국 후보자가 아니라 한국 사회의 계층구조와 입시제도가 만든 것이다. 입시 '불공정' 문제에 대해서는 논의의 여지가 적지 않으나, 수백 군데를 압수수색하며 '입시비리' 문제를 수사했던 검찰도 논문 제1저자 문제는 기소하지 못했다. 이와 관련해 '입시 불공정'에 대한 항의 시위가 세칭 '명문대'에서만 일어났다는 점도 시사하는 바가 크다. 이른바 '최상급 스펙'을 얻기 위한 경쟁이 불공평한 구조 위에서 진행되는 것은 분명 문제가 있다. 그러나 경쟁 과정 자체가 불공정했다고 단정할 수는 없는 일이었다.

도덕 문제를 법 문제로 바꾼 이해당사자 검찰

2019년 7월 말부터 대다수 언론매체는 조국 후보자의 '도덕성 검증'이라는 명목으로 그의 가족과 친척들에 대해 확인되지 않았거나 확인할 수 없는 의혹 기사 수만 건을 쏟아냈다. 게다가 한국 언론은 유보적 내용의 기사에 단정적 제목을 붙이는 '마케팅 기법'에 익숙해진 지 오래였다. 기사 제목만 보고 조국 후보자가 민정수석이라는 직위를 이용해 부정축재를 했으며 자녀 입시에서 특혜를 누렸다고 믿는 사람들이 날로 늘어났다. 어떤 일이 민정수석 재임 중에 일어났고, 어떤 일이 그 이전에 일어났는지를 따지는 이성은 제대로 작동하지 않았다. 특히 이른바 보수언론은 의도적으로 '사건이 발생한 시간대'를 구분하지 않았다. 심지어 어떤 언론매체는 조국 후보자가 교수 시절에 딸의 대학원 입학시험장에 동행한 것을 '시험관에게 압력을 행사하기 위한 행위'인 양 묘사하기도 했다.

'도덕성 검증'이라는 명목으로 조국 '망신 주기'와 '모욕 주기' 보도가 넘쳐나는 상황에서 한 단체가 '부동산 위장매매 혐의'로 조국 부부를 고발했다. 조국 동생 전처 소유의 부동산이 실은 조국 부부가 은닉한 것이라는 주장이었다. 2019년 8월 20일, 검찰은 이 사건을 형사1부에 배당하면서 이른바 '조국 사태'에 본격 개입하기 시작했다. 오해를 피하기 위해 미리 밝히자면, 검찰은 이 혐의를 공소장에 기재하지 않았다.

여야가 국무위원 인사청문회 일정에 합의한 다음 날인 8월 27일, 검찰은 전격적으로 이른바 '조국 일가 의혹' 전반에 대한 강제수사에 착수했다. 수사에 동원된 인력은 검사와 검찰수사관을 합쳐 100명이 훨씬 넘었다. 박근혜 정권의 국정농단을 수사했던 특별검사팀 규모보다 커서 단일 사건으로는 역대 최대 규모라 해도 과언이 아니었다. 설령 검찰이 혐의를 둔 모든 내용에 상당한 근거가 있었다 하더라도 과잉 수사라는 비난을 피하기 어려웠다. 그러나 검찰의 과도한 '수사 의지'를 비판한 언론매체는 거의 없었다.

검찰은 '장학금 특혜 의혹', '논문 제1저자 의혹', '사모펀드 의혹' 등과 관련해 부산시장 집무실과 조국 후보자의 부인 정경심 교수의 연구실을 압수수색했으며 딸을 논문 제1저자로 기재해준 단국대 교수를 검찰청으로 불러 조사했다. 강제수사가 시작된 지 일주일가량 지난 9월 4일에는 전대미문의 폭로 발언이 나왔다. "나는 이런 표창장을 결재한 적도 없고, 준 적도 없다"는 최성해 동양대 총장의 발언이었다. 검찰은 조국 후보자 딸의 부산대 의학전문대학원 입학 과정을 수사하면서 입시 때 제출된 표창장과 관련해 동양대 '관계자'를 조사했는데, 이 관계자는 "일련번호와 양식이 다르다"고 진술했고 최성해 총장 또한 같은 진술을 했다는 것이다. '전대미문'이라고 한 것은 표창장 발급 관련 폭로가 사상 초유였을 뿐 아니라 상식적으로 납득하기 어려운 점들이 있었기 때문이다.

첫째, 대학 보직교수가 자기 대학 총장 명의로 발행하는 표창장을 굳이 위조할 필요가 있었는가 하는 점이다. 각 대학이 인근 지역 중고생이나 일반 시민을 대상으로 운영하는 특별활동 프로그램은 헤아릴 수 없이 많다. 프로그램 운영에 필요한 보조 인력을 무급으로 충원하고, 행사가 끝난 뒤 총장 명의의 표창장이나 감사장을 주는 것은 오래전부터 관례가 되다시피 한 일이다. 물론 대학교수가 자기 학교에서 운영하는 프로그램에 자녀를 참여시키는 것에 대해서는 '기회의 불공평' 문제를 제기할 수 있다. 그러나 방학이라는 시기적 특성과 동양대의 입지적 특성으로 본다면 이 문제에 대해 정반대로 생각할 수도 있다. 언론 보도만 봐서는 '방학 중 봉사활동' 기회를 둘러싸고 대학생들 사이에 치열한 경쟁이 있었는지, 반대로 필요 인력을 구하기조차 어려운 상황이었는지 알 수 없었다.

이 문제에 대한 판단을 유보하더라도 말로 부탁해도 얻을 수 있는 표창장을 굳이 '위조'했다는 것은 이해하기 어렵다. 봉사활동 참여자에게 표창장을 발급해달라는 자기 학교 교수의 요청을 거절하는 총장이 있다면, 그것이 오히려 상식에 위배되는 일이다. 교수 자녀들이 누리는 이런 종류의 '특혜'가 사회적 비난의 대상이 될 수는 있어도 이제껏 표창장이 '형사 문제'로 비화한 적은 없었다.

둘째, 7년이나 지난 2012년의 표창장에 대해서 '기억나지 않는다'가 아니라 '결재한 적도 없고, 준 적도 없다'고 단정적으로 발언한 점이다. 동양대 총장 명의로 발급하는 표창장이 매년 얼마나 되는지는 알 수 없으나 중요 문서인 졸업장조차 총장이 일일이 확인하며 직접 직인을 찍지는 않는다. 표창장 같은 사문서를 발급하면서 명단을 일일이 확인한 뒤 결재란에 사인하는 기관장은 흔치 않다. 물론 최성해 총장의 기억력이나 업무 처리 방식이 남다를 수는 있다. 그렇다 해도 의심은 양쪽 모두를 향해야 했다. 정경심 교수가 표창장을 위조했을 가능성만큼 최성해 총장이 특정한 의도를 갖고 발언했을 가능성도 고려해야 마땅했다. 그러나 검찰과 언론은 청문회 직전에 나온 최성해 총장의 말을 확정된 사실인 것처럼 취급했다.

2019년 9월 6일, 우여곡절 끝에 국회에서 조국 장관 후보자의 인사청문회가 열렸다. 청문회 도중 자유한국당 의원은 "부인이 기소되면 사퇴하겠느냐"고 여러 차례 물었다. 검찰이 기소할 것을 예상한 듯한 질문이었다. 그로부터 몇 시간 뒤 검찰은 '표창장 위조' 혐의 수사 나흘 만에 정경심 교수를 기소했다. '2012년 9월 7일 성명불상의 공범과 함께 학교 총장의 승인 없이 직인을 임의로 날인하여 표창장을 위조했다'는 것이 기소 이유였다. 공소 내용이 부실하다는 비판이 있었지만 검찰은 증거가 충분하다고 주장했다.

그러나 석 달 뒤인 12월 10일, 검찰은 "2013년 6월경 정경심 교수가 자신의 주거지에서 컴퓨터를 통해 파일을 붙여 위조했다"는 취지의 공소장을 별도로 제출하면서 이를 '공소장 변경'이라고 강변했다. 일시, 장소, 방법이 다 다른 '혐의'를 '동일 혐의'로 취급한 것이다. 이는 9월 6일의 공소장이 증거 없이 예단으로만 만들어졌음을 자인하는 행위였으나 검찰은 어린아이라도 알 수 있는 '자가당착'을 끝내 인정하지 않았다.

 9월 9일, 문재인 대통령은 조국을 법무부 장관에 임명했다. 일부 언론매체는 현직 법무부 장관을 향한 검찰 수사가 무뎌질 것이라고 예상했으나 검찰은 그런 예상과 정반대의 행보를 보였다. 조국 장관 일가의 행적과 관련된 거의 모든 장소가 압수수색 대상이 되었다. 역대 장관 후보자들에 대해서도 여러 가지 의혹이 제기되었고, 그들 중 일부는 수사 대상이 된 적도 있었다. 하지만 조국 일가의 혐의와 관련된 압수수색은 그 범위와 규모 면에서 유례를 찾을 수 없을 정도였다. 검찰은 문제의 사모펀드와 관련된 기업체는 물론, 조국 부부의 직장, 조국 자녀가 다녔거나 지원했던 학교, 심지어 봉사활동이나 인턴 활동을 했던 기관들까지 문자 그대로 '샅샅이' 털었다.

 조국 장관 자녀에게 인턴 활동 증명서를 발급했다는 이유로 한국국제협력단(KOICA)과 서울대 공익인권법센터 등을 압수수색하고 한인섭 한국형사정책연구원장 등을 불러 조사한 것은 검찰 수사의 목표가 '범죄 사실 규명'이 아니라 다른 데 있음을 분명히 보여주었다. 검찰권 행사를 웃음거리로 만든 것은 검찰 자신이었다. 인턴 활동이나 봉사활동 내역을 점수로 환산해 대학교 입시 사정에 반영하는 교육정책하에서 그동안 어떤 일들이 벌어졌는지는, 그 시절에 학생이었거나 학부모였던 사람이라면 모두가 겪었고 또 아는 바였다.

사회적 연줄망은 이런 일에도 작용하기 마련이다. 조국 장관은 자녀의 인턴 활동에 관여한 적이 없다고 밝혔지만, 설사 관여했다 하더라도 한국의 교육 풍토에서 이는 도덕적 비난의 대상조차 아니었다. 고등학생 스스로 아무 연고도 없는 기관에 찾아가 인턴 자리를 구하는 경우는 거의 없다고 봐도 무방하다. 법조계, 언론계, 학계, 문화예술계, 관계(官界)를 따질 것 없이 인턴 활동 증명서를 발급할 수 있는 모든 곳에서 사적 연고가 작용했다. 이번 사례처럼 조국 장관 자녀들의 생활기록부와 입시 서류에서 '범죄 혐의'를 찾는 방식으로 검사 자녀들의 고등학생 시절 경력을 조사한다면, '혐의'에서 벗어날 수 있는 사람은 거의 없을 것이다. 한 방송에 출연한 어떤 입시전문가는 조국 전 장관 자녀가 받은 표창장, 인턴 활동 증명서 등을 '입시 부정의 증거'로 취급하면 서울대학교를 서울교도소로 만들 수 있을 것이라고까지 했다.

인턴 활동 증명서에 기재된 내용이 과장되었는지 여부를 따진 검찰 수사는 견문발검(見蚊拔劍) 즉 '모기를 보고 칼을 뽑아 든다'는 조롱도 아까울 정도였다. 검찰이 수치를 자초할 정도로 판단력을 잃은 이유는 무엇일까. '털어서 먼지 안 나는 사람 없다'는 속담이 불변의 진리임을 밝히고 싶었던 것일까. 검찰의 이런 행위는 조국 장관을 물러나게 할 정도로 중대한 '범죄사실'을 찾지 못하자 사소한 혐의들을 묶어서 지은 죄가 많은 것처럼 보이게 하려는 술수라는 의심을 사기에 충분했다. 물론 언론이 균형감각을 가졌다면 이런 술수가 통하지는 않았을 것이다. 그러나 절대다수의 언론매체는 검찰의 대변인 노릇에만 충실했다. 검찰이 유포한 혐의 내용의 문제점들을 지적하거나 검찰이 '조국 장관 임명에 불만을 품은 이해당사자'라는 점을 인식하고 형식적 균형이나마 유지하려고 한 언론매체는 거의 없었다.

　　검찰은 9월 16일과 22일에 조국 장관의 딸을, 24일에는 아들을 불러 조사했다. 중대 범죄도 아닌데 온 가족이 용의자로 조사받는 아주 드문 일이 벌어졌다. 사회 일각에서 조국 장관을 몰아내기 위한 '가족 인질극'이라는 비난이 대두했으나 검찰은 개의치 않았다. 9월 22일, 검찰은 조국 장관 자택을 압수수색했다. 그 과정에서 일견 사소하지만 우리 사회에 던지는 메시지는 결코 가볍지 않은 몇 가지 사건이 발생했다.

　　첫째는 조국 장관이 압수수색 중인 검찰 직원에게 '집에 아내와 아이들만 있으니 놀라지 않게 해달라'고 전화했는데 그 통화 내용을 야당 의원이 공개한 것이다. 이전에도 야당 의원이 조국 장관 딸의 학교생활기록부 내용을 공개한 적이 있었기 때문에 이 사실은 검찰과 야당 의원들이 긴밀한 연계하에 움직인다고 추정할 수 있는 근거를 제공했다. 둘째는 검찰수사관들이 조 장관 딸의 중학생 시절 일기장까지 증거물로 압수하려 했던 일이다. 중학생의 일기장에서 '범죄 혐의'를 찾겠다는 발상은 검찰의 낮은 인권 감수성을 여지없이 폭로했다. 셋째는 조 장관 자택 앞에 진을 친 기자들의 태도였다. 기자들은 검찰 직원들에게 점심을 배달하고 나오는 배달원에게 달려들어 희희낙락하며 메뉴가 무엇이었느냐고 물었고, 그럼으로써 자기들이 황색저널리즘에 얼마나 깊이 물들어 있는지를 보여주었다. 검찰이 '중식이 아니라 한식을 먹었다'고 해명한 것은 웃어넘길 수만은 없는 한 편의 코미디였다. 이 사건이 진행되는 동안 무수한 억측 보도와 허위 보도를 수수방관했던 검찰이 자기들의 점심 메뉴와 관련한 '오보'에는 즉각 반응했다. 이런 행태는 수사 절차조차 '여론전'을 위한 이벤트로 활용한다는 비난을 받을 만했다.

압수수색은 검찰이 공소장을 작성하기 위해 증거자료를 모으는 수단 중 하나일 뿐이다. 검찰이 수집한 자료를 유죄의 증거로 삼을 수 있는지는 법원이 최종 판단한다. 검찰이 조국 장관 자택을 압수수색했다는 사실이 조국 가족의 유죄를 입증하는 것은 아니다. 그러나 다수의 언론매체는 장관 자택 압수수색이라는 사상 초유의 사태가 일어났으니 장관이 사퇴해야 마땅하다고 주장했다. 검찰의 의중을 정확히 대변한 셈이다.

10월 14일, 취임 이후 자신의 권한 내에서 할 수 있는 검찰개혁안을 마련해 공개했던 조국 장관이 전격 사임했다. 취임 35일 만이었고, 부인 정경심이 다섯 번째 검찰 조사를 받은 날이었다. 그러나 조국을 겨냥한 검찰 수사는 집요했다. 검찰은 그가 민정수석 재직 때 한 일에까지 범죄 혐의를 씌웠다. 유재수 전 부산시 경제부시장에 대한 감찰 보고서를 통해 비위 사실을 확인하고도 '사표 수리'라는 경징계에 그친 것은 직권을 위법하게 사용하여 감찰을 무마한 '범죄'라는 주장이었다. 조국은 수사권이 없는 민정수석실에서 가능한 범위까지 감찰하고 사표 수리로 종결한 사안이라고 해명했으나 검찰은 감찰 종결 이후에 새로 발견된 혐의까지 문제 삼았다. 검찰은 이어 청와대 민정수석실이 2018년 지방선거에서 여당 후보를 당선시킬 목적으로 야당 후보에 대한 수사를 지시한 혐의가 있다고 발표했다. 검찰 주장대로라면 비리를 발견하고 자체 감찰한 뒤 징계하면 '감찰 무마', 수사 기관에 이첩하면 '하명 수사'가 되는 격이었다. 청와대의 정책적 판단과 행위 전반을 검찰 마음대로 재단하겠다는 선언이나 다름없었다. 이 두 '혐의'는 그 자체로 '검찰 공화국'의 실체, 또는 '검찰 공화국'을 향한 검찰의 욕망을 드러낸 것이었다고 봐도 무방할 것이다.

더욱이 검찰은 내란 모의 혐의를 두어야 마땅한 '계엄령 문건' 사건에는 전혀 수사 의욕을 보이지 않았다. 사안이 워낙 중차대하고 증거 문서가 명백하여 대통령이 한 점 의혹 없이 규명하라고 직접 지시한 사건이었지만, 당시 계엄사령관이 외국에 있다는 이유로 그 흔한 압수수색 한 번 하지 않았다. 관련자 중 구속된 사람은 한 명도 없었다. 사립대학교 총장의 '표창장 준 적 없다'는 발언 하나만으로도 수십 군데를 압수수색하고, '표창장 위조'라는 희대의 엽기적 '혐의'를 만들어낸 행태와 비교하면 너무 편파적이었다. 검찰은 국민 전체의 생명과 안위가 걸린 '내란 수행 계획표'보다 사립대학교 총장이 발행하는 표창장을 훨씬 더 중요한 문서로 취급한 셈이다.

12월 31일, 서울중앙지검 반부패수사2부는 뇌물수수, 공직자윤리법 위반, 청탁금지법 위반, 업무방해, 허위작성 공문서 행사, 증거위조 교사 등 11개 혐의로 조국을 기소했다. 교수 시절부터 딸이 받은 장학금 중에서 민정수석 취임 이후에 받은 600만 원이 뇌물, 아들이 받은 인턴 활동 증명서가 '허위 공문서'라는 주장이었다. 법조계 일각에서도 무리한 기소라는 의견이 나왔고 상식적으로 납득하기 어려운 혐의들이 주를 이뤘으나 언론은 이번에도 '죄목의 개수'만을 집중적으로 보도했다.

2020년 1월 17일에는 서울동부지검이 직권남용과 권리행사방해 혐의로 조국을 기소했다. 그러나 이 사건 발단 이래 검찰의 일관된 행태로 보자면, 직권을 남용하여 '최대한의 혐의'를 씌움으로써 한 가족을 풍비박산이 날 지경으로 내몰고 희한한 죄목을 붙여 청와대의 권리 행사를 방해한 죄는 오히려 검찰에게 물어야 할 것이다. 검찰이 조국 일가에 대한 집요하고도 반인권적인 수사로 분명하게 입증한 것은 검찰개혁에 대한 자기들의 강력한 '반대 의지'뿐이었다.

'검찰의 입'이 된 언론

문재인 정권 내내 조국은 늘 언론의 집중적인 감시 아래 있었다고 해도 과언이 아니다. 그는 문재인 정권이 추진한 개혁과 '적폐청산'의 상징과도 같은 인물이었다. 그의 한마디 한마디가 언론의 비판 또는 공격 대상이 되곤 했다. 그가 법무부 장관 물망에 오르자 미디어 시장을 지배하는 언론 대기업들은 그의 흠을 찾는 데 몰두했다. 조국에게 '위선자' 낙인을 찍음으로써 적폐청산을 위한 정책 전체를 무력화할 수 있다고 판단했기 때문일 것이다. 그의 '화제성'에서 상품 가치를 발견한 여타 군소 매체도 진위(眞僞)를 따지지 않고 대형 매체들의 '단독' 보도를 베끼는 방식으로 조국에 대한 부정적 여론을 확산시켰다. 검찰 수사가 개시되자 절대다수 언론매체는 검찰 수사팀의 대변인 또는 정보원처럼 움직였다.

장관 임명 전부터 검찰 내에 조국을 반대하는 기류가 있었다는 사실을 보도한 언론매체들조차도 이 문제에 대해서는 검찰이 '이해당사자'일 수 있다는 사실을 의도적으로 또는 무의식적으로 외면했다. 절대다수의 언론매체가 '조국 낙마 또는 사퇴'를 바라는 검찰 조직과 야당의 관점으로 관련 사건들을 취재, 보도했다. 일례로 2019년 9월 3일 조국 장관 후보자의 기자간담회에서 상징적인 사건이 일어났다. 어떤 기자가 야당 의원에게 휴대전화 메시지로 "뭘 물어볼까요?"라고 질문한 것이다. 이 기자의 궁금증에는 객관성도 중립성도 없었다.

반면 검찰의 의도에 관심을 기울인 언론매체는 거의 없었다. 절대다수 언론매체가 검찰의 혐의 내용 유포와 '여론전'에 동조했다. '검찰 관계자'라는 정체가 모호한 인물의 주장을 근거로 제시하며 '밝혀졌다', '확인됐다', '증거를 확보했다' 등으로 서술하는 기사들이 하루에도 수백, 수천 건씩 쏟아졌다. 언론매체들은 검찰의 추정이나 주장을 '확정된 사실'인 양 취급했다. 실수나 부주의로 죄 없는 사람을 기소했던 숱한 사건은 논외로 하더라도, 검찰이 과거에 정치적 필요에 따라 유서 대필범이나 간첩, 공안사범들을 조작했던 역사에 대해서는 아예 모르는 것처럼 행동했다. 그들은 한국에만 있는 제도인 '검찰의 기소권 독점'으로 인해 수많은 사람이 죄 없이 기소를 당했으며 앞으로도 그런 일이 일어날 수 있다는 사실을 철저히 외면했다. 대다수 언론매체는 검찰의 주장과 반대되는 증언들을 무시하거나 경시했고, 때로는 왜곡했다. 증언자가 언론의 왜곡 보도에 항의하는 일까지 벌어졌다.

검찰의 일방적 주장을 사실로 단정하고 작성한 기사의 폐해는 이미 10여 년 전 '논두렁 시계' 보도를 통해 입증된 바 있다. 그런데도 기자들은 오래된 폐습(弊習)에서 한 치도 벗어나지 못했다. 그 이유를 한두 가지로 정리할 수는 없겠지만 이 사안과 관련해 많은 시민들이 크게 두 가지 문제를 지적했다.

첫째, 여론에 중대한 영향력을 행사하는 언론 대기업들의 정치적 편향성이다. 2017년 대통령 선거를 앞두고 중앙일보에는 '한 달 후 대한민국'이라는 칼럼이 실렸다. 문재인 후보가 대통령이 되면 한반도에 전쟁이 일어날 것이라는 악담 혹은 저주의 메시지였다. 언론 대기업들은 김대중, 노무현, 문재인 정권에 대해서는 늘 이런 악감정을 여과 없이 드러내곤 했다. 이들은 문재인 정권하에서도 대북 정책과 관련한 남북대화 불용론, 경제 정책과 관련한 최저임금 인상 망국론, 대일 외교와 관련한 한국

정부 책임론 등을 끊임없이 유포했다. 고용지표가 나아지고 소득분배가 개선되며 소재 부품의 대일 의존도가 낮아지고 북한의 핵미사일 실험이 억제되는 등의 긍정적 상황에 대해서는 전혀 또는 거의 보도하지 않았다. 이런 편향성은 한국 미디어 시장이 재벌 중심 경제체제의 일부로 형성·확장해온 과정의 산물이다. 언론 기업들이 거대 광고주들의 이해관계를 대변하는 현상은 범세계적이지만, 소수의 재벌이 경제 영역은 물론이고 정치, 사회, 문화 전반에까지 막강한 영향력을 행사하는 한국에서는 특히 심하다.

한국의 언론 대기업들이 문재인 정권을 노골적으로 적대시하는 이유는 이른바 '적폐청산'이 재벌을 중심으로 구축된 기득권 체제를 위협한다고 보기 때문이다. 게다가 검찰권력 또는 법조권력은 한국 기득권 체제를 구성하는 중심축 가운데 하나다. 부자들에게는 한없이 관대하고 빈자들에게는 가혹하기 짝이 없는 '유전무죄 무전유죄'의 관행은 법조계의 편향성으로 인해 생겨났다. 법조계 인사 상당수가 재벌가, 재벌그룹 관계자 또는 중견기업 소유주와 인척 관계를 맺는 것은 법이 왜 편파적으로 집행되는지를 알려주는 정황증거 중 하나다. 검찰의 기소권 독점이 폐지되면, 언론매체들이 '전관예우'라고 써온 '전관 범죄'의 관행도 약해질 수밖에 없다. 검찰 출신 전관 변호사들이 현직 검사들에게 기소 청탁 또는 불기소 청탁을 해도 그 효력이 줄어들 것이기 때문이다. 검찰개혁이 기득권 체제의 균열을 촉발하는 일이라는 점에서 언론 대기업들이 기를 쓰고 반대하는 것은 당연하다.

둘째, 검찰청 출입 기자들이 검사들과 유착되는 경향이다. 물론 이 문제는 검찰 출입 기자들에만 국한되는 것은 아니다. 출입처를 정해두는 취재 관행은 기자들과 취재원 사이에 일종의 유대감을 만들어내기 마련이다. 대기업 출입 기자가 대기업 홍보실 직원과 유사한 관점을 갖고, 이익단체 출입 기자가 그 단체 간부와 비슷한 시각을 갖는 것은 자연스럽다고 할 수 있을 정도이다. 게다가 '김영란법' 시행 전에는 일부 기관, 단체들과 출입 기자들 사이에 '촌지'라는 이름의 뇌물수수가 일종의 관행처럼 비일비재했다.

그런 점을 감안하더라도 '법조 출입 기자단'과 검찰 사이의 유착 관계가 특히 심했다는 지적과 폭로가 언론 종사자들 내부에서 나왔다. 그도 그럴 것이 검찰청은 '세상의 모든 중요한 사건 정보'가 집결하는 곳이다. 검사들과 친분을 쌓은 기자는 그것만으로도 남보다 먼저 속보, 단독, 특종에 접근할 기회를 얻을 수 있다. 이런 상황에서 검사의 말이라면 그 진위를 가리지 않고 일단 보도하는 '기사 작성법'이 생겼고, 검찰은 기자들의 이런 생리를 이용해 원하는 대로 '여론전'을 펼칠 수 있었다. 많은 시민들이 이런 '무의식적 검찰 편들기'를 질타했지만 이 문제를 성찰한 기사는 거의 없었다.

또 다른 문제로 지적된 것은 한국 언론의 '인권 감수성' 결여 현상이다. 대다수 기자들은 '국민의 알 권리'라는 미명하에 조국 일가족의 인권을 철저히 무시했다. 그들은 조국 자택 앞에 진을 치고 그와 가족의 일거수일투족을 감시했다. 밤늦도록 조국 일가가 거주하는 아파트 단지를 배회하며 쓰레기봉투를 뒤지다가 주민들과 마찰을 빚는 일이 비일비재했다. '조국 차량, 조국 아파트 단지에 주차 중'이라는 자막이 뉴스 속보로 올라오고, 딸의 생일 케이크를 사들고 집으로 들어가는 조국의 뒷모습 사진이 공개되었다. 종편 방송들은 학교생활기록부 등 조국 자녀들의 사생활 관련 자료를 공개적으로 분석하는 '친절한 만행'을 저지르기도 했다. 대한민국 언론의 역사가 자랑스럽다고 할 수는 없지만 그래도 언론이 이 정도로 무도하게 공직자 자녀의 신상정보를 세세히 들추어 공개한 적은 없었다. 이런 관음증은 한국 언론의 변태성을 드러내는 것일지언정 '국민의 알 권리'와는 무관하다. 언론매체들은 조국의 도덕과 윤리를 문제 삼았지만 자기들의 도덕과 윤리에 대해서는 무감각했다.

조국 장관 임명 문제와 관련해 한국 언론이 몇 개월에 걸쳐 쏟아낸 수만 건의 기사에 담긴 것은 '광기'라고 해도 무방할 정도였다. '유대인이 부도덕하고 위선적이며, 성실한 독일인들의 기회와 일자리를 빼앗는다'고 한목소리로 대량학살을 유도 또는 방조했던 나치 시대 독일 언론의 광기와도 흡사했다. 양자가 같았던 것은 '한쪽 주장만 전달하기'였고, 양자가 달랐던 것은 '외압의 유무'였다. 가까운 과거만 돌아보더라도 한국 언론매체들은 강기훈 유서대필 조작 사건이나 이른바 '논두렁 시계'와 관련한 허위사실 유포 사건에서도 검찰을 충실히 도왔다. 검언유착에 의해 억울한 피해자가 생긴 것은 어제오늘의 일이 아니다. 그런 과거를 반성하기는커녕 오히려 답습하면서 벌어진 이번 '보도 사태'는 한국 언론의 '도덕적 기준'이 얼마나 편파적이고 위험한지를 보여주는 지표였다.

상식의 반발 또는 반격

조국이 장관 물망에 올랐을 때부터 언론매체들이 쏟아낸 '도덕성' 관련 보도는 우리 사회의 계층 및 사회적 지위 세습 문제와 관련해 의미 있는 논점을 제공할 수도 있었다. 교육과 입시에 부모의 재산과 사회적 네트워크, 가정 내 '문화자본'이 영향을 미치는 것은 전 세계 공통의 문제이며 부모 개개인의 '도덕적 결단'으로만 해결할 수 있는 문제도 아니다. 게다가 자녀 교육에 가용자원의 최대치를 투자하는 것은 한국 학부모들에게 일종의 미덕이었다. 특정한 교육제도와 정책 안에서 이루어진 행위들로 인한 문제는 제도를 개혁하고 정책을 개선하는 것으로만 해결할 수 있다. 그러나 언론은 이 사안을 철저히 '개인의 도덕성' 문제로만 취급하며 공론의 마당 밖으로 내몰았다.

이른바 '재테크'와 관련해서는 투자에 안목이 있는 친인척이나 지인, 하다못해 은행 창구 직원의 도움이라도 받는 게 상식이다. 10억 원 정도의 투자금으로는 사모펀드를 '실질적으로' 소유하고 지배할 수 없다는 것도 상식이다. 하지만 언론매체들은 '상식 밖에서' 가능성을 찾았다. 그들은 상식으로 설명할 수 있는 '의혹'들을 설명하지 않은 채 몰상식한 상상만 부추겼다.

조국의 '도덕성'을 둘러싸고 제기된 문제들이 서민들에게 상실감과 박탈감을 느끼게 했다는 점에서 노블레스 오블리주(Noblesse Oblige, 높은 사회적 지위에 상응하는 도덕적 의무)와 관련해 비난거리가 될 수는 있었다. 하지만 한국 사회의 상층 엘리트들 사이에서 작동하는 일반적 관행과 도덕성에 비추어 보면 대개 '상식' 범위 안에 있는 일이었다. 특히 과거 장관 후보자들에게 제기된 병역 면제, 부동산 투기, 논문 표절, 자녀 이중국적 문제 등과 비교하면 '개인의 도덕성'에 특별히 심각한 하자가 있다고 보기도 어려웠다.

그러나 검찰은 도덕적 문제를 법의 영역으로 끌고 와서 '범죄 혐의'를 씌움으로써 검찰이 마음만 먹으면 누구라도 범죄자로 몰 수 있다는 것을 아무 거리낌 없이 보여주었다. 오늘 조국이 겪는 일은 내일 누구라도 겪을 수 있는 일이다. 검찰과 언론이 동조해 전직 대통령을 파렴치한 범죄자로 몰아 죽음으로까지 내몰았던 것이 고작 10년 전 일이다. 상대가 다를 뿐 진행 과정은 그때와 다르지 않았다.

더구나 검찰은 조국 장관 후보자 인사청문회가 개최된 당일에 '표창장 위조'라는 유례없는 혐의로 그의 부인을 기소했다. 국회에서는 검찰이 야당 의원들에게 미리 정보를 흘렸을 것이라고 추정할 만한 정황들이 연출되었는데, 정작 공소장은 나중에 일시, 장소, 방법을 완전히 다르게 기재한 것을 따로 제출해야 했을 정도로 엉터리였다. 조국이 장관 물망에 오른 직후부터 그 일가를 대상으로 한 검찰과 언론의 행위는 '정신 고문'이라고 해도 지나치지 않을 정도였다. 검찰과 언론의 행태는 이명박 정권 초기 노무현 전 대통령을 '정신 고문'하던 것과 조금도 다를 바 없었다. 이러한 경험에 더하여 중고생 자녀의 일기장까지 뒤지는 검찰의 모습을 보면서 사람들은 이 일이 결코 '남의 일'만이 아니라고 느꼈다. 검찰과 언론은 자기들이 마음만 먹으면 누구에게나 혐의를 씌울 수 있고, 당사자가 혐의를 부인할 경우 가족들까지 잔인하게 고문할 수 있다는 사실을 공표한 셈이었다.

절대다수 언론매체가 검찰의 대변인 노릇을 하는 상황에서 TBS 〈김어준의 뉴스공장〉 등 몇몇 뉴스 시사 프로그램이 입시전문가, 금융전문가 등을 출연시켜 검찰 주장과 반대되는 증언들을 소개했다. 이런 증언들은 유튜브와 팟캐스트 등을 통해 퍼져나갔지만 극단적으로 기울어진 여론 지형을 바로잡기에는 역부족이었다. 그러나 시민들은 검찰 기소의 의도성과 비상식성, 언론 보도의 편파성을 스스로 간파했다. 시민들은 검찰 수사의 목적이 검찰개혁을 저지하여 '유전무죄 무전유죄'의 불공평한 사회를 영속시키는 데 있다는 것, 검찰의 특권이 기득권 체제를 지탱하는 중심 기둥이라는 것, 검찰과 유착한 언론의 여론공작에 현혹되면 민주주의의 실질을 조금도 확장할 수 없다는 것을 잘 알았다. 시민들은 민주개혁 세력을 향한 검찰과 언론의 거듭된 인권 유린과 인격 말살에 공분(公憤)을 느꼈다.

　일본의 수출 규제를 규탄하기 위해 2019년 8월 초부터 광화문광장과 일본대사관 앞에서 열린 시민 집회에서는 그달 30일부터 '언론개혁, 조국수호'라는 새로운 구호가 등장했다. 9월 16일에는 집회 명칭을 '검찰개혁, 사법적폐청산 촛불집회'로 바꾸고, 장소도 서초동 서울중앙지검 앞으로 옮겼다. 이후 10월 12일까지 토요일마다 9번의 촛불집회가 이 자리에서 열렸다. 처음 수백 명에 불과했던 참가 인원은 계속 늘어나 10월 초부터는 '박근혜 탄핵 촛불집회' 이후 최대 규모의 인파가 몰렸다. 참가자들은 검찰의 표적 수사와 '먼지떨이식 수사'에 항의하고, 부당하게 누려온 집단 이익을 지키기 위해 공소권을 남용하는 검찰을 개혁하자고 외쳤다. 10월 14일 조국이 장관직에서 물러나자 10월 19일부터 여의도로 집회 장소를 옮겼다. 검찰개혁은 일차적으로 입법 사항이라는 판단에서였다. 일부는 서초동에서 집회를 이어갔다. 여의도 집회는 12월 15일까지, 서초동 집회는 해를 넘긴 2020년 1월 16일까지 계속되었다.

　집회가 계속되는 가운데 언론의 보도 태도가 조금이나마 바뀌기 시작했다. 검찰 주장을 일방적으로 받아쓰기만 하던 관행에서 벗어나기 위해 출입처 제도를 폐지하거나 검찰 출입 기자를 교체하는 언론사들이 나타났다. 양식 있는 언론인이라면 검찰 공소장의 허술함과 비상식성을 마냥 외면할 수만은 없었을 것이다.

한편 10월 3일에는 광화문 일대에서 '조국 구속'과 '문 대통령 하야'를 요구하는 대규모 집회가 열렸다. 그전부터 박근혜 석방을 주장하며 시위하던 세력에 자유한국당과 개신교계 일부가 합류했다. 주도 세력은 2005년 '사학법 개정 반대 시위'를 벌였던 세력과 거의 같았다. 이는 한국 자본주의 발전 과정에서 구축된 기득권을 둘러싼 사회적 대립 구도가 여전하다는 사실과 검찰이 기득권 세력의 중추에 자리 잡고 있다는 사실을 아울러 보여주었다. 주도 세력에는 일부 변화가 있었지만 이런 요구를 내건 집회는 매주 계속되었다.

서초동과 여의도 그리고 광화문에서 따로 열린 집회들은 현 단계의 한국 사회가 나아갈 방향을 둘러싼 정치적·역사적 대치선이 '조국과 검찰' 사이에 그어져 있다는 사실을 보여주었다. 검찰 수뇌부 역시 이런 상황을 인식하고 행동했을 것이다. 검찰의 비정치적 행위가 정치적 대립을 촉발했다기보다는 검찰 스스로 자기 조직의 기득권을 유지하기 위해 정치적 의도에 따라 움직였다고 보는 것이 합리적이다.

두 쪽으로 갈라진 시민들 사이의 대치선은 당연히 국회 안에도 그어졌다. 검찰개혁을 저지하려는 자유한국당과 나머지 정당들 사이에서 대치 상태가 계속되었다. 그 사이에 몇몇 검사는 개혁법안 통과를 막기 위해 국회의원들을 상대로 로비까지 하는 행태를 보였다. 그러나 국회는 2019년 12월 30일 고위공직자범죄수사처 설치 및 운영에 관한 법률(공수처법)을, 이어 2020년 1월 13일 형사소송법과 검찰청법 개정안(검경 수사권 조정안)을 의결했다. 상대적으로 늘어난 경찰 권한을 민주적 통제하에 두기 위한 경찰 개혁도 곧 시작될 예정이다.

의미와 과제

　2019년 여름부터 반년 넘게 한국 사회 여론을 뜨겁게 달구고 한 가족 사이에서까지 갈등을 유발했던 이 일련의 사태를 어떻게 정의해야 옳을까? E. H. 카라면 '수많은 범죄를 저지른 조국이 법무부 장관 자리를 욕심냈다가 정의로운 검찰과 언론에 의해 과거 행적이 낱낱이 밝혀져 패가망신한 사건'이라고 주장하는 사람들을 단호하게 문밖으로 내쫓았을 것이다. 검찰은 처음부터 '이해당사자'의 태도를 숨기지 않았으나 언론매체들은 검찰의 '당사자성'을 철저히 외면했다. 그들은 마치 검찰개혁 문제에서조차 검찰이 가장 중립적이고 객관적인 판단을 내리는 존재인 것처럼 묘사했다. 하지만 이 사태는 주어를 바꿔 정의해야 한다. '자기 집단의 이익이 줄어들 것을 우려한 검찰이 자유한국당 및 대다수 언론의 지원 하에 기소권을 남용하여 대통령의 권한을 침해하고 조국 일가를 풍비박산이 나게 한 사건'이라고.

　정의(定義)는 이해의 결과이자 더 깊은 이해를 위한 도구다. 이 사건의 본질적 의미를 이해하는 것은 이 시대의 역사적 과제를 도출하기 위한 전제다. 반년이 넘는 기간 동안 격화하고 있는 사회적 갈등을 완화하려면, 검찰개혁의 선봉에 선 탓에 심중한 피해를 입은 조국과 그 일가를 위로하려면, 가을부터 겨울까지 주말 밤마다 찬바람을 맞으며 거리를 메웠던 시민들의 열망을 헛되게 하지 않으려면, 그리하여 민주주의의 내실을 확장하려면, 시민들 스스로 이 사건의 의미를 거듭 되새기고 공유해야 한다.

　검찰은 검찰개혁의 절박성과 당위성을 스스로 선명하게 입증했다. 검찰은 조국 일가친척을 차례차례 소환하면서 검찰권이 부당하게 행사되었던 여러 사건들에 대한 기억을 함께 소환했다. 뚜렷한 증거도 없이 검찰로부터 유서 대필범으로 몰려 본인과 가족의 일생이 처참하게 파괴된 강기훈에 대한 기억, 검찰이 조작한 증거로 간첩 누명을 썼던 서울시 공무원 유우성에 대한 기억, 검찰과 언론이 합세한 여론공작에 시달리다 벼랑 끝에 몰려 극단적 선택을 했던 노무현 전 대통령에 대한 기억 등이 검찰이 연출하고 언론이 촬영한 장면들과 오버랩되었다.

검찰은 이 땅에서 인권과 민주주의가 유린당할 때 독립된 목소리를 낸 적이 없다. 국정원과 보안사 등이 초법적 권한을 행사하던 시절, 검찰은 권력의 시녀이거나 정권의 사냥개라는 오명에서 벗어나지 못했다. 그랬던 그들이 막상 자기들의 독립성이 보장되자, 그 독립적 권한을 집단이익을 지키기 위해 남용하는 모습을 거리낌 없이 드러냈다. 상식 있는 시민들은 검찰의 오만과 무도(無道)를 바로 간파할 수 있었다. 언론매체들은 조국 개인의 부도덕성을 부각시켰지만 시민들은 지나간 역사를 통해 검찰 조직의 부도덕성을 다시 확인했다.

검찰은 큰 죄를 저지른 자를 기소하지 않을 수도, 작은 잘못을 저지른 사람을 기소할 수도 있다. 일부러 공소장을 허술하게 써서 무죄 판결을 유도하거나 가벼운 형만 받게 할 수도 있다. 죄 없는 사람을 기소해서 유죄 판결이 나와도, 중범죄자를 기소하지 않아도 아무런 책임을 지지 않는다. 무죄를 유죄로 만들고 유죄를 무죄로 바꾸는 것이 '검사의 능력'이라는 말이 세간에 떠돈 지 오래다. 검찰의 기소권 독점이 '유전무죄 무전유죄' 관행의 핵심이라는 지적이 나온 지도 오래다. 검찰 출신 전관(前官) 변호사의 전화 한 통으로 유죄가 무죄로 바뀌고 피해자가 가해자로 둔갑했다는 경험담은 헤아릴 수 없을 정도로 많다.

'유전무죄 무전유죄'의 관행이 민주주의와 법치주의의 토대를 허문다는 것은 이미 우리 사회의 상식이다. 검사들이 자기 미래의 이익을 위해 법을 악용하는 관행을 없애지 못하면 결국 '국가에 대한 신뢰' 자체가 무너진다. 그래서 지난 수십 년간 역대 정권들이 모두 검찰개혁을 공약으로 내세웠지만 결국은 실행하지 못했거나 하지 않았다. 첫째는 개혁 카드를 꺼내지 않고 만지작거리기만 하는 게 오히려 검찰 통제에 유용했기 때문이고, 둘째는 검찰의 보복을 염려했기 때문이다. 검사들이 자기들의 '미래 사익'에 직결된 검찰개혁에 반대하는 것은 당연했다. 검사들의 반발을 무릅쓰고 개혁을 감행했다가는 검찰 조직 전체가 정권에 등을 돌릴 것이라는 점도 명확했다.

문재인 정권도 검찰개혁을 공약했으나 처음에는 검찰도 언론도 그리 주목하지 않았다. 취임 직후 '평검사와 대화'하면서까지 개혁 의지를 불태웠던 노무현 대통령조차 실현하지 못하고 결국에는 검찰의 공격으로 만신창이가 되어 서거에 이른 선례가 있었기 때문에 이번에도 실행하지 못하리라 기대했을 것이다. 그러나 문 대통령이 오랫동안 일관되게 검찰개혁을 주장해온 조국을 법무부 장관 후보자로 지명하자 검찰은 전방위적이고 대대적인 조국 일가 수사로 응수했다. 검찰은 조국의 공소장에 직권남용, 권리행사방해 혐의를 집어넣었지만, 실제로 직권을 남용하고 대통령의 권리 행사를 방해한 것은 검찰이었다고 봐도 무방하다. 검찰이 수사를 통해 표면적으로 말살한 것은 '조국 일가'였지만 실제로 말살하고자 한 것은 우리 사회의 검찰개혁 의지였다. 검찰을 기득권 세력의 중추로 놓아둘 것인가, 아니면 민주주의에 걸맞은 국가기관으로 개혁할 것인가를 둘러싼 대립 국면에서 절대다수 언론매체는 검찰과 같은 보조를 취했다. 하지만 검찰도 언론도 지금의 국민이 과거의 국민이 아니며 지금의 정권이 과거의 정권이 아니라는 사실은 미처 생각하지 못한 듯하다. 시민들은 검찰의 행태를 통해 그들의 정당성이 아니라 부당성을 확인했다.

검찰과 언론은 몇 달에 걸쳐 조국 일가의 사생활 전반을 샅샅이 헤집었지만 '외국 대학 온라인 퀴즈 답안 작성 지원' 같은 혐의 아닌 혐의까지 공소장에 끼워 넣는 초라한 '성과'를 거두는 데 그쳤다. 검찰의 이런 행태는 검찰개혁에 무관심했던 시민들까지 절실함을 인식하게 만들었다. 촛불은 이 절실함의 표현이었고, 검찰 눈치를 보던 정치인들도 검찰개혁을 중요한 시대적 과제로 인식하기에 이르렀다. 정치인들에게 검찰은 늘 두려운 존재였다. 촛불시민들의 열망과 결기가 없었다면 국회는 이번에도 검찰의 '예견된 보복' 앞에 굴복했을 가능성이 크다.

그러나 '미래의 기대 수익'을 쉽게 포기하는 개인이나 집단은 없다. 국회의 결정은 국회의 결정으로 뒤집을 수 있다. 공수처법과 검경 수사권 조정안의 국회 의결 뒤에도 검찰이 무리한 수사와 기소를 계속하는 것은 개혁법안 폐기를 바라는 정치적 의사 표현이라고 봐도 무방할 것이다. 무소불위의 권력을 행사해온 검찰이 민주적 통제에 익숙해지려면 많은 시간이 필요하다. 특권을 잃은 집단이 과거의 특권을 되찾고자 기회를 노리는 것은 역사의 상례(常例)다. 그런 점에서 개혁법안 통과는 검찰개혁의 첫걸음일 뿐이다. 조국은 자기 말대로 검찰개혁을 위한 '불쏘시개' 역할을 했고 시민들은 그 불쏘시개를 일단 작은 불길로 키워냈지만 아직 걷잡을 수 없는 불길이 된 것은 아니다. 개혁을 좌절시키려는 움직임은 앞으로도 상당 기간 계속될 것이다. 이에 맞서 개혁 과제를 완수하는 것이 민주 시민들 앞에 놓인 과제다.

절대다수 언론매체는 조국이 법무부 장관에 내정된 직후부터 그 일가에 관한 것이라면 의심할 소지가 있든 없든, 그 의심이 합리적이든 비합리적이든 가리지 않고 수만 건의 기사를 쏟아냈다. 개중에는 공익(公益)과 어떤 관계가 있는지 알 수 없는 기사들, 조국 일가를 괴롭히려는 악의밖에 발견할 수 없는 기사도 많았다. 이 사안을 통해 균형감각과 공정성을 잃은 언론의 민낯이 적나라하게 드러났다. 당연히 '검찰개혁' 다음은 '언론개혁'이라는 목소리가 높아졌다. 하지만 언론에 대한 광범위한 불만에도 불구하고, 법적, 제도적 장치를 통해 언론을 개혁하는 데는 한계가 있다. 언론사는 대부분 사기업이기 때문에 정부가 개혁의 주체로 나서기 어렵다.

언론사들의 편향성은 거대 광고주들과 이해관계를 같이하면서 성장해온 역사의 산물이다. 절대다수 언론매체가 검찰 주장만 일방적으로 전달했던 것은 그들이 이른바 기득권 세력과 같은 관점을 가졌기 때문이다. 다만 이번 사태에서 주목해야 할 것은 언론매체들이 노무현 전 대통령 수사 때처럼 수많은 악의적 기사를 쏟아냈음에도 그때와 비교해 여론에 미친 영향은 상대적으로 적었다는 점이다. 한편으로는 시민들이 언론의 과거 행태를 잊지 않았기 때문이고, 다른 한편으로는 언론 지형이 급변했기 때문이다. 오늘날에는 종이신문의 적지 않은 분량이 윤전기에서 나오자마자 '계란판' 공장으로 직행하고, 뉴스의 대부분은 SNS나 개인 미디어를 통해 전파된다. 빅데이터와 인공지능으로 조회 수가 가감 없이 집계되는 현실에서 기사의 가치를 판정하는 권리는 다시 시민들에게 귀속될 가능성이 크다. 따라서 현재 진행 중인 변화의 맥락에서 보자면 언론개혁은 법, 제도, 정치의 문제라기보다는 문화의 문제다. 언론개혁은 곧 시민 각자의 자기 혁신과 직결된 문제이며 그런 만큼 단시일 내에 성과를 기대하기는 어려울 것이다.

검찰과 언론이 처음부터 중대 혐의로 단정하고 유포한 것은 사모펀드 문제였다. 일부 언론은 조국이 차기 대선에 출마할 목적으로 직권을 남용해 거액의 불법 자금을 조성한 사건인 양 몰아갔고 그런 내용의 풍문도 널리 유포되었다. 검찰이 조직적으로 대통령의 인사권 행사에 반발하는 것이 분명한 상황에서도 대통령은 '법과 원칙대로' 수사한다는 검찰의 주장을 수용했다.

그러나 수많은 인력을 투입해 몇 달간 수사한 결과는 초라하기 짝이 없었다. 검찰은 공소장에 조국이 딸 장학금 명목으로 '무려' 600만 원에 상당하는 뇌물을 받았으며, 가까운 지인에게 부탁해 아들의 인턴 활동 증명서를 허위로 발급하도록 했고, 아들의 온라인 시험 답안 작성을 도와 외국 대학의 성적 처리 업무를 방해했으며, 부산시 경제부시장의 비위 사실을 알고도 검찰에 수사 의뢰를 하지 않고 감찰을 무마했다는 등의 혐의 정도만 기재할 수 있었다. 문제의 사모펀드와 관련해서도 부인 정경심이 해당 사모펀드를 실제로 소유하고 지배했다는 검찰 주장을 뒤엎는 증언들이 나오는 형편이다.

검찰과 언론의 기대 또는 예상대로 조국이 심각한 불법 행위를 저질렀다면 검찰개혁을 향한 시민의 열망이 이처럼 뜨겁게 분출할 수는 없었을 것이다. 없는 죄를 억지로 꾸며내고 작은 잘못을 침소봉대한 검찰과 언론의 행위가 역설적으로 검찰개혁의 당위성을 입증했고, 그런 점에서 조국이 감당한 '불쏘시개' 역할은 역사적 의미를 갖는다. 그렇지만 재판 결과와는 별도로 같은 노력을 기울여도 출발점이 다르기에 도착점이 다를 수밖에 없는 '구조적 불공평' 문제는 우리 사회가 해결해야 할 또 다른 숙제다. 조국 자신은 자녀 문제에서 불철저했다며 사과했지만 이를 '개인의 도덕성' 문제로만 남겨둘 수는 없다.

최민희 전 의원으로부터 원고 집필을 부탁받았을 때 당연히 사양했다. 이 역사적 사건의 맥락을 정리하기에는 필자의 능력이 부족하다는 것을 잘 아는 데다 백서 발간은 아직 이르다고 판단했기 때문이다. 사안이 종결된 뒤에 제작하는 것이 백서인데 아직 진행 중인 일들을 섣불리 정리할 수는 없었다. 그러나 최 전 의원은 이렇게 말했다. "그러면 너무 늦습니다." 이 한마디에 모든 사정이 압축되어 있었다.

시민사회는 이번 사태와 매우 흡사했던 노무현 전 대통령에 대한 검찰과 언론의 무고 및 모욕 사건에 대해서도 백서를 만들지 못했다. 시간이 흐른다고 해서 사건의 전모가 명백해지는 것은 아니다. 게다가 검찰이 향후 어떤 행보를 취할지 충분히 짐작할 수 있었다. 검찰은 분명히 개혁법안의 폐기 방도를 모색할 것이고 이는 선거에 영향을 미치는 행태로 나타날 수밖에 없다. 2022년 대선이 검찰개혁을 안착시키느냐 좌절시키느냐를 가름하는 분수령이 될 것이라는 사실은 검찰도 알고 시민들도 안다. 검찰에게 고비인 것이 시민들에게도 고비다. 한 사람의 시민으로서 필요한 일을 하는 것이 역사학자의 도리라고 생각해 마음을 바꿨다.

지난 반년 넘는 기간 동안 언론이 '단독' 또는 '검찰발'로 쏟아낸 '속보'의 홍수 속에서 시민들이 취한 태도는 경이로울 정도였다. 시민들은 기사의 진위와 숨은 의도를 이성으로 판별했고 스스로 진실을 찾아내서 공유하기 위해 노력했다. 입증되지 않은 혐의 내용을 함부로 유포한 검찰의 행태와 검찰의 주장에만 의존해 악의적인 추측성 보도로 지면을 채운 언론의 행태는 2009년 노무현 전 대통령 서거 직전과 조금도 다르지 않았지만 시민들의 태도는 전혀 달랐다. 수십 년간 한국 사회의 핵심 과제 중 하나였던 검찰개혁에 첫발을 내디딜 수 있었던 것은 근본적으로 시민 의식이 진전된 덕이었다. 이번 사태는 궁극적으로 시민들 각자의 기억 안에서 정리될 터이지만 그 기억들이 공유되지 않으면 민주적 공동체의 존립 근거는 취약해질 수밖에 없다. 이 백서 발간의 첫 번째 의미는 '기억의 공유'를 위한 기초 자료 제공에 있다.

물론 어떤 사안이든 관점에 따라 달리 해석할 수 있다. 이 백서는 2019년 여름부터 2020년 봄까지 진행되고 있는 일련의 사건들을 '검찰이 집단 사익을 지키기 위해 언론과 야당의 전폭적 지원하에 권한을 남용하여 대통령의 인사권을 침해하고 조국 일가를 무리하게 기소한 사태'로 정리했지만 이와 전혀 다르게 판단할 수도 있다. 시민들이 이 '다름'을 이해하고 그 논리적 맥락과 근거에 대해 토론하는 것은 민주주의와 법치주의의 진전을 위해 필요한 일이다. 이 백서 발간의 두 번째 의미는 그러한 토론을 위해 논점을 제시하는 데 있다.

끝으로 이번 사태의 역사적 맥락과 관련해 한 가지만 더 짚어보려고 한다. 얼마 전 브라질에서는 언론의 동조하에 판사와 검사가 모의해 대선 후보 1위 주자였던 진보 성향의 룰라를 부패 혐의로 투옥한 사실이 드러나 큰 물의를 빚었다. 그 결과로 당선된 현재의 보우소나루 대통령은 최근 전력과 상하수도 등 42조 원어치에 달하는 공공자산 300개를 매각하겠다고 공언했다. 지금 브라질에서는 연일 민영화 반대 시위가 벌어지고 있지만 한국 언론매체 대다수는 '민영화 결과 외자 유치 격증' 같은 기사만 쏟아내고 있다. 브라질에서는 당시 룰라를 투옥한 검사와 판사 들에 대해 '자기들이 속한 기득권층의 이해관계에 맞추어 법 지식을 악용했다'는 비난 여론이 거세지만 선거 결과를 뒤집을 수는 없는 상황이다.

문제는 이들의 정치 개입이 '법치'의 이름으로 이루어졌기 때문에 전문적인 법 지식을 모르는 대중은 항의조차 어렵다는 점에 있다. 전문가들이 자신들의 직업적 이익을 유지, 확대하기 위해 지식을 악용하는 문제는 모든 나라와 모든 분야에서 나타나고 있다. 당장 수자원 전문가들이 '4대강 찬성' 여론 조성에 앞장섰던 것이나 원자력 전문가들이 '원전 폐지 반대' 논리를 만들어 유포시키는 것은 우리가 겪었거나 겪고 있는 일들이다. 법치국가에서 '법 지식인' 또는 '법 전문가'들이 사회 최상층의 이해관계를 일방적으로 대변하는 것은 민주주의에 대한 심각한 위협이다. 법 적용과 집행이 최상층의 이해관계에 따라 좌우된다면 그 사회는 신분제 사회라고 보는 것이 더 타당하기 때문이다.

제2차 세계대전 이후에 독립한 나라, 국민의 평균 교육 수준이 낮은 나라에서는 한동안 군사독재가 유행처럼 번졌다. 그 이유에 대해 많은 학자가 '당시 이들 나라에서는 군(軍)이 가장 현대화한 집단이었으며 군인들이 최상위 엘리트였기 때문'이라고 분석했다. 이 분석대로라면 군사독재는 엘리트주의가 자신을 표현하는 방식의 하나일 뿐이다. 군사독재 문화와 엘리트주의가 강한 나라에서는 브라질에서 일어난 것과 유사한 법조-언론 유착 쿠데타의 가능성이 상존한다. 한국 검찰은 이번 사태에서 자신들의 이익을 지키기 위해 가용한 수단들을 미리 공개하는 무리수를 범했다. 검찰개혁이 현실화할 가능성이 커지자 전가의 보도인 편파 수사와 언론 동원의 칼을 서둘러 뽑아든 것이다. 그런 점에서 조국은 검찰개혁의 '불쏘시개' 역할뿐 아니라 법조 쿠데타의 '예방주사' 역할도 한 셈이다.

민주주의는 군주제나 독재의 반대말인 동시에 엘리트주의에 대립하는 말이기도 하다. 민주주의의 실질을 확장하기 위해서는 시민들 스스로 엘리트주의에서 벗어나기 위해 끊임없이 노력해야 한다. 이번 사태는 여러 면에서 엘리트주의와 민주주의의 대결을 촉발했다는 점에서도 역사적 의미가 크다. 민주주의는 자전거를 타고 오르막길을 가는 것과 흡사해서 페달에서 발을 떼는 순간 후퇴하기 마련이다. 촛불로 탄생시킨 정부가 있는데 시민들이 왜 또 촛불을 들어야 하느냐고 한탄하는 사람들도 많지만 민주국가에서 주권자로 산다는 것은 본래 피곤한 일이다.

조국백서추진위원회에 이 글의 초고를 보낸 것은 2020년 1월 29일이었고, 다른 필자들의 원고가 차례로 완성되면서 넉 달 후 출판사로부터 교정지가 도착했다. 그 사이 조국과 정경심 재판이 여러 차례 진행되었다. 법정에서 검찰의 주장을 뒷받침하는 결정적인 증거와 증언 들이 나왔다면 원고를 다시 쓰거나 폐기해야 할 상황이었다.

그러나 필자에게는 다행하게도 그리고 한국 사회에는 불행하게도 그런 일은 생기지 않았다. 오히려 그사이에 채널A 기자가 신라젠 사건 수감자의 대리인과 나눈 대화의 녹취 파일이 공개되었다. 해당 기자는 유력 검사와의 친분을 내세우며 유시민 노무현재단 이사장을 잡을 수 있게 협조하라고 회유했다. 검찰과 언론이 손을 잡으면 얼마든지 죄 없는 사람을 죄인으로 만들 수 있다는 생각은 그 기자만 했던 것일까? 발각된 것이 처음이라고 해서 이런 공작도 처음이라고 할 수 있을까? 기획에서 실행에 이르는 공작의 전모는 아직 알 수 없지만 이 공작이 성공했더라면 우리 사회는 다시 '유시민 사태'를 겪었을 것이다. 이런 사태가 다시 일어나지 않도록 하는 것이 우리 시대의 과제 중 하나다. 이 백서가 그 과제를 달성하는 데 조금이나마 도움이 되기를 바란다.

검찰·언론의 '합주'와 대통령 지지율

이른바 '조국 정국'은 문재인 대통령이 조국 청와대 민정수석비서관을 법무부 장관 후보자로 지명한 2019년 8월 9일 전후부터 조국 법무부 장관이 사퇴한 10월 14일까지 두 달여에 걸쳐 진행되었다. 이 기간 동안 정치권과 시민사회의 대립은 매우 격렬했고 문재인 대통령과 조국 장관에 대한 여론은 크게 악화되었다.

이 과정에서 누가 시민사회의 여론에 가장 큰 영향을 미쳤을까? 그들의 어떤 행위가 조국 장관과 문재인 대통령에 대한 인식과 태도를 부정적으로 바꾸게 했을까? 조국 정국 동안에 벌어진 여론 변화를 문재인 대통령 국정수행 지지율(국정 지지율)[2]을 중심으로 살펴보았다. 조국 법무부 장관, 윤석열 검찰총장, 정경심 교수, 조범동 씨 등 주요 인물과 검찰 수사가 언론에 어떻게 보도되었고 이것이 여론에 어떤 변화를 가져왔는지 정리했다.

---

[2] 여론조사기관 '리얼미터'의 자료를 토대로 분석했다. 문재인 대통령의 국정 지지율은 리얼미터 일간 집계(표본 수 1000명가량) '문재인 대통령 국정수행 긍정 평가'를 서로 인접한 5일 동안 산술평균한 이동평균(moving average)으로 산정했다. 당일 이동평균은 전일 이동평균의 마지막 다섯 번째 일간 집계를 제외하고 당일 일간 집계를 포함하는 방식으로 산정했다.

악어와 악어새 '검언(檢言)'의 도전

조국 정국 2개월 동안의 문재인 대통령 국정 지지율 변화를 살펴보면 여론 악화에 가장 큰 영향을 미친 핵심 요인은 바로 검찰과 언론이었다. 언론은 문재인 대통령이 조국 법무부 장관 후보자를 지명한 때부터 조국 장관이 사퇴할 때까지 조 장관과 그의 가족을 둘러싼 각종 의혹을 쏟아냈다. 언론의 보도량은 이례적으로 많았고 기사 제목이나 내용도 기존의 장관 인사에서는 찾아볼 수 없을 만큼 선정적이었다. 언론은 검찰 수사 내용을 '단독', '속보'라는 제목으로 퍼 나르고 확인되지 않은 의혹을 '특종'이라는 명목으로 부풀렸다.

국회가 조국 법무부 장관 후보자 인사청문회 일정에 합의한 2019년 8월 27일, 검찰은 조 후보자 가족에게 제기된 의혹과 관련해 전국 20여 곳을 동시다발적으로 압수수색했다. 대통령 권한 아래 있는 집행기관인 검찰에 의해서 헌법이 부여한 대통령의 인사권, 그리고 행정부에 대한 국회의 견제·감시 권한이 무력화되기 시작한 것이다. 검찰의 개입으로 조국 후보자 인사청문회는 누구도 예상하지 못한 방향으로 흘러갔다.

검찰과 언론은 조국 정국의 결정적인 순간마다 '맹활약'을 펼쳤다. 검찰은 조국 후보자 인사청문회를 며칠 앞둔 9월 3일 조 후보자의 배우자 정경심 교수의 대학 연구실을 압수수색했다. 그리고 사흘 뒤인 9월 6일 인사청문회 종료 직전 정 교수를 전격 기소했다. 문재인 대통령이 조국 법무부 장관을 임명한 이틀 후인 9월 11일 조 장관 5촌 조카의 통화 녹취록이 언론을 통해 공개되었고 사모펀드 관련 검찰 수사가 확대되었다. 검찰은 9월 23일 조 장관 자택을 11시간 동안 압수수색했다. 10월 6일 조 장관과 정 교수의 청문회 당일 '차명폰' 통화 논란과 5촌 조카의 공소장이 언론을 통해 공개되었다. 이 과정에서 문재인 대통령과 조국 장관에 대한 여론은 급속도로 악화되었다.

세 번의 하락과 두 번의 반등

문 대통령의 국정 지지율은 조국 민정수석을 법무부 장관 후보자로 지명한 2019년 8월 9일 리얼미터 조사에서 50.2%를 기록했고, 조국 법무부 장관이 사퇴한 10월 14일에는 41.8%로 집계되었다. 2개월이 경과하면서 전국 19세 이상 360만 명가량에 해당하는 8.4%포인트가 하락한 것이다. 이 기간의 문재인 대통령 국정 지지율은 세 번의 하락기와 두 번의 반등기를 포함해 모두 다섯 구간으로 구분할 수 있다.

첫 번째 구간은 문 대통령이 조국 민정수석을 법무부 장관 후보자로 지명한 8월 9일부터 검찰이 조국 후보자의 의혹과 관련한 1차 압수수색을 동시다발적으로 단행한 다음 날인 8월 28일까지 약 3주 동안의 '초기 하락기'이다.

이 초기 하락기에 문재인 대통령의 국정 지지율은 50.2%(8월 9일)에서 45.8%(8월 28일)로 4.4%포인트 하락했다. 문 대통령이 조국 후보자를 지명한 8월 9일 전후부터 시작된 언론의 조국 후보자 관련 의혹 보도는 8월 16일을 기점으로 이례적으로 급증했고, 기사의 제목이나 내용은 매우 선정적이었다. 이로 인해 약 일주일이 경과한 8월 16일의 국정 지지율은 49.6%를 기록하며 50% 선 아래로 떨어졌다.

이후 문 대통령이 '후보자 지명' 인사권을 행사한 지 18일이 지나고 국회 인사청문회를 앞둔 8월 27일, 검찰은 장학금, 인턴십, 웅동학원, 사모펀드 등의 의혹을 이유로 부산대 의학전문대학원, 부산시청, 경남교육청, 공주대, 단국대, 웅동학원을 포함한 20여 곳에 대해 동시다발적 압수수색을 실시했다.[3] 이른바 1차 검찰 압수수색이다. 이 압수수색이 진행된 이튿날 문 대통령의 국정 지지율은 45.8%로 떨어졌다.

두 번째 구간은 '초기 반등기'이다. 초기 하락기의 마지막 날인 8월 28일 전후부터 조국 후보자의 기자간담회가 끝난 이튿날인 9월 4일까지다. 이 기간에 문재인 대통령의 국정 지지율은 45.8%(8월 28일)에서 1.6%포인트 오른 47.4%(9월 4일)를 보이며 반등 양상을 나타냈다. 문 대통령과 조 후보자 지지층을 중심으로 검찰, 언론, 자유한국당의 행태를 지적하는 시민들의 자발적 대응과 유시민 노무현재단 이사장의 '참전'이 시작된 시기이다.

8월 27일 검찰의 1차 압수수색 당일, 문재인 대통령과 조국 후보자 지지층은 '조국 힘내세요'와 같은 포털사이트 실시간 검색어 운동을 시작했다. 이 운동은 문 대통령의 조국 법무부 장관 임명(9월 9일) 직전까지 약 2주 동안 거의 매일 지속되었다.[4] 이틀 후인 8월 29일 유시민 이사장은 TBS 〈김어준의 뉴스공장〉과의 인터뷰에서 조국 후보자 가족에 대한 검찰의 압수수색과 언론의 보도 행태를 비판했다. 이 인터뷰에서 유 이사장은 조국 후보자에 대한 언론 보도와 검찰 수사를 각각 '마녀사냥'과 '가족

---

[3] 이 외에도 8월 27일 검찰 압수수색 대상에는 서울대, 고려대, 코링크PE, 웰스씨앤티, 조국 후보자 친인척 주거지 등이 포함되었다.

[4] 실시간 검색어 운동은 '가짜뉴스 아웃'(8월 28일), '한국언론 사망', '정치검찰 아웃'(8월 29일), '법대로 임명', '보고싶다 청문회'(8월 30일), '나경원 자녀 의혹'(8월 31일), '나경원 사학비리 의혹'(9월 1일), '한국기자 질문수준'(9월 2일), '보고 있다 정치검찰', '나경원 소환조사'(9월 3일), '생기부 불법유출'(9월 4일), '일본불매 조국수호', '황교안 자녀 장관상', '언론검찰 광기'(9월 5일), '김진태 포렌식 유출'(9월 6일), '검찰개혁 공수처 설치'(9월 7일) 등으로 이어졌다.

인질극'으로 분석했다. 이 인터뷰는 조국 정국에서 드러난 검찰과 언론의 문제점을 명확하게 짚어냄으로써 그동안 침묵하던 시민들을 결집시키고 여권 정치인들의 말문을 여는 데 결정적인 역할을 한 것으로 보인다.

검찰 수사 내용을 매개로 가짜뉴스 수준의 왜곡되고 부풀려진 언론 보도가 이어졌지만 조국 후보자는 후보자라는 신분의 제약으로 인해 거의 대응을 하지 않았다. 그러다가 9월 2일 기자간담회를 열고 각종 의혹에 대해 자신의 입장을 설명했다. 9월 2일 오후 3시 30분부터 3일 새벽 2시 16분까지 11시간 동안 진행된 이 기자간담회는 10%가 넘는 시청률을 기록할 정도로 국민의 이목을 집중시켰다.[5] 대다수의 언론이 "조 후보자가 기자간담회에서 '모르쇠'로 일관했다"며 혹평한 반면, 다수의 시민들은 "언론의 의혹 제기에 대해 조 후보자가 적절하게 설명했다"고 평가했다. 한편 이날 기자간담회에서 드러난 기자들의 '무한반복' 질문 공세에 시청자들은 냉소적인 반응을 보였고, 한국 언론의 수준을 개탄하는 목소리도 높아졌다.

유시민 이사장의 인터뷰와 조국 후보자의 기자간담회를 거치면서 문재인 대통령과 조 후보자에 대한 여론은 다시 긍정적으로 바뀌기 시작했다. 조 후보자의 기자간담회가 끝난 9월 3일 리얼미터가 실시한 조국 후보자 임명 찬반 여론조사 결과는 찬성 46.1%, 반대 51.5%로 나타났다. 검찰의 1차 압수수색 이튿날인 8월 28일 조사(찬성 39.2%, 반대 54.5%)와 비교하면, 찬성은 6.9%포인트 증가하고 반대는 3.0%포인트 감소한 것

---

[5] 실시간 시청률 조사회사 ATAM에 따르면, 9월 2일 오후 3시 28분부터 오후 6시까지 지상파 3사, 종합편성채널 4사, 보도채널 2사가 생중계한 기자간담회의 실시간 시청률 시간 총합은 13.88%였다.

이다. 문재인 대통령의 국정 지지율도 8월 28일(45.8%)에는 40%대 중반에 그쳤으나 9월 4일(47.4%)에는 40%대 후반으로 상승했다.

세 번째 구간은 '중기 하락기'이다. 초기 반등기의 마지막 날인 9월 4일부터 9월 19일까지다. 이 기간에는 2, 3차 압수수색, 정경심 교수 기소 등 검찰 수사가 보다 확대·강화되었고, 검찰의 수사 내용을 철저한 확인과 검증 없이 보도하는 일명 '받아쓰기' 행태가 본격적으로 나타났다. 이 과정에서 문재인 대통령의 국정 지지율은 47.4%(9월 4일)로 시작해 44.7%(9월 19일)로 마감하며 2.7%포인트 하락했다. 조국 정국이 시작된 이후 처음으로 45% 선 아래로 떨어진 것이다.

이 중기 하락기에는 압수수색, 소환, 기소 등 조국 후보자 가족에 대한 검찰 수사가 집중되었고, 수사 내용 유출에 따른 언론의 불공정하고 편파적인 보도가 확산되었다. 9월 3일 검찰은 조 후보자 기자간담회가 끝나고 7시간 만에 정경심 교수의 동양대 연구실과 한국국제협력단(KOICA)에 대한 압수수색을 벌였다.[6] 이튿날인 9월 4일에는 조 후보자 딸의 학교생활기록부 공개와 '동양대 표창장 위조' 의혹을 둘러싼 보도가 확대되었다. 9월 6일에는 국회에서 조 후보자에 대한 인사청문회가 열렸고, 인사청문회가 종료되기 직전 검찰은 '동양대 표창장 위조' 혐의로 정경심 교수를 전격 기소했다. 이 과정에서 조국 후보자에 대한 여론은 다시 악화되기 시작했다. 인사청문회가 열리기 하루 전인 9월 5일 리얼미터가 실시한 조 후보자 임명 찬반 여론조사 결과는 찬성 40.1%, 반대 56.2%였다.

---

6   조국 정국이라는 사안의 중대성과 여론의 관심 집중이라는 측면에서 2차 압수수색으로 칭할 수 있다.

9월 3일 조사(찬성 46.1%, 반대 51.5%)에 비해 찬성은 6.0%포인트 감소했고 반대는 4.7%포인트 증가했다.

9월 9일 문재인 대통령이 조국 후보자를 법무부 장관으로 임명하고[7] 이틀 후인 9월 11일에는 조국 장관 5촌 조카의 대화 녹취록이 공개되는 등 사모펀드와 관련한 검찰 수사와 언론 보도가 확대되었다. 9월 16일 검찰은 5촌 조카에 대한 구속영장을 청구했고 언론은 정경심 교수에 대한 검찰 소환 보도를 쏟아냈다. 이 결과, 9월 19일에는 문재인 대통령의 국정 지지율이 당시 조국 정국에서 가장 낮은 44.7%로 떨어졌다.

네 번째 구간은 중기 하락기가 끝난 시점인 9월 19일부터 9월 26일까지의 '중기 반등기'이다. 이 기간에는 문재인 대통령과 조국 장관을 지지하는 시민들을 중심으로 '정치검찰'과 '기레기 언론'을 비판하는 촛불집회가 본격화되었고, 과도한 검찰 수사를 지적하는 비판 여론이 확대되었다. 문재인 대통령의 국정 지지율은 44.7%(9월 19일)에서 47.9%(9월 26일)로 3.2%포인트 반등하며 다시 40%대 후반으로 상승했다.

9월 21일에는 서울중앙지검 일대에서 6차 서초동 촛불집회가 대규모로 열렸다. 9월 16일 1차부터 9월 20일 5차까지는 비교적 소규모로 열렸으나 6차부터 집회의 규모가 급격하게 확대되었다. 이날 3만 명 이상의 시민들이 참여했는데 대부분 3050세대였으며 가족 단위의 참가자와 지방에서 상경한 사람들도 적지 않았다. 이날 집회에 참여한 시민들은 '검

---

7 임명 당일 실시한 리얼미터 여론조사에서 조국 법무부 장관 임명에 대한 긍정평가(잘했다)가 46.6%, 부정평가(잘못했다)가 49.6%로 나타났다. 이러한 여론은 임명 직전에 비해 호전된 것인데, 문재인 대통령이 조국 장관을 임명함으로써 일시적으로 지지층이 결집한 결과라고 해석할 수 있다.

찰개혁', '공수처 설치', '조국 수호' 등의 구호를 외쳤다.[8] 또한 학계와 문화예술계를 중심으로 검찰개혁과 언론개혁을 주장하는 시국선언이 이어졌다. 9월 26일에는 부산광역시의회에서 국내외 교수·연구자 4000여 명이 검찰개혁을 촉구하는 시국선언을 했다.[9] 9월 27일에는 '조국 장관 지지, 검찰개혁, 언론 자성'을 촉구하는 2019 문학인 선언이 뒤따랐다.

9월 23일에는 검찰이 조국 장관 자택을 11시간 동안 압수수색했다. 압수수색이 이례적으로 장시간에 걸쳐 이뤄지고, '자장면 논란'까지 불거지면서 검찰 수사의 과도함과 불공정성에 대한 비판 여론이 확산되었다. 이튿날인 9월 24일에는 더불어민주당이 검찰을 피의사실공표 혐의로 고발하는 것을 검토하겠다고 밝혔다. 이틀 후인 9월 26일 문재인 대통령의 국정 지지율은 47.9%로 나타났다. 조 장관 자택에 대한 검찰의 압수수색이 진행된 9월 23일(46.0%) 대비 1.9%포인트 상승한 것이다.

마지막 다섯 번째 구간은 '말기 하락기'이다. 중기 반등기의 마지막 날인 9월 26일부터 조국 장관이 사퇴한 10월 14일까지다. 이 말기 하락기에 문재인 대통령의 국정 지지율은 47.9%(9월 26일)에서 시작해 41.8%(10월 14일)로 마감하며 6.1%포인트 떨어졌다. 이 41.8%는 리얼미터 집계 기준으로 문 대통령 취임 후 최저치다. 이 기간의 하락 폭(6.1%포

---

[8] 서초동 촛불집회는 7차(9월 28일), 8차(10월 5일), 9차(10월 12일)로 이어졌다. 10월 19일부터는 문재인 대통령 지지자들을 중심으로 여의도에서도 촛불집회가 열렸다. 여의도 촛불집회는 10월 19일, 10월 26일, 11월 2일 등 매주 토요일에 개최되었다.

[9] 앞서 9월 19일에는 사회정의를 바라는 전국교수모임(정교모)이 청와대 앞 분수대 광장에서 조국 법무부 장관의 파면을 촉구하는 시국선언을 했다. 정교모는 3000여 명이 참여했다고 발표했으나 40여 명의 명단만 공개하고 나머지 대부분은 비공개로 했다. 폐교되었거나 허구인 대학 교수들이 다수 포함되면서 조작 논란이 제기되었다.

인트) 역시 조국 정국에서 나타난 세 번의 하락기 중에서 가장 크다.

조국 정국의 말기 하락기에서는 검찰 수사와 언론 보도가 지속적으로 확대되었다. 동시에 중기 반등기에 급격하게 표출되었던 시민들의 검찰개혁 요구가 점점 더 높아지고 조국 장관 가족에 대한 과도한 수사를 비판하는 여론이 거세지자 검찰은 자체 개혁안을 발표하는 등 적극적인 여론전에 나섰다. 또한 자유한국당 등 보수정당과 기독교 계열 보수단체가 주도하는 이른바 '광화문 집회'가 계속되고, 문재인 대통령과 조국 장관, 그리고 검찰개혁을 지지하는 시민들을 중심으로 '서초동 집회' 또는 '여의도 집회'가 대규모로 열리면서 대립이 격화되었다.

검찰은 9월 30일과 10월 1일 잇따라 '검찰개혁 입장문'과 '검찰개혁안'을 발표했다. 10월 3일 개천절에는 자유한국당과 우리공화당, 기독교 단체가 광화문 일대에서 '조국 파면'을 주장하며 대규모 장외집회를 열었다. 대다수 언론은 검찰 주장이나 보수정치 세력 집회 위주로 기사를 내보냈다.

10월 7일에는 조국 장관과 정경심 교수의 '차명폰 통화' 논란, 5촌 조카의 공소장 공개, 조 장관 동생의 구속심사 연기 요청 관련 보도가 확산되었다. 다음 날인 10월 8일에는 조 장관 동생에 대한 검찰의 강제구인 및 법원 구속영장 심사, 정경심 교수에 대한 3차 검찰 소환 보도가 이어졌다. 10월 9일 한글날에는 자유한국당과 보수단체의 광화문 집회가 대규모로 열렸고, 여의도에서는 '검찰개혁, 조국수호' 시민집회가 역시 대규모로 개최되었다. 조국 장관 거취를 둘러싼 진영 대립이 격렬해지고, 검찰의 '먼지떨이식' 불공정 수사와 언론의 편파 보도가 계속되는 상황에서 문재인 대통령의 국정에 대한 국민 인식은 급속도로 나빠졌다. 문 대통령의 국정 지지율은 10월 11일 42.1%까지 떨어졌다. 사흘 뒤인 10월 14일 조국 법무부 장관이 전격 사퇴했다. 이날 문재인 대통령의 국정 지지율은 조국 정국 기간 최저치이자 문 대통령 취임 이후 최저치인 41.8%를 기록했다.[10]

검찰과 언론 vs 촛불시민

조국 정국 기간에 문재인 대통령과 조국 장관(또는 후보자)에 대한 여론에 가장 큰 영향을 미친 행위자는 바로 검찰과 언론이다. 물론 자유한국당을 비롯한 보수 야당과 기독교 단체를 중심으로 한 우익보수 세력 역시 주요 행위자로 볼 수 있지만, 조 장관에 대한 왜곡되고 부풀려진 핵심 정보를 생산하고, 그 자체만으로 여론에 부정적인 영향을 미치는 여러 차례의 동시다발적 '압수수색', '소환', '기소', '수사 내용 유출' 같은 검찰 행위가 결정적이었다. 또한 검찰의 행위와 수사 내용을 다량의 보도와 선정적인 제목으로 시민들에게 전달한 언론의 행위 역시 조국 정국의 여론을 좌지우지한 핵심 요인이다. 조국 정국에서 정보와 여론의 '생산'과 '유통'을 책임진 검찰과 언론은 한마디로 악어와 악어새의 '공존공생', '찰떡궁합'을 여실히 보여주었다.

이러한 검찰과 언론의 행태를 비판하며 여론의 흐름을 바꾸기 위해 노력한 사람들은 다름 아닌 한 명 한 명의 시민들이었다. 이들은 검찰 개혁을 목 놓아 외치고, 언론의 불공정성을 지적하며 기성 언론이 제대로

---

10 조국 장관이 사퇴한 직후 문재인 대통령의 국정 지지율은 급속한 회복세를 보였다. 조국 장관이 사퇴한 10월 3주 차의 마지막 날인 10월 18일 국정 지지율은 10월 14일 대비 2.7%포인트 상승한 44.5%를 기록했다.

보도하지 않는 중요한 내용들을 퍼 날랐다. 실시간 검색어 운동, 서초동 촛불집회 참여 등 자발적인 행동으로 '레거시 언론'이 다루지 않는 검찰 수사의 정치성, 검찰개혁의 불가피성을 알리면서 서로에게 힘을 북돋웠다. 이러한 '장삼이사' 시민들이 없었더라면 시기 시기마다 있었던 여론의 반전은 없었을 것이며 공수처 설치 등 검찰개혁은 지연되었을 것이다.

유시민 노무현재단 이사장, TBS 〈김어준의 뉴스공장〉, 촛불집회의 플랫폼 역할을 한 〈시사타파TV〉 이종원 PD, 팟캐스트 〈새날〉의 푸른 나무 등과 같이 영향력 있는 매체와 개인들의 역할도 빼놓을 수 없다. 이들은 검찰과 언론의 문제점을 지적하고 가짜뉴스를 가려내며 '진짜뉴스'를 전달하기 위해 힘썼다. 이들의 선도적 '나섬'이 있었기에 많은 시민들이 상황의 위급함, 검찰개혁의 불가피성을 인식할 수 있었고 자신감 있는 참여로 나아갈 수 있었다. 김민웅, 우희종, 최배근 교수 등 촛불집회에 참여해 검찰개혁에 힘을 보탠 지식인들의 역할도 빼놓을 수 없다.

여론 변화를 통해 살펴본 조국 정국은 기존 질서와 기득권을 유지하려는 검언(檢言)의 '도전'과 개혁의 열망으로 가득 찬 시민들의 '응전'이 맞서는 과정이었다. 시민들의 용기 있는 '나섬'이 있었기에 2019년 12월 30일 고위공직자범죄수사처 설치법이 국회를 통과했고, 2020년 1월 13일 검경 수사권 조정법안이 통과되었다. 하지만 검찰과 언론 그리고 일부 사법부 구성원들의 '도전'은 여전히 사그라지지 않고 있다. 사법개혁 완성의 길은 앞으로도 험난할 것으로 예상된다.

2부

검란

조국 사태와 정치검찰

프롤로그

왜 검찰개혁인가

보수와 진보를 막론하고 검찰에 대한 국민의 불신은 어제오늘의 일이 아니다. 장관급 검찰총장과 수십 명의 차관급 검사로 구성된 비대한 검찰 조직은 기소독점주의와 영장청구 독점권, 직접수사권과 수사지휘권을 가진 막강한 권력이다. 행정부 수반인 대통령은 '누군가'의 계좌를 들여다볼 권한이 없지만 검찰은 마음만 먹으면 '누군가'를 수사 대상으로 지목해 '합법적으로' 계좌를 추적할 수 있다. 대한민국에서 거의 유일하게 '원하기만 하면' 수단과 방법을 가리지 않고 계좌 추적을 할 수 있다는 사실은, 검찰(총장)이 '특수한 상황'이 조성되면 대통령이나 국회의장, 국무총리나 대법원장보다 막강한 권력을 행사할 수 있는 존재라는 의미이기도 하다. 대한민국 권력 순위 1위는 대통령, 2위는 국회의장이다. 검찰은 권력 순위와 무관하게 모두를 들여다볼 수 있다. 때로는 선출된 권력보다 더 막강한 '막후 권력'을 행사할 수 있는 것이다.

권력화된 검찰, 선택적 정의와 인권 유린

국민들이 검찰을 불신하는 이유는 크게 몇 가지로 정리된다. 첫째, 검찰은 '범죄에 대한 국가 차원의 대응'이라는 본래의 역할을 제대로 수행하지 못하고 있다. 사회악을 척결하고, 정의로운 사람들이 안심하고 정상적인 삶을 살 수 있도록 하는 것이 검찰 본연의 역할이다. 하지만 "검찰이 있으니 안심하고 생업에 종사할 수 있다"고 생각하는 대한민국 국민이 얼마나 될까. 거꾸로 검찰은 '무전 기소, 유전 불기소'로 시민들의 삶을 위협하는 껄끄러운 존재로 인식되고 있다고 해도 과언이 아니다.

둘째, 검찰은 끊임없이 정치권력의 도구 즉 '정치검찰'이라는 의심을 받아왔다. 대한민국의 권력기관들은 정부의 성격에 따라 갈등하며 경쟁해왔다. 박정희 군부정권은 중앙정보부를 중심에 두고 검경을 하위개념으로 운용했다. 이 시절의 검찰은 일개 통치 수단으로 치부되었다. 전두환 신군부가 정권을 잡은 뒤에는 군부가 막강한 영향력을 행사했다. 전두환 씨가 보안사령관 출신이었기 때문에 보안사가 권력의 중심에 서서 국가안전기획부와 함께 검찰권을 통제했다. '관계기관 대책회의'라는 비공개 조직이 가동되었던 것으로 알려져 있다.

문민정부가 들어서면서 역설적으로 검찰의 지위는 크게 격상되었다. 하나회를 숙청하며 군부를 약화시킨 김영삼 정부는 군부나 정보기관에 의존하기 힘든 상황이었기 때문에 검찰을 중심에 두고 권력기관들을 운용했다. 이 시기에 검찰의 위상은 크게 높아졌다.

김대중 정부와 노무현 정부 시절에는 '검찰개혁'이 화두로 떠올랐다. 그러나 민주정부 내부에서도 '검찰 민주화'와 '검찰독립'이라는 두 가지 검찰개혁 과제에 있어 선후에 대한 전략이 부재했던 게 아닌가 반성하게 된다. 여기에 검찰권력 분산을 위한 검경 수사권 분리 의제가 더해졌는데 국민들이 아직 그 필요성을 잘 알지 못하는 상황이었다. 당연히 검찰개혁은 시동조차 걸지 못한 채 '논쟁적 수준'에 머무르고 말았다.

이명박, 박근혜 보수정부 시절에는 권력과 검찰이 한 몸처럼 움직였다. 이명박 정부의 권재진, 박근혜 정부의 김기춘, 우병우는 권검 한 몸의 상징적인 인물이다. 이명박, 박근혜 정부에서 검찰은 '정치검찰의 행태'를 적나라하게 보여주었다.

셋째, 검찰은 스스로 권력화하기 시작했고 국민은 검찰의 권력화를 경계하게 되었다. 촛불혁명으로 탄생한 문재인 정부 초기, 검찰이 '적폐청산' 수사를 담당하면서 개혁 대상인 검찰이 문재인 정부 개혁 과제의 중심에 서게 되었다. 문재인 정부가 들어선 뒤 각종 여론조사에서 개혁 1순위 과제로 지목된 것은 바로 '정치검찰 개혁'이었다. 그런데 개혁 1순위 대상인 검찰이 역설적이게도 국정원 개혁을 위한 수사를 진행하고 사법농단 수사까지 담당하게 된 것이다. 검찰의 적폐청산 수사 결과로 국정원 등 권력기관의 힘은 축소되었고, 오히려 검찰권력이 강화된 상태에서 '검찰개혁'을 추진해야 하는 아이러니한 상황이 발생했다. 오랫동안 검찰의 하위 기관처럼 역할해온 경찰은 아직 검찰을 견제할 만큼 준비되지 못한 상태였다. 사법농단 수사를 통해 '박근혜 탄핵'의 근거를 제공하고, 전직 대통령에게 형사적 책임을 물은 검찰은 '우리가 대한민국 권력을 좌우할 수 있다', '문재인 정부를 우리가 만들었다'는 식의 자만으로 스스로 '권력의 핵'인 듯 행동했고, 시민들은 이를 경계하며 촛불을 들었다.

넷째, 권력화한 검찰이 수사 과정에서 '법적 원칙'이 아니라 '선택적 정의'를 구현하고 있다는 점이다. 국민들은 검찰권 행사가 편파적이고 불공정하다는 것을 인지하고 의심하게 되었다. 비록 검찰이 권력화했다고 하더라도 수사와 기소에서 법적 원칙을 지켜왔다면 '검찰개혁'의 목소리는 지금처럼 높지 않았을지도 모른다. 그러나 문재인 정부가 들어선 이후에도 검찰의 수사는 '선택적'이고 '편향적'이었다. 검찰은 '자신들만의 기준'으로 누구는 인디언 기우제식 수사를 하고, 누구는 수사를 하더라도 기소하지 않으며, 누구는 아예 수사조차 하지 않았다. '검찰이 편의적인 수사와 기소 행위를 반복하고 있다'는 국민적 비판은 점점 거세지고 있다.

검찰은 중대한 사회적 이슈에 대해 '성역 없는 수사'를 진행하겠다고 공언해왔다. 그러나 이는 역설적이게도 지금까지의 수사에 성역이 있었음을 인정하는 꼴이다. 반대로 추론하면 성역에 들지 못한 수사 대상에 대해서는 과잉 수사가 이뤄져왔다는 의미로도 읽힌다. 이러한 과잉 수사, 먼지떨이 수사, 언론을 통한 망신 주기 수사 등으로 대표되는 잘못된 검찰 수사를 통해 인권이 유린되고 있다. 범죄사실과 관계없이 수사 과정에서 사실상 유죄로 낙인찍히는 '검언유착' 마녀사냥도 벌어지고 있다. 과잉 수사가 도를 넘으며 여론재판의 대상이 되고, 가혹한 인권 유린에 사회적으로도 매장을 당하지만 가장 큰 문제는 나중에 '결백'이 밝혀져도 그동안 받은 인격적, 법적, 사회적 피해는 구제받을 방법이 없다는 것이다.

검찰권력의 분산과 민주적 통제

박근혜 탄핵 이후 문재인 정부가 출범한 뒤 적폐청산 과정에서 검찰에 권력 집중이 심화되자 검찰권력의 분산과 검찰 내 적폐 인맥 해체가 검찰개혁의 중요 과제로 부각되었다. 2019년 검찰은 서울중앙지검 등 세 개 검찰청을 제외한 전국 모든 검찰청에 설치된 특별수사부(특수부) 폐지, 파견 검사 복귀, 공개 소환 폐지 등 자체 개혁안을 내놓았다. 그러나 이

개혁안은 내용도 부실하고 실효성도 떨어진다는 비판에 직면했다.

2020년 1월 통과된 검경 수사권 조정안(형사소송법과 검찰청법 개정안)과 고위공직자범죄수사처 설치법(공수처법)은 검찰권력의 분산과 민주적 통제의 관점에서 마련된 검찰개혁안이라고 평가할 수 있다. 제한적이나마 검찰이 사법경찰관에 대한 수사 지휘 및 공판 등 본연의 업무에 집중할 수 있게 되었고, 공수처 설치로 검찰의 기소독점 폐해를 시정할 수 있는 길이 열렸다. 불법행위를 한 검사를 공수처가 단죄할 수 있게 된 것은 국민이 피부로 느낄 수 있는 성과라고 할 수 있다. 국회에서 검찰개혁 법안을 마련하는 데 2019년 가을 서초동과 여의도에서 진행된 촛불집회가 큰 힘이 되었다.

그러나 2020년의 검찰개혁은 과도기적이며 불완전하다. 궁극적으로 수사권과 기소권이 완전히 분리되어야 하고, 검찰의 정치적 독립과 중립을 실현하기 위한 깨알 같은 장치가 더 필요하다. 검찰총장 등 검찰 고위직 출신이 퇴임 이후에 정치권으로 진입하지 못하도록 금지하는 입법화도 필요하고, 공판부와 공판 검사의 위상 제고와 인원 확충도 시급하다. 이 같은 검찰 조직 개편은 검찰을 검찰 본연의 임무로 돌아가게 하는 중요한 과제다.

국민참여재판을 확대, 발전시켜나가는 것도 검사의 기소 재량을 통제하는 좋은 방안일 수 있다. 우리나라의 국민참여재판이 미국식 대배심 제도나 일본식 검찰심사회 제도, 소청심사위원회 등의 수준으로 나아간다면 국민의 사법기관 참여, 검찰의 중립성과 객관성을 보장하는 지름길이 될 수 있을 것이다.

60년 만의 검찰개혁 입법 과정이 '조용히' 진행되었다면 이 또한 기네스북에 오를 일이었을 것이다. 2019년 8월부터 12월까지 대한민국은 검찰개혁을 둘러싸고 홍역을 치렀다. 비검찰 출신의 박상기 법무부 장관을 기용하며 검찰개혁을 예고한 문재인 대통령은 2019년 9월 조국 민정수석을 법무부 장관으로 임명했다. 이 과정에서 조국 전 장관은 온 가족이 검찰 수사를 받는 곤욕을 치렀다. 조국 일가의 수난은 여전히 계속되고 있다.

지금부터 조국 전 장관 가족에 대한 검찰 수사 내용과 그 과정에 대해 판단할 수 있는 자료를 제공하고자 한다. 조국 전 장관 가족에 대한 검찰 수사는 법적 정의와 법적 원칙에 충실한 것이었는가, 아니면 목표를 정한 인디언 기우제식 수사였는가. 판단은 독자들의 몫이다.

검찰의 전방위적 수사

서울중앙지검은 2019년 12월 31일 조국 전 법무부 장관을 공직자윤리법 위반, 형법상 위계공무집행방해 및 업무방해, 뇌물수수, 증거은닉 및 위조교사 등으로 기소했다. 2019년 8월 9일 조국 민정수석이 법무부 장관 후보자로 지명된 후 검찰은 8월 27일 서울중앙지검 특수부를 투입해 조국 본인뿐만 아니라 일가친척을 대상으로 전방위적 수사에 착수했다. 그로부터 기소까지 4개월여 동안 대한민국을 들썩이게 만든 검찰 수사의 결과는 과연 어떠했을까. 검찰 기소 직후에 조국 전 장관의 변호인단은 다음과 같은 입장문을 발표했다. 변호인단은 검찰의 수사와 기소에 대해 처음부터 조 전 장관을 최종 목표로 정해놓은 수사, 인디언 기우제식 수사, 상상과 추측과 허구에 기초한 기소라고 평가했다.

오늘(2019년 12월 31일) 서울중앙지검은 조국 전 법무부 장관을 공직자윤리법 위반, 형법상 위계공무집행방해 및 업무방해, 뇌물수수, 증거은닉 및 위조교사 등으로 기소하였습니다. 법무부 장관 지명 이후 검찰이 조 전 장관을 최종 목표로 정해놓고 가족 전체를 대상으로 총력을 기울여 벌인 수사라는 점을 생각하면, 초라한 결과입니다. 이번 기소는 검찰의 상상과 허구에 기초한 정치적 기소입니다. 기소 내용도 검찰이 '인디언 기우제'식 수사 끝에 어떻게 해서든 조 전 장관을 피고인으로 세우겠다는 억지 기소로밖에 보이지 않습니다.

입시비리, 사모펀드 관련한 검찰의 기소 내용은 조 전 장관이 배우자인 정경심 교수에 대한 기소 내용을 모두 알고 의논하면서 도와주었다는 추측과 의심에 기초한 것입니다. 조 전 장관이 증거은닉과 위조를 교사했다는 혐의와 조 전 장관의 딸이 받은 부산대 의전원 장학금이 뇌물이라는 기소 내용도 검찰의 상상일 뿐입니다. 이제 검찰의 시간은 끝나고 법원의 시간이 시작되었습니다. 그동안 언론을 통해 흘러나온 수사 내용이나 오늘 기소된 내용은 모두 검찰의 일방적인 주장일 뿐입니다. 앞으로 재판 과정에서 하나하나 반박하고 조 전 장관의 무죄를 밝혀나가겠습니다.

끝으로 법치국가에서 범죄 혐의에 대한 실체적인 진실과 유무죄는 재판정에 합법적인 증거들이 모두 제출되고, 검사와 피고인이 대등한 지위에서 공방을 벌인 후 재판부의 판결을 통해서 비로소 확정됩니다. 그럼에도 그동안 조 전 장관과 가족들은 수사 과정에서 아직 확정되지도 않은 사실과 추측이 무차별적으로 보도됨으로 인해 회복할 수 없는 피해를 입었습니다. 앞으로는 근거 없는 추측성 기사를 자제해주실 것을 다시 한번 당부드립니다.

조국 전 장관 가족에 대한 부동산 위장거래, 위장소송 의혹이 처음 제기된 2019년 8월 16일부터 조국 전 장관이 기소된 2019년 12월 31일까지 130여 일간 검찰이 어떤 수사를 벌여왔는지 살펴보면서 과연 적법하고도 적정한 수사였는지, 합리적 의심의 여지가 없을 정도로 입증 가능한 사실들로 기소되었는지 묻고자 한다. 우선 2019년 8월부터 2020년 1월까지 진행된 검찰 수사의 흐름부터 살펴보도록 하자.

2019년

8월 16일 법무부 장관 지명 일주일 만에 조국 법무부 장관 후보자 동생 부부의 위장이혼, 부동산 위장거래, 위장전입, 웅동학원 위장소송 의혹 등이 제기되었다.

8월 19일 자유한국당 김진태, 주광덕 의원은 각각 부동산 위장매매 의혹, 웅동학원 위장소송 의혹에 대해 조국 후보자 부부와 후보자 동생 부부 등을 서울중앙지방검찰청과 대검찰청에 고발했다. '행동하는 자유시민'은 사모펀드 의혹 등에 대해 조국 후보자를 서울서부지방검찰청에 고발했다. 서울중앙지검은 김진태 의원의 고발 건을 형사1부에, 서울서부지검은 '행동하는 자유시민'의 고발 건을 형사1부에 배당했다.

8월 27일 서울중앙지검은 형사1부에 배당한 조국 후보자 관련 사건을 특수2부에 재배당했다. 특수2부는 부산대, 서울대, 고려대, 웅동학원 등 20여 곳에 대한 압수수색을 실시했다.

8월 29일 서울중앙지검 특수2부는 조국 후보자 딸의 장학금 특혜 의혹과 관련해 오거돈 부산시장 집무실을 압수수색하고 조국 후보자 딸의 고교 때 인턴 활동과 관련해 한국과학기술연구원(KIST) 소속 연구소장을 소환조사했다.

9월 3일 서울중앙지검 특수부는 조국 후보자 딸의 '논문 제1저자' 논란과 관련해 단국대 교수, 조국 후보자 가족 관련 사모펀드가 투자한 가로등 점멸기 제조업체 웰스씨앤티 상무, 웅동학원 행정실장을 지낸 후보자 손위 처남 등 관계자들을 소환조사했다. 조국 후보자 부인인 정경심 동양대 교수의 연구실과 대학본부, 서울대 의대, 한국국제협력단(KOICA) 등을 압수수색했다.

9월 4일 서울중앙지검 특수부는 웰스씨앤티 대표, 정경심 교수의 자산관리인인 한국투자증권 프라이빗뱅커(PB), 동양대 최성해 총장 등을 소환조사했다.

9월 5일 서울중앙지검 특수부는 한국투자증권 영등포PB센터를 압수수색했다. 사모펀드 운용사 코링크PE 대표를 소환조사했다.

9월 6일 서울중앙지검 특수부는 조국 후보자에 대한 인사청문회 당일 정경심 교수를 동양대 표창장 위조 혐의로 피의자 조사 없이 전격 기소했다. 또한 코링크PE 대표를 이틀째 소환조사하고 웅동학원 이사, 부산대 교수 등도 소환조사했다.

9월 7일 서울중앙지검 특수부는 정경심 교수의 자산관리인인 한국투자증권 PB를 2차 소환조사했다.

9월 8일 서울중앙지검 특수부는 코링크PE 전 이사와 코링크PE에 40억 원 이상 투자한 자동차 부품업체 익성의 부사장 등을 소환조사했다.

9월 9일 서울중앙지검 특수부는 조국 법무부 장관이 임명되자 코링크PE 대표에 대해 특정경제범죄가중처벌법상 횡령·배임, 증거인멸교사 혐의로 구속영장을 청구했다. 웰스씨앤티 대표에 대해 특정경제범죄가중처벌법상 횡령 혐의로 구속영장을 청구했다.

9월 10일 서울중앙지검 특수부는 웰스씨앤티 대표 자택 등에 대한 3차 압수수색을 실시하고 익성 대표를 소환조사했다.

9월 14일 조국 장관의 5촌 조카가 귀국 직후 인천공항에서 체포되었다. 코링크PE 대표와 웰스씨앤티 대표에 대한 구속영장이 기각되자 검찰은 사흘 만에 이들을 다시 소환조사했다.

9월 16일 서울중앙지검 특수부는 조국 장관의 5촌 조카에 대해 자본시장법상 부정거래·허위공시와 특정경제범죄가중처벌법상 횡령·배임, 증거인멸교사 등의 혐의로 구속영장을 청구했다. 조 장관의 딸과 손아래 처남을 소환조사했다.

9월 17일 서울중앙지검 특수부는 더블유에프엠(WFM) 전 대표를 소환조사했다.

9월 20일 서울중앙지검 특수부는 코링크PE 투자기업인 익성 본사와 자회사인 아이에프엠(IFM)의 전 대표 자택 등을 압수수색했다. 조 장관 아들의 서울대 인턴증명서 조작 의혹에 대한 고발 건으로 한인섭 형사정책연구원장을 소환조사했다.

9월 21일 서울중앙지검 특수부는 웅동학원 허위공사 의혹 관련 웅동중학교와 사건 관계자의 자택 등을 압수수색했다.

9월 22일 서울중앙지검 특수부는 조 장관의 딸을 두 번째 소환조사했다.

9월 23일 서울중앙지검 특수부는 조 장관의 방배동 자택과 아주대·충북대 법학전문대학원, 연세대 대학원, 이화여대 입학처 등 조 장관 자녀의 지원 대학에 대한 압수수색을 실시했다. 자택에 대한 압수수색은 11시간 만에 종료되었다.

9월 24일 서울중앙지검 특수부는 조 장관의 아들을 소환조사했다.

9월 26일 서울중앙지검 특수부는 웅동학원 위장소송 의혹과 관련해 조국 장관의 동생과 전처를 처음으로 소환조사했다.

9월 27일 서울중앙지검 특수부는 조국 장관의 동생을 이틀 연속 소환조사했다. 사모펀드 의혹과 관련해 금융감독원을 압수수색했다.

9월 30일 서울중앙지검 특수부는 웅동학원 채용비리 의혹을 받고 있는 브로커 조 씨에 대한 구속영장을 청구했다.

10월 1일 서울중앙지검 특수부는 웅동학원 관련 의혹에 대해 조 장관의 동생을 세 번째 소환조사했다.

10월 3일 서울중앙지검 특수부는 정경심 교수를 소환조사하고, 웅동학원 채용비리 브로커 박 씨에 대한 구속영장을 청구했다. 조 장관의 5촌 조카를 주가조작·횡령 혐의로 구속기소했다.

10월 4일 서울중앙지검 특수부는 조 장관의 동생에 대해 특정경제범죄가중처벌법상 배임과 배임수재, 증거인멸교사 등의 혐의로 구속영장을 청구했다.

10월 5일 서울중앙지검 특수부는 정경심 교수에 대한 2차 소환조사를 실시했다.

10월 8일 서울중앙지검 특수부는 정경심 교수에 대한 3차 소환조사를 실시하고 조 장관 동생에 대한 구인영장을 집행했다. 정경심 교수의 자산관리인이 근무했던 한국투자증권 목동지점을 압수수색하고 해당 자산관리인을 소환조사했다.

10월 12일 서울중앙지검 특수부는 정경심 교수에 대한 4차 소환조사를 실시했다.

10월 14일 서울중앙지검 특수부는 정경심 교수에 대한 5차 소환조사를 실시했다. 조국 장관은 취임 35일 만에 사퇴 입장문을 발표했다.

10월 15일 서울중앙지검 특수부는 웅동학원 채용비리 혐의로 구속된 전달책 2명을 구속기소했다.

10월 16일 서울중앙지검 특수부는 정경심 교수에 대한 6차 소환조사를 실시했다.

10월 17일 서울중앙지검 특수부는 정경심 교수에 대한 7차 소환조사를 실시했다.

10월 21일 서울중앙지검 특수부는 정경심 교수에 대해 자본시장법상 허위신고·미공개정보 이용, 범죄수익은닉규제법 위반, 위계공무집행방해, 허위작성공문서행사, 증거위조교사 등 11개 혐의로 구속영장을 청구했다. 조국 전 장관의 동생에 대한 소환조사를 실시했다.

10월 25일 서울중앙지검 반부패수사부는 정경심 교수의 구속 후 첫 소환조사를 실시했다.

10월 27일 서울중앙지검 반부패수사부는 정경심 교수의 구속 후 2차 소환조사를 실시했다.

10월 29일 서울중앙지검 반부패수사부는 조국 전 장관 동생에 대해 범인도피와 강제집행면탈 혐의를 추가해 구속영장을 재청구했다. 정경심 교수 구속 후 3차 소환조사를 실시했다. 한국투자증권 PB에 대한 소환조사를 실시했다.

10월 30일 서울동부지검 형사6부(부장검사 이정섭)는 유재수 부산시 경제부시장에 대한 감찰 무마 의혹과 관련해 대보건설 등을 압수수색했다.

10월 31일 조국 전 장관의 동생이 구속되고 정경심 교수의 구속 기간이 연장되었다.

11월 1일 서울중앙지검 반부패수사부는 조국 전 장관 동생의 구속 후 첫 소환조사를 실시했다.

11월 2일 서울중앙지검 반부패수사부는 정경심 교수의 구속 후 4차 소환조사를 실시했다.

11월 3일 서울중앙지검 반부패수사부는 조국 전 장관 동생의 구속 후 2차 소환조사를 실시했다.

11월 4일 서울동부지검 형사6부는 '유재수 감찰 무마' 의혹과 관련해 금융위원회와 업체 두 곳을 압수수색했다. 서울중앙지검 반부패수사부는 조국 전 장관 동생을 구속 후 세 번째로 소환조사했다.

11월 5일 서울중앙지검 반부패수사부는 정경심 교수를 구속 후 다섯 번째로 소환조사했다. 허위 인턴증명서 발급 의혹 수사와 관련해 서울대 법학전문대학원 조국 교수 연구실 등을 압수수색했다.

11월 8일 서울중앙지검 반부패수사부는 정경심 교수를 구속 후 여섯 번째로 소환조사했다. 조국 전 장관의 동생은 건강상의 이유로 불출석 사유서를 제출했다. 서울동부지검 형사6부는 조국 전 장관 동생의 구속 기한 연장을 신청해 법원 허가를 받았다.

11월 11일 서울중앙지검 반부패수사부는 정경심 교수에 대해 자본시장법상 허위신고·미공개정보 이용, 금융실명법·범죄수익은닉규제법 위반 등 14개 혐의를 적용해 추가 기소했다. 정경심 교수의 딸, 조국 전 장관의 동생과 5촌 조카가 공범으로 적시되었다. 조국 전 장관의 동생을 구속 후 네 번째로 소환조사했다. 부산대 의전원 장학금 특혜 의혹과 관련해 노환중 부산의료원장을 소환조사했다.

11월 12일 서울중앙지검 반부패수사부는 사모펀드 의혹과 관련해 상상인저축은행을 압수수색했다.

11월 14일 서울중앙지검 반부패수사부는 조국 전 장관을 자녀 입시비리, 사모펀드 의혹과 관련해 소환조사했다.

11월 18일 서울중앙지검 반부패수사부는 조국 전 장관 동생에 대해 배임수재와 업무방해, 증거인멸교사 등의 혐의로 구속기소했다.

11월 19일 서울동부지검 형사6부는 유재수 전 부산시 경제부시장의 자택, 자산운용사 등 5곳을 압수수색했다.

11월 21일 서울중앙지검 반부패수사부는 조국 전 장관을 두 번째로 소환조사했다. 서울동부지검 형사6부는 특정경제범죄가중처벌법상 뇌물수수 혐의로 유재수 전 부산시 경제부시장을 소환조사했다.

11월 25일 서울동부지검 형사6부는 유재수 전 부산시 경제부시장에 대해 뇌물수수, 수뢰후부정처사, 청탁금지법 위반 등의 혐의로 구속영장을 청구했다.

11월 28일 서울중앙지검 반부패수사부는 조국 전 장관의 아들을 2차 비공개 소환조사했다.

12월 4일 서울동부지검 형사6부는 '유재수 감찰 무마' 의혹과 관련해 청와대 대통령비서실을 압수수색했다.

12월 11일 서울중앙지검 반부패수사부는 조국 전 장관에 대한 3차 소환조사를 실시했다.

12월 13일 서울동부지검 형사6부는 뇌물수수 등의 혐의로 유재수 전 부산시 경제부시장을 구속기소했다.

12월 16일 서울동부지검 형사6부는 '유재수 감찰 무마' 의혹과 관련해 조국 전 장관을 1차 소환조사했다.

12월 17일 서울중앙지검 반부패수사부는 동양대 표창장 위조 혐의로 정경심 교수를 추가 기소했다. 검찰은 9월 6일 동일한 사건으로 기소한 사건에 대해서도 공소유지를 하겠다고 밝혔다.

12월 18일 서울동부지검 형사6부는 '유재수 감찰 무마' 의혹과 관련해 조국 전 장관을 2차 소환조사했다. 서울중앙지검 공공수사2부는 '청와대 하명 수사' 의혹과 관련해 국무총리실을 압수수색했다.

12월 23일 서울동부지검 형사6부는 조국 전 장관에 대해 '유재수 감찰 무마' 의혹 관련 직권남용권리행사방해 혐의로 구속영장을 청구했다.

12월 24일 서울중앙지검 공공수사2부는 '청와대 하명 수사' 의혹과 관련해 울산경찰청과 울산남부경찰서 등을 압수수색했다.

12월 31일 서울중앙지검 반부패수사부는 조국 전 장관을 공직자윤리법 위반, 형법상 위계공무집행방해 및 업무방해, 뇌물수수, 증거은닉 및 위조교사 등 11개 혐의로 불구속기소했다. 자녀 입시비리와 관련해 정경심 교수를 추가 기소하고 노환중 부산의료원장을 뇌물공여와 부정청탁 및 금품수수 금지에 관한 법률 위반 혐의로 기소했다.

2020년

1월 6일 서울동부지검 형사6부는 '유재수 감찰 무마' 의혹과 관련해 조국 전 장관을 3차 소환조사했다.

1월 17일 서울동부지검 형사6부는 조국 전 장관을 '유재수 감찰 무마' 의혹과 관련해 직권남용권리행사방해 혐의로 기소했다.

검찰의 '조국 수사'는 적법하고 적정한가

조국 민정수석이 2019년 8월 9일 법무부 장관 후보자로 지명된 이후 검찰 안팎에서 반대의 목소리가 제기되었다. 철 지난 색깔론이야 그렇다 쳐도 "청와대 민정수석이 법무부 장관으로 직행하면 검찰의 독립성이 훼손될 수 있다"는 지적은 지난 이명박 정부에서 권재진 민정수석이 법무부 장관으로 임명될 당시에도 야당이었던 민주당이 강력히 반발하며 주장했던 내용이다. 어떻게 보면 무리한 인사라고도 볼 수 있지만, 민정수석의 법무부 장관 직행을 추진할 수밖에 없었던 이유는 문재인 정부가 가장 공들이고 있는 권력기관 개혁, 특히 검찰개혁이라는 과업을 반드시 완수해야 한다는 사명감 때문이라고 설명할 수 있을 것이다. 그런 면에서 검찰 내부, 그중에서도 검찰을 장악하고 있는 상층부 기득권 집단이 조국 장관의 임명을 반대한 것은 자연스러운 일이기도 했다.

그러나 조국 후보자에 대한 언론의 검증 보도에서 위장전입, 논문 표절, 병역 문제와 같은 개인 비리가 나오지 않자 언론은 후보자의 가족과 일가친척에 대한 각종 의혹을 문제 삼았고, 검증이라는 명목으로 수많은 기사를 쏟아내기 시작했다.

법무부 장관이라는 업무를 잘 수행할 만한 적격자인가를 검증의 기준으로 삼아야 할 언론이 그와 무관한 동생 부부의 이혼 문제를 시작으로 각종 의혹을 쏟아내자 검찰은 특수부 검사 수십 명을 투입하고 수십 곳을 압수수색하는 것으로 호응했다. 검찰이 130여 일 동안 벌여온 수사의 과정과 행태, 그 결과물인 조국 전 장관에 대한 공소사실을 볼 때 범죄 혐의에 따른 수사라기보다는 법무부 장관 낙마라는 정치적 목적으로 진행된 수사라는 의구심을 지우기 어렵다. 이것은 조국 후보자의 인사청문회 당일 정경심 교수를 동양대 표창장 위조 혐의인 사문서위조로 전격 기소하고, 이후 같은 표창장에 대해 범행의 일시, 장소, 방법을 달리하며 공소장 변경을 시도한 검찰의 행보에서 더욱 명확해진다.

정치적 목적의 수사

국회가 조국 후보자를 포함한 장관 인사청문회 일정에 합의한 다음 날인 2019년 8월 27일, 서울중앙지검은 조국 후보자에 대한 고발 건 등을 특수2부에 재배당하고 강제수사에 돌입했다. 이때부터 인사청문회가 열린 9월 6일까지 특수2부는 부산대, 서울대, 고려대, 웅동학원, 오거돈 부산시장 집무실, 동양대학교 대학본부와 정경심 교수 연구실, 서울대 의대, 한국국제협력단(KOICA), 한국투자증권 영등포PB센터 등 수십 곳을 압수수색했다. 또한 조국 후보자 딸의 고교 때 인턴 활동과 관련해 한국과학기술연구원(KIST) 소속 연구소장, 조국 후보자 딸의 '논문 제1저자' 논란과 관련해 단국대 교수, 조국 후보자 가족 관련 사모펀드가 투자한 가로등 점멸기 제조업체 웰스씨앤티 상무와 대표, 웅동학원 행정실장을 지낸 조국 후보자 손위 처남 등 관계자, 정경심 교수의 자산관리인인 한국투자증권 PB, 사모펀드 운용사로 알려진 코링크PE 대표, 웅동학원

이사, 부산대 교수, 동양대학교 총장 등 수십 명을 소환조사했다.

당시 검찰의 수사는 대규모 속도전을 방불케 했다. 정확한 수치를 파악할 수는 없지만 이 기간에 언론 보도를 통해 드러난 압수수색의 규모와 횟수는 이후 조국 전 장관과 정경심 교수가 기소되기 전까지 벌어진 압수수색과 비교해도 월등히 많은 것을 알 수 있다. 언론이 의혹을 제기하면 검찰이 압수수색과 소환조사를 실시하고, 이 내용이 다시 언론을 통해 보도되면서 출처와 사실 여부를 알 수 없는 의혹들이 증폭되었다. "조국 후보자와 그 아내는 자녀들의 상급학교 지원 과정에 불법과 부정을 저지르고 지위를 이용해 사적 이익을 도모하는 등 부도덕하고 위선적인 사람"이라는 프레임이 삽시간에 퍼져나갔다.

2019년 9월 6일 조국 법무부 장관 후보자 인사청문회에서 자유한국당 장제원, 여상규 의원 등은 "가족이 구속될 수도 있고 수사를 받는 상황에서 장관을 할 수 있겠는가"라는 취지의 질문을 이어갔고, 급기야 "부인이 기소되면 사퇴할 것이냐"는 질문을 통해 검찰과 자유한국당이 바라는 것이 무엇인지, 또 그것을 위해 앞으로 어떻게 할 것인지를 드러내고야 말았다. 자유한국당 의원들의 이러한 질문은 검찰이 정경심 교수를 곧 기소할 것이라는 정보 없이는 나올 수 없는 질문이었고, 검찰과 자유한국당이 조국 후보자의 사퇴를 압박하기 위해 '협업'하고 있다는 세간의 의심은 더욱 강해졌다. 하지만 검찰은 이에 아랑곳하지 않는다는 듯 인사청문회 당일 정경심 교수를 사문서위조 혐의로 기소했다.

정경심 교수에 대한 검찰의 기소는 이례적인 것을 넘어 비정상적인 것이었다고 할 수 있다. "표창장을 결재한 적도 준 적도 없다"는 동양대 최성해 총장의 발언이 나온 지 4일 만에 이루어진 데다 무엇보다 수사

과정에서 빠질 수 없는 피의자 본인에 대한 소환 및 조사가 생략되었기 때문이다. 수사는 물론이고 조사 업무에서 빠질 수 없는 가장 기본적인 절차는 서로 대립하는 당사자들에 대한 사실 확인이다. 검찰이 최성해 총장의 발언을 토대로 정경심 교수에게 사문서위조 혐의를 두었다면 참고인 최성해 총장에 대한 조사 후에 반드시 피의자 정경심 교수를 조사함으로써 최성해 총장의 진술에 대한 진위 여부를 따져야 했다. 표창장을 위조한 사실이 있는지, 위조한 사실이 있다면 어디서 어떤 방법으로 범행을 했는지, 동기가 무엇인지, 물증이 있는지 등을 조사해야 한다. 위조한 사실이 없다면 최성해 총장이 왜 그런 발언을 했는지 등을 조사해야 한다.

피의자와 참고인의 진술이 엇갈리는 경우에는 객관적인 증거와 정황을 통해 누구의 진술에 신빙성이 있는지를 따져 기소 여부를 정하는 것이 일반적이고 정상적인 수사 과정이다. 그러나 검찰은 최성해 총장은 소환조사했지만 정경심 교수에 대해서는 소환 요구조차 하지 않았다. 검찰이 피의자 조사도 없이 전격적으로 정경심 교수를 기소한 이유 가운데 그나마 가장 설득력 있는 주장은 사문서위조의 공소시효가 임박해서 어쩔 수 없었다는 것이다. 그러나 설사 그 주장이 맞다고 하더라도—이 주장은 이후 검찰의 공소장 변경 시도로 사실이 아님이 드러났다—위조문서행사죄에 대해서는 공소시효가 남아 있기 때문에 설득력이 떨어질 뿐 아니라 공소시효가 지날 때까지 피의자 조사를 하지 못했다면 기소를 하지 말라는 것이 공소시효제도의 취지라는 점에서 논란이 불가피했다. 결국 검찰의 이런 이례적이고 비정상적인 행동은 공소시효제도의 취지를 무시하면서까지 그날 기소를 해야 했던 어떤 특별한 이유가 있었다는 반증이라고 할 수 있다.

이와 관련해 "피의자 조사가 법적으로 정해진 의무가 아니"라거나 "피의자 조사를 하지 않고 기소했던 선례가 있다"는 언론 보도가 나오기도 했다. 피의자 조사를 반드시 해야 한다는 법조문이 없는 것은 사실이다. 그러나 법에 구체적인 수사 방법을 일일이 규정하지 않는 것은 너무나 당연한 일이며 '위법하지 않은 수사'가 곧 '적법한 수사'를 의미하지도 않는다. 피의자에게 최소한의 자기방어 기회조차 주지 않고 일방의 진술만을 근거로 기소한 것을 과연 적법하다고 할 수 있을지 의문이 든다. 그렇기 때문에 이런 경우는 형사소송법 제327조 제2호에 따라 '공소제기의 절차가 법률의 규정에 위반하여 무효인 때'에 해당하므로 '공소기각' 판결을 해야 한다는 견해도 있다.

피의자 조사 없이 기소한 선례는 '거의 모두' 피의자가 소환에 불응했거나 다른 객관적인 증거만으로도 기소가 충분한 경우였다. '거의 모두'라는 표현을 쓴 것은 혹시 있을지도 모를 예외를 상정한 것일 뿐 적어도 우리 사회가 민주화된 이후 피의자에 대한 소환 시도 없이 4일간의 짧은 수사만으로 기소한 경우는 없을 것이다.

정경심 교수에 대한 사문서위조 혐의 1차 기소는 검찰의 부실한 수사를 여실히 반영하고 있다. '피고인이 딸을 국내 유명 대학에 진학시키기 위해 2012년 9월 7일 동양대에서 성명불상의 공범과 함께 학교 총장의 승인 없이 직인을 임의로 날인하여 표창장을 위조했다'는 것인데, 이 공소사실은 검찰의 상상과 추정으로 가득 차 있다. 그 이유는 다음과 같다.

첫째, 공소사실에 표창장을 위조한 목적이 무엇인지 드러나지 않는다. 사문서위조는 '목적범'이기 때문에 처음부터 문서를 위조해서 어떠한 용도로 행사할 목적이 있어야 성립할 수 있다. 다른 범죄들에도 나름의 목적이 있겠지만, 문서위조의 경우 그 목적이 바로 범죄 성립 요소이기 때문에 구체성을 가져야 하고 입증 가능한 사실이어야 한다. 그런데 그 목적이라는 것은 위조한 사람이 마음에 품고 있는 생각이기 때문에 객관적으로 입증 가능한 영역이 아니다. 그래서 위조된 문서가 어떻게 '행사'되었는지를 보고 사후적으로 확인할 수밖에 없다. 쉽게 말해서 위조범이 자신은 장난으로 혹은 재미 삼아 가짜 문서를 만들었다고 말하더라도 문서를 어딘가에 행사한 사실이 있다면 그 행사 용도가 목적이 되는 것이다. 흔히 사문서위조, 위조사문서행사죄와 함께 기소되는 범죄로 사기죄가 있다. 예를 들면 갑이 을을 속이고 금전을 빼앗기 위한 수단으로 잔고증명서나 부동산계약서 같은 문서를 위조해서 을에게 보여주는 것이다. 이때 갑이 문서를 위조하는 목적은 을을 속여서 돈을 빼앗기 위한 것인데 이는 위조한 문서를 을에게 보여주고(행사) 돈을 편취하는(사기) 행위를 통해 구체화된다.

정경심 교수에 대한 1차 기소에서 검찰이 주장하는 목적은 "국내 유명 대학에 진학하기 위해서"였다. 하지만 유명 대학은 어디를 말하는지, 딸의 어떤 입시에 활용하기 위해서 표창장을 위조했다는 것인지 구체적인 목적이 드러나지 않는다. 이는 목적을 확인할 수 있는 위조사문서행사죄를 사문서위조죄와 함께 기소하지 않아서 일어난 결과인데 검찰은 왜 사문서위조와 한 세트인 위조사문서행사죄를 같이 기소하지 않았을까. 어떤 목적으로 표창장을 위조하고 또 어디에 썼는지 등 가장 기본적인 사실 확인이 안 된 상태에서 기소했기 때문에 검찰도 목적을 알 수 없었을 것이다. 목적범의 목적도 확인이 안 된 상태에서 급하게 기소를 해야만 했던 이유는 무엇인가.

둘째, 성명불상의 공범은 추측일 뿐 아무런 근거가 없다. 두 사람 이상이 공모하거나 합동해서 범죄를 저지른 사실은 인정되지만 공범의 신원을 파악하기 어려울 때 성명불상의 공범으로 적시해 기소하는 경우가 있다. 그러나 이 사건의 경우에는 문서위조에 가담한 사람이 몇 명인지조차 알 수 없다. 검찰에서는 한 명의 공범을 예정한 것 같기는 한데 그 근거 역시 전혀 알 수가 없다. 성명불상의 공범은 검찰의 상상 속에서만 존재하는 것이다.

셋째, 대학교 총장의 직인을 임의로 날인해 위조했다는 범행 방법은 문서를 위조할 때 일반적으로 사용하는 도장을 찍는 방식이 이번에도 사용되었을 것이라는 검찰의 추측일 뿐이다. 동양대 총장의 직인을 직접 찍어 날인한 것인지, 그렇다면 동양대 총장의 직인은 어떻게 구한 것인지 확인한 바가 없기 때문이다. 위조 방법은 나중에 검찰의 공소장 변경으로 완전히 바뀌었는데, 처음 기소할 때 검찰은 과연 무엇을 근거로 날인을 직접 했다고 한 것인지, 어떻게 근거도 없이 범행 방법까지 특정할 수 있었는지 의아하고 놀라울 따름이다.

이 부분에서 한 가지 특기할 만한 것은 공소제기 다음 날인 2019년 9월 7일 SBS가 단독이라는 타이틀을 내걸고 〈"조국 아내 연구실 PC에 '총장 직인 파일' 발견"〉 기사를 보도했다는 점이다. SBS는 이 보도에서 "정 교수는 압수수색 전에 연구실에서 가져갔던 업무용 PC를 검찰에 임의제출했다"면서 "검찰이 이 PC를 분석하다가 동양대 총장의 직인이 파일 형태로 PC에 저장돼 있는 것을 발견한 것으로 SBS 취재 결과 확인됐다"고 보도했다.

SBS의 이 보도는 '조국 사태' 초기 여론의 향방을 가르는 데 큰 영향을 미쳤다. 검찰이 정경심 교수를 소환조사하지도 않고 인사청문회 당일 전격 기소한 배경에 관심이 쏟아질 때였는데, 이 보도는 "검찰이 확실한 증거를 가지고 기소했을 것"이라는 추측에 힘을 실어주었기 때문이다. 그러나 정경심 교수의 재판 과정에서 검찰 측이 "이 PC에서 총장 직인이 발견된 게 아니었다"고 SBS 보도 내용을 부인하면서 오보 논란이 벌어졌다. 이후에 확인된 사실은 SBS 보도 당시 검찰은 '총장 직인 파일'을 확보하지 못한 상태였고, 보도 3일 후인 9월 10일 동양대에서 임의제출받은 PC에서 '총장 직인 파일'을 입수했다는 것이다. SBS 오보 논란은 9월 6일 검찰의 공소사실과 비교해보면 그 진위를 간단히 알 수 있는 문제였다. 만약 검찰이 기소 전에 직인 '파일'을 손에 넣었다면 공소사실에서 직인을 '날인'했다고 할 이유가 없기 때문이다. 관련 보도를 한 SBS는 물론이고 수많은 언론이 이 사안을 취재했지만 '직인 파일을 입수한 검찰이 공소사실에서는 왜 날인했다고 했는지' 의문을 제기한 보도가 없었다는 사실은 씁쓸하기만 하다.

넷째, 총장 승인이 없었다는 부분과 관련해서도 검찰의 조사가 제대로 이뤄지지 않았다. "나는 이런 표창장을 결재한 적도 준 적도 없다"는 최성해 총장의 발언이 있었기 때문에 총장 승인이 없었다는 주장은 언뜻 논란의 여지가 없어 보인다. 그러나 조금만 생각해보면 대학교 총장이 자신 명의의 표창장을 모두 기억할 수 없다는 것이 상식에 더 부합하고, 7년 전 표창장에 대해 단정적으로 "그런 적이 없다"고 발언한 것이 오히려 더 이상하다. 실제로 최성해 총장은 자신이 결재하지 않은 표창장이 있다는 취지로 진술을 바꾸기도 했다. 동양대 직원이 총장 직인을 사용할 수 있도록 내부 결재를 올린 동양대 문건이 보도되기도 했는데 이 문건에는 상장 수여자가 변동될 수 있다는 문구도 기재되어 있었다. 요약하면 이 사건에서 문제가 된 표창장은 총장 승인을 얻었다고 볼 수 있는 여지도 존재하지만, 검찰은 제대로 조사하지 않은 것이다.

검찰은 이러한 졸속, 부실 수사를 결국 스스로 인정하게 된다. 검찰은 2019년 12월 10일 기존의 공소사실을 "서울대에 제출하려는 목적으로 2013년 6월경 정경심 교수가 딸과 함께 공모하여 자신의 주거지에서 컴퓨터를 통해 파일을 붙여 위조했다"라는 사실로 변경해줄 것을 재판부에 요청했다. 국내 유명 대학 진학이라는 범행의 목적, 2012년 9월 7일이라는 범행 일시, 동양대라는 범행 장소, 성명불상의 공범, 직인 날인이라는 범행 방법까지 기존의 공소사실을 검찰 스스로 부정한 것이다. 변경 신청한 공소사실의 진위 여부는 차치하더라도 기존의 공소사실은 검찰의 상상으로 만들어진 허구라는 것을 인정한 셈이다.

서울중앙지법 제25형사부(부장판사 송인권)는 검찰의 공소장 변경 신청에 대해 공범, 범행 일시, 장소, 방법, 행사 목적 등이 모두 중대하게 변경되어 공소사실의 동일성이 인정되지 않는다는 이유로 공소장 변경을 불허했다. 법원은 검사가 공소장에 기재한 공소사실에 한해 심판할 수 있고, 심판 대상의 변경을 초래하는 공소장 변경은 피고인의 방어권을 침해할 우려가 있다. 따라서 공소장 변경은 피고인의 방어권을 보장하기 위해 '공소사실의 동일성'을 침해하지 않는 범위 내에서만 허용된다.

이러한 원칙에서 보면 공소장 변경을 불허한 재판부의 결정은 타당하다. 그러나 검찰은 표창장을 위조했다는 기본 사실은 같고 일시와 장소, 동기 등은 부수적인 사실에 불과하다며 재판부의 결정이 부당하다고 주장했다. 하나의 표창장을 두고 범행 일시, 장소, 공범, 방법, 목적까지 다르다면 어떻게 동일한 사실에 해당한다고 할 수 있을까. 검찰의 논리가 그저 놀랍고 또 놀라울 따름이다. 더욱 놀라운 것은 검찰이 이러한 두 가지 기소를 유지하고 있다는 점이다. 공소장 변경이 법원의 결정으로 불가능해지자 검찰은 변경하려고 한 공소사실로 추가 기소를 한다. 서울중앙지검 반부패수사2부(부장검사 송경호)는 추가 기소를 하면서 "본건 기소는 재판부가 공소장 변경 신청을 불허함에 따라 표창장 위조, 행사와 업무방해 혐의가 함께 심리되어 실체적 사실관계에 부합하는 판결을 구하기 위한 불가피한 조치"라며 "지난 9월 6일 기소한 사문서위조 사건은 공소장 변경 불허 결정의 부당성에 대해 상급심에서 판단받기 위해 계속 공소유지가 불가피하다고 판단했다"고 말했다.

공소장 변경 신청으로 1차 기소가 허구라는 것이 드러났으니 공소 취소를 해야 마땅하다. 그런데도 검찰은 공소장 변경 불허 결정의 부당성을 판단받기 위해 공소유지를 한다는 궤변을 늘어놓고 있다. 졸속 수사와 거짓으로 이루어진 기소에 대해 사과를 받아도 모자랄 판인데 피고인은 하나의 사실로 두 개의 재판을 받아야 한다. 검찰 입장에서는 공소취소를 하면 부실 수사와 이에 따른 공소권남용을 스스로 인정하게 되는 꼴이니 체면을 구기는 일이 될 테지만, 이것은 스스로 자초한 일 아닌가. 책임질 줄 모르는 검찰의 모습은 여기서도 여실히 드러나고 있다.

그동안 드러난 사실을 바탕으로 검찰이 공소를 제기한 2019년 9월 6일을 재구성해보자. 조국 후보자 인사청문회에서 자유한국당 의원들은 정경심 교수가 기소되면 사퇴할 것이냐는 질문을 후보자에게 줄기차게 던졌다. 검찰은 거짓임을 알거나 최소한 사실 확인이 안 된 상태에서 정경심 교수가 2012년 9월 7일 동양대에서 이름을 알 수 없는 누군가와 함께 딸을 유명 대학에 진학시키기 위해 동양대 총장 직인을 직접 찍는 방법으로 표창장을 위조했다는 공소장을 만들었다. 그렇다면 검찰이 9월 6일 정경심 교수를 기소해야만 했던 이유는 조국의 낙마 이외에는 달리 설명할 길이 없다.

  백 번 양보해서 최성해 총장의 발언대로 표창장을 위조한 혐의가 있다고 하더라도 다른 수사와 마찬가지로 피의자를 불러 혐의가 사실인지 확인해야 한다. 또 피의자에게 관련 증거물의 임의제출을 요구했는데도 이를 거부하면 그때 영장을 발부받아 압수수색하면 된다. 성명불상의 공범이 누구인지, 총장의 승인이 정말 없었는지, 동양대의 교무 행정상 모든 상장이나 표창장에 총장의 승인을 직접 받아야만 하는지, 위조 방법은 어떠했는지, 직인을 직접 날인했다면 그 직인을 어디에서 구했는지, 표창장을 위조했다면 이를 어디에 쓰려고 한 것이며 실제 어디에 쓰였는지 등을 조사해서 혐의가 인정되면 기소를 하는 것이 적법하고 적정한 수사인 것이다. 이 사건을 수사하고 기소한 검사들이 이런 기본적인 사항을 몰랐을 리가 없다. 수사와 기소의 기본 원칙을 무시하면서까지 그들이 지키려고 한 것이 무엇인지 묻지 않을 수 없다.

적법한 수사인가

  검찰의 공소장 변경 신청은 크게 두 가지 의미로 생각해볼 수 있다. 하나는 1차 공소장에 기재된 공소사실이 사실이 아님을 검찰 스스로 인정함으로써 '조국 낙마'라는 정치적 목적에 따른 졸속 수사와 전격 기소라는 점이 한층 명료해졌다는 것이다. 다른 하나는 검찰이 1차 기소를 한 뒤 추가 수사를 통해 확인된 사실을 기초로 공소장 변경을 신청했는데, 이는 '공소제기 후에 수사가 가능한가', '기소 후 수사를 통해 얻은 증거는 증거능력을 가지는가' 하는 법리적 쟁점을 불러왔다는 것이다.

원칙적으로 공소가 제기되면 피고인과 검찰은 대등한 당사자의 지위를 갖는다. 수사는 기소 여부를 판단하기 위하여 범인을 발견, 확보하고 증거를 수집하는 활동이다. 따라서 수사는 기소 전까지 가능한 것이고, 기소 후에는 검사와 피고인이 대등한 지위를 가지고(당사자주의) 법정에서(공판중심주의) 직접 주장과 증거를 제시함으로써(직접주의) 법관의 판단을 받는 것이다. 그러나 공소제기 이후라도 공소유지를 위해 필요하거나 혹은 공소유지 여부를 결정하기 위해 진행하는 수사는 허용된다. 다만 공소제기 후에는 해당 사건이 법원의 지배에 속하기 때문에 공소제기 전처럼 제한 없는 수사는 허용되지 않는다. 그 이유는 첫째, 법원의 심리에 지장을 초래하고 둘째, 대등한 당사자인 피고인을 반대 당사자인 검사가 수사하는 것은 피고인의 당사자 지위와 모순되며 셋째, 공소제기 이후의 강제수사 허용은 피고인의 인권을 침해하고 강제수사법정주의에도 반하기 때문이다. 이는 학계와 실무 관계자들의 공통된 견해다.

정경심 교수의 재판을 맡았던 서울중앙지법 제25형사부(부장판사 송인권)도 이 점을 지적했다. 언론 보도에 따르면 2019년 11월 26일 사문서위조 혐의에 대한 제2차 공판준비기일에서 송인권 부장판사는 "다른 사건의 경우 수사가 마무리된 후 공소가 제기되는데 이 사건은 특이하게 공소제기 이후에도 압수수색, 피고인 구속영장 발부, 피의자신문 등 수사가 계속 이뤄졌다", "사문서위조 혐의 관련 내용이 (공소제기 후) 수사에서 제외됐는지 저로선 알 수 없지만, 대법원 판례에 의하면 공소제기 후 압수수색 등은 적법하지 않다", "공소제기 후 압수수색에서 드러난 증거가 이 사건 사문서위조 혐의 증거로 사용되면 적절치 않다", "증거목록에 공소제기 후 강제수사로 취득한 증거가 있다면 그건 빠져야 할 것 같다", "공소제기 후 피고인은 공판절차의 대등한 당사자이기 때문에 공소제기 후 피의자 신문조서는 원칙적으로 사용하기 어렵다"라는 의견을 밝혔다.[1]

송 부장판사의 지적대로 표창장 위조 혐의를 다루는 사문서위조 재판에서는 2019년 9월 6일 이후 압수수색을 통해 취득한 증거와 정경심 교수에 대한 신문조서는 증거가 될 수 없다. 공소제기로 인해 소송의 주체가 된 피고인을 다시 수사의 객체로 전락시킬 수 있기 때문이다. 공소제기 이후 압수수색의 필요가 있더라도 공판절차상의 압수수색 절차에 따라야 하며, 증거보전절차를 이용할 수 있다는 점에서 공소제기 후 압수수색은 엄격히 금지하는 것이 마땅하다. 물론 이를 통해 취득한 증거 역시 위법하게 수집된 증거이므로 증거능력이 인정될 수 없다. 대법원 역시 "검사가 공소제기 후 형사소송법 제215조에 따라 수소법원(해당 사건 담당 법원) 이외의 지방법원 판사에게 청구하여 발부받은 영장에 의하여 압수·수색을 하였다면, 그와 같이 수집된 증거는 기본적 인권 보장을 위해 마련된 적법한 절차에 따르지 않은 것으로서 원칙적으로 유죄의 증거로 삼을 수 없다"[2]며 같은 취지의 판결을 내린 바 있다.

검찰은 11월 21일 구속영장을 청구하기 전까지 모두 7차례에 걸쳐 정경심 교수를 소환조사했고, 구속 이후에도 표창장 위조로 12월 17일 추

---

1 판사, 검사에게 "그러면 안 돼"…논란의 '정경심 공소장' (오마이뉴스, 2019. 11. 26.)
2 대법원 2011. 4. 28. 선고 2009도10412

가 기소하기까지 6차례 소환조사를 진행했다. 수십 곳에 대한 압수수색이 이뤄지면서 어떤 증거가 어디에서 어떻게 취득된 것인지는 정확히 알 수 없다. 하지만 검찰이 종전의 공소사실과 완전히 다른 사실로 12월 17일 추가 기소를 할 수 있었던 것은 9월 6일 첫 기소 후에도 표창장 위조에 대한 추가 수사를 진행했고 그 결과 몇 가지 사실에 대한 확인이 가능했다는 것을 의미한다.

12월 17일 추가 기소의 결정적 근거가 된 증거는 9월 10일 동양대 강사 휴게실에 있던 PC에서 발견된 '총장 직인 파일'이다. 이것을 근거로 검찰은 "직인 파일의 이미지를 캡처하여 붙이는 방식으로 위조했다"는 핵심적인 공소사실을 특정할 수 있었다. 그런데 표창장 위조의 핵심 증거인 '총장 직인 파일'이 위법하게 수집된 증거라는 논란이 일어났다. 만약 '총장 직인 파일'이 위법수집증거로 인정되어 증거능력이 배척된다면 표창장 위조에 대한 입증은 어려워질 수밖에 없다.

앞서 말한 대로 기소 후 수사, 특히 강제수사는 허용되지 않는다. 검찰은 9월 6일 사문서위조로 정경심 교수를 기소했기 때문에 이 혐의와 관련해서는 압수수색과 같은 강제수사를 통해 증거를 수집할 수 없다. 만약 기소 이후 재판이 열리기 전까지 추가 증거를 확보해야 할 필요가 생긴다면 형사소송법 제184조의 증거보전절차를 통해 판사에게 압수, 수색, 검증, 증인신문, 감정을 신청하면 된다. 재판이 시작된 후에는 법원을 통해 압수 등을 하면 된다.

언론 보도에 따르면 이 '총장 직인 파일'은 동양대 강사 휴게실에 있던 PC에서 나왔다. 이 PC는 검찰이 우연히 발견해서 동양대 직원의 동의를 받고 가져왔다. 임의제출 형식으로 취득한 것으로 볼 때 당시 검찰이 압수수색을 진행하지는 않은 것으로 보인다. 검찰은 이미 9월 3일 동양대 정경심 교수 연구실과 대학본부 등을 압수수색했다. 그런데 PC를 가져온 9월 10일에는 압수수색도 하지 않았으면서 검찰수사관과 검사들이 왜 동양대에 있었는지 의문이지만 이 부분은 논외로 하기로 한다. 다만 검찰이 동양대 강사 휴게실에서 PC 본체 2대를 찾아내고 이를 제출받는 과정이 석연치 않았다는 점에서 직인 파일의 입수 과정이 과연 적법한 수사였는지 따져보고자 한다.

석연치 않은 입수 과정

문제의 총장 직인 파일은 2019년 9월 10일 검찰이 동양대 강사 휴게실에 방치되어 있던 PC에서 발견한 것이다. 그날 압수수색 중에 PC를 발견했다는 보도도 있고 압수수색 영장을 발부받지 않은 탓에 임의제출을 받았다는 보도도 있어 확실하지는 않지만, 영장이 있었다면 임의제출 형식을 빌릴 필요가 없으니 압수수색 영장을 집행한 것은 아닌 것으로 판단된다. 검찰은 강사 휴게실에 있던 PC 본체 2대를 발견한 뒤 동양대 행정지원처장 정 씨와 조교 김 씨를 소지자 또는 제출자로 해서 임의제출을 받아 압수했다. 이 과정의 적법성을 따지기 위해 형사소송법상 임의제출이 무엇인지 간단히 살펴본 다음 PC 소유자인 정경심 교수의 동의 없이 정 씨와 김 씨가 임의제출을 할 수 있는지, 그리고 PC에 있던 수많은 개인정보, 혐의사실과 무관한 파일들까지 모두 검찰이 볼 수 있는 것인지 살펴보고자 한다.

- 임의제출의 요건

　형사소송법 제218조는 "검사, 사법경찰관은 피의자 기타인의 유류한 물건이나 소유자, 소지자 또는 보관자가 임의로 제출한 물건을 영장 없이 압수할 수 있다"고 규정하고 있다. 임의제출은 영장이 필요하지는 않지만 일단 제출된 후에는 제출자가 의사를 철회하더라도 다시 가져갈 수 없는 강제력이 있으며 수사기관이 계속 점유할 수 있다는 점에서 제출된 후의 법적 효과는 압수와 동일하다. 우리 헌법상 압수수색의 기본 원칙은 '영장주의'다. 따라서 임의제출에 의한 압수는 제한적으로 해석해야 하며 당연히 영장에 의한 압수 절차와 원칙을 따라야 한다. 만약 임의제출에 의한 압수를 폭넓게 허용하게 되면, 수사기관은 번거로운 영장 대신 어떻게 해서든 동의의 형식을 빌려 압수하려고 할 것이다. 따라서 임의제출의 요건인 '소지자', '보관자', '임의로' 등은 제한적으로 엄격하게 해석해야 한다.

- 휴게실의 PC는 누구의 것인가

　검찰은 해당 PC를 동양대 소유라고 전제한 뒤 동양대 행정지원처장 정 씨와 조교 김 씨를 소지자 또는 제출자로 보고 임의제출을 받아 압수했다. 그런데 2020년 3월 25일 정경심 교수에 대한 제7회 공판기일에서 정 씨와 김 씨에 대한 증인신문이 있었고 이때 두 사람이 임의제출을 할 수 있는 소지자 내지는 보관자에 해당하지 않을 수 있다는 증언이 나왔다.

　조교 김 씨는 "수사관이 본체를 모니터에 연결해 부팅을 시도하던 중 '어? 조국 폴더다. 검사님 모셔와'라고 말하는 걸 들었다"며 "'조국 폴 더' 안에는 형법과 민법 관련 자료들이 있었다. 저도 그때 '정경심 교수님의 컴퓨터였구나'라고 생각했다"고 증언했다. 상황이 이러했다면 검찰은 해당 PC의 소유자가 누구인지 먼저 확인한 뒤 임의제출을 진행했어야 한다. 해당 PC가 강사 휴게실에 있었지만 모니터도 없이 본체만 먼지가 쌓인 채 놓여 있었고, 교수나 강사 들이 이 휴게실을 자신의 물건을 두는 창고처럼 이용하는 사정도 있었기 때문이다. 더구나 해당 PC에 학교 비품이라는 스티커가 부착되어 있지 않은 데다 '조국'이라는 이름의 폴더가 들어 있었다면 정경심 교수 소유일 것이라는 합리적인 추정이 가능하다. 그렇다면 검찰은 정경심 교수에게 해당 PC가 본인 소유인지를 확인한 후 동의를 받아 임의제출 방식으로 받거나 그것이 여의치 않았으면 법원의 영장을 발부받아 압수했어야 한다. 이 PC는 정경심 교수가 지인에게 받아서 쓰던 것으로 정경심 교수의 소유로 밝혀졌다. 정경심 교수의 동의 없는 임의제출은 성립할 수 없게 된 것이다.

- 적법한 임의제출인가

설사 검찰이 정경심 교수의 PC가 아니라고 판단한 것에 문제가 없다고 하더라도 행정지원처장과 조교의 동의를 얻은 것이 과연 적법한 임의제출인가는 다시 따져봐야 한다. 조교 김 씨는 증인신문에서 '책임자가 정 처장이 맞느냐'는 변호인의 질문에 "검찰 수사 내내 처장님이 책임자라고 하길래 궁금해서 직접 찾아봤다. 강사 휴게실 총책임자는 처장님이 아닌 교양학부장"이라며 "행정지원처는 어디까지나 협조 부서이고 최종 결재는 교양학부장 담당"이라고 진술했다. 강사 휴게실의 책임자가 교양학부장이라면 보관자의 지위를 갖는 사람도 교양학부장이며 그의 동의를 받지 않고 이뤄진 임의제출은 위법한 임의제출이 될 수밖에 없다. 이와 관련해 대법원은 상해 사건의 가해자 주거지에 있던 범행 도구를 피해자로부터 임의제출받은 사건에서 형사소송법 제218조를 위반하여 소유자, 소지자, 보관자가 아닌 자로부터 제출받은 물건을 영장 없이 압수한 경우 그 압수물을 유죄의 증거로 사용할 수 없다고 판시한 바 있다.[3]

– PC의 모든 전자정보를 압수할 수 있는가

형사소송법 제106조 제3항은 "법원은 압수의 목적물이 컴퓨터용 디스크, 그 밖에 이와 비슷한 정보저장매체인 경우에는 기억된 정보의 범위를 정하여 출력하거나 복제하여 제출받아야 한다. 다만, 범위를 정하여 출력 또는 복제하는 방법이 불가능하거나 압수의 목적을 달성하기에 현저히 곤란하다고 인정되는 때에는 정보저장매체 등을 압수할 수 있다"고 규정하고 있다. 형사소송법 제106조 제4항은 "법원은 제3항에 따라 정보를 제공받은 경우 개인정보보호법 제2조 제3호에 따른 정보주체에게 해당 사실을 지체 없이 알려야 한다"고 규정하고 있다. 이 규정은 형사소송법 제219조에 의해 수사기관이 압수수색할 때도 동일하게 적용된다.

이 조항을 쉽게 설명해보자. 컴퓨터 사용이 일상화되면서 기존의 압수 방식을 바꿔야 하는 경우가 많아졌다. 컴퓨터에는 업무와 관련된 정보를 포함해서 혐의 사실과 무관한 정보는 물론이고 일기, 사진 등 개인 사생활에 관련된 정보가 너무 많이 들어 있기 때문이다. 그런데 컴퓨터를 통째로 압수하는 경우 혐의 사실과 무관한 정보까지 수사기관에 무한정

---

3 대법원 2010. 1. 28. 선고 2009도10092

노출되기도 하고 수사기관이 이를 통해 별건수사를 벌이기도 하는 등의 폐해가 나타났다. 그래서 2011년 제106조 제3항과 제4항을 도입하는 형사소송법 개정이 이뤄졌고 이에 따라 컴퓨터를 압수수색하는 경우 특별한 사정이 없다면 범죄 혐의 사실과 관련 있는 정보의 범위를 정해서 출력하거나 복제해서 가져가야 한다. 이에 대해 대법원은 2011년과 2015년에 각각 다음과 같이 판시했다.

> 전자정보에 대한 압수·수색영장을 집행할 때에는 원칙적으로 영장 발부의 사유인 혐의사실과 관련된 부분만을 문서 출력물로 수집하거나 수사기관이 휴대한 저장매체에 해당 파일을 복사하는 방식으로 이루어져야 하고, 집행 현장 사정상 위와 같은 방식에 의한 집행이 불가능하거나 현저히 곤란한 부득이한 사정이 존재하더라도 저장매체 자체를 직접 혹은 하드카피나 이미징 등 형태로 수사기관 사무실 등 외부로 반출하여 해당 파일을 압수·수색할 수 있도록 영장에 기재되어 있고 실제 그와 같은 사정이 발생한 때에 한하여 위 방법이 예외적으로 허용될 수 있을 뿐이다.[4]
>
> 전자정보가 담긴 저장매체 또는 하드카피나 이미징 등 형태를 수사기관 사무실 등으로 옮겨 복제·탐색·출력하는 경우에도, 그와 같은 일련의 과정에서 형사소송법 제219조, 제121조에서 규정하는 피압수·수색 당사자나 변호인에게 참여의 기회를 보장하고 혐의 사실과 무관한 전자정보의 임의적인 복제 등을 막기 위한 적절한 조치를 취하는 등 영장주의 원칙과

---

[4] 대법원 2011. 5. 26. 선고 2009모1190

적법 절차를 준수하여야 한다. 만약 그러한 조치가 취해지지 않았다면 피압수자 측이 참여하지 아니한다는 의사를 명시적으로 표시했거나 절차 위반행위가 이루어진 과정의 성질과 내용 등에 비추어 피압수자 측에 절차 참여를 보장한 취지가 실질적으로 침해되었다고 볼 수 없을 정도에 해당한다는 등의 특별한 사정이 없는 이상 압수·수색이 적법하다고 평가할 수 없고, 비록 수사기관이 저장매체 또는 복제본에서 혐의 사실과 관련된 전자정보만을 복제·출력하였다 하더라도 달리 볼 것은 아니다.[5]

컴퓨터를 압수하는 경우 컴퓨터에 있는 정보 중 혐의 사실과 관련 있는 정보만 추출해 출력하거나 복제해 압수하고, 그렇게 하지 못하는 피치 못할 사정이 있는 경우라도 영장에서 허용하는 경우에만 컴퓨터 자체나 하드카피, 이미징의 형태로 압수할 수 있는 것이다. 그리고 컴퓨터 자체나 하드카피, 이미징의 형태로 압수한 후에 혐의 사실과 관련 있는 정보를 찾는 경우 피압수자나 변호인이 참여하여 혐의 사실과 무관한 정보를 수사기관이 가져가지 않는지 지켜보면서 의견을 진술할 수 있어야 한다. 이러한 과정을 거치지 않은 채 컴퓨터 자체를 압수하는 경우 적법한 압수수색이 아니라는 것이다.

다시 9월 10일 동양대의 임의제출 현장으로 돌아가보자. 검찰은 정경심 교수의 소유라는 의심이 강하게 제기되는 상황인데도 보관자도 아닌 사람의 동의를 받아 임의제출 방식으로 컴퓨터를 통째로 압수했다. 그리고 정경심 교수의 참여 없이 그 안에 있는 정보를 모두 탐색해서 표

---

5 대법원 2015. 7. 16. 선고 2011모1839

창장 위조의 핵심 증거라고 주장하는 '총장 직인 파일'을 찾아냈고, 이를 근거로 추가 기소를 하기에 이른 것이다. 이미 지적한 것처럼 임의제출에 의한 압수도 '압수'에 해당하기 때문에 영장에 의한 압수의 절차와 방식이 동일하게 적용되어야 한다. 따라서 해당 PC에 대한 임의제출은 적법하지 않은 압수에 해당한다고 할 수 있다.

더구나 조교 김 씨는 2020년 3월 25일 정경심 교수에 대한 7차 공판에 증인으로 출석해 PC 임의제출 당시 검찰이 불러주는 대로 진술서를 썼다고 증언했다. 김 씨가 '(컴퓨터의) 존재 자체만 확인했다'라고 쓰려 했더니 검사가 '인수인계를 받았다'라고 쓰라고 했고, '거기 놓여 있었다'라고 쓰려 했더니 '가지고 있었다'라고 쓰라고 했다는 것이다. 김 씨는 또 2020년 7월 2일 정경심 교수에 대한 20차 공판에서는 "(검찰이) 징계를 준다고 해서 '나 이러다 징계를 받겠구나'라고 생각해서 불러주는 대로 썼다"고 증언했다.

'존재 자체만 확인했다'는 것과 '인수인계를 받았다'는 것, 그리고 '거기 놓여 있는 것'과 '가지고 있는 것'은 일상생활에서 쓰이는 용례는 비슷할지 모르나 법적인 효과는 전혀 다르다. 검사가 '인수인계를 받았다', '가지고 있었다'라고 쓰라고 한 이유는 조교 김 씨에게 형사소송법 제218조의 '소지자 또는 보관자'의 지위를 부여하기 위해서다. 검사가 징계 운운하며 신분상 불이익을 줄 것처럼 분위기를 조성해 임의제출 확인서를 쓰게 한 것은 '임의성'을 부정할 수 있는 중요한 지표다. 검찰이 임의제출이 아님을 알면서도 추후에 불거질 위법수집증거 논란을 피해가려고 한 것이라는 의심을 사기에 충분하다.

결국 검찰이 동양대 강사 휴게실에 있던 PC를 임의제출로 압수한 것은 ① 동양대 소유가 아닌 물건을 ② 소지자, 보관자가 아닌 사람의 ③ 임의성이 의심되는 동의를 얻고 제출받아 ④ 개인정보 주체에게 통지하지 않고 ⑤ 참여권을 보장하지 않은 채 무제한 탐색 과정을 거쳐 증거를 추출했다는 점에서 위법한 절차에 해당한다고 볼 수 있다. 재판부가 이 PC에서 발견한 직인 파일에 대해 어떤 판단을 할지 주목된다.

수사의 필요성

형사소송법 제195조는 "검사는 범죄의 혐의가 있다고 사료하는 때에는 범인, 범죄사실과 증거를 수사하여야 한다"고 규정하고 있다. 이때 범죄의 혐의는 수사 개시의 조건이므로 객관적인 혐의일 필요는 없지만 수사기관의 자의적인 혐의가 아니라 최소한의 합리성이 있는 구체적인 사실에 근거한 혐의여야 한다. 범죄의 혐의가 없다면 수사를 할 수 없고 해서도 안 된다는 당연한 원칙이 조국 전 장관과 그의 가족에게는 지켜지지 않았다.

2019년 8월부터 시작된 조국 일가에 대한 수사는 언론이 의혹을 제기하면 검찰이 즉각 압수수색과 관련자 소환 등을 벌이는 과정으로 이어졌다. 언론이 공직자 검증이라는 명목으로 무차별적인 의혹을 쏟아내더라도 검찰은 이 중에서 범죄 혐의가 있는 사실을 추려 수사해나가야 한다. 검찰이 범죄 혐의를 확인하는 과정은 일반적으로 고소·고발인이나 피해자와 관련자 등 참고인 조사를 먼저 하고, 구체적인 혐의가 있다고 인정할 수 있을 때 피의자 조사와 객관적인 증거를 수집하는 절차로 나아가는 것이다. 언론이 제기하는 모든 의혹 사건을 검찰이 수사하지 않는다는 것은 이미 다른 많은 사건에서 확인할 수 있다. 심지어 나경원 전 의원

같은 경우는 수차례 고발이 되고 언론에서도 의혹을 제기했지만 검찰은 꿈쩍도 하지 않고 있다.

조국 민정수석이 법무부 장관으로 지명된 직후 언론이 기사를 쏟아내고 검찰이 호응한 의혹들은 상당히 많다. 반면 검찰이 조국 전 장관을 기소한 내용은 자녀들의 입시 관련 비리 혐의, 딸의 장학금 수여 부분, 사모펀드 관련 부분, 증거은닉 부분 그리고 감찰 무마 혐의이다. 그마저도 입시비리, 사모펀드 부분은 조국 전 장관이 정경심 교수의 관련 혐의를 모두 알고 같이했을 것이라는 추측에 기반하고 있으며 조국 전 장관이 해당 혐의 사실에 기여한 행위가 무엇인지 구체적으로 밝히지 못하고 있다. 장학금 문제는 딸이 받은 장학금이 아버지에 대한 뇌물이라는 검찰의 억지에 불과하고, 증거은닉이나 감찰 무마는 주요 혐의에서 파생된 부차적인 문제이거나 민정수석의 감찰 종료 판단을 감찰 무마라는 프레임으로 바꾼 것에 불과하다.

조국 일가에 대한 첫 번째 의혹은 동생 부부의 '위장이혼'과 '부동산 위장거래', '위장전입', '웅동학원 위장소송'이었다. 또 조국 부부가 투자한 사모펀드가 최대주주로 있는 가로등 점멸기 제조업체 웰스씨앤티의 관급공사 수주로 인한 매출 증가가 조국 전 장관과 관련이 있다는 의혹도 제기되었다. 이 시기에 세간의 이목을 집중시킨 의혹은 단연 조국 후보자 딸의 단국대 논문 제1저자 논란이었다. 고등학생이 의학 논문의 저자로 등재될 수 있는가, 그만큼 논문에 기여했다고 할 수 있는가 하는 의심은 어렵게 입시를 겪은 대학생 이상의 청년들과 그 부모, 현재 입시를 준비하고 있는 학생들과 그 부모, 나아가 장차 입시를 겪게 될 미래세대와 그 부모 모두에게 단순한 의혹이 아닌 사실로 받아들여지는 기폭제가 되었고, 조국 후보자는 물론 문재인 정부에 대한 비난으로 이어졌다.

사실의 진위 여부와 상관없이 젊은 층은 분노했고, 조국 전 장관은 위선의 대명사가 되었다. 조국 전 장관 자녀들이 지원했던 거의 모든 학교가 압수수색을 받았고 봉사활동을 하거나 인턴 활동을 했던 곳도 모두 수사 대상이 되었다. 조국 전 장관 자녀들이 지원했던 학교들은 합리적인 근거도 없이 입시비리가 있었을 것이라는 전제하에 압수수색을 당했고, 입시에 영향을 미치지 못하는 사소한 오류까지 모두 범죄사실이 되었다. 시간이 갈수록 법무부 장관 자질을 검증한다는 목적은 사라지고 비가 올 때까지 기우제를 지내는 인디언 기우제식 수사가 거듭되었다. 수사 관련 보도가 거의 검찰발 보도였다는 점을 감안하면 언론에 보도되지 않은 수사는 훨씬 더 많았을 것이다.

조국 전 장관에 대한 기소가 끝나고 재판이 시작된 시점에서 돌아보면 정말 초라하기 그지없는 수사 결과다. 물론 처음에 혐의를 두고 수사한다고 해서 100퍼센트 기소를 할 수 있는 것은 아니고, 불기소할 사건을 기소하는 것이 공소권남용으로 위법성이 더 크지만 기소 결과를 보면 애초에 수사의 필요성이 있었던 사건인지 의문을 갖지 않을 수 없다. 거대 권력형 비리인 것처럼 연일 언론 보도를 장식하던 부동산 위장거래, 웰스씨앤티, 단국대 논문은 왜 공소장에 보이지 않는가. 그 당시 이 사건들의 수사 필요성에 대해 검찰은 뭐라고 답할 것인가.

수사의 상당성

수사의 상당성이란 수사가 목적을 달성하기 위해 적정하고 적합한 방법으로 이루어져야 한다는 원칙을 말한다. 수사는 목적을 달성하기 위해 최소한도에 그쳐야 한다는 수사비례의 원칙이 주요한 내용이다.[6] 그렇다면 조국 전 장관에 대한 수사는 과연 수사비례의 원칙을 지킨 수사라고 할 수 있을까.

　　조국 전 장관 관련 수사에 정확히 어느 정도의 인력이 투입되었는지, 몇 명을 조사하고 몇 군데를 압수수색했는지 정확히 알 수는 없다. 다만 2019년 8월 19일 조국 전 장관에게 고발된 사건들을 서울중앙지검 형사1부와 서울서부지검 형사1부에 배당했던 검찰이 느닷없이 8월 27일 서울중앙지검 특수2부에 사건을 재배당하면서 검찰의 본격적인 수사가 시작되었다. 이후 검찰은 특수2부 외에 특수1·3·4부 수사 인력을 추가로 투입했다. 여기에 지방의 지청 등에서 차출된 인력과 수사관까지 투입되면서 200명에 육박하는 사상 유례가 없는 인원이 동원된 것으로 알려졌다. 핵심 인력인 검사 수가 20명이 넘는다, 40명이 넘는다 등등 추측이 분분했지만 검찰은 정확한 인력을 끝내 공개하지 않았다. 다만 검사만 20명 내지 40명이고 전체 수사 인력이 200명을 넘는다는 언론 보도에 대해 검찰이 부정하지 않은 것을 보면 사실일 가능성이 높아 보인다.

　　현직 대통령이 탄핵되고 구속된 박근혜·최순실 국정농단 사건의 경우 박영수 특검팀의 파견 검사가 20명이었다. 이는 지금까지 단일 사건으로는 가장 많은 수의 검사가 투입된 수사로 알려져 있다. 그렇다면 이번 조국 전 장관 사건에 역대 최대 수사 인력이 투입된 셈이다. 더구나 서울중앙지검 특수부는 검찰의 핵심이다. 권력형 비리, 정경유착 관련 수사를 진행한다. 조국 전 장관 수사에 추가 투입된 특수4부는 원래 삼성바이

6　《형사소송법》, 김인회 지음, 피앤씨미디어, 2015

오로직스 회계부정 수사를 하던 곳이었는데 조국 전 장관 수사를 맡으면서 삼성 회계부정 사건 수사는 차질을 빚을 수밖에 없었다.

재판을 정치권과의 거래 수단으로 사용하고, 재판에 법원행정처가 개입하고, 판사들의 블랙리스트를 만들어 재판독립을 방해하려 했던 반헌법적인 사법농단 사건에서 검찰은 70일 동안 23곳을 압수수색했는데, 조국 전 장관 수사에서는 30일 만에 70여 곳을 압수수색했다. 특수2부로 사건을 재배당한 2019년 8월 27일 당일에만 30곳 넘게 압수수색한 것으로 알려져 있다. 현직 법무부 장관 자택을 11시간 동안 압수수색하면서 딸의 중학교 때 일기장까지 압수하려 했다는 보도가 나오기도 했다.

조국 전 장관과 정경심 교수의 공소장에서 가장 많은 비중을 차지하고 있는 범죄사실은 자녀들의 입시와 관련한 혐의들이다. 검찰이 가장 많이 압수수색하고 피의사실을 누설한 것도 입시 관련 혐의들이었다. 설령 검찰의 주장처럼 이들 혐의가 입시비리에 해당한다고 하더라도 권력형 비리와는 거리가 멀다. 모두 조국 전 장관이 교수였던 시절에 일어난 일이기 때문이다.

고위공직자가 아닌 일반인이 자녀의 입시를 위해 법에 저촉되는 행위를 했다고 치자. 이것이 특수부 검사 수십 명이 수사해야 할 사건인가. 법무부 장관으로서 업무를 수행할 자격과 능력이 있는가를 검증하기 위해 200명이 넘는 검찰 수사 인력이 가족 전체의 삶을 하나하나 들여다보는 것이 합당한 일인가. 검찰은 나경원 전 의원 딸의 입시비리 의혹, 황교안 전 미래통합당 대표 자녀들의 입시비리, 허위 스펙, 병역 특혜, 취업 특혜 의혹은 전혀 수사하지 않았다. 검찰의 이러한 선별적 수사와 선별적 정의는 국민의 저항을 불러왔고, 이는 2019년 가을 서초동 촛불집회로 이어졌다.

　　최소한의 비례성도 지키지 않은 먼지떨이식 수사로 국민적인 공분이 높아지면서 윤석열 검찰총장의 취임사 중 한 대목이 다시 주목을 받고 있다. 윤 총장은 "검찰의 법 집행권은 국민으로부터 부여받은 권한이므로 오로지 헌법과 법에 따라 국민을 위해서만 쓰여야 하고 사익이나 특정 세력을 위해 쓰여서는 안 된다"고 말했다. 구구절절 옳은 말이나 이런 말을 할 자격이 과연 있는지 스스로 돌아볼 일이다.

조국 전 장관 공소장의 주요 내용

　　조국 전 장관은 2019년 12월 31일 뇌물수수 등 11개의 범죄사실로 기소되었다. 죄명은 11개이나 공소사실을 분류하면 자녀의 입시 관련 혐의, 딸의 장학금 관련 혐의, 사모펀드 관련 혐의, 증거조작, 은닉 혐의로 나눌 수 있다. 2020년 1월 17일에 추가 기소된 직권남용까지 포함하면 크게 다섯 가지로 분류가 가능하다. 각각의 공소사실을 분석하고 유무죄를 따지는 것은 증거 기록을 보지 않은 상황에서 가능하지도 않고 의미도 없을 것이다. 정경심 교수의 혐의를 제외하고 조국 전 장관에게 제기된 다섯 가지 혐의의 기소 내용을 살펴보고 핵심 쟁점을 짚어보려고 한다.

자녀 입시 관련 혐의
– 아들 관련 혐의

　　공소사실의 요지는 다음과 같다. ① 2013년 7월 15일 서울대학교 법과대학 공익인권법센터의 인턴십 활동 예정 증명서를 허위 발급받아 아들의 고등학교 3학년 담임교사에게 제출하여 출결 관리 업무를 방해하고 ② 2016년 11월 1일과 2016년 12월 5일경 아들의 조지워싱턴대 온라인 시험의 답을 전송해 조지워싱턴대의 성적 업무를 방해하고 ③ 2018년 고려대와 연세대 대학원 입학지원서에 허위 내용을 기재하고 허위 서류를 제출하여 고려대와 연세대 대학원 입학사정 업무를 방해하고 ④ 2019년 충북대 법학전문대학원 입학시험을 위한 자기소개서 및 학업계획서를 허위 작성하고 증빙서류를 제출하여 위조사문서를 행사하고 입학사정 업무를 방해했다는 것이다.

  2013년 7월 15일 서울대 공익인권법센터의 인턴십 활동 예정 증명서는 발급 권한이 있는 센터장이 발급한 것이고, 그 내용 또한 과거 사실에 대한 확인이 아니라 앞으로 진행될 계획에 관한 것이어서 허위일 수가 없다. 과거의 일을 확인하는 '인턴십 활동 증명서'가 아니라 미래에 진행될 활동 계획을 알려주는 '인턴십 활동 예정 증명서'이기 때문이다. 더욱이 조국 전 장관의 아들은 2013년 7월경 서울대 공익인권법센터에서 예정대로 학교폭력 조사 활동을 했기 때문에 결과적으로 사실관계에도 부합한다.

  또한 검찰이 조지워싱턴대 학사 업무를 방해했다고 주장하는 해당 시험은 2주에 한 번씩 5회 실시하는 '온라인 퀴즈'이며 시험이라기보다 과제 평가에 해당하는 것으로 확인되었다.[7] 조지워싱턴대의 수업계획서를 살펴보면 토론이 중심이고, 과제물 역시 수업시간에 이뤄진 토론을 바탕으로 뉴스나 잡지 기사를 분석하는 것이다. 평가 배점도 에세이 40%, 기말시험 40%, 출석과 간단한 과제 평가 20%인데, 이 20% 안에 5번의

---

[7] 檢 기소 조국 아들 시험은 '격주 5회 온라인 퀴즈'…누구에게 물어볼 필요도 없는 단순 과제 평가 (더브리핑, 2020. 1. 6.)

온라인 퀴즈가 배정되어 있다. 그러므로 온라인 퀴즈의 배점은 많아 봐야 10%를 넘지 않는다고 보는 것이 합리적이다. 퀴즈의 목적은 학생이 수업을 잘 따라오는지 확인하는 것이고, 퀴즈의 수준은 강의 노트만 봐도 충분히 답할 수 있는 내용이다. 이 5번의 퀴즈 중에서 2번을 부모의 도움으로 잘 봤다고 해서 A학점을 받았다는 검찰의 주장은 지나친 비약이다.

- 딸 관련 혐의

공소사실의 요지는 이렇다. ① 딸의 대학 진학을 위해 허위 경력을 만들어주려고 인턴으로 활동한 사실이 없음에도 서울대 공익인권법센터가 주최한 국제학술회의에 고등학생 인턴으로 활동했음을 증명한다는 내용의 인턴십 확인서를 위조하고 ② 서울대 의전원 수시모집에 응시하면서 자기소개서에 허위 스펙을 기재하고 허위 서류를 첨부함으로써 위조사문서, 위조공문서, 허위작성공문서를 행사하고 서울대 의전원의 입학사정 업무를 방해했다는 것이다.

검찰은 피고인 자녀들의 대학 및 대학원 입시 관련 서류에 기재된 이른바 스펙이 모두 허위일 것이라는 전제하에 광범위한 수사를 벌였다. 그 결과 인턴 활동이 명확하게 확인되지 않거나 또는 실제 활동과 기재 내용이 조금이라도 다른 점이 있으면 이를 허위로 보고 기소 내용에 포함하는 등 납득하기 힘든 수사와 기소를 진행했다.

부산대 의전원 장학금 관련 혐의

검찰은 부산대 의대 노환중 교수가 조국 전 장관의 딸에게 장학금 명목으로 1회에 200만 원씩 3회에 걸쳐 600만 원을 주었다며 뇌물수수와 청탁금지법 위반 혐의를 적용했다. 조국 전 장관이 민정수석으로 재직한 시기에 딸이 받은 장학금을 뇌물수수로 본 것이다. 검찰은 부산의료원장인 노환중 교수가 사비까지 출연해 6학기 연속 장학금을 지급한 이유가 조국 전 장관의 '영향력' 때문이라고 판단했다. 검찰은 ① 조국 전 장관 딸의 학업 성적이 저조한 점 ② 조국 전 장관의 자산이 50억 원이 넘는 만큼 딸이 가계 곤란 학생에 해당하지 않는 점 ③ 노환중 교수가 장관에게 잘 보이기 위해 딸에게 장학금을 수여했다는 점 등을 이유로 조국 전 장관을 기소했다.

검찰의 주장은 위와 같은 상황에서 장학금을 계속 수여한 것이 문제라는 것인데, 조국 전 장관의 딸이 받은 소천장학금은 노환중 교수 개인이 지급하는 장학금이고, 교내 장학금이나 국가장학금과는 수여 기준이 다르다. 조국 전 장관 딸의 지도교수인 노환중 교수는 조 씨가 유급으로 인해 학업을 포기할까 봐 격려 차원에서 장학금을 지급했고 학업 계속을 약속받았다고 말했다.

노환중 교수가 소천장학금을 조국 전 장관 딸에게 처음 지급한 것은 조국 전 장관이 민정수석으로 임명되기 전인 2016년 1학기였다. 당시는 박근혜 정부가 집권하던 시기였다. 검찰은 시기를 나누어 조국 전 장관이 민정수석에 취임하기 전에 딸이 받은 장학금은 순수한 장학금으로, 취임 후 받은 장학금은 뇌물로 구성했다. 동일한 장학금이 아버지의 공직 취임 시기를 기준으로 뇌물로 둔갑해버린 것이다.

검찰의 기소는 법리적으로도 문제가 있다. 딸이 받은 장학금을 조국 전 장관이 직접 받은 뇌물로 보고 형법 제129조 제1항의 수뢰죄를 적용한 것이다. 형법 제130조는 제3자뇌물제공죄를 별도로 규정하고 있는

데도 검찰은 왜 딸(제3자)이 받은 장학금을 조국 전 장관이 직접 받은 것으로 구성할 수밖에 없었을까. 바로 조국 전 장관이 장학금과 관련해서 어떠한 청탁도 받은 사실이 없기 때문이다. 제3자뇌물제공죄는 '부정한 청탁'을 요건으로 하는데 어떠한 청탁도 오간 적이 없으니 조국 전 장관이 직접 받은 것으로 구성하는 무리수를 둔 것이다. 제3자가 받은 금품을 공무원이 직접 받은 것으로 평가하려면 이를 인정할 수 있는 특별한 사정이 존재해야 한다. 검찰이 뇌물죄의 한 근거로 삼았던 '50억 자산가' 조국 전 장관이 200만 원의 장학금을 뇌물로 인식한 상태에서 딸을 통해 덥석 받을 특별한 이유가 무엇인지 궁금하지 않을 수 없다.

딸이 받은 장학금을 조국 전 장관이 '공직자로서 받은 금품'으로 보는 것도 상식에 부합하지 않는다. 이런 논리라면 모든 공직자의 자녀가 받는 장학금은 '공직자가 받은 금품'이 된다. 장학금 받는 자녀를 둔 공직자는 부정청탁금지법을 위반하는 결과가 되는 것이다.

사모펀드 관련 혐의

조국 민정수석이 법무부 장관에 지명된 이후 야당과 언론에 의해 편법증여 탈세 의혹, 자본법상 내부거래, 주가조작, 편법 우회상장, 권력에 의한 수주 개입 등이 무분별하게 제기되었고 관련 의혹은 점점 뻗어나갔다. 2016년 코링크PE 설립 과정에 정경심 교수의 자금 10억 원이 들어갔다는 언론 보도를 시작으로 정경심 교수가 단순 투자자가 아니라 각종 불법에 연루되어 있는 펀드 설립자 및 운영자라는 프레임이 등장한 것이다. 실제 사실관계는 입증되지 않았지만, 복잡한 금융자본시장 구조에 대해 이해가 부족한 대다수 시민들에게 '권력형 비리를 저지른 범죄자'라는 인식을 심어주기에 충분했다.

그러나 사모펀드와 관련한 조국 전 장관의 공소사실상 죄명은 공직자윤리법 위반, 위계공무집행방해뿐이다. 조국 전 장관이 민정수석에 취임한 후 정당한 사유 없이 가액 3000만 원 이상의 주식을 매각하거나 백지신탁하지 않고 계속 보유해 공직자윤리법을 위반하고, 허위 자료를 제출하면서 거짓으로 재산등록, 허위소명을 하는 등 공직자윤리위원회의 심사 업무를 위계로써 방해했다는 것이다.

공직자윤리법 제14조의 4에 따르면 조국 전 장관은 2017년 5월 11일 민정수석에 임명된 이후 자신 및 이해관계자가 보유하는 주식의 총액이 3000만 원을 초과한 때에는 공개대상자가 된 날 또는 해당 금액을 초과하게 된 날로부터 한 달 이내에 해당 주식을 매각하거나 백지신탁해야 한다. 공개대상자가 정당한 이유 없이 자신이 보유한 주식을 매각 또는 백지신탁하지 않으면 공직자윤리법 제24조의 2에 의해 주식백지신탁 거부의 죄로 처벌받게 된다. 조국 전 장관에게 공직자윤리법 위반이 인정되려면 몇 가지 전제가 필요하다.

이 부분은 정경심 교수에 대한 공소사실과 동일한 쟁점을 전제로 하는데 정경심 교수는 동생 정 씨 명의로 코링크PE 주식 지분을 취득한 사실, 블루펀드 명의를 이용해 웰스씨앤티 주식에 대한 지분을 보유한 사실, WFM 주식을 취득한 사실, 차명계좌를 이용해 여러 회사의 주식을 다량 매수한 사실 등을 부인하고 있다. 따라서 우선 정경심 교수가 이 주식들을 취득했다는 사실이 인정되어야 한다.

현행 공직자윤리법에서는 공직자와 가족의 직접투자(주식)를 규제하고 있을 뿐 간접투자(펀드)에 관한 규정은 없다. 사모펀드는 투자자가 펀드에 투자한 후 그 운용을 사모펀드 운용사가 하는 것이므로 간접투자다. 따라서 정경심 교수의 투자가 직접투자인지 간접투자인지 여부가 규명되어야 한다. 마지막으로 공직자윤리법상 주식백지신탁 거부의 죄는 공개대상자가 '자신이' 보유하는 주식을 매각 또는 백지신탁하지 않았을 때 성립한다. 대법원도 "구 공직자윤리법 제24조의 2는 공개대상자 등이 자신이 보유하는 주식을 매각 또는 백지신탁하지 아니한 경우를 처벌하는 규정이며 이해관계자(대법원 판례 사안에서 공직자의 처)가 보유하는 주식을 매각 또는 백지신탁하도록 하지 아니한 경우까지 처벌 대상에 포함시키는 것은 죄형법정주의 원칙에 반하여 허용될 수 없다"는 입장이다.[8] 설령 검찰의 주장이 사실이라고 하더라도 정경심 교수가 여러 주식을 보유한 것이지 이를 곧 조국 전 장관의 보유로 평가할 수는 없는 것이다. 부부일심동체라는 말을 엄격한 증명을 요하는 범죄사실의 인정에 쉽사리 인용해서는 안 되는 것이다.

위계공무집행방해 혐의와 관련해 조국 전 장관은 당연히 정경심 교수가 작성한 재산 신고 내역 및 준비한 소명자료들이 모두 사실이라고 믿었을 것이므로 허위라는 인식이 없었다고 봐야 한다. 또한 공직자윤리법 제30조는 '제8조 제13항에 따른 공직자윤리위원회의 소명 요구에 거짓으로 소명하거나 거짓 자료를 제출한 사람'에 대해 과태료를 부과하는 규정을 두고 있을 뿐 이러한 행위에 대한 형사처벌 규정은 두고 있지 않다. 이러한 행위는 형사처벌이 아닌 행정벌로 충분하다는 입법적 판단으로 볼 수 있는데 별도로 형법상 위계에 의한 공무집행방해죄로 처벌할 수

---

[8] 대법원 2014. 12. 11. 선고 2012도12406

있는지도 법리적으로 따져봐야 할 문제다.

증거조작과 은닉

검찰은 조국 전 장관이 정경심 교수와 공모해 코링크PE 직원들에게 자신들의 형사사건과 관련한 증거를 위조하도록 교사하고, 정 교수의 자산관리를 맡아온 한국투자증권 프라이빗뱅커(PB) 김경록 씨에게 증거를 은닉하도록 교사했다는 혐의를 두고 있다. 검찰은 조국 전 장관이 사모펀드 관련 의혹에 대해서 정경심 교수에게 해명을 요청하고, 정 교수가 해명 자료를 얻기 위해 투자를 권유한 조범동 씨나 펀드 운용사 코링크PE의 임직원들과 연락한 것을 문제 삼았다. 범죄 혐의를 감추거나 증거를 위조하기 위한 행위로 본 것이다. 마치 거대 권력형 비리인 양 온갖 의혹을 쏟아내며 온 나라를 들썩이게 했던 검찰이 최소한의 방어를 위해 사실관계 파악에 나선 것까지 증거조작으로 보는 것은 상식에 부합하지 않는다. 이런 상황에서 검찰 수사가 진행되는 것을 가만히 지켜보고만 있을 사람이 누가 있겠는가.

검찰이 주장하는 증거은닉 부분은 대부분 정경심 교수와 김경록 씨의 행위 및 두 사람 간의 대화를 근거로 하고 있을 뿐 조국 전 장관이 구체적으로 어떻게 증거은닉을 교사했다는 것인지는 알 수 없다. 검찰은 조국 전 장관이 김경록 씨에게 "집사람을 도와줘서 고맙다"고 말한 것을 혐의의 근거로 삼고 있는 듯하다. 이와 관련해 김경록 씨는 유튜브 방송 〈유시민의 알릴레오〉와의 인터뷰에서 '자신은 조국 전 장관이 집사람을 도와줘서 고맙다고 했는데 나중에는 PC를 교체해줘서 고맙다고 이야기한 것으로 기사화됐다'라고 말하기도 했다.

유재수에 대한 감찰 종료 관련 혐의

　검찰은 조국 전 장관이 청와대 민정수석이던 2017년 말, 유재수 전 금융위원회 금융정책국장(전 부산시 경제부시장)에 대한 감찰 과정에서 중대 비위 혐의를 확인하고도 위법하게 감찰 중단을 지시하고 정상적인 후속 조치를 취하지 않았다고 보고 있다. 검찰은 이러한 행위가 특별감찰반 관계자의 감찰 활동을 방해하고 금융위원회 관계자의 감찰 및 인사 권한을 침해한 것이라며 조국 전 장관을 직권남용권리행사방해로 기소했다.

　검찰의 이런 입장은 '감찰 결과, 비위 사실이 인정되는데도 수사를 의뢰하지 않은 것은 정상적인 후속조치에 해당하지 않는다'는 것인데, 청와대 감찰반의 권한이 어디까지인지는 해석의 여지가 있다. 검찰은 감찰 무마라고 주장하지만 정상적인 감찰 종료였다고 볼 가능성도 있기 때문이다. 따라서 법리적으로 직권남용에 해당하는지는 여전히 의문이다.

　조국 전 장관은 2020년 6월 5일 재판에 앞서 다음과 같이 입장을 밝혔다. ① 감찰반은 강제수사 권한이 없기 때문에 감찰반이 확인할 수 있는 비위 혐의와 수사기관이 확인할 수 있는 비위 혐의는 애초부터 중대한 차이가 있고 ② 특감반원의 의사와 상관없이 감찰 대상자의 동의가 있을 때만 감찰을 진행할 수 있으며 ③ 유재수 사건은 감찰 대상자가 감찰에 불응해 의미 있는 감찰이 사실상 불가능했기 때문에 당시까지 확인된 비위 혐의와 복수의 조치 의견만을 보고받고 결정했다는 것이다.

　지금까지 조국 전 장관과 그 가족에 대한 검찰 수사가 적법하고 적정한 절차였는지 살펴보았다. 조국 전 장관에 대한 수사는 검찰 역사상 가장 잔인한 수사로 기억될 것이다. 검찰이 정치권력에 휘둘린 것이 아니라 정치권력을 휘두르려고 한 수사로 기억될 것이다. 한 가족을 모두 태워버릴 것처럼 기세등등하던 검찰의 수사는 끝이 나고 이제 법원의 판단이 남았다. 사안에 따라 유죄가 나올 수도 있을 것이다. 먼지가 날 때까지 털었으니 먼지가 날 수도 있고 비가 올 때까지 기우제를 지냈으니 빗방울을 맞을 수도 있을 것이다. 그렇다고 하더라도 지난 시간 휘몰아쳤던 광풍을 그저 지나가는 바람이라고 할 수는 없다.

수사의 적법성이나 적정성에 대해서는 다른 입장과 의견을 가진 법조인도 분명히 있을 것이다. 우리의 주장만이 전적으로 옳다는 것은 아니며 검찰개혁을 위해 필요한 여러 고민과 문제제기로 이해해주시면 좋겠다. 부족한 점이 있겠지만 2019년 검찰개혁 과정에 대한 의미 있는 기록으로 봐주시길 당부드린다. 핵심만 간단하게 언급하고 넘어간 공소사실의 문제는 재판이 끝난 후에 다시 평가할 기회가 있을 것이라고 생각한다.

에필로그

검찰개혁의 필요성과 방향

　　1987년 6월 항쟁 이후 우리 사회 여러 분야에서 민주화가 이뤄졌지만 검찰은 민주화를 거부하고 정권에 부역하면서 정치검찰이라는 오명을 받아왔다. 군사독재 시절에 조작된 수많은 간첩 사건과 민주화 이후에 벌어진 강기훈 유서 대필 사건 등 공안 사건부터 이명박 정권에서 벌어진 노무현 전 대통령 수사, KBS 정연주 사장 수사, MBC 〈PD수첩〉 사건, 미네르바 사건, 최근 재조명되고 있는 한명숙 전 총리 사건, 박근혜 정권의 몰락을 가져온 국정농단 사건까지 검찰은 주도적인 역할을 담당했다.

　　검찰이 이렇게 정치권력에 굴종하고 더 나아가 스스로 정치권력화한 이유는 검찰에게 너무 많은 권력이 집중되어 있는 반면 이를 견제할 장치가 없기 때문이다. 한국의 검찰은 기소권뿐만 아니라 수사권, 수사지휘권, 영장청구권, 공소유지권, 형집행권 등 형사사법의 핵심 권한을 배타적이고 독점적으로 행사하고 있다. 하나의 기관이 이처럼 막강한 권한을 독점하는 제도는 세계적으로 유례를 찾기 힘들다. 그 결과 정치권력은 반대세력을 견제하거나 자신의 부패를 감추는 데 검찰을 이용하려는 유혹에 빠지기 쉽고 검찰 또한 정치권력에 예속되거나 공생관계를 유지하며 부패에 둔감한 특권계급이 되어가는 것이다.

검찰이 다른 기관으로부터 견제나 통제를 받는 제도적 장치가 거의 없기 때문에 '막강한 권한'을 남용하는 사례가 비일비재했다. ① 권력형 비리를 부실하게 수사하거나 ② 국가기관의 불법행위를 봐주기 수사하거나 ③ 정부 비판 세력에 대해 권한을 남용해 과잉 수사를 하거나 ④ 재벌·대기업에 대해 봐주기 수사를 하는 등 검찰이 본연의 기능을 다하지 못하고 있는 것은 이미 주지의 사실이다. 2016년 우리 사회를 강타한 진경준, 홍만표, 김형준, 우병우 등 전·현직 검찰 출신 고위직 인사들의 비리와 박근혜·최순실 게이트로 불리는 국정농단 사건도 통제받지 않는 검찰권 행사와 결코 무관하지 않다. 그랜저 검사, 스폰서 검사 등의 검찰 비리 사건이나 검찰 내 성폭력 사건도 마찬가지다.

　검찰은 정치권력에 예속되거나 스스로 정치권력화하면서 명실상

종류	한국	프랑스	영국	미국	독일	일본
수사권	○	△	×	○	○	○
수사지휘권	○	△	×	×	○	△
수사종결권	○	△	×	×	○	△
자체 수사 인력	○	×	×	○	×	○
검찰과 경찰 조서의 증거능력 차이	○	×	–	×	×	×
수사권의 중앙집권 여부	○	○	○	×	×	○
기소권 여부	○	○	○	○	○	○
기소독점주의	○	×	×	×	○	○
기소편의주의	○	○	○	○	×	○
공소유지권	○	○	○	○	○	○

각국의 검사 수사권과 기소권 및 수사상 지위 비교

부 대한민국 최고 권력으로 우리 사회를 지배해왔다고 해도 과언이 아니다. 검찰개혁을 시대의 과제로 여기고 대통령 선거에서 여야 할 것 없이 '검찰개혁'을 외치는 이유도 여기에 있다. 문재인 정부가 출범 초기 가장 주력했던 정책은 권력기관 개혁과 적폐의 완전한 청산이었다. 박근혜 정부의 국정농단 사태 이후 해이해진 공직사회의 기강을 바로잡기 위해 각 부처별로 개혁위원회의 개혁 작업이 진행되었다. 특히 경찰, 검찰, 국정원 등 권력기관의 개혁 작업은 그 무엇보다 속도감 있게 진행되었다. 국정원은 개혁발전위원회, 검찰은 법무·검찰 개혁위원회를 구성하고 개혁 방안을 도출했다. 경찰도 경찰개혁위원회를 통해 다양한 영역에서 개혁 방안을 논의했다.

권력기관 개혁의 핵심은 검찰개혁이다. 우리 사회에서 가장 큰 권력집단이 되어버린 검찰을 개혁해야 경찰, 국정원과 같은 다른 권력기관의 개혁을 추동할 수 있으며 검찰 중심의 형사사법 시스템을 국민을 위한 형사사법 시스템으로 전환할 수 있다.

검찰개혁의 역사

우리 사회의 정치적 격변기마다 특히 1987년 민주화 이후로 여러 가지 검찰개혁 방안이 대두되었지만 검찰의 권한 남용과 비리 사건은 끊이지 않았다. 검사장급 등 고위직이 연루되거나 천문학적인 금액이 오가는 등 오히려 그 심각성이 커지고 있다.

박근혜 정부도 상설 특검제, 감찰관 제도, 중수부 폐지 등을 검찰개혁 공약으로 제시했으나 검찰의 권한을 분산·통제한다는 개혁의 기본 원칙에는 턱없이 부족한 내용이었고 실제 개혁의 성과도 전무했다.

촛불혁명으로 탄생한 문재인 정부는 집권 초기 적폐청산과 권력기관 개혁을 주요 국정과제로 제시했다. 법무부의 법무·검찰개혁위원회, 대검의 검찰개혁위원회, 경찰청의 경찰개혁위원회, 국가정보원의 국정원개혁발전위원회를 각각 설치해 제도 개혁안을 마련하는 한편 경찰의 인권침해진상조사위원회, 검찰 과거사위원회, 국정원의 적폐청산 태스크포스(TF)를 출범시키고 과거사 청산 작업을 병행했다. 권력기관의 개혁은 각 기관이 서로 견제하고 권력을 분산·재배치함으로써 이뤄진다는 점에서 유기적으로 연결되어 있다. 검찰개혁 방안으로 제시된 검경 수사권 조정과 국정원 개혁 방안인 대공 수사권 이관, 국내정보 부서의 폐지 등으로 비대해진 경찰의 권한을 어떻게 분산·견제할 것인지 함께 논의해야 하는 이유가 여기에 있다.

여러 개혁 과제 중에 문재인 정부가 중점을 두고 있는 과제는 역시 검찰개혁이다. 고위공직자범죄수사처(공수처) 설치와 검경 수사권 조정으로 대표되는 검찰개혁 방안이 여론의 지지를 받으면서 최우선과제로 부상했다.

국회에서도 여러 차례 공수처 설치에 관한 법안이 발의되었다. 법무부 제1기 법무·검찰개혁위원회도 공수처 설치를 권고했으며 시민사회단체들도 '공수처설치촉구공동행동'을 결성해 공수처 도입을 강력히 요구했다. 2019년 4월 22일 더불어민주당, 바른미래당, 정의당, 민주평화당은 준연동형 비례대표와 공수처 설치 법안을 신속처리안건(패스트트랙)으로 지정하는 데 합의하고, 4월 29일 국회 법제사법위원회는 백혜련 의원이 대표 발의한 '고위공직자범죄수사처 설치 및 운영에 관한 법률안'을 신속처리안건으로 지정했다. 이 법안은 2019년 12월 30일 국회 본회의

구분	주요 개혁안	개혁안 관철 여부와 평가
김영삼 정부	부정방지위원회를 통한 독자 조사에 의한 검찰 견제(1993년)	검찰 등의 반대로 무산
	현직 검사 청와대 파견근무 금지 (1996년)	사직 후 청와대 근무 뒤 검찰에 복귀함으로써 금지 규정 우회
	검찰총장 퇴임 후 2년간 공직 취임 금지(1996)	헌법재판소의 위헌결정으로 폐지
김대중 정부	특별검사제 채택(1999년)	2020년 현재까지 총 12차례 실시되었으나 그 성과는 미미
	부패방지법을 통한 검찰 견제 시도 (2001년)	부패방지위원회(현 국민권익위원회 산하 부패방지국)의 조사 권한이 미약해서 검찰 견제 사실상 무의미
노무현 정부	강금실, 천정배 등 비검사 출신 법무부 장관 임용을 통한 검찰 인사개혁 (2003년)	검찰 반발로 집권 후반기에는 다시 검찰 출신 임명
	고위공직자비리수사처를 통한 검찰 견제 시도(2004년)	검찰 등의 반대로 무산
	사법제도개혁추진위원회를 통해 형사재판을 비롯한 사법제도의 전면적 개혁 시도(2005)	형사소송법 일부 개정, 공판중심주의 확대, 로스쿨 도입을 통한 법조인 양성 시스템 개혁, 형사재판에서 배심원제의 시범적 도입
	검찰과 경찰의 수사권 조정을 통한 검찰권 축소 시도(2005)	검찰의 반대와 경찰의 과욕, 정치권의 소극적 태도로 무산
이명박 정부	고위공직자비리수사처 등 논의 부활 (2010년)	검찰 부패에 대한 여론 악화로 논의가 시작되었으나 이명박 정부의 개혁 의지 결여로 동력 상실
	검찰시민위원회를 통한 검찰의 기소재량권 통제(2011년)	구성이나 사건 회부 여부가 검찰의 재량 사항이고 그 결정에도 법적 구속력이 없어 검찰에 대한 실질적 통제 장치라 볼 수 없음
	국회 사법제도개혁특별위원회의 중앙수사부 폐지, 특별수사청 신설안 (2011년)	한나라당, 이명박 정부 반대

민주화 이후의 주요 검찰개혁 시도[9]

에 상정되었고 윤소하 의원이 대표 발의한 수정안으로 가결되었다. 참여연대가 1996년에 입법청원을 통해 처음 공수처 설치를 공론화한 지 23년 만에 드디어 결실을 맺은 것이다.

한편 제1기 법무·검찰개혁위원회는 2018년 2월 8일 수사구조 개혁을 위한 '검경 수사권 조정'을 권고했고, 정부는 그해 6월 21일 경찰에 1차적 수사권과 수사종결권을 부여하는 내용의 '검경 수사권 조정안'을 발표했다. 이 내용을 토대로 검찰청법 일부 개정법률안 및 형사소송법 일부 개정법률안이 각각 발의되었고, 국회 법제사법위원회는 2019년 4월 30일 이를 신속처리안건으로 지정했다. 검찰청법 일부 개정법률안은 2020년 1월 13일 유성엽 의원의 수정안으로, 형사소송법 일부 개정법률안은 2020년 1월 13일 박주민 의원의 수정안으로 각각 본회의에서 가결되었다. 1954년 형사소송법 제정 이후 60년 넘게 이어온 검찰 중심의 형사사법 시스템에 일대 전환이 이루어진 것이다.

수사권 조정은 형사소송법 제정 당시부터 핵심 쟁점이었다. 1954년 1월 9일 열린 국회 형사소송법안 공청회의 첫 안건도 '검사와 사법경찰관리와의 관계'에 대한 것이었다. 사법경찰관리와 검사와의 관계를 상호협력 관계로 설정할 것인지, 상명하복의 관계로 둘 것인지가 쟁점이었다. 당시 공청회에 참석한 엄상섭 의원은 "검찰기관이 기소권만을 가지고도 강력한 기관이거늘 수사의 권한까지 갖게 되면 결국 검찰파쇼를 가지고 온다. 우리나라는 경찰이 중앙집권제로 되어 있는데, 경찰에 수사권을 전적으로 맡기면 경찰파쇼라는 것이 나오지 않나. 검찰파쇼보다 경찰파

---

9 《한국 민주주의 어디까지 왔나》, 정태호 외 지음, 300~301쪽 일부 수정, 인간사랑, 2012

쇼의 경향이 더 세지 않을까? 이런 점을 보아 범죄수사의 주도권은 검찰이 가지는 것이 좋으나 장래에 있어서는 우리나라도 조만간 수사권과 기소권을 분리시키는 방향으로 나아가는 것이 좋겠다"고 발언한 바 있다. 형사소송법의 검경 수사권 조항은 엄상섭 의원의 뜻대로 검찰에 수사권을 주는 내용으로 1954년 9월 23일 통과된다. 검경 수사권 갈등의 출발점이 된 것이다. 기소권을 가진 검찰이 수사권까지 갖는 것은 권력의 비대화를 초래하지만, 일제의 폭압통치, 미군정, 한국전쟁을 거치면서 경찰의 파쇼를 겪었던 역사적 경험이 한시적으로 검찰에 수사권과 기소권을 모두 주는 방식을 선택하게 한 것이다. 그러나 당시의 이러한 선택이 60년을 넘게 이어질 것이라고는 아무도 생각하지 못했다.

검경 수사권 조정 논의는 1955년 경찰의 기구 독립을 골자로 한 경찰법안이 정부안으로 마련되면서 다시 시작되었다. 1962년에는 경찰의 정치적 중립과 수사권 독립 주장이 제기되었고 1998년에는 수사권 독립 논의가 학계와 정치권 등에서 활성화되기도 했다. 경찰의 수사권 독립 논의는 노무현 대통령의 당선과 함께 다시 사회적으로 공론화되었다. 경찰청은 2003년 1월 대통령직 인수위에 사법경찰의 수사권 독립안을 공식 제출했고, 참여정부는 검경 수사권 조정 자문위원회를 구성했다. 그러나 자문위의 경찰 측 위원들은 사법경찰을 독자적 수사 주체로 인정하고, 비중요범죄 수사에 대해서는 검찰 송치 전 검사의 수사 지휘를 배제해야 한다는 입장인 반면, 검찰 측 위원들은 수사권을 검찰과 경찰에 이원화하고, 송치 전 검사의 지휘를 전면 배제하는 방안은 수용하기 어렵다는 입장을 내놓으면서 조정안 마련에 실패했다.

2011년 7월 18일 형사소송법 제196조가 개정되면서 사법경찰관의 독자적인 수사 개시·진행권이 명문화되었다. 그러나 검경 수사권 조정의 핵심인 경찰의 독자적 수사 주체성 인정 및 상호 대등협력관계 설정 문제는 제대로 된 논의가 이뤄지지 못했다.[10] 그러는 동안 검찰은 본연의 역할을 잊은 채 막강한 권력을 가진 정치검찰로 변모했다.

고위공직자범죄수사처 설치 및 운영에 관한 법률 제정과 검찰청법 개정에 따라 2020년에는 공수처가 설치되고 검경 수사권 조정이 시작될 것이다. 드디어 검찰개혁의 역사적인 첫발을 떼는 것이다. 그러나 공수처 설치와 수사권 조정은 검찰개혁의 필요조건이지 충분조건은 아니다. 지난 20대 국회의 여야 합의 과정에서 공수처의 규모가 축소되고 검찰의 직접수사 범위가 과도하게 인정되는 등 앞으로 개선해나가야 할 점이 많이 남아 있다. '수사권 조정'이 '수사권 독립'으로 나아가기 위한 과제는 무엇인지, 수사권 조정으로 국민에게 불이익이 될 여지는 없는지 미세한 부분까지 살펴봐야 한다.

검찰개혁의 방향

검찰개혁 과제를 완수하려면 무엇을 해야 할까. 검찰개혁의 방향과 목표는 무엇인가. 그동안 검찰개혁 방안을 둘러싸고 여러 가지 접근이 이루어졌다. 역대 정권에서 시도하거나 도입한 제도들이 여럿 있었다. 그러나 개혁의 원칙이나 방향성 없이 기구나 부서의 폐지와 설치만 반복하는 것은 부분적인 변화는 가져올지 몰라도 제대로 된 개혁으로 이어지기는 어렵다. 검찰개혁의 목표와 방향을 크게 네 가지로 분류하면 다음과

---

10 《2020 한국사회의 개혁과 입법과제》, 민주사회를 위한 변호사모임, 110~111쪽

같다.

- 중립성 확보

첫째, 정치권력으로부터의 중립성 확보이다. 우리나라 검찰은 그 구조부터 정치적 외압에 취약한 특성을 가지고 있다. 수십 년 동안 이어진 사법시험, 그리고 사법연수원이라는 법조인 충원 및 양성 과정이 가부장적 문화로 점철된 도제식 직무훈련으로 재생되면서 검사들의 의식 속에 철저한 선민적 엘리트의식이 주입되었다. 2004년 검사의 직무상 독립성 및 중립성을 제고하기 위해 검찰총장을 제외한 검사의 직급을 일원화하는 검찰청법 개정이 이뤄졌으나 조직상으로는 평검사 – 부부장검사 – 부장검사 – 차장검사(지청장) – 지검장 – 고검장 – 검찰총장으로 이어지는 7단계 위계구조가 여전히 유지되고 있다. 그리고 이 모든 조직과 기능은 법에서는 사라졌으나 현실에서는 살아 숨 쉬고 있는 '검사동일체'의 원칙으로 수렴되는 것이다.

우리 역사에서 검찰 조직은 정치권력의 직접적 지휘를 받는 법무부 장관부터 그의 지명으로 임명되는 검찰총장, 그리고 상명하복의 위계에 종속되는 일선 검사에 이르기까지 하나의 수직대열을 이루면서 가부장적 위계질서의 일사불란한 명령·복종 체제를 구성해왔다.[11] 사법시험이 폐지되고 검사동일체의 원칙이 법적으로 폐지되면서 과거에 비해 문제의식이 약해졌을지는 모르겠지만 검찰총장을 정점으로 하는 피라미드식 구조에서 상층부의 의지가 그대로 일선 검사에게 관철될 수 있는 현재

---

11 〈검찰개혁의 현실과 방향〉, 한상희, 《황해문화》 78호

와 같은 인사 시스템과 복무평정제도가 유지된다면 정치적 중립성 문제는 계속 제기될 수밖에 없을 것이다.

검찰의 정치적 중립 문제는 그동안 정치권력 등 외부의 압력으로부터 간섭을 받지 않고 어떻게 독립적인 직무 수행을 지켜낼 것인가에 집중되었다. 그러나 '정치검찰'을 넘어 '검찰정치'가 가능한 것은 검찰 최상층부의 의지가 그대로 관철될 수 있는 '줄 세우기'와 '길들이기'가 검찰 내부의 시스템으로 여전히 자리하고 있기 때문이다. 검찰 내부의 부당한 지시를 거부할 수 있고 그로 인해 불이익을 받지 않는 조직 시스템, 상명하복의 질서를 따르지 않더라도 조직에서 도태되지 않고 국민을 위해 검찰권을 공정하게 행사할 수 있는 제도 마련이 결국 정치권력으로부터 검찰의 중립성을 확보하는 길이 될 것이다. 검찰 내부의 민주적 구성과 운영에 관심을 가져야 하는 이유이기도 하다.

- 권한의 분산, 견제와 균형

둘째, 검찰 권한의 분산을 통한 견제와 균형이다. 권력의 집중은 필연적으로 권한의 남용과 부패를 초래한다. 전 세계적으로 유례없는 검찰의 권력 집중으로 정치권력은 검찰만 장악하면 원하는 바를 이룰 수 있었고, 검찰 내부의 피라미드식 권력 집중으로 검찰 상층부는 자신들의 의지만으로도 많은 것이 가능했다. 이렇게 검찰에 집중된 비대한 권한을 분산시키기 위해 공수처와 검경 수사권 조정이 제시되었고 20대 국회에서 가시적인 성과를 거둘 수 있었다. 그러나 권한의 분산을 통한 견제와 균형의 관점에서 보면 공수처 설치를 위한 고위공직자범죄수사처 설치 및 운영에 관한 법률과 검경 수사권 조정을 위한 검찰청법은 다음과 같이 개

정되어야 한다.[12]

① 공수처의 업무 범위로 볼 때 현행 법률에 따른 수사처의 검사(최대 25명)와 수사관(최대 40명) 규모는 대단히 부족하다. 제1기 법무·검찰개혁위원회에서는 공수처 검사는 30명 이상 50명 미만, 공수처 수사관은 50명 이상 70명 이내로 두도록 권고한 바 있다. 공수처의 규모가 지나치게 작으면 본연의 역할을 기대하기 어렵고 자칫 검찰의 하부조직으로 전락할 위험을 배제할 수 없다.

② 현행법은 공수처장의 대우를 차관급에 준하도록 하고 있는데, 공수처장은 업무수행 과정에서 대검찰청 등 관계 기관의 장에게 수사 협조를 요청할 권한이 있고, 공수처가 검찰권 견제를 실질적으로 담당하는 기관이라는 점에서 공수처장의 대우를 검찰총장처럼 장관급으로 하거나 검찰총장의 지위를 차관급으로 조정할 필요가 있다.

③ 현행법은 공수처 차장에 대해서는 법조 경력 10년 이상을 요구하는 데 반해, 공수처 검사에 대해서는 변호사 자격 10년 이상과 재판·수사·조사업무 실무 경력 5년 이상을 요구하고 있다. 이는 공수처 차장과 검사의 관계를 봐도 균형이 맞지 않고, 검찰청 소속 검사와 비교하더라도 공수처 검사에게 지나치게 높은 자격 요건을 요구한다고 볼 수 있다. 이러한 자격 요건은 검찰 출신 다수가 공수처 검사로 임용되는 결과를 초래할 수 있다. 이렇게 되면 검찰을 견제하는 공수처의 기능이 저해될 수 있기 때문에 반드시 개정되어야 한다.

④ 현행법은 공수처 수사 대상과 관련해 대법원장·대법관·검찰총

---

12 《2020 한국사회의 개혁과 입법과제》, 민주사회를 위한 변호사모임, 109~110쪽

장·판사 및 검사·경무관 이상 경찰공무원 본인 및 가족의 부패범죄 및 관련 범죄에 한해 기소권을 부여하고 있다. 검찰의 기소독점주의 폐해 방지와 검찰의 권한 분산이라는 공수처의 기능을 고려하면 수사 대상 전체를 대상으로 기소권을 행사할 수 있도록 법률을 개정할 필요가 있다.

⑤ 개정된 검찰청법은 검사의 1차적 수사권에 대한 물적 범위로 '부패범죄, 경제범죄, 공직자범죄, 선거범죄, 방위사업범죄, 대형 참사 등 대통령령으로 정하는 중요 범죄' 등을 들고 있다. 검경 수사권 조정 과정에서 검사의 직접 수사권을 일부 남겨둔 것은 경찰에게 수사권을 이양하는 과정에서 나타날 수 있는 수사력의 공백 문제를 해결하기 위한 잠정적 조치다. 따라서 단기적으로는 검사의 1차적 수사권을 예측 가능하고 최소화하는 방향으로 법률을 개정해야 하며 장기적으로는 검사의 수사권을 폐지하는 방향으로 나아가야 한다. 그러나 검찰은 '대통령령으로 정하는 중요 범죄'를 대형 참사에 한정해야 한다는 주장을 펼치고 있다. 수사권을 비롯한 검찰의 권한을 조금도 내려놓지 않겠다는 의지를 드러낸 것이다. 앞으로 제정될 대통령령에서 직접수사의 범위를 최소한의 범위에서 명확하게 규정할 필요가 있다.

– 검찰권력에 대한 외부 통제

셋째, 검찰권력에 대한 외부 통제가 필요하다. 수사권 조정으로 검찰의 수사권은 일부를 제외하고 경찰로 이양되었다. 그러나 검찰은 여전히 기소권을 보유하고 있고, 기소편의주의 또한 유지되고 있기 때문에 검찰의 기소 재량을 어떻게 통제할 것인지가 주요 과제로 남아 있다. 이와 관련해 재정신청제도를 확대·강화할 필요성이 제기되고 있다. 재정신청제도는 고소 사건 및 일정 범위의 고발 사건에 대하여 검사가 불기소 처분한 경우 그 당부(옳고 그름)를 법원의 판단에 맡기는 제도이다. 법원이라는 다른 기관이 검사의 불기소 처분의 당부를 판단해서 기소 결정을 할 수 있다는 점에서 검사의 기소 재량에 대한 외부 통제장치라고 할 수 있다. 그런데 외부 통제장치라고 하기에는 현행 재정신청제도에 미흡한 부분이 많다. 2007년 형사소송법의 개정으로 마련된 현행 재정신청제도의 가장 큰 특징은 신청권자가 고소인인 경우에는 재정신청을 할 수 있는 대상 범죄의 제한이 없는 반면 고발인의 경우 형법 제123조~126조의 범죄(공무원의 직권남용, 불법체포감금, 폭행·가혹행위, 피의사실공표)에 대해서만 가능하다는 점과 공소유지변호사제도의 폐지라고 할 수 있다. 형법 제123조~126조 외의 다른 범죄에 대해 범죄의 직접 피해자가 아닌 사람이 '고발'하는 경우에는 불기소 결정이 나더라도 재정신청을 통해 법원의 판단을 받을 수 없다는 것이다.

사회적으로 논란이 되거나 국민적인 관심이 높은 사건의 경우 시민단체나 개인이 범죄 의혹에 대해 고발하고, 수사기관은 이를 통해 수사에 착수하는 모양새를 취하는 경우가 종종 있다. 이때 검사가 불기소 처분을 하는 경우 이를 통제할 마땅한 장치가 없다. 특히 국가기관의 권한남용, 부정부패, 정경유착 등 권력형 비리 범죄, 화이트칼라 범죄, 기업 범죄의 경우 정치권력의 영향이 미칠 가능성이 크고, 검사가 자의적으로 불기소 처분을 할 우려가 높다.

이 같은 문제점을 해소하고 재정신청제도의 실효성을 확보하려면 재정신청 대상을 불기소 처분된 모든 고발 사건으로 확대하는 것이 타당하다. 고발인이라도 불기소 처분이 부당하다면 법원에 재정신청을 할 수 있어야 한다. 현행법상 재정신청의 관할법원은 고등법원으로 되어 있는데 고등법원을 관할법원으로 할 이유도 전혀 없다. 재정신청이 확대되면 업무처리의 효율성과 신속성, 신청자의 접근성을 위해 관할법원은 지방법원으로 변경되어야 한다.

　　법원에 의해 재정결정이 이뤄지면 검찰은 기소와 공소유지를 해야 한다. 검찰 입장에서는 이미 불기소 판단을 내린 사건을 다시 억지로 기소하고 공소유지를 해야 하는 상황에 몰리게 되는 것이다. 스스로 내린 결정을 부인해야 하는 상황에서 검찰이 공익의 대변자로서 기소와 공소유지를 철저히 할 것이라고 예상하기는 어렵다. 실제로 검찰은 이런 경우 구형을 하지 않거나 아예 무죄를 구형하는 모습을 보이기도 했다. 따라서 재정신청이 제 기능을 하려면, 법원이 재정결정을 할 때 그 사건을 공소제기한 것으로 간주함으로써 법원의 재정결정 정본이 검사의 공소장을 대신하도록 해야 한다. 아울러 법원이 공소유지 담당자를 변호사 중에서 선임하도록 법률을 개정해야 한다.

　　― 민주적 정당성 확보와 국민 참여

　　넷째, 검찰권력에 대한 민주적 정당성 확보와 국민의 참여이다. 박근혜 정부의 국정농단과 사법농단 사건을 겪으면서 법원과 검찰의 민주적 정당성 문제가 사회적 의제로 떠올랐다. 왜 국민들이 선출되지 않은 권력인 법원과 검찰의 권위를 인정해야 하고 또 나의 신체와 재산에 관해 처분할 수 있는 힘을 인정해야 하는지 근본적인 의문을 갖기 시작한 것이다. 이런 관점에서 검찰개혁 방안으로 최근 공론화되기 시작한 주제는 검사장 직선제이다. 검사장 직선제는 검찰에 대한 민주적 정당성 확보라는 차원에서 의미가 있다. 검사장 직선제를 요구하는 주장의 핵심은 다음과 같다.

검찰이 보이는 정치적 편향의 근원은 조직이 그 내부에 있어서 과잉 집중된 까닭이며, 지역 검사장 주민직선제는 과잉 집중의 해소로 귀결되어 검찰 내부에 '권력 자원'이 될 만한 어떤 요소를 제거한다는 점에서 정치적으로 중립된 검찰을 지향하는 검찰개혁 방안으로서 검토될 가치가 있다고 본다. 검찰 조직의 민주적 구성과 검찰권의 민주적 행사라는 두 측면에서 현행 검찰제도는 가능한 한 국민의 민주적 참여를 배제하고 있다. 범죄의 수사와 소추를 중핵으로 하는 검찰 사무를 담당하는 검찰 조직의 구성에 있어서 다른 대부분의 나라에 비교하여 우리나라는 민주적 정당성이 현저히 떨어진다. 미국의 경우 형사 사건의 95%를 담당하는 주 검찰청 및 카운티 검찰청은 지역 주민의 직접 선출로 구성된다. 거주 인구 1000만 명에 육박하는 스위스의 경우에도 칸톤(Canton) 정부의 검찰 사무 담당자는 지역 주민의 직접 선출로 구성되는 것으로 알려져 있다. 독일, 프랑스, 이탈리아, 스페인 등의 국가들도 지방정부 의회가 지역의 검찰 사무 담당 기관의 구성에 관여한다. 이런 다른 외국의 입법례에 비추어 우리의 검찰 사무 담당자의 민주적 정당성은 너무 취약하다.[13]

지방검찰청 검사장을 주민직선제로 선출하게 되면, 분권으로 작아지면서

---

13 김진욱, 검사장 주민직선제로의 확장된 검찰개혁-검찰 민주화 및 분권사회 실현을 위하여, '국민의 검찰' 만들기 방안 모색 토론회, 2016

도 살아 있는 권력의 인사권으로부터 자율성을 획득하여 공직 비리 척결, 사회 비리 견제의 자기 임무에 보다 충실할 수 있을 것이다. 대검찰청과 지방검찰청이 더 이상 한솥밥 식구가 아닌 별개 독립의 존재로 되기 때문에 중앙의 감찰 기능이 제대로 작동되길 기대할 수 있는 외에 선출 주민 및 병렬적인 다른 검찰청과 잠재적 검사장 경쟁자에 의한 감시에 노출되어 스스로 부패의 진원지로 되고 있는 현재의 검찰의 모습에도 일대 혁신을 기대할 수 있다. 무엇보다도 검찰 업무집행에 있어 책임지는 검찰을 기대할 수 있다. 〈PD수첩〉 사건에서처럼 기소해서는 안 된다고 주장한 검사는 사직을 강요당하고, 무리한 기소와 연이은 무죄판결로 국민의 비난을 초래한 검사는 승승장구 출세의 가도를 달리는 어처구니없는 사태는 없어질 것이다.[14]

검사장 직선제 도입에 앞서 지방분권이 이루어져야 하고 검찰의 지방분권은 법원과 같이 가야 한다는 점, 검찰의 권력 통제를 위해 권한 분배가 우선인데 권한 분배는 수사권과 기소권의 완전한 분리가 이루어져야 한다는 점, 권한에 대한 통제가 확실히 이루어져야 한다는 점 등에서 아직은 검사장 직선제 도입을 시기상조로 바라보는 시각이 더 많다. 검찰권력의 민주적 정당성과 민주적 통제 방안을 어떻게 확보할 것인지의 관점에서 앞으로 충실한 논의가 이루어질 필요가 있다.

검찰권 행사에 대한 민주적 통제를 논할 때 등장하는 또 하나의 주

---

14 김명용, 검사장 주민직선제로 확장된 검찰개혁에 대한 토론, '국민의 검찰' 만들기 방안 모색 토론회, 2016

제는 법무부의 탈검찰화이다. 검찰은 스스로 준사법기관이라 칭하며 법원과 동등한 수준의 독립성 보장을 주장하고 있지만, 검찰청은 엄연히 행정부에 속하는 법무부의 외청이다. 따라서 법무부 장관의 지휘, 감독을 당연히 받아야 하지만, 수사와 기소를 담당하는 외청이라는 특수성을 인정받으면서 구체적 사건에 대한 지휘, 감독은 검찰총장을 통해서만 할 수 있도록 법으로 규정한 것이다. 그런데 과거에는 검찰 출신 인사가 법무부 장관으로 임명되고, 법무부에 파견된 검사들이 요직을 차지하면서 법무부가 검찰을 견제, 감시하는 것이 아니라 검찰에 의해 장악되었다. 법무부에 파견되었던 검사들이 1~2년이 지나 다시 검찰에 복귀하는 일이 반복되면서 국가 법무행정의 전문성도 현저히 떨어졌다. 법무행정은 검사들만 잘할 수 있는 분야가 아니다. 오히려 법률전문가인 검사보다 행정전문가인 외부 인력을 배치하는 것이 검찰에 대한 법무부의 민주적 통제나 법무행정의 전문성 축적을 위해 필요한 일이다. 법무부 내의 탈검찰화와 더불어 법무부 장관의 탈검찰화도 앞으로 꾸준히 이어져야 할 것이다.

　　권력기관의 구성부터 활동까지 투명하게 공개되고 국민의 참여가 활발히 이루어진다면 부패가 설 자리는 없어진다. 해외의 입법 사례를 보면 검찰권이 행사되는 과정에 시민들의 참여가 보장되고 있다. 대표적으로 시민들이 기소 여부를 결정하는 미국의 대배심제도, 피해자가 직접 기소할 수 있는 영국, 프랑스, 독일의 사인기소제도, 혐의가 있는 사건의 기소를 법률로 강제하는 독일의 기소법정주의, 검사의 불기소 처분에 대해 시민들이 사후적으로 심사하고 기소 여부를 결정하는 일본의 검찰심사회 제도 등을 꼽을 수 있다. 이렇게 국민들이 재판과 기소 등의 사법 절차에 직접 참여한다면 전관예우 등이 발붙일 수 있는 토대가 사라질 것이다.

이러한 국민 참여는 민주주의 이념을 실현하는 길이자 전관예우 등으로 얼룩진 법조 병폐를 치유하는 근본 해법이 될 수 있다.

우리나라는 일부 형사재판에서 국민참여재판을 시행하고 있으나 검찰권 행사 과정에서 국민의 참여를 보장하는 제도는 아직 없다. 2010년에 기소독점주의의 폐해를 견제한다는 명분으로 검찰시민위원회를 도입했지만 위원회에서 내린 결정에 구속력이 없고, 2017년까지 전국 5개 고등검찰청 시민위원회의 개최 건수는 매년 없거나 한두 건 정도에 불과해 시민 참여를 보장한다는 취지가 무색한 상황이다.

최근 채널A 기자의 강요미수 의혹 사건, 한명숙 전 총리 사건, 이재용 삼성전자 부회장의 회계 부정 사건과 관련해 검찰 수사심의위원회, 전문수사자문단과 같은 생소한 기구가 연일 언론에 보도되고 있다. 전문수사자문단은 검찰 내부의 협의체에 불과해 시민 참여라는 본 주제와 맞지 않으므로 논외로 하고 수사심의위원회에 대해 간략히 언급하고자 한다.

검찰 수사심의위원회는 2018년 검찰의 기소권 남용을 견제하기 위해 외부 전문가들이 검찰 수사와 기소 과정 등을 심의하는 제도로 도입되었다. 국민적 의혹이 제기되거나 사회적 이목이 집중되는 사건에 대해 수사 계속 여부, 공소제기 또는 불기소 처분 여부 등을 심의하는 것이다. 그러나 수사심의위원회는 '국민적 의혹이 제기되거나 사회적 이목이 집중되는 사건'이라는 제도의 취지가 무색하게도 2년 동안 8번 개최되었을 뿐 아무런 관심도 받지 못했다.

그러다가 이재용 부회장이 자신에 대한 회계 부정, 불법 승계 등의 검찰 수사에 대해 수사심의위원회의 소집을 요청하면서 주목을 받기 시작했다. 수사심의위원회는 이재용 부회장에 대한 불기소와 수사 중단을 결정하면서 사회적 파장을 불러일으켰다. 이재용 부회장에 대한 수사심의위원회 결정 이후 시민 참여를 보장한다는 이 제도의 근본적인 취지에 의문을 제기하는 목소리도 높아졌다.

결론부터 말하면 수사심의위원회는 시민 참여를 제대로 보장하지 못한 채 흉내만 내는 반쪽짜리 방식이라고 할 수 있다. 현재 우리나라에서 시행되고 있는 국민참여재판과 비교해보면 쉽게 이해할 수 있다. 시민의 참여를 말한다면 그 시민은 누구나 해당될 수 있어야 한다. 국민참여재판에서 배심원 선정이 직업이나 능력에 상관없이 무작위로 이루어지듯이 시민의 자격에 제한을 두면 안 된다.

수사심의위원회는 학계, 법조계, 언론계, 시민단체, 문화·예술계 등 사회 각 분야 전문가 150명 이상 250명 이하의 위원으로 구성되며 위원은 검찰총장이 위촉한다. 검찰총장이 위촉하는 전문가 집단이 과연 시민의 대표성을 제대로 확보할 수 있을지 의문이다. 이재용 부회장에 대한 수사심의위원회의 결정을 둘러싸고 벌어지는 사회적 논란을 보면서 어설프게 개혁의 흉내만 내려고 하다가는 오히려 퇴보하는 상황이 생길 수 있으며 따라서 개혁은 그 방향과 원칙을 분명히 하면서 진행하는 것이 중요하다는 사실을 깨닫게 된다.

검찰개혁의 남은 과제들

공수처 설치와 검경 수사권 조정 관련 법안이 통과되어 곧 시행을 앞두고 있다. 검찰개혁의 큰 산 하나를 넘은 셈이다. 그러나 아직 개혁 과제는 산적해 있고, 개혁에 반발하는 세력들의 저항도 무시할 수 없다. 제

1, 2기 법무·검찰개혁위원회, 대검의 검찰개혁위원회, 법무부 성희롱성범죄대책위원회 등 현 정부의 각종 개혁위원회에서 권고한 수많은 개혁안들이 여전히 이행되지 못한 채 잠들어 있다. 정부 여당은 개혁의 작은 성과에 취해 역사를 되돌리는 우를 범하지 말아야 한다. 우리 사회의 개혁을 바라는 국민의 준엄한 명령을 잊지 말고 검찰개혁의 새 역사를 써나가길 기대한다.

3부

언란

조국 사태와 언론

프롤로그

언론자유는 상승, 신뢰는 추락

　　우리나라의 언론자유지수는 아시아 국가 중에서는 1위다. 그렇지만 언론 신뢰도는 해마다 추락하고 있다. '국경 없는 기자회'가 발표한 '2020 세계언론자유지수' 보고서에 따르면 대한민국의 언론자유 순위는 42위다. 같은 보고서에서 미국은 45위, 일본은 66위를 기록했다.

　　문재인 정부 들어 대한민국 언론자유 순위는 큰 폭으로 개선되고 있다. 박근혜 정부 초반기인 2013년 50위였던 언론자유 순위는 2014년 57위, 2015년 60위, 2016년 70위, 2017년 63위를 기록했다. 문재인 정부 1년 차인 2018년에는 43위로 대폭 올랐고, 2019년 41위로 소폭 상승했다가 2020년 42위로 한 계단 떨어졌다.

　　하지만 대한민국 언론에 대한 국민의 신뢰도는 부끄러운 수준이다. 영국 옥스퍼드대학교 부설 로이터저널리즘연구소의 '디지털 뉴스리포트 2019'에 따르면 우리나라 국민의 언론 신뢰도는 22%에 불과해 조사 대상 38개국 중 최하위다. 더구나 이 조사에서 4년 연속 최하위를 기록하고 있다. 한국언론재단의 '2019 언론수용자 조사'에서도 한국 언론의 신뢰도는 계속 추락하고 있다. 5점 척도 조사에서 2010년 3.22였던 언론 신뢰도는 2019년 2.76으로 떨어졌다.

최근 코로나19 보도와 관련해서도 언론이 '재난 언론'이라는 역할을 충실히 수행했다는 평가가 나오기는커녕 '언론이 재난이다'라는 비판이 제기되었다. '이태원 클럽' 관련 보도에서는 성소수자 차별·혐오 보도라는 비난까지 받았다. 한마디로 문재인 정부 들어 대한민국의 언론자유는 크게 신장한 반면 언론에 대한 국민 신뢰도는 하락하는 모순적인 상황인 것이다. 그렇다면 대한민국 언론은 왜 스스로의 자유는 모자람 없이 누리면서 국민의 신뢰는 받지 못할까? 답은 간단하다. '언론 상품'의 질이 국민의 요구 수준을 따라가지 못하기 때문이다.

망가진 한국 언론

한국살이 9년 차 영국 출신 프리랜서 저널리스트 라파엘 라시드는 〈한국 언론을 믿을 수 없는 5가지 이유〉라는 글로 주목을 받았다. 제3자의 시각에서 정리한 이 글은 한국 언론의 문제점을 잘 지적하고 있다. 그는 첫 번째로 한국 언론이 '팩트 체크'를 잘 하지 않는다고 주장했다. 한국의 언론 보도를 아무리 봐도 어느 것이 진짜이고 어느 것이 가짜인지 분간이 어렵다는 것이다. 한국 언론이 사실 확인에 게으르다는 비판을 받은 것은 어제오늘의 일이 아니지만, 팩트 전달이 언론의 기본이라는 점에서 '한국 언론에 팩트 체크가 없다'는 지적은 언론의 존재 이유를 묻고 있는 것이나 다름없다.

다음으로 지적한 것은 한국 언론의 팩트 부풀리기다. 실제로 한국 언론은 자신의 이해관계에 따라 A를 a로 바꾸거나 경우에 따라 g를 G로 바꾸는 등의 행태를 습관적으로 되풀이해왔다. 의제의 삭제, 축소, 침소봉대는 한국 언론의 고질적 병폐 중 하나로 꼽힌다.

세 번째로 '복붙 기사' 문제를 빼놓지 않았다. 우리는 이런 방식의 기사 작성 행태를 '경마 저널리즘' 혹은 '떼거리 보도'라고 불러왔다. 과거에는 '의제 집중'에 따른 경쟁적인 보도, 이른바 퍼부어대는 '소나기 보도' 행태가 나타나더라도 최소한 사건에 대해 취재를 한 뒤 기사를 썼다. 그러나 요즘은 사실 확인이나 추가 취재 없이 타사의 단독 보도를 베껴서 기사를 작성하고 있다는 의심이 높아지고 있다. 한 언론사의 특종 기사가 오보일 경우, 수많은 '복붙 기사'들이 자동으로 오보가 되는 형국이다. 심지어 어떤 복붙 기사는 베껴 쓴 타사의 단독 기사와 오탈자도 같고 맞춤법이 틀린 것까지 똑같아 빈축을 사기도 한다.

네 번째로는 한국 언론에서 '소설 냄새가 난다'고 지적했다. "소설이 현실 같고 언론 보도가 소설 같다"는 말은 이제 대한민국에서 상식이 된 지 오래다. 취재와 자료를 통해 정보를 전달하는 것이 아니라 각 언론사의 정파적 입장에 따라 취재 방향을 미리 잡고 현실을 꿰맞춰 기사를 만들어내기 때문이다.

'소설적 기사'를 쓰는 과정에서 자주 동원되는 방식이 바로 '인용'이다. 인용 방식에는 직접인용과 간접인용이 있고, 취재원을 밝히는 경우와 익명의 취재원을 활용하는 경우가 있다. 한국 언론이 주로 인용하는 취재원은 '익명 취재원'이다. 익명 취재원의 잦은 등장에 대해 문제를 제기하면, 언론은 '취재원 보호'를 내세워 자신을 방어한다. 그런데 기사에 주로 등장하는 'ㅇㅇ당 초선의원에 따르면' 'ㅇㅇㅇ관계자에 따르면' '검찰청 한 간부에 따르면' '서울에 사는 A씨에 따르면' 등등의 신원미상 취재원들은 과연 실존인물일까? 독자들은 궁금하지 않을 수가 없다. 심지어 독자들은 기자가 자신의 생각을 익명 취재원의 입을 빌려 기사화하는 것 아니냐는 강한 의구심도 제기한다. 대한민국 언론은 오보와 각종 반인권적 취재 행태에 대해 반성하거나 사과하지 않는다. 그래서 마지막 다섯 번째로 라파엘 라시드는 대한민국 언론과 언론종사자들의 윤리 부재를 지적한다.

과연 대한민국 언론에 '윤리'나 '인권'이라는 단어가 있었던가. 일제강점기에는 친일을, 군부 독재정권 시절에는 군부의 나팔수 역할을 했던 주류 언론은 민주화 이후 단순히 기득권 대변인의 역할을 넘어 기득권의 이데올로그 역할을 하며 '선전선동지'로 전락했다는 비판에 직면해 있다.

대한민국 언론은 반성하지 않는다. 민주화 과정에서 군부는 하나회 해체와 함께 자기 자리를 찾아갔고, 권위주의 정권의 대리 판결소 역할을 했던 사법부도 과거를 반성하고 국민 앞에 사과했다. 문재인 정부 들어서는 심지어 검찰총장이 과거 정치검찰 행태에 대해 반성문을 썼다. 그러나 언론은 여전히 반성도 사과도 하지 않는다. 과거의 친일, 반민주, 반인권적 보도에 대해 반성과 사과를 요구할 때마다 해당 언론은 '약자 코스프레'를 하며 '언론자유'라는 말 뒤에 숨을 뿐이다.

언론개혁 필요성 각인시킨 '조국 보도'

최근 우리 사회에는 어느 때보다 언론개혁에 대한 요구가 높다. 이는 아마도 조국 국면에서 드러난 언론의 보도 행태에 절망하면서 급기야 '언론 망국론'이라는 표현까지 등장한 것과 무관하지 않을 것이다. 조국 법무부 장관이 내정된 2019년 8월 9일 이후의 대한민국 언론은 과연 저널리즘에 충실했는가. 우리 언론을 '저널리즘'이라고 부르는 것조차 비웃음을 당하는 일각의 분위기에도 불구하고, 조국 국면의 언론 보도를 되돌아보면서 저널리즘의 관점에서 평가하는 것은 언론개혁을 위해 필수 불가결한 작업이다.

팩트 부실, 허위과장 보도, 축소 보도, 경마 저널리즘에 기인한 '복붙 보도', 복붙의 복붙 수준인 '좀비 보도', 그리고 '한풀이 보도'까지 조국 전 장관과 그 가족을 둘러싼 각종 의혹 보도는 대한민국 언론이 가진 모든 문제점을 적나라하게 드러냈다. 이제는 기억에서조차 가물가물한 보도들, 가령 조국 전 장관의 대선자금을 위한 '웰스씨앤티 관급공사 싹쓸이 수주' 보도, 조국 전 장관 동생의 '위장이혼' 보도, 사모펀드 관련 '주가조작 가족사기단' 몰이 보도 등은 검찰의 공소장에 적시되지 않는 순간 사라져버렸다. 그렇다면 그 보도들은 무엇이었나. 언론 보도의 출처는 어디였단 말인가.

3부에서는 조국 국면에서의 언론 보도를 반추해보고 해당 보도들의 문제점을 짚어본 뒤 언론개혁의 과제와 방향을 제시해보려고 한다.

1장

조국 가족 관련
언론 보도

위장매매 의혹 보도

조국 법무부 장관 후보자에 대한 언론의 무차별적인 의혹 보도는 정경심 교수의 해운대 아파트 매매 문제를 시작으로 전개되었다. 당시의 아파트 매매 기록은 조 후보자가 국회에 제출한 공직 후보자 재산변동사항 신고서를 통해 공개된 사항이었다. 중앙일보 등 일부 언론은 "2017년 11월 부인 명의의 해운대 아파트(3억 9000만 원)를 동생의 전 부인에게 매매하며 1주택자가 됐다. 김현미 국토부 장관이 '다주택자는 집을 팔라'라고 한 게 그해 8월부터였다"며 사실관계를 중심으로 보도했다. 그러나 대다수의 언론은 아파트를 매매한 당사자가 조국 후보자 친동생의 전 부인이라는 이유로 위장매매 의혹을 제기했다. 2019년 8월 15일부터 수많은 언론이 기사 제목과 본문에 '위장매매'라는 표현을 사용하기 시작했다.

2019년 8월 15일

- 해운대 아파트 매매·10억 사모펀드 투자…'검증대 선 조국'(국민일보)
- 빌라 소유주에게 빌라 임대?…조국 아내의 희한한 계약(조선일보)
- 조국, 위장매매 의혹…靑 수석 때 부산 아파트 1채 친동생 측에 팔아(서울신문)

- 장관급 후보 7명 중 4명 '다주택자'…조국은 '위장매매' 의혹(시사저널)
- 조국, 靑 수석 때 다주택 피하려 위장매매 의혹…청문회 험로 예고(뉴스1)
- 조국, 靑 수석 때 위장매매 의혹…청문회 가시밭길 예고(머니S)
- 조국 후보자, 가족 명의 74억 투자약정…아파트 '위장매매' 논란(KBS)
- 조국 가족, 사모펀드에 74억 투자약정…위장전입·매매 의혹도(뉴시스)
- 조국 가족, 사모펀드 74억 투자약정…'부동산 위장매매' 의혹까지(매일신문)
- "사모펀드·위장매매…" 가시밭길 앞 조국(부산일보)
- 조국 후보자 의혹…사모펀드 74억·위장매매·위장전입(글로벌이코노믹)
- 조국 아내의 '수상한 계약'(채널A)
- 수상한 조국…집주인이 세든 빌라? 재산 넘는 74억 펀드 약정?(서울신문)
- 조국, 신고재산은 56억인데…사모펀드 74억 투자약정(MBN)
- 조국 가족, 사모펀드에 74억 투자약정…위장전입 의혹도(연합뉴스)

2019년 8월 16일

- 사노맹·사모펀드에 위장매매 의혹까지…격화되는 '조국 청문大戰'(한국경제신문)
- '구린내 진동' 조국, 사모펀드 75억 투자약정에 아파트 위장매매 의혹까지(아시아타임즈)

"실거래를 증명할 서류들이 다 있다"는 조국 후보자 인사청문회 준비단의 해명을 함께 보도한 언론은 KBS, 글로벌이코노믹, 부산일보 등이다. 머니투데이, 이데일리, MBC는 의혹 제기보다 청문회 준비단의 해명을 중심으로 보도했고 뉴시스, 뉴스1은 청문회 준비단의 해명을 별도 기사로 처리했다. 조 후보자 관련 의혹을 제기한 자유한국당(현 미래통합당) 주광덕 의원 주장을 단순 전달한 언론은 뉴시스, 매일신문, 글로벌이코노믹, 연합뉴스 등이다.

    8월 16일에는 조 후보자와 가족에 대한 위장이혼·위장거래·위장전입 의혹을 제기한 주광덕 의원의 기자회견과 "청문회에서 밝히겠다"는 조국 후보자의 입장 표명을 중심으로 언론 보도가 이어졌다. 8월 17일에는 주광덕 의원이 제기한 '조 후보자 동생 부부 위장이혼' 의혹을 조선일보가 본격적으로 이슈화하기 시작했다. 다른 언론이 대부분 주 의원의 주장을 전달하는 데 그쳤다면 조선일보는 현장 취재를 통해 '위장이혼' 의혹을 집중적으로 보도했다.

2019년 8월 17일
 - 이혼했다던 동생 부부…주민들 "보름 전까지 같이 사는 것 봤다"(조선일보)

8월 18일 KBS도 위장이혼 의혹 제기에 뛰어들었다. KBS는 해운대 아파트 주민의 음성 녹취를 공개하며 "조 후보자 동생 부부는 최근까지도 함께 생활했다는 게 주민들의 증언"이라고 보도했다.

2019년 8월 18일
 - 조국 후보자 가족의 수상한 부동산 거래(KBS)

조 후보자 동생 부부에 대한 아파트 위장매매, 웅동학원 위장소송

등 야당과 언론의 의혹 제기가 눈덩이처럼 커지자 조 후보자의 전 제수는 8월 19일 청문회 준비단에 장문의 입장문을 보냈다. 이 글에서 전 제수는 이혼한 남편(조 후보자 동생)과 계속 왕래한 것에 대해 "아이에게 이혼 사실을 알리지 않기 위한 것"이라고 설명했다. '위장소송' 의혹에 대해서는 "생활비 등에 전혀 기여하지 못한 조 후보자 동생이 생활비 보전 차원에서 양도한 채권을 확보하기 위해서였으나 아무 쓸모가 없다는 것을 나중에 알았다"고 밝혔다. '빌라 위장계약' 의혹에 대해서는 "조 후보자 부인이 아파트 전세금으로 시어머니 빌라를 마련해주는데 시어머니가 위자료 차원에서 내 명의로 해준 것"이라고 설명했다. '아파트 위장매매' 의혹에 대해서는 "조 후보자 부인 명의 아파트를 아이가 좋아해 전세로 들어가 살다가 고위공직자 다주택 해소로 매각할 입장에 놓이자 약간의 비용을 보태 매입한 것"이라고 해명했다.

"다시 한번 호소합니다. 제 아이가 상처받게 하지 마세요"라고 끝맺고 있는 이 입장문은 모든 언론이 충실하게 보도했다. 그러나 몇몇 언론은 조 후보자의 전 제수가 빌라를 증여받는 과정에서 증여세를 내지 않았다면 세금 탈루에 해당한다며 관련 의혹을 계속 키워나갔다. 증여세 납부 의무가 있다면 그것은 조 후보자의 전 제수에게 해당되는 일이다. 더구나 이미 동생 부부는 이혼한 상태이므로 이 사안을 조 후보자의 문제로 연결할 수는 없다.

2019년 8월 19일

- 조국 '가족 부동산 거래' 증여세 탈루 사실상 인정 (프레시안)
- 조국 동생 전처, 위장매매 의혹 해명하다 증여세 미납 논란…"내야 하

면 내겠다"(아시아경제)
- 조국, 부동산 거래 의혹 해명하려다 증여세 포탈 의혹…"납부하겠다"(머니투데이)
- 조국 前제수, 위장거래 해명하려다 '증여세 탈루' 새 의혹(TV조선)
- 해명이 논란으로…증여세 미납 논란 빠진 '조국 패밀리'(서울경제)
- 조국 동생 전처 "우성빌라 증여받았다", 증여세는?(뉴스앤뉴스)
- 조국 동생 전처 "해운대 빌라는 위자료"…증여세는 안 내(채널A)

조 후보자의 재산 문제가 '위장매매', '위장이혼', '증여세 논란' 등으로 번져가는 과정을 비판적으로 바라보는 기사도 있었다. 8월 20일 뉴스1은 "조국 법무부 장관 후보자의 재산 문제에서 시작된 의혹 제기가 동생 부부의 위장이혼 의혹을 넘어 난데없는 동생 전처의 증여세 미납 논란까지 번지면서 단순히 '논란을 키우기 위한 의혹 제기'로 변질되고 있다는 지적이 나오고 있다"고 보도했다.

2019년 8월 20일

- 번지수 잘못 찾은 조국 前 제수씨 증여세 탈루 의혹(뉴스1)

그러나 8월 19일과 20일 대부분의 언론 보도는 사실관계 확인보다는 의혹을 부풀리는 쪽으로 흘러갔다.

2019년 8월 19일

- 조국 의혹 결국 검찰로…법조계 "전형적 명의신탁 형태"(이투데이)

- 조국 동생 前부인 "위장이혼 아니다" 해명…부동산 거래 의구심 여전

  (한국일보)

2019년 8월 20일

- 조국은 아니라는데…납득 쉽지 않은 부동산 넘기기 · 가족 소송전(서울신문)
- 위장매매 의혹 '증여'로 돌파? 월세는 왜 급조했나(노컷뉴스)
- 조국 "적법절차" 해명에도 커지는 동생 부부 '위장이혼' 의혹(뉴스1)

위장전입 의혹 보도

　　위장전입 문제는 2019년 8월 14일 국회에 제출된 자료를 통해 일찌감치 지적되었다. 조국 법무부 장관 후보자가 울산대 사회과학대 법학과 조교수로 근무하던 1999년 10월, 아내와 아들은 기존 부산 해운대구 아파트에 남겨둔 채 조 후보자와 큰딸만 서울 송파구 풍납동의 아파트로 주소를 이전했다는 내용이다. 이에 대해 언론은 다짜고짜 위장전입을 지적하고 나섰다.

　　청와대가 후보자를 지명할 때 가장 먼저 검증하는 '7대 비리 관련 고위공직 후보자 인사검증 기준(7대 배제 기준)'에 따르면, 위장전입은 '인사청문제도가 장관급까지 확대된 2005년 7월 이후 부동산 투기 또는 자녀의 선호학교 배정 등을 위한 목적으로 2회 이상 위장전입을 한 경우'로 규정되어 있다. 따라서 2005년 이전의 위장전입은 사실상 7대 배제 기준에 해당하지 않는다. 그럼에도 만약 문제가 있다면 그 지점을 정확히 제기하면 된다. 그러나 언론은 주소지를 옮겼다는 사실만으로 큰 문제나 되는 것처럼 호들갑을 떨었고 더 나아가 인사검증을 맡은 청와대 민정수석실과 인사수석실을 비난했다. 언론은 조국 후보자가 민정수석에 재임하고 있을 때도 마찬가지였다. 당시 장관 후보자들이 7대 배제 기준에 해당하지 않는데도 "인사 참사"라고 부풀리며 조국 수석에게 책임을 물었다.

위장전입은 사실이든 아니든 일단 거론되는 것만으로 후보자 본인과 인사검증 담당자를 비난하기 좋은 소재다. 조국 후보자 인사청문회 관련 기사를 쓴 수많은 언론매체가 위장전입 문제를 빠짐없이 거론했지만 특히 기사 제목으로 처리하며 의혹을 부각시킨 곳은 다음과 같다.

2019년 8월 14일

-〔단독〕조국 후보자, 20년 전 위장전입…"7대 배제원칙 해당 안 해" (KBS)

2019년 8월 15일

- 조국 가족, 사모펀드에 74억 투자약정…위장전입 의혹도 제기(연합뉴스)
- '56억 재산' 조국 가족, 사모펀드에 74억 투자약정…위장전입 의혹도 (중앙일보)
- 조국 가족, 사모펀드에 74억 투자약정…위장전입 의혹도 제기(헤럴드경제)
- '점입가경' 조국…사모펀드 논란에 위장전입 의혹까지(신아일보)
- 조국, 울산대 교수 시절 '송파 아파트' 위장전입(조선일보)
- 조국 가족, 사모펀드에 74억 투자약정…위장전입 의혹도 제기(TV조선)
- 조국 가족, 사모펀드에 74억 투자 약정…위장전입·매매 의혹도(뉴시스)
- 조국 후보자 의혹…사모펀드 74억·위장매매·위장전입(글로벌이코노믹)
- 조국 법무부 장관 후보자, 가족들 사모펀드에 74억 투자에 위장전입 의혹까지 '수난'(매일경제)

2019년 8월 16일

- "위장전입, 시민 마음 후벼판다"더니…조국 본인도 위장전입(조선일보)
- 조국, 재산 넘는 사모펀드·위장전입·세금 지각납부 등 논란 계속(헤럴드경제)
- 조국 의혹들 벌써 '불꽃 공방'…사모펀드, 위장 전입·매매 논란(뉴스핌)
- 불붙은 청문정국…野, 조국 위장전입 의혹·펀드투자 정조준(영남일보)
- 조국, 세금 지각 납부·위장전입 의혹…이정옥은 투기 의혹(TV조선)
- 조국 가족, 사모펀드 75억 투자 약정…위장전입 의혹도(국민일보)
- '위장전입·사모펀드 투자' 논란…조국 의혹 '첩첩산중'(TV조선)
- 도덕성 도마 위에 오른 조국…블라인드펀드부터 위장전입 의혹까지(헤럴드경제)
- 조국, 자녀 학교 위해 '위장전입' 의혹…74억 투자약정도(공감신문)
- 조국, 사모펀드 74억 투자 약정·위장전입 의혹(OBS)
- 사모펀드 출자-위장전입-위장매매 의혹, 조국 "국회서 답변"(파이낸셜뉴스)
- 조국, 74억 펀드 투자약정·위장전입 의혹에 "청문회서 답하겠다"(국민일보)
- 사모펀드·위장전입·세금 지각납부 의혹…조국, '첩첩산중' 청문회 넘을까(쿠키뉴스)
- '조국 청문회' 벼르는 野…사노맹·사모펀드·위장전입 논란(연합뉴스)
- 조국 청문정국 긴장 고조…위장전입·투자 의혹 제기(연합뉴스TV)
- '사모펀드·위장전입' 의혹…조국 "청문회에서 진솔하게 답변하겠다"(YTN)

- 조국, 펀드투자·위장전입 의혹에 "잘 알고 있어…청문회서 답할 것"(세계일보)
- 바른미래당 "조국, 사노맹 '뜨거운 가슴'…위장전입은 사악한 가슴이었나"(아시아경제)
- 조국 청문회 놓고 野, 사노맹·투자약정·위장전입 등 '총공세'(월요신문)
- 74억 사모펀드에 위장전입 의혹…8말9초, 조국 심판대 서다(중앙일보)
- 사모펀드에 위장전입 의혹까지…긴장 감도는 '조국 검증'(프레시안)
- 사모펀드·부동산·위장전입 의혹…'조국 대전' 본격화(SBS)
- "위장전입 욕하더니…죽창은 조국에" 네티즌 '분통'(뉴데일리)
- '조국 청문회' 벼르는 野…사노맹·사모펀드·위장전입 논란(매일신문)
- 주광덕 "조국, 위장거래·위장전입 등 '위장 3관왕'…사퇴해야"(TV조선)
- 위장전입, 가족펀드, 조세포탈, 이적단체 의혹…수상한 조국(뉴데일리)
- 위장전입, 부동산 거래, 펀드투자…조국후보 수상한 3대 논란(한겨레)
- 野 "조국 일가, 위장거래·위장전입·위장이혼 3관왕"(이데일리)
- 조국 '위장전입·수상한 부동산 거래·사모펀드 투자' 논란(한겨레)
- 조국 측 "7대 배제 원칙 해당 안 돼"…야당 "위장 전입 셀프 면죄부"(채널A)
- 조국, 2년 새 6번 이사…위장전입에 위장매매 의혹까지(MBN)

2019년 8월 17일

- 허위거래·위장전입 의혹에 휩싸인 조국…바른미래 "약자·빈자의 편이 될 자격도 없는 사람"(스페셜경제)
- 사노맹·사모펀드 투자·위장전입 의혹…조국 청문회 산 넘어 산(주간한국)

－사노맹·사모펀드·위장전입 의혹에도…"법적인 문제 없다"는 조국(세계일보)

　　대다수의 언론은 조국 후보자에 대한 내용을 보도할 때마다 빠짐없이 '위장전입'을 거론했다. 조 후보자가 청문회에서 위장전입을 포함한 모든 의혹에 대해 충분히 설명하겠다는 뜻을 여러 차례 밝혔음에도 불구하고 언론은 그의 해명을 듣기도 전에 마치 큰 문제가 있는 것처럼 사안을 반복해서 다루며 의혹을 키워나갔다.

　　위장전입 문제가 제기된 지 열흘이 지난 8월 24일 조선일보는 〈[단독] 가족끼리 매매, 위장전입 6번…수상한 해운대 아파트 3채〉 기사에서 1999년 풍납동 아파트 전입뿐만 아니라 그 당시의 6차례 전입을 모두 위장전입으로 몰아갔다. 조국 후보자는 청문회 때 모든 의혹을 밝히겠다는 기존 입장을 바꾸고 조선일보 기사에 대한 해명자료를 냈다. 조국 후보자 인사청문회 준비단의 해명을 요약하면, 조선일보 기사에서 언급한 1998년부터 2000년까지의 6차례 전입 중 4번은 귀국, 서울 이전, 울산대 교수 임용에 따른 부산 이전, 동국대 교수 부임에 따른 서울 이전이다. 1998년 3월 귀국해서 당장 거주할 집을 얻지 못해 부모님 집으로 주소를 이전했고, 같은 해 6월 서울에서 생활하기 위해 전입했으며, 1999년 1월 울산대 조교수로 임용되어 부모님 집이 아닌 다른 아파트를 전세로 얻어 옮겼다는 설명이다. 그리고 2000년 2월 동국대 조교수로 부임하면서 다시 서울로 이전했다.

　　위장전입은 실제로 거주하지 않으면서 서류상으로만 주소를 옮겨놓는 것을 말한다. 조 후보자의 4차례 전입은 모두 실제로 거주하기 위해 이뤄졌다. 하지만 조선일보는 단지 거주 기간이 짧다는 이유로 '끊어치기 위장전입'이라는 신조어까지 만들면서 모든 전입 과정을 '위장전입'으로 몰아갔다.

처음에 문제로 떠오른 것은 1999년 10월 서울 풍납동 전입과 같은 해 11월 부산 해운대 전입이다. 이에 대해 청문회 준비단은 1998년 6월부터 1999년 1월까지 서울에서 생활하다가 부산으로 이사한 큰딸이 새 학교에 적응하지 못하면서 전에 다니던 학교가 있는 서울로 옮겼는데 딸의 마음이 바뀌어 다시 부산으로 옮긴 것이라고 설명했다. 이것은 당시 초등학교 저학년이던 딸아이의 생활 부적응을 걱정한 부모의 대처였을 뿐 이른바 명문 학군이나 부동산 취득을 노린 위장전입이 아니었다. 그러나 조국 후보자의 해명에도 불구하고 조선일보는 이를 바로잡기는커녕 계속해서 위장전입 문제를 언급했다.

입시비리 의혹 보도

조국 후보자의 딸이 고등학교 2학년 때 단국대 의대 의과학연구소에서 인턴을 하면서 실험 등에 참여하고, 그 활동 내용으로 작성된 논문에 '제1저자'로 등재된 사실이 2019년 8월 20일 동아일보 〈[단독] 고교 때 2주 인턴 조국 딸, 의학 논문 제1저자 등재〉 기사로 보도되었다. 이 기사는 지도교수였던 단국대 의대 A교수의 "제가 많이 도와줬다. 논문 제출 당시 조 씨가 조 후보자의 딸인지는 몰랐다"는 입장과 "딸이 다닌 고교 차원에서 A교수와 연락해 만들어진 인턴 프로그램이다. 딸의 논문 등재 과정을 알지 못했다"는 청문회 준비단의 해명을 반영했다. 동아일보는 해당 논문의 실험 설계와 해석이 고등학생 수준에서는 무리가 있다는 점을 지적하고 있다. 동아일보는 이날 세 개의 기사를 함께 보도했다.

2019년 8월 20일

- [단독] 고교 때 2주 인턴 조국 딸, 의학논문 제1저자 등재(동아일보)
- [단독] "조국 딸 열심히 해…제1저자 등재는 지나친 측면 있어"(동아일보)
- 교수-박사과정 참여한 논문…공동저자 "고교생이 제1저자 충격"(동아일보)

〈[단독] 조국 딸 열심히 해…제1저자 등재는 지나친 측면 있어〉는 단국대 의대 A교수를 인터뷰한 기사다. 동아일보는 이 기사에서 "그때는 조 후보자가 누군지 몰랐다", "조 씨는 외고 측의 소개로 인턴을 하게 됐다. 조 후보자나 그의 아내와는 별다른 친분이 없다", "(논문에 이름을 올려 달라는 요청이 있었나?) 아니다. 외고 측 요청은 인턴을 하게 해달라는 것이었다" 등 제1저자 등재 의혹에 대한 A교수의 입장을 충실히 전달했다. 그런데 동아일보는 이 기사의 끝부분에 A교수 답변의 진실성을 의심하게 만드는 대목을 덧붙였다.

1차 인터뷰를 마친 취재진이 추가 인터뷰를 위해 A교수를 기다리는 동안 누군가와 통화하는 A교수의 음성이 문틈으로 새 나왔다. "처음 찾아왔을 때 학부모가 같이 왔을 텐데 지금은 얼굴도 기억 안 나. 근데 우리 마누라가 알아. 우리 큰애가 한영외고 나왔잖아. 엄마끼리는 알아."

이 기사는 외형적으로는 "인턴을 하게 해달라는 외고 측의 요청"이 있었고 "외고에서 정식으로 공문을 보내 요청하는 방법과 개인적으로 오는 방법 중 택하라"고 했지만 "공문은 시간도 걸리고 결재 부담도 있어서 개인적으로 오는 방법으로 정리됐다"는 A교수의 답변을 통해 조 씨의 인턴 활동이 학교 차원에서 마련된 기회라는 점을 분명히 하고 있다. 그러나 A교수의 통화 내용 가운데 "엄마끼리는 알아"라는 부분을 공개하면서 의혹을 남겨놓았다.

또 다른 기사 〈교수-박사과정 참여한 논문…공동저자 "고교생이 제1저자 충격"〉 역시 마찬가지다. 이 기사도 인턴십이 한영외고 측의 요청었다는 사실을 전하고 있다.

조 씨는 2005~2006년 미국 유학을 마치고 귀국한 뒤 2007년 한영외고 해외진학 프로그램(OSP·유학반)에 진학했다. 유학반은 해외 명문 대학 진학을 위한 커리큘럼을 별도로 운영하는데 학생들은 수험 준비 외에 다양한 스펙 쌓기를 병행한다. 조 씨는 2008년경 방학을 이용해 충남 천안시의 단국대 의과학연구소에 가서 논문 활동에 참여했다. 외고 측은 조 씨를 지도할 의대 교수에게 인턴십 목적이 입시를 위한 것임을 알렸다.

단국대 의과학연구소 인턴십은 한영외고에서 별도로 운영하는 커리큘럼의 일환이며 외고에서 직접 지도교수에게 연락하고 프로그램의 성격이 무엇인지 알렸다는 것이다. 그런데 기사 말미에는 '특별한 관계에 의한 특별한 혜택'임을 암시하는 내용이 포함되어 있다.

문과 계열 특수목적고인 한영외고에 입학한 조 씨가 의대 연구소에서 인턴을 한 배경에도 의구심이 일고 있다. 외고 진학생 중 이과 수업을 듣는 비율은 극히 드물다. 논문 연구를 지휘한 단국대 의대 A교수는 조 씨와 같은 학년의 한영외고 동급생 아버지였다.

두 기사는 모두 확인된 사실을 전하면서도 다른 한편으로는 확인되지 않은 내용을 언급함으로써 의구심과 의혹을 부추기고 있다. 의혹이 있다면 정확하게 근거를 제시하면서 문제를 제기해야 한다. 명확한 근거도 없이 그런 듯 아닌 듯 사실과 추측을 섞으며 냄새만 피우는 것은 정당하지 않은 보도 방식이다.

인턴 시기는 2008년 아닌 2007년

동아일보 단독 기사는 '입시 논란'을 부른 거대한 쓰나미의 시작이었다. 이 기사는 크게 세 가지 의혹을 말하고 있다. 첫 번째는 고등학생이 제1저자로 등재되는 것 자체가 불가능하며 부당하다는 것이고, 두 번째는 의대 연구실의 인턴 기회를 얻는 것 자체가 특혜라는 것이며, 세 번째는 입시에 부당하게 활용됐다는 것이다. 그런데 세 번째 '입시 부당 활용' 부분에서 두 가지 결정적 오류를 보인다.

동아일보 기사의 첫 번째 오류는 인턴 시기다. 조 후보자의 딸은 2007년 여름방학 때 단국대 의과학연구소에서 체험활동을 했다. 해당 논문은 초고 작성과 집필 과정을 거쳐 2008년 12월 대한병리학회에 제출되고 2009년에 학회지에 수록된다. 그런데 동아일보는 조 씨의 인턴 기간을 2008년으로 보도했다. 인턴 활동이 끝나고 불과 몇 달 만에 논문이 제출된 셈이고 따라서 '존재 자체가 불가능한' '특혜'라는 인식을 만들어냈다. 기사 제목에서도 '2주 인턴'을 강조했다. '인턴 2주 만에 작성이 불가능한 논문'이라는 의미로 읽힐 수 있다. 동아일보는 〈[단독] 고교 때 2주 인턴 조국 딸, 의학논문 제1저자 등재〉 기사에서 이 논문을 연구하는 데 필요한 시간과 규모를 부연함으로써 '단기간에 나올 수 없는 논문'이라는 점을 지적했다.

본보가 이 논문을 입수해 분석을 의뢰한 전문가들에 따르면 논문 연구를 위해 최소 273개 실험에 67시간 이상 투여가 필요했던 것으로 파악됐다.

조 씨가 인턴으로 근무하기 이전인 2002~2004년 단국대병원에서 신생아 중 37명의 HIE 환아와 54명의 정상 신생아의 혈액 시료가 채취됐다.

동아일보가 조 씨의 인턴 시기를 2007년으로 정확하게 보도했다면 '제1저자 자격'이 문제될 수는 있어도 논문 작성 프로세스에 대한 의심은 제기되지 않았을 것이다. 논문 작성 프로세스는 사안마다 차이가 있겠지만 실험에 소요되는 시간보다 논문 작성에 소요되는 시간이 훨씬 길다. 2주 동안 실험을 한 뒤 1년 3개월 뒤에 논문을 완성시켜 제출한 것은 절차상 이상할 것도 문제될 것도 없다. 따라서 인턴 기간을 2007년으로 보도했다면 '2주 만에'라는 표현은 나오지 않았을 것이다. 그러나 인턴 기간이 2008년으로 보도되면서 '실험 뒤 불과 3개월 만에' 논문을 제출하는, 즉 '존재하기 어려운 사안'으로 둔갑한 것이다. 그리고 이 문제는 '인턴 2주 만에 논문 제1저자'라는 최악의 프레임으로 이어졌다. 애초에 논리적으로 성립될 수 없는 허구의 프레임이 작동한 것이다.

2007년이었던 인턴 시기를 2008년으로 잘못 보도한 것은 기본적인 사실을 놓친 치명적인 오류였다. 동아일보 보도가 어떤 과정을 통해 이뤄졌는지는 알 수 없지만, 처음부터 '2주 인턴 후 3개월 만에 논문 제출'이라는 프레임으로 접근하지 않았다면 이런 오류는 쉽게 일어나지 않았을 것이다. 이러한 잘못된 취재와 보도 때문에 수많은 언론이 다양한 방식으로 '2주 인턴'을 기사 제목으로 뽑아 올렸다.

2019년 8월 20일

- 조국 딸 특혜, 정유라 칭찬까지…낙제인데 장학금·2주 인턴에 논문 1

저자(한국정경신문)

- "조국 딸, 고교 때 2주 인턴 후 의학논문 제1저자 이름 올려"(중앙일보)
- 고교 때 2주 인턴 하고 의학논문 '제1저자' 이름 올린 조국 딸(채널A)
- 조국 딸, 고교 때 2주 의대 인턴 후 의학논문 '제1저자' 이름 올려(아시아투데이)
- 조국 딸, 고교 때 2주 인턴·논문 제1저자…그리고 대학 수시 입학(헤럴드경제)
- 고등학생 때 '2주 인턴' 하고 의학 논문 '제1저자'로 이름 올린 조국 후보 딸(인사이트)
- 고교생이 인턴 2주만에 논문 제1저자…조국 딸에 생긴 일(중앙일보)
- 조국 딸, 고교 때 인턴 2주 한 뒤 의학논문 제1저자 등재(조선일보)
- 조국 딸, 고교 때 2주 인턴 하고 의학논문 제1저자 등재(매일경제)
- '조국 딸, 2주 인턴·영어 논문 제1저자 등재'에 준비단 "관여한 바 없어"(세계일보)
- 나경원 "조국 딸, 2주 과정으로 의학 논문 1저자…놀라운 스펙관리"(뉴스핌)
- 조국 딸, 고교 2주 인턴십→논문 제1저자?…"정당한 프로그램"(국민일보)
- 조국 딸, 고교생 때 '2주 인턴'→의학 논문 제1저자 등재(SBS)
- 조국 측, 딸 고교 때 2주 인턴십 참여 후 의학논문 제1저자 등재된 것에 대해 "관여 안 해"(업코리아)
- 조국 딸, 2주 인턴십에 논문 제1저자 등재? "프로젝트 적극 참여"(싱글리스트)

- 조국 딸, 보름 만에 논문 주도한 천재?…공동저자 교수 曰 "충격적이다"(녹색경제신문)
- 공동저자 교수 "충격적이다"…보름 만에 논문 주도자로 올라선 조국 딸(뉴스렙)
- '유급장학금'에 2주 논문까지…민심 역린 건드린 조국 딸(매일경제)
- 조국 딸 천안 단국대 의대서 2주 인턴 후 논문 제1저자 등재(금강일보)
- 고교 때 인턴 2주 만에 의학 논문 쓴 조국 딸, 법적 책임 자유로울까(조선일보)
- 조국 딸, 2주 인턴 하고 논문 제1저자…조국 "지도 교수 판단"(MBN)
- '2주 인턴' 외고생이 '의학 논문 제1저자'…조국 딸 파문 확산(SBS)
- 조국 딸, 고교 때 2주 인턴 하고 '의학논문 제1저자' 등재(TV조선)
- 2주 인턴 후 논문 '제1저자'?…조국 후보자 딸 논란(KBS)

자기소개서 '제1저자' 명기 보도

두 번째 오류는 더 결정적이다. 동아일보는 〈[단독] 고교 때 2주 인턴 조국 딸, 의학논문 제1저자 등재〉 기사에서 "조 씨는 대학 입학 과정에서 자기소개서에 제1저자로 논문에 등재된 사실을 밝힌 것으로 알려졌다"고 보도했다. 그러나 이 내용 역시 정확한 취재에 기반했다고 보기 어렵다. 기자가 자기소개서를 직접 확인하고도 이렇게 기사를 썼다면 거짓이고, 직접 확인할 수 없었는데도 "알려졌다"는 전언만으로 기사를 썼다면 무책임하다.

이 기사는 조 씨의 '제1저자 논문'이 부당하다는 취지를 전제하고 있다. 그렇기 때문에 '제1저자'로 등재된 사실을 자기소개서에 밝혔다면 그것은 부당한 사실을 입시에 활용했다는 주장으로 연결된다. 실제로 사태는 그런 방향으로 전개되었다. 동아일보 기사에 이 대목이 언급된 이유도 한국 사회에서 대학 입시가 갖는 폭발성 때문이었을 것이다. 그런 만큼 충분히 사실 확인을 거쳐야 했고, "알려졌다"는 전언만으로 무책임하게 보도하면 안 되는 사안이었다.

그런데 이상한 점이 있다. 동아일보는 같은 날 게재한 다른 기사 〈교수-박사과정 참여한 논문…공동저자 "고교생이 제1저자 충격"〉에서 "(자기소개서에) 제1저자로 등재된 사실은 적시하지 않은 것으로 알려졌다"고 보도했다.

> 조 씨는 고려대 수시전형 때 자기소개서에 자신이 논문 저자로 이름을 올린 것은 밝혔지만 기여도가 가장 높은 제1저자로 등재된 사실은 적시하지 않은 것으로 알려졌다. 법조계에서는 "조 씨가 기여도에 비해 합당하지 않은 순번으로 논문에 등재됐고, 이를 입시에 활용했다면 해당 학교나 논문을 등재한 학회에 대해 업무방해죄가 성립할 수 있다"고 지적한다.

같은 날 지면에 '논문 제1저자' 문제를 동시에 다루면서 한 기사에서는 "자기소개서에 제1저자로 논문에 등재된 사실을 밝힌 것으로 알려졌다"고 보도하고, 다른 기사에서는 "자기소개서에 자신이 논문 저자로 이름을 올린 것은 밝혔지만 기여도가 가장 높은 제1저자로 등재된 사실은 적시하지 않은 것으로 알려졌다"며 상반된 내용을 보도한 것이다.

동아일보는 왜 이렇게 상반된 기사를 동시에 내보낸 것일까? 두 건의 기사에서 자기소개서 내용을 다루고 '업무방해죄'까지 언급했다는 것은 '제1저자' 부분이 그만큼 입시에서 중요하다는 점을 강조하려는 의도라고 볼 수 있다. 심지어 두 번째 기사에서는 "제1저자로 등재된 사실을 적시하지 않은 것으로 알려졌다"고 보도한 뒤 바로 이어지는 문장에서 "기여도에 비해 합당하지 않은 순번으로 논문에 등재됐고, 이를 입시에 활용했다면 해당 학교나 논문을 등재한 학회에 대해 업무방해죄가 성립할 수 있다"는 법조계 의견을 인용했다. 그러면서 같은 날 게재한 사설 〈의혹투성이 법무장관으로는 사법개혁 못 한다〉에서 '입시비리에 해당'될 수 있는 가능성을 강조했다.

> 해당 논문은 조 후보자 딸이 수시전형으로 대학에 입학하는 데 이용됐다. 조 후보자 부부는 모두 대학교수인데 딸을 학술 논문 저자로 무리하게 이름을 올렸다면 이는 도덕적 비난을 넘어서서 피해자가 엄연하게 존재하는 입시비리에 해당된다.

단독 보도를 내보내면서 사설까지 썼다는 것은 동아일보가 이 사안에 대해 어느 정도 충분히 검토하고 입장을 정했다는 것을 말해준다. 사설을 보면 동아일보는 첫 보도 당시부터 '입시비리'로 규정하고 문제를 제기하려 한 것으로 보인다. 조 후보자 인사청문회 준비단은 이 보도가 나오자마자 8월 20일 해명문을 배포했다. 하지만 동아일보의 첫 보도가 나온 이날 오전부터 수많은 언론이 인용 보도를 쏟아냈다. 동아일보 기사가 다루고 있는 세 가지 의혹 제기를 큰 줄기로 해서 서로 다른 방향의 언론 보도가 일파만파 퍼져나갔다.

논문 제1저자 보도가 일으킨 쓰나미

고등학생 '논문 제1저자' 논란은 교육부가 실시한 '미성년 공저자 논문' 전수조사에서 조 씨의 논문이 누락된 사실이 알려지면서 더욱 거세졌다. 교육부는 2007년 이후 10여 년간 발표된 논문 가운데 미성년자가 공저자인 논문 549건을 조사하고 그 결과를 2019년 5월에 발표했다. 그런데 2009년에 발표된 조 씨의 논문이 누락되면서 논란이 벌어졌다.

2019년 8월 20일

- [단독] 교육부 '미성년 논문 끼워넣기' 전면 재조사…조국 딸 논문 조사 누락(뉴스1)
- '미성년 공저자 논문' 전수조사 때 '조국 딸 논문' 누락(연합뉴스)
- '미성년 공저자 논문' 전수조사 때 '조국 딸 논문' 누락(SBS)
- 교육부 '미성년 저자 논문' 전수조사 때 조국 딸 논문 누락됐다(한국일보)
- '미성년 공저자 논문' 전수조사 했는데…'조국 딸' 논문은 빠져(아시아경제)
- 조국 딸, 논문엔 연구소 소속만…고등학생 표현 없어(JTBC)
- 미성년 공저자 논문 조사 때 '조국 딸 논문' 누락(노컷뉴스)

조 씨의 논문이 누락된 이유는 조 씨의 소속이 한영외고가 아니라 단국대 의대 의과학연구소로 표기되었기 때문이라는 사실이 밝혀졌다. 그러자 언론은 8월 21일부터 "소속을 위조했다"고 보도하기 시작했다. 대한의사협회는 소속을 위조한 것만으로도 해당 논문이 철회되어야 한다고 주장했다. JTBC는 조 씨의 소속이 단국대 의과학연구소로 표기된 것에 대해 "아무래도 고등학교 학생이었다는 게 들어가면 논문을 싣는 데 조금 더 어려움이 있을 것 같고…"라는 단국대 의대 교수와의 통화 내용을 보도했다.

2019년 8월 21일

- 논문 교수 "조국 딸 고교생 신분 숨겨" 의도적 누락 인정(JTBC)
- (단독) 의협 "한영외고→연구소…조국 딸 논문 소속 위조했다"(중앙일보)
- 조국 딸 논문 '소속표기 위조' 의협이 결론 냈다…前병리학회 이사장 "논문 철회해야"(조선일보)
- 교육부 전수조사 때 '조국 딸 논문' 누락…공주대서도 공저자 의혹(서울신문)
- 학계 "조국 딸, 논문 표기 엉터리…소속을 고등학교 아닌 연구실로"(경인일보)
- "조국 딸 논문 소속표기 위조"…의협, 지도교수 징계착수(뉴데일리)
- 조국 딸 '대학연구소 소속' 표기…고교생 등재 논문 조사에서 빠져(동아일보)

8월 22일에는 동아일보가 "조 씨의 학위가 단국대 내부 시스템에 '박사'로 기록된 사실이 21일 확인됐다. 담당 교수가 대학의 검증을 통과하려고 조 씨의 고교생 신분을 의도적으로 숨긴 것 아니냐는 의혹이 제기된다"고 보도했다. "단국대 연구과제관리 시스템의 연구 참여자 명단엔 조 씨의 학위가 '박사'로, 소속은 '단국대 의과학연구소'로 각각 적혀 있고 직급은 '기타'로 기재됐다"는 것이다. 이 기사는 대부분의 언론이 인용 보도했다.

2019년 8월 22일

- [단독] 논문정보 등록 때 조국 딸 '박사'로 기재됐다(동아일보)
- 논문 참여 6명 중 '제1저자' 조국 딸만 학위-소속 허위로 기재돼(동아일보)
- 고교생이던 조국 딸, 단국대 논문정보에 '박사'로 기재됐다(중앙일보)
- '논문 1저자' 조국 딸, 단국대 시스템에 '박사'로 기재 의혹(조선일보)
- 고교생이던 조국 딸, 단국대 논문 정보에는 '박사'(채널A)
- 단국대 논문, '고교생' 조국 딸을 '박사'로 둔갑(뷰스앤뉴스)
- "고등학생 조국 딸…논문정보엔 '박사'로 기재"(뉴데일리)
- 조국 딸, 단국대 논문에 '박사'로 등재 의혹…"확인방침"(뉴시스)
- 조국 딸, 단국대 논문에 '박사'로 등재 의혹도 제기(파이낸셜뉴스)
- 논문 제1저자 조국 딸, '박사'로 학위 기재 의혹(뉴스1)
- 고교생이던 조국 딸, 박사로 '둔갑'…커지는 논문 의혹(MBN)
- 조국 딸, 연구 끝난 뒤 인턴 참여…논문 등록 때 '박사'로 기재(TV조선)

조국 후보자 인사청문회 준비단은 8월 23일 교육부 공문을 근거로 해명에 나섰다. "후보자 딸이 대학 전산시스템에서 '박사' 학위로 기재된 것은 종합정보시스템 전산 오류에서 발생한 결과"라는 교육부 공문을 접수했다는 것이다. 청문회 준비단은 "단국대학교는 2015년 새로운 종합정보시스템을 구축하는 과정에서 이전 시스템에 등재돼 있던 연구 업적 중 연구자의 학위가 공란으로 된 부분이 모두 '박사'로 변경돼 표기됐다"고 설명했다. 청문회 준비단의 해명을 보도한 언론매체는 7개에 불과했다.

조 씨의 학위가 단국대 내부 시스템에 '박사'로 기록된 사실을 단독으로 첫 보도한 동아일보도 청문회 준비단의 이 해명을 보도하지 않았다.

2019년 8월 23일

- 조국 "딸 논문에 '박사' 기재…해당 대학 전산오류"(머니투데이)
- 조국 "딸 고교 때 논문에 '박사'로 기재된 건 전산오류"(중앙일보)
- 조국 "딸 고교 때 '박사'로 기재된 건 전산오류" 해명(뉴시스)
- 조국 "논문 참여한 단국대 시스템상 박사 학위 기재는 '전산오류'"(아시아경제)
- 조국 "딸 단국대 논문시스템에 '박사'로 기재된 건 전산오류" 해명(한국일보)
- "조국 딸 단국대 전산시스템 '박사' 기재는 전산오류 때문"(세계일보)
- 교육부 "조국 딸 '박사' 표기는 전산오류"(뉴스핌)

의대 연구실 인턴 특혜 논란

외고 학생이 의대 연구실의 인턴 기회를 얻는 것 자체가 특혜라는 논란도 제기되었다. 이 부분에서 특히 억측과 억지 보도가 이어졌다. 동아일보의 최초 보도에서도 알 수 있듯이 이 프로그램은 학교와 학부모가 연계해서 진행하는 비공식 프로그램이다. 당시에는 이 같은 프로그램이 막 생겨나던 시기였다. 그런데도 언론은 오로지 '비공식'이라는 이유만으로 특혜인 것처럼 몰아갔다. 조국 후보자 부인이 부탁해서 만들어진 프로그램이라고 보도하다가 나중에는 아빠들 모임을 통해서 만들어졌다고 보도하기도 했다. 또 스펙을 쌓을 수 있는 이러한 인턴 기회 자체가 다른 학생들은 쉽게 얻을 수 없는 특혜라는 점, 이러한 인턴 기회를 만들어주지 못하는 학부모들은 좌절감을 느낀다는 점 등을 지적하며 박탈감과 위화감을 조성하기도 했다.

2019년 8월 20일

- 조국 딸 인턴 2주 만에 제1저자…담당교수 "후보 부인이 인턴 부탁"(노컷뉴스)
- 조국 딸 논문 책임교수 "조국 부인이 인턴 부탁…조국 몰랐다"(중앙일보)
- 조국 딸 논문·장학금…금수저 특혜논란 확산(매일경제)
- '논문 1저자' 조국 딸 참여한 '인턴십', 2008년 한 번만 운영됐다(조선일보)
- 조국 딸 논문 등재 단국대 인턴십, 2008년 한 번 운영(중앙일보)

2019년 8월 21일

- 조국 딸 논문 논란…대학 비공식 인턴십 참가 후 '제1저자' 기재(세계일보)
- 조국 딸이 논문 쓴 '학부형 인턴십', 학교 공식프로그램 아니었다(한겨레)
- 선물·명예에 유령저자까지…조국 딸 촉발 '연구 논문 저자' 뭐길래(뉴스1)

2019년 8월 22일

- '스카이캐슬' 뺨치는 조국 딸 스펙 쌓기, 교육부도 금지했다(노컷뉴스)
- [단독] 딸 외고 유학반에 '아버지 모임'…논문 교수 "조국 한두 번 봤을 것"(동아일보)
- "수시 2주밖에 안 남았는데…조국처럼 못해줘서 미안할 뿐" 허탈감에 빠진 수험생 부모들(조선일보)

- '조국 딸 특혜'에 학부모들 상실감…"우리가 한 발 나갈 때 조국은 백발짝"(뉴스핌)
- 조국 '학종 불신' 키웠다…"부모 인맥이 스펙"(연합뉴스TV)

2019년 8월 23일

- 스펙契로 자녀에 '황제스펙'…386 교수 '그들만의 캐슬'(조선일보)
- 조국 딸 '엄마인맥 인턴'으로 논문 탄생, 조국 측 "기억 안 나"(노컷뉴스)

입시비리 의혹으로 확대

입시비리 의혹은 조국 사태를 구성하는 가장 큰 이슈 중 하나였다. 파급 효과와 반발은 다른 이슈들을 압도할 만큼 거대했다. 입시비리는 우리 사회를 분노로 뒤덮이게 할 수 있는 강력하고 민감한 문제다. 동아일보의 단독 기사가 보도되자마자 대다수의 언론은 '입시비리'에 초점을 맞추고 관련 보도를 이어갔다.

첫 번째 이슈로 떠오른 것은 조 씨가 자기소개서에 '제1저자 논문' 등재 사실을 밝혔는지 여부였다. 이 내용을 최초 보도한 동아일보는 '기재했다'와 '기재하지 않았다'가 엇갈리며 기본적인 사실관계조차 오락가락했지만, 중앙일보를 제외한 다른 언론은 "대학 입학 자기소개서에 제1저자로 등재된 사실을 밝힌 것으로 알려졌다"고 보도했다.

2019년 8월 20일

- "조국 딸, 고교 때 2주 인턴 후 의학논문 제1저자 이름 올려"(중앙일보)
- 고교 때 2주 인턴 하고 의학논문 '제1저자' 이름 올린 조국 딸(채널A)

- 조국 후보자 딸, 외고 재학시 의학 논문 제1저자로 등재(월간조선)
- 조국 딸, 고교 때 2주 인턴·논문 제1저자…그리고 대학 수시 입학(헤럴드경제)
- 조국 딸, 고교생이 논문 제1저자?…조국 측 "인턴십 프로그램서 좋은 평가"(한국경제신문)
- 조국 측 "딸 고교 영어논문 제1저자 등재, 지도교수 판단"(뉴스1)
- 조국 딸, 고교 때 2주 인턴 하고 의학논문 '제1저자' 이름 올려(이뉴스투데이)
- 조국 딸, 고교 때 의학논문 제1저자 등재된 천재?(스포츠조선)
- 조국 딸, 고교 때 인턴 2주 한 뒤 의학논문 제1저자 등재(조선일보)

동아일보가 첫 보도한 8월 20일 하루에만 수많은 언론 보도가 쏟아졌다. 그러나 다른 언론에서 동아일보를 인용 보도하기 전인 오전 8시 20분 전후로 가짜뉴스 문서가 '에펨코리아', '뽐뿌' 등 커뮤니티를 통해 유포되기 시작했다. 이 내용은 온라인 커뮤니티를 중심으로 급속히 퍼져 나갔고 한국경제신문은 〈조국 딸 논문 등재·장학금 '논란'…평생 無시험 진학 의혹까지〉에서 인용 보도했다.

이에 한 온라인 커뮤니티는 조국 딸이 평생 필기시험을 보지 않고 진학했다는 글이 올라와 관심을 끌고 있다. '조국 딸은 평생 한 번도 시험을 봐서 진학한 적이 없다'는 주장이다. 1. 외고는 유학전형, 2. 고대는 논문으로 수시, 3. 의전원은 면접으로 들어가 시험을 본 적 없다는 점을 근거로 들었다. 한 네티즌은 "한영외고 입학방식은 정원 외 귀국자 전형으로 편입했고, 단국대 의과학연구소에 단기 2주 인턴으로 논문 제1저자에 등재되면서 고대 공대는 포트폴리오 수시로 들어갔다"며 "부산 의전원은 MEET 안 보고 가는 전형으로 입학했다"며 평생 시험을 본 적 없다고 의혹을 제기했다.

이에 대해 조국 후보자 인사청문회 준비단은 8월 20일 "부정입학 관련 의혹은 사실과 다르다"며 "2007학년도 한영외고 입시전형에 외국 거주 사실만으로 정원 외 입학을 할 수 있는 입시전형은 없으며 중학교 교과성적 등과 영어 논술과 말하기, 면접의 실기시험을 거쳐 합격했다"고 밝혔다. 또한 "고려대는 '세계선도인재전형'으로 합격했다"며 "1단계는 어학 40%, 학교생활기록부 60%이고, 2단계는 1단계 성적에 면접 30%가 반영된다. '과학영재전형'으로 합격했다는 것은 사실이 아니다"라고 밝혔다. 2015년 부산 의학전문대학원 입학전형에 대해서는 "당해 연도에 실시한 의학교육입문검사(MEET) 응시 성적을 제출했고, 입학 제출 서류의 '연구 업적 및 경력'에서 업적은 원서접수 마감일 기준 최근 5년 이내의 SCI(E)급 논문에 한하며 경력은 대학 졸업 이후의 것만 인정하기 때문에 2009년도 해당 논문은 제출한 바 없다"고 밝혔다. 그러나 조선일보, 중앙일보 등은 청문회 준비단의 해명을 부분적으로 인용하면서도 '무시험 진학'이라는 가짜뉴스를 계속 확산시켰다.

2019년 8월 20일

- 외고→고려대→의전원…조국 딸, 필기시험은 한 번도 안 봤다(조선일보)
- 외고→고려대→의전원…조국 딸, 모두 필기시험 안 보고 합격(중앙일보)

2019년 8월 21일

- "시험 한번 안 보고" 외고-대학-의전원…'조국 대전' 분수령(세계일보)

이 기사들은 모두 청문회 준비단의 해명이 나온 뒤에 보도된 것이다. 조선일보와 중앙일보는 청문회 준비단의 해명을 기사 말미에 인용했다. 그러나 조선일보는 기사 시작에서 "외국어고등학교는 물론 대학과 의학전문대학원(의전원)에 진학할 때까지 입학 필기시험은 한 번도 치르지 않은 것으로 20일 확인됐다"고 보도했다. 더구나 청문회 준비단이 '한영외고 입시전형에 외국 거주 사실만으로 정원 외 입학을 할 수 있는 입시전형은 없었다'고 밝혔는데도 불구하고 조선일보는 "한영외고에 정원 외 귀국자녀 전형을 통해 입학했다"고 보도했다.

세계일보는 자유한국당 김진태 의원의 말을 인용해 "한영외고는 유학전형 정원 외, 고려대는 수시전형, 의전원은 면접전형으로 입학했다"고 보도했다. 그러나 청문회 준비단이 밝혔듯이 한영외고는 영어 논술과 말하기, 면접의 실기시험이 포함된 일반전형이었다. 고려대의 '세계선도인재전형'에 반영되는 면접도 사실상 시험이고, 부산대 의전원 입학전형의 공통사항인 MEET 성적 제출도 엄연한 시험이다. 조 후보자의 딸이 외고, 고대, 의전원을 입학하는 과정에서 "시험 한 번 안 보고" 진학했다는 것은 사실이 아니다.

필기시험과 실기시험, 그리고 면접에 어떤 차이가 있는 것일까? "필기시험은 한 번도 안 봤다"는 언론 기사들은 무엇을 말하고 싶은 것일까? 이른바 '프리 패스'를 말하고 싶은 것일까? 조 후보자의 딸이 외고→고대→의전원으로 진학하는 과정은 각 학교의 공식 입시전형을 따른 것으로 논란의 여지가 없다. 해당 입시전형에 필기시험이 없었는데 굳이 필기시험을 운운하는 것은 어불성설이다.

법정제재 받은 TV조선

TV조선 시사 대담 프로그램 〈보도본부 핫라인〉이 2019년 8월 20일 방송한 "조국 딸 시험 보고 학교 간 적 없다"는 방송심의규정 '객관성' 조항 위반으로 방송통신심의위원회로부터 법정제재인 '주의' 조치를 받았다. 법정제재는 방송사 재허가·재승인 심사 때 감점이 되는 불이익을 받는다.

〈보도본부 핫라인〉은 낮 12시 50분부터 2시 20분까지 90분간 진행된다. 이 방송이 나간 시점은 "시험을 본 적 없다"는 내용이 커뮤니티를 통해 유포되고, 이 내용을 한국경제신문이 〈조국 딸 논문 등재·장학금 '논란'…평생 無시험 진학 의혹까지〉 기사에서 인용 보도한 직후였다. 또한 자유한국당 김진태 의원도 보도자료를 통해 같은 내용을 주장했다.

〈보도본부 핫라인〉에 패널로 출연한 문승진 TV조선 스포츠부장은 "조 후보자의 딸은 현재 의학전문대학원을 다니고 있지 않나. 그런데 그동안 고등학교부터 대학교, 대학원까지 한 번도 시험을 봐서 들어간 적이 없다"며 "고등학교 같은 경우엔 외국 거주 특례로 들어갔고, 대학 입학도 의학 논문으로 수시로 들어갔고, 대학원은 면접으로 들어갔다"고 말했다.

2019년 12월 18일 방송통신심의위원회 방송심의소위원회에 출석한 문승진 부장은 "당시 온라인 기사로 이런 내용이 전해졌다. 국회의원도 그렇게 말했다"며 내용의 진위에 대해 정확한 취재와 확인이 없었다는 점을 시인했다. 그는 온라인 커뮤니티에 돌아다니는 출처 불명의 게시물,

그리고 김진태 의원의 발언만을 근거로 시사 프로그램에서 마치 확정된 사실인 양 발언한 것이다. 이날 회의에 참석한 김재영 심의위원은 다음과 같이 지적했다.

> 결국 언론은 사실들을 통해서… 사실들 중에도 이상하게 조합을 할 경우에는 현실세계의 진실에 대한 상을 흐리게 할 수가 있는데 한 번도 시험을 보지 않고 입학했다는 식으로 싸잡아서 뭉뚱그려서 이야기하고 넘어가는 것은 전형적인 혹세무민하는 결과이고… 조국 당시 장관과 가족들 그리고 그와 유사한 부류로 이야기되는 집단에 대해서 부정적인 인상을 기정사실화하고 이것이 더 나아가서 확대 재생산되는… 결국 시청자 오인으로 이어지고 이 문제는 입시 제도까지 바뀌게 되는 식으로 나아가게 된 주제였다.[1]

조 후보자 딸의 입시 특혜 논란은 수시전형에 대한 불신으로 이어졌고, 정부가 정시 확대를 선택하지 않을 수 없게 만들었다. '제1저자 논문' 의혹을 입시 특혜와 비리로 확대한 일련의 언론 보도가 실마리가 된 것은 분명하다. 이 모든 일이 단 하루 사이에 벌어졌다.

고대 입시 논문 제출 거짓말 논란

조선일보는 2019년 8월 21일 〈법무부·高大 "조국 딸 논문, 대입 미반영" 거짓말〉이라는 제목의 1면 머리기사에서 "법무부와 고려대는

---

[1] 2019년 제78차 방송통신심의소위원회 회의록(2019. 12. 18.).

'당시 조 씨가 지원한 입학 전형에서는 교과 성적이 아닌 연구 활동 내역 등은 평가하지 않았다'고 밝혔으나 이 해명은 거짓이었다"고 보도했다.

앞서 인사청문회 준비단은 8월 20일 "과학영재전형은 학교생활기록부 비교과와 수상 실적, 수학 또는 과학 분야의 실적 혹은 연구활동 내역, 자기소개서 등 제출된 모든 서류를 종합평가하지만, 세계선도인재전형의 평가방법에는 그런 내용이 없다"고 밝혔다. '과학영재전형'과는 다르게 학교생활기록부 비교과와 수상 실적, 연구활동 내역, 자기소개서 등이 '세계선도인재전형'에서는 주요 전형 요소가 아니라는 의미였다. 그러나 조선일보는 이 부분을 "관련 서류와 증빙을 제출하지 않았다"는 뜻으로 해석하고 "거짓"이라고 지적했다.

조선일보는 이어 "고려대는 '논문은커녕 자기소개서도 받지 않았다'고까지 했다"면서 "하지만 본지가 입수한 당시 모집 요강에는 비교과를 포함한 생활기록부 전체는 물론 '학업 외 활동을 증명할 수 있는 상장·증명서 등'도 제출 대상이었다. 이를 근거로 고려대에 다시 확인을 요청하자, 고려대 측은 '자기소개서도 받았고, 연구활동 내역 등도 입시에서 평가했다'고 번복했다"고 보도했다. 단국대 의대 제1저자 논문이 제출되었을 것이며 합격 과정에 결정적 요인이었을 것이라는 전문가들의 논평도 덧붙였다.

인사청문회 준비단은 이 기사에 대해 "학교생활기록부에 단국대 의대 연구실에서 연구에 참여했다는 내용만 기재"되어 있으며 "자기소개서에도 '논문에 이름이 오르게 되었다'는 내용만 언급되어 있다"고 반박했다.

고려대학교 입시와 관련하여 2009년 논문(단국대 의료원 의과학연구소)이 생활기록부에 기재되거나 논문 원문을 제출한 사실이 없습니다. '세계선도인재전형' 1단계 반영비율 60%를 차지하는 학교생활기록부에는 '교외체험학습상황'에 단국대 의과대학 소아청소년과학교실에서 관련 이론을 습득하고 연구에 참여했다는 내용만 기재되어 있을 뿐 논문에 대한 내용은 없습니다. 자기소개서에 "단국대학교 의료원 의과학연구소에서의 인턴십 성과로 나의 이름이 논문에 이름이 오르게 되었으며…'라고 언급하였을 뿐 논문의 1저자라는 내용은 없고 논문 원문도 제출한 바 없습니다.

중앙일보는 8월 21일 〈고대 입학 시 평가 없다더니…조국 딸 자소서엔 "논문에 내 이름"〉 기사에서 "조 후보자 딸은 '단국대 의대 인턴십 성과로 나의 이름이 논문에 오르게 됐으며 공주대 생명공학연구실 인턴십 성과로 국제학술대회에서 포스터 발표의 기회를 가졌다. 고교 시절부터 전공분야에 대한 지식과 실습경험을 갖춘 지원자를 놓치는 건 미래 국제무대에서 활약할 환경생태학자 한 명을 놓치는 것'이라고 자신을 소개한 것으로 전해졌다"라는 내용을 추가로 보도했다. 그러나 앞서 보도된 조선일보 기사와 거의 같은 내용이었다. 대신 기사 제목에서는 새로운 문제가 발생한 듯한 분위기를 풍겼다. 조 후보자 측이 밝힌 것처럼 '제1저자 논문'을 제출하지도 않았고, 생활기록부나 자기소개서에 해당 내용을 기재하지도 않았다는 것이 분명해졌는데도 기사 제목에 "평가 없다더니"와 "논문에 내 이름"을 나란히 배치해 마치 앞뒤가 맞지 않는 해명인 듯한 느낌을 준 것이다. 조선일보와 중앙일보의 뒤를 이어 비슷한 기사들이 줄을 이었다.

2019년 8월 21일

- 조국 딸 대입 관련 高大 거짓말 있었나…"논란 부르는 해명들"(일간투데이)
- 조국 후보자 딸 문제와 관련한 법무부의 거짓말이 들통 났다(위키트리)
- 거짓말 들통난 법무부·고려대…네티즌 '화나요' 16775개(뉴데일리)
- '가짜뉴스'라더니…조국 딸 "논문에 내 이름" 스스로 밝혀(뉴데일리)
- 조국 측 거짓 해명 논란…고려대 "중대 하자시 입학취소"(MBN)
- 조국 딸 모교 졸업 취소, 고려대 무시험 입시 거짓말 뒤늦게 시인…학생들 고파스 부글부글(글로벌이코노믹)

하루 만에 등장한 '입학 취소' 주장

조선일보의 8월 21일 〈법무부·高大 "조국 딸 논문, 대입 미반영" 거짓말〉 기사는 상황을 한 단계 더 비약시켰다. 고려대는 학교 홈페이지에 해명문을 올리고, "고대가 거짓말을 했다"는 조선일보 보도를 반박했다.

8월 20일 조선일보 취재진의 취재 과정에서 본교 언론담당자가 최초 응대시(18시 30분)에 10년 전의 입시요강을 정확히 숙지하지 못한 상태에서 모집 요강의 반영비율(1단계는 어학 또는 AP 40%, 학교생활기록부(서류평가) 60%, 2단계는 면접 30%, 1단계 성적 70%)이 법무부의 발표 내용과 일치한다는 사실을 확인하는 취지로 답변했습니다. 추후(20시 28분) 2010학년도 입시요강을 확인하고 자기소개서 및 학업 외 활동을 증명할 수 있는 기타 서류가 심사과정에 포함된다는 사실을 정확하게 설명하였습니다. 이러한 입학전형 모집 요강은 공개된 것이어서 숨기거나 왜곡할 수 있는 내용이 아닙니다. 기사 내용 가운데 "고려대 측"의 말로 직접 인용한 "착오가 있었다", "논문은커녕 자기소개서도 받지 않았다", "자기소개서도 받았고, 연구활동 내역 등도 입시에서 평가했다"는 부분은 언급한 바 없으며 따라서 '거짓말', '시인했다', '번복했다'는 내용은 모두 사실과 다름을 알려드립니다.

조국 후보자 측이나 고려대 측에서는 서류들이 심사과정에 들어가지 않는다고 말한 적이 없다. 애초에 문제가 되었던 '과학영재교육'과 같이 '정량화된 평가의 대상'이 되지 않는다는 점을 언급하면서 서류가 제출되고 심사과정에 포함된다는 이야기를 한 것이다. 그러나 언론은 "서류가 제출되고 심사과정에 포함된다"는 것을 "정량화된 평가의 대상이 된다"는 말로 억지 해석하고 앞뒤의 말이 다르다고 주장했다. 이런 상황에서 고려대는 이런 하나 마나 한 해명을 할 수밖에 없었던 것으로 보인다.

그런데 고려대의 이 해명문은 의도하지 않았던 지점에 불을 당겼다. 고려대는 해명문 끝에 '입학 취소'에 대한 내용을 덧붙였다. 아마도 많은 기자들이 '입학 취소' 여부를 질문했기 때문일 것이다.

추후 서면 및 출석 조사에 따라 당사자가 본교의 학사운영규정 제8조에서 규정된 입학취소사유 대상자인 "입학사정을 위하여 제출한 전형자료에 중대한 하자가 발견된 경우"에 해당한다고 판단될 경우, 입학취소대상자 통보, 소명자료접수, 입학취소처리심의 등의 과정을 거쳐서 입학취소 처리가 될 수 있음을 알려드립니다.

사실 이 내용을 보면 학칙을 그대로 설명한 것이다. "전형자료에 중대한 하자가 발견된 경우" 입학 취소 절차를 밟는 것은 당연한 일이기 때문이다. 문제는 '제1저자 논문'이 그 범주에 들어가느냐에 대한 판단일 것이다. 만약 논문에 문제가 있다면 '제1저자'로 등재하는 데 어떤 부정한 방법이 있었는지, 그리고 논문이 취소가 된다면 학생과 학부모에게 어느 정도의 책임이 있는지 등등을 따져야 한다.

'입학 취소'를 언급한다는 것은 비록 그것이 가능성일지라도 당사자에게는 가혹한 일이다. 또 입학 취소를 거론하는 것만으로도 독자들에게는 '입학 취소 처리가 될 수 있는 부적절한 사안'이라는 인식을 심어줄 수 있다. 하지만 이런 우려와 책임은 뒤로한 채 일단 '문제 있는 논문'이라고 단정하고, 문제 있는 논문을 제출했으니 입학 과정에 문제가 있을 것이며, 그러니 입학이 취소될 수도 있다는 결론을 서둘러 말하고 싶었던 게 아닐까. 당시 언론의 보도 태도와 방향은 충분히 그렇게 보일 만했다. 고려대의 해명문은 언론의 이런 성급한 보도에 근거 자료로 활용되었다. 그 결과 8월 21일과 22일 이틀 동안 '고대 입학 취소 가능' 기사가 쏟아졌다.

2019년 8월 21일

- 조국 딸 논문 의혹…부정 드러나면 고대 입학 취소 가능성(뉴스1)
- 조국 딸 논문 논란에 고려대 "부정 드러나면 입학취소 가능"(한겨레)
- 조국 딸, 제1저자 참여 논문 문제되면 고려대 합격 취소될 수도(한국경제신문)
- 고려대 "조국 딸, 제1저자 논문에 하자 발견 땐 입학취소 가능"(중앙일보)
- 조국 딸, 입시 자소서에 논문 언급…입학 취소 가능성은?(SBS)

- 조국 딸, 고려대 입학취소 가능할까(한국일보)
- "조국 딸도 정유라처럼 고려대 입학·학위 취소해야"…분노 커지는 대학가(아시아경제)
- 한국당, '조국 딸' 입시특혜 의혹 공세…"고려대, 입학취소해야"(연합뉴스)
- 고려대 "조국 딸 입학 당시 서류 모두 폐기…조사결과 따라 입학취소"(이데일리)
- 고려대 "조국 딸 제출자료 중대 하자 발견 땐 입학 취소"(글로벌이코노믹)
- 고려대 "조국 딸, 전형자료 하자 발견 시 입학 취소"(동아일보)
- 조국 딸 부정입학 의혹에 고려대 "부정 드러나면 입학취소 검토"(서울경제)
- '논문 저자 끼워넣기' 유사 사례 전북대는 입학 취소 처리…조국 딸은?(동아일보)
- 고려대 "조국 딸 전형자료 중대 하자 발견되면 입학 취소 가능"(뉴스핌)

2019년 8월 22일

- 조국 딸 '논문 1저자' 논란…고려대 "중대 하자 있다면 입학취소"(세계일보)
- 조국 딸 '논문논란', 입학 취소까지 번지나…고려대도 검토 계획(노컷뉴스)
- 논문정보에 '박사'로 등록된 조국 딸…고대 "중대하자 발견시 입학취소"(채널A)
- 고려대 "조국 딸, 제1저자 논문 '불법' 발견되면 바로 입학 취소"(인사이트)
- 고려대 측, 조국 딸 논문 의혹에 "부정 드러나면 입학취소 검토"(아이뉴스24)
- 고려대 "조국 딸 논문 폐기…중대하자 발견되면 입학취소"(한국경제신문)
- 단국대, '조국 딸 논문' 진상조사위…고대 "위반 시 입학 취소"(EBS)

- 조국 딸 '제1저자' 연구부정 조사…고대 "위반 확인 땐 입학 취소"(서울신문)
- 조국 딸 '논문논란', 입학 취소까지 번지나…고려대도 검토 계획(노컷뉴스)

물론 입학 취소 문제에 신중하게 접근한 언론도 있었다. 입학 취소 여부는 논문의 정당성과 진실성에 달려 있다고 말하면서 만약 논문에 문제가 있다면 학생과 학부모에게 어느 정도 책임이 있는지, 또 문제가 얼마나 크고 심각해야 입학 취소가 되는지 등을 검토했다.

2019년 8월 21일
- '조국 딸 논문 논란' 단국대, 내일 연구윤리위 개최…고대 "입학취소 말하기 이르다"(KBS)
- 추가 의혹과 반박…조국 딸, 2010년 고려대 입학전형 어땠나?(JTBC)

2019년 8월 22일
- 조국 딸 논문 특혜 입시의혹, 형사책임은 묻기 어려워(헤럴드경제)

2019년 8월 26일
- [팩트체크] 조국 딸 '논문 철회·대입 취소' 가능성 있나?(JTBC)

공주대 체험활동 논문 관련 보도

부산대 의전원 장학금과 단국대 '제1저자 논문' 논란이 쓰나미처럼 정국을 덮친 2019년 8월 20일 또 다른 의혹이 터져 나왔다. 채널A는 이날 저녁 뉴스에서 단국대 의대 '제1저자 논문' 관련 뉴스를 방송한 뒤 곧이어 〈[단독] 공주대 인턴 면접 동행…"조국 부인이 딸 인사시켰다"〉 기사를 내보냈다. 단국대 논문 관련 보도가 "고등학생이 의학 논문의 제1저자가 될 수 있느냐"에 초점이 맞춰졌다면 공주대 논문 보도는 제목에서 알 수 있듯이 '어머니의 인맥'을 강조했다. 채널A는 앵커의 도입부 멘트부터 어머니와 지도교수와의 관계를 따졌다.

조 후보자의 장녀는 고3 때엔 공주대에서 논문을 또 한 편 썼습니다. 교수 연구실에서 인턴을 했기 때문에 가능했는데, 이번 교수는 어머니와 대학 동기이자 써클 친구였습니다. 이 교수는 조국 후보자 부인이 학교로 찾아와 만났다고 말했습니다.

채널A는 지도교수인 A교수가 조 씨 어머니와 "서울대 재학 시절 천문학 동아리에서 함께 활동했던 아는 사이"였고 "내(A교수)가 면접 교수인 줄 알고 신기해서 딸과 같이 왔다고 정 씨가 말했다"고 보도하는 등 면접 과정에 조 후보자 부인이 동행한 사실을 비중 있게 다뤘다. 조 씨가 교수 연구실에서 인턴을 하고 논문을 쓸 수 있었던 것은 어머니의 인맥 덕분이라는 것이 채널A 보도의 핵심이었다.

공주대 논문 논란 역시 8월 21일 하루에만 30개가 넘는 관련 기사가 쏟아지는 등 집중적인 관심을 받았다. 언론은 "논문이 아니라 발표 요지록이었다"는 인사청문회 준비단의 해명을 충실히 반영했다.

인턴 시작 전 초록 등재?

부산대 의전원 장학금이나 단국대 제1저자 논문처럼 심각하지는 않았지만 공주대 논문 역시 다양한 방향에서 언론의 표적이 되었다. 첫 번째 의혹은 조 씨가 인턴을 하기도 전에 학술대회 발표 초록(抄錄, 논문보다 짧은 요약본)에 제3저자로 등재되었다는 점이었다. 이 내용은 8월 22일 뉴스1과 중앙일보가 단독으로 보도했다. 첫 단독 보도는 뉴스1이었다. 뉴스1은 이공계 연구자 커뮤니티 생물학연구정보센터(브릭) 회원이 게시판에 올린 글을 인용 보도했다. "초록집이 2009년 7월에 나왔는데, 조국의 딸은 7월에 인턴을 3주 하고 발표를 잘해서 논문 초록집에 (이름을) 올렸다고? 초록집이 7월에 나오려면 그전에 초록을 학회에 보내야 하는데, 교수가 인턴으로 올 학생을 초록에 이름을 넣었다는 얘기가 된다"는 내용이었다.

중앙일보는 당시 학술대회를 주최한 국제조류학회에 문의해 "2009년 학회 행사를 앞두고 발간된 국제조류학회지(Phycologia)의 발간일이 그해 7월 6일"이었고 "이 학회지에 실린 발표 초록에는 조 씨의 이름이 제3저자로 기재됐다"는 사실을 보도했다. 중앙일보는 또 생명공학 분야 교수의 말을 인용해 "국제학회의 경우 아무리 늦어도 학회지 출간 1~2달 전에는 발표 초록을 보내게 돼 있다"며 "해당 학회지가 7월 6일 나왔다면 발표 초록의 마감일은 6월 이전일 가능성이 크다"고 보도했다. 그러면서 중앙일보는 "조 씨가 띄엄띄엄 인턴을 했다"는 조 후보자 측의 해명을 기사에 실었다. 인턴을 하기도 전에 논문 초록의 저자로 등재되었다는 의혹 보도는 8월 23일까지 이어졌다.

2019년 8월 22일

- [단독] 조국 딸, 공주대 인턴 이전 사전제작 초록(抄錄)에 버젓이 이름 (뉴스1)
- [단독] 활동은 8월, 저자 등재는 7월…조국 딸 이상한 공주대 인턴(중앙일보)
- 조국 딸 공주대 인턴 이전 초록에 제3저자 등재 의혹(뉴스핌)
- 조국 딸, 인턴 시작도 전에 학회 요약문에 이름 올라(경향신문)
- "조국 딸, 인턴하기도 전 논문 초록에 이름 올렸다"(조선일보)

2019년 8월 23일

- [단독] 조국 딸 공주대 인턴 시작 전에 논문저자 기재 의혹(중앙일보)
- 조국 딸, 공주대 논문 '저자 예약' 정황…쓰기는 했나(노컷뉴스)
- "조국 딸, 공주대 인턴 참가 전 이미 논문 저자로 등재"(서울신문)
- 조국 딸, 인턴 시작 전 이름 등재 의혹…공주대, 조사 착수(TV조선)

인사청문회 준비단은 공주대가 발행한 조 씨의 '체험활동 확인서'를 근거로 8월 24일 해명자료를 발표했다. 청문회 준비단은 "조 씨는 국립공주대 생명공학연구소에서 2009년 3월부터 2009년 8월까지 조류의 배양과 학회 발표 준비 등 연구실 인턴 활동을 하고, 주제에 대한 적극적인 활동이 인정돼 2009년 8월 2일에서 8일까지 일본 도쿄에서 열리는 국제조류학회의 공동 발표자로 추천됐다"고 밝혔다. 청문회 준비단의 해명을 보도한 매체는 뉴스토마토, 뉴스1, 조선일보, 서울신문, 아시아경제, 중앙일보, YTN 등이다. 다른 매체들은 이 해명 내용을 다루지 않았다.

'인턴' 아니라 '체험활동'

조 씨의 공주대 인턴 활동 기간이 "3월에서 8월까지였다"는 해명이 나오자 "한 학기 동안 학교는 안 가고 인턴만 했느냐"는 논란이 제기되었다. 공주대 논문을 최초 보도한 채널A는 8월 25일 〈조국 딸, 고3 1학기 때 공주로 출퇴근?…'인턴 기간' 의혹〉 기사에서 이 같은 문제를 제기했다. 그리고 채널A는 하루 뒤인 8월 26일 공주대 A교수와의 단독 인터뷰를 보도했다. 조 씨의 인턴 기간에 대해 A교수가 "우리 실험실에서 생물학을 공부하고 싶다고 2주간인가 3주간인가. 방학 때였던 것 같아요. 그래서 버스 타고도 왔고"라고 말한 부분이다.

그러나 이 인터뷰는 인턴 기간 문제가 논란으로 떠오르기 전, 그러니까 첫 보도가 있었던 8월 20일에 진행되었고 앵커도 이 점을 밝히고 있다. "인턴 기간이 3월부터 8월까지"라는 청문회 준비단의 해명에 대한 반론으로는 보기 어려운 것이다. 인턴 기간에 대한 A교수의 해명은 뒤에 소개할 TBS 〈김어준의 뉴스공장〉 인터뷰에서 확인할 수 있다.

채널A의 보도는 관계사인 동아일보 외에 다른 매체에서는 받지 않았다. 그러나 채널A와 같은 시각에서 의문을 제기하는 사람이 많았고, 이후 조 씨의 '스펙'에 대한 검찰 수사 과정에서도 치열한 쟁점으로 떠올랐다. 그 이유는 '인턴'이라는 용어에서 비롯된 착시현상에서 찾을 수 있다. 인턴이라고 하면 직장에 입사해서 매일 출퇴근하는 '인턴사원'을 떠올리기 쉽다. 그래서 고등학생이 참여하는 인턴십도 '인턴'이라는 단어 때문에 매일 출퇴근하는 활동으로 여겨졌다. 더구나 취업난이라는 사회적 이슈와 맞물리면서 "공모나 공채가 아닌 부모 인맥으로 인턴 기회를 갖는 것은 특혜"라는 부정적인 인식까지 더해졌다.

고등학생이 외부 기관의 프로그램에 참여하는 것을 체험활동이라고 한다. 조 씨의 인턴 활동에 대한 공주대 확인서의 제목도 '체험활동 확인서'였다. 프로그램에 참여한 학생들을 부르는 호칭이 필요했기 때문에 '인턴'이라는 말을 사용했을 뿐이다. 고등학생의 체험활동 프로그램은 정기적이든 부정기적이든 혹은 장기든 단기든 매일 출퇴근하는 경우는 거의 없다. 인턴 활동 기간이 3월부터 8월까지였다고 해서 월요일부터 금요일까지 매일 서울에서 공주로 출퇴근하거나 공주에 숙소를 마련해놓고 출퇴근한 것은 아니었다. 집에서 과제를 수행하거나 틈틈이 주말을 이용해 공주대 연구실로 내려와서 교수의 지도를 받는 식으로 체험활동이 이루어졌다.

조 씨에게 제기된 스펙 논란에서 '인턴'이란 말을 '체험활동'으로 바꿔서 생각하면 그동안 받았던 느낌이나 인식이 달라질 수 있다. 하지만 언론은 '인턴'이라는 용어의 착시적인 요소를 바로잡기는커녕 최대한 증폭시켰다.

어머니 인맥, 금수저 동아리

공주대 논문 의혹에서는 논문 자체에 대한 문제보다 '어머니의 인맥'이 핵심 논란으로 등장했다. 조국 전 장관 일가에게 '금수저', '특혜', '황제 스펙' 프레임을 씌우는 데 '서울대 동기이자 동아리 동기'는 요긴한 소재였을 것이다. 조선일보는 8월 23일 〈스펙契로 자녀에 '황제스펙'… 386 교수 '그들만의 캐슬'〉 기사를 통해 '조국 후보자 서울대 82학번, 정경심 교수 서울대 81학번'을 고리로 해서 예상 가능한 네트워크를 펼쳐 보이며 공주대 논문 의혹에 '황제 스펙'이라는 프레임을 사용했다.

뉴스1은 같은 날 〈조국 딸 '금수저 스펙' 뒤엔 '엄마의 서울대 동아리 네트워크' 있다?〉 제목의 기사를 보도했는데 조선일보 기사와 별 차이가 없었다. '엄마의 서울대 동아리 네트워크'라는 제목을 뽑았으면 좀 더 새로운 사실을 다뤘을 법도 한데 기사에는 '81학번 동기면서 천문동아리 동기'라는 사실만 반복되었다. 그러고는 "유서 깊은 아마추어 동아리"라며 뜬금없이 서울대 천문동아리의 연혁과 활동을 소개하고, 서울대 물리천문학과 A교수가 조 후보자 딸을 옹호하는 발언을 실었다.

뉴스1은 또 조 후보자 딸이 2009년 한영외고 재학 시절 서울대 물리천문학부 B교수의 지도를 통해 한국물리학회에서 수여하는 물리캠프 장려상을 받은 사실을 언급하면서 "해당 캠프에서 2005년부터 현재까지 장려상을 시상한 해는 2009년이 유일해 일부러 상을 만들어준 게 아니냐는 의혹이 제기됐다"고 보도했다. 결국 천문동아리→물리천문학과 A교수→물리천문학부 B교수→한국물리학회 캠프로 연결되는 라인이 '엄마의 서울대 동아리 네트워크'라는 주장을 하고 싶었던 것일까.

공주대 A교수의 증언

그동안 언론에 각각 다른 목소리로 소개되며 꼬리에 꼬리를 물고 이어지던 의혹에 대해 공주대 A교수가 8월 27일 TBS 〈김어준의 뉴스공장〉을 통해 '종합적'으로 해명했다. A교수는 논란이 된 공주대 논문의 성격에 대해 "논문이 아니라 초록이며 4분의 1쪽 분량에 제목과 간단한 요약정보만 있으며 학회 발표장에 찾아오는 사람들이 어떤 내용인지 간단히 이해할 정도로만 적어놓는 것"이라고 밝혔다. 또한 조 씨의 이름이 초록에 등재된 것에 대해서는 "주 발표자가 발표하다가 자리를 비우면 포스터 앞에서 자리를 지키는 역할"이라며 "고등학생이 큰 학교에서 사람들을 많이 보면 자극이 된다고 생각해 참가시켰다. 크레딧(스펙)이 된다고 생각하지 않았다"고 말했다.

A교수는 "(초록을) 봤다면 여덟 줄짜리 안내문인 것을 알 수 있을 것"이라며 "(조 씨가 참여했던) 프로그램 자체가 고등학생들이 학회 활동에 참여해보라고 만든 프로그램이다. 학생들이 와서 일하고 성실성이 입증되면 학회에 데리고 가되 경비는 각자 부담하는 조건이다. 특혜라고 볼 수도 없다"고 설명했다. A교수는 또한 "프로그램에 참여를 희망하는 학생은 1년에 한 명 있을까 말까였고 아예 지원자가 없는 해도 많았다. 이메일이나 전화로 실험실에서 일해야 한다고 말하면 오지 않았다"며 "프로그램을 6개월씩 잡는 이유는 시간이 될 때 주말에 한 번씩 편하게 오고, 그때마다 숙제를 줘서 잘 수행하면 자부담 조건으로 학회에 동행하게 한 것"이라고 밝혔다.

공주대 논문 관련 보도에서 집중적으로 의혹이 제기된 '서울대 천문동아리'에 대해서는 "(조 씨의 어머니가) 대학 동기는 맞지만 1학년 때 여러 서클을 기웃거릴 때였고 천문동아리는 무슨 얘기로 나왔는지 모르겠다"며 "아마추어 천문학회가 무슨 금수저의 모임 전당, 이런 언론 보도가 나와서 황당했다"고 밝혔다.

김어준 그렇죠. 전후 사정을 잘 모르니까 언론에 보도된 대로 무슨 대단한 특혜를 준 것처럼 보도가 되겠죠. 근데 교수님은 지금 저한테 설명하신 그런 내용을 다 설명하셨다는 거죠? 이미?
A교수 네. 국민일보는… 됐습니다. 괜히 또 미움받으면…
김어준 특히 지면 중에는 국민일보의 보도가 악의적이라고 보셨어요?
A교수 자는 사람 새벽 두 시에 깨워가지고 제발 좀 그만 놔주라고 말을 했을 뿐인데 저는 솔직히 뭐라고 말했는지 기억도 안 납니다. (중략) 귀찮게 하지 말고 그만 좀 해주시라, 이런 부탁이었을 겁니다. 그랬더니 '선의로 한 짓이니 덮어주시라…' 이건 죄를 저지른 사람이 하는 얘기 아닙니까.
김어준 그런 식으로 보도가 나갔어요?
A교수 네. 누가 나에게 그 꼭지를 보여줬는데 보는데 속이 뒤집히는 줄 알았습니다. 그렇게 애걸을 하는… 아예 잊혀지고 싶습니다. 아무에게도.

A교수가 〈김어준의 뉴스공장〉과의 인터뷰에서 말한 '선의로 한 짓이니 덮어주시라'는 8월 25일 국민일보의 〈조국 딸 인턴십 지도교수 "선의로 학생 도운 것, 덮어달라"〉 기사에 대한 이야기다. 국민일보는 A교수가 "선의로 학생 하나를 도운 것"이라며 "이 일은 그만 덮어달라"고 말했다고 전하고 있다. 국민일보는 또 A교수가 조 씨의 인턴 기간을 정확히 기억하지 못하고 있다며 "출석체크를 하지도 않고 월급을 주는 것도 아니

라서 자신들의 형편에 맞춰 오는 것", "방학 때에는 집중적으로 왔을 테지만 기억이 안 난다"고 말했다고 보도했다. 그리고 기사 끝부분에 다시 "선의로 학생 하나를 도운 것인데 느닷없이 어떤 사람이 전화해서 욕을 하기도 한다"며 "이 일은 그만 좀 덮어달라"고 하소연했다고 덧붙였다.

당사자인 A교수가 직접 의혹과 쟁점을 해명한 〈김어준의 뉴스공장〉 인터뷰는 국제신문, 폴리뉴스, 머니투데이, 한국일보, 중앙일보, 경인일보, 이데일리, 쿠키뉴스, 시사위크, 고발뉴스 등 10개 매체 정도만 인용 보도했다.

"알고 보니 초록 아닌 SCI급 논문"

공주대 A교수의 〈김어준의 뉴스공장〉 인터뷰가 나간 뒤 논란과 쟁점이 가라앉나 싶었지만 곧 또 다른 의혹이 떠올랐다. "초록에 불과하다더니 알고 보니 SCI급 논문"이라는 주장이 나온 것이다. 첫 보도는 8월 27일 뉴스1의 〈'조국 딸 인턴' 공주대 교수…'논문' 아니라더니 본인 연구 성과엔 올려〉 기사였다. 이 기사는 같은 날 아침 공주대 A교수의 〈김어준의 뉴스공장〉 인터뷰를 반박하는 형식이었다. 뉴스1은 "당시 지도교수인 K 공주대 생명과학과 교수가 '그것은 논문이 아니다'라고 27일 해명했다. 그러나 뉴스1의 확인 결과, K교수는 조 후보자의 딸 조 씨가 제3저자로 이름을 올린 '발표 초록'을 정부 과제 최종 보고서 실적 보고에 '국외논문(학술지) SCI급'으로 보고한 것으로 드러났다"고 보도했다.

8월 28일 세계일보는 전날 뉴스1 기사와 거의 같은 내용을 보도하면서 '단독'이라는 타이틀을 달았다. 다른 점이 있다면 뉴스1은 "뉴스1의 확인 결과 드러났다"고 보도했고, 세계일보 〈[단독] "행사보조라던 조국 딸, SCI급 논문 3저자 올라"〉 기사는 자유한국당 최연혜 의원이 한국연구재단으로부터 제출받은 자료를 출처로 삼았다는 점이다. 세계일보는 "10년 전에 입력한 결과물이다. 일일이 수작업으로 입력하다 보니 누군가가 실수로 입력했을 수 있다. 자료가 어느 단계에서 작성된 것인지 모르겠지만 공신력 있는 국가연구개발시스템과 한국연구자정보(KRI) 시스템에는 해당 내용이 없다"는 공주대 A교수의 해명을 덧붙였다. 다음 날인 8월 29일에는 중앙일보, 조선일보, 뉴데일리가 같은 내용의 기사를 게재했다.

2019년 8월 29일

- 논문 아니고 초록이라더니…"조국 딸, SCI급 논문 3저자에 올라"(중앙일보)
- 공주대 논문 초록이라더니…"조국 딸, SCI급 논문 3저자에 올라"(뉴데일리)
- 한국당 "요지록 발표자일 뿐이라던 조국 딸, SCI급 논문 제3저자 올라"(조선일보)

채널A의 첫 보도 이후 한 달 남짓 지난 10월 4일 국회 교육위원회 국정감사에 출석한 노정혜 한국연구재단 이사장은 "(조 장관 딸이 제3저자로 이름을 올린) 공주대 논문은 대부분 완성된 논문 형태가 아니라 학술대회 발표 초록"이라며 "공주대 연구책임자인 A교수의 결과 보고서에는 논문으로 보고됐으나 최근에는 다 수정해서 학술회의 발표용으로 수정됐다"고 밝혔다. 노 이사장은 해당 학술지가 정식 논문이 아닌데도 KRI 시스템에 논문으로 등록된 이유가 고의인지 아닌지는 알 수 없다고 밝혔지만,

이것은 이미 A교수가 세계일보와의 통화에서 "누군가의 실수로 입력했을 수 있다"고 해명한 내용과 일치한다. 이 사실을 보도한 매체는 이데일리가 유일했다.

"연구소의 수초 물만 갈아줬다"

일부 언론이 한국연구재단 논문 목록에 조 씨의 초록이 등록된 것을 문제 삼았지만 8월 27일 공주대 A교수의 〈김어준의 뉴스공장〉 인터뷰 이후 공주대 논문 논란은 언론에서 사실상 자취를 감췄다. 그러다 2019년 11월 11일 정경심 교수에 대한 2차 기소에서 공주대 논문 논란이 다시 제기되었다.

이때 가장 주목받은 기사는 11월 12일 중앙일보의 〈"공주대 논문 제3저자 조국 딸, 연구소서 수초 물만 갈아줬다"〉였다. 정경심 교수의 2차 기소 혐의를 상세하게 보도한 기사들은 대부분 실형 가능성이 크다고 여긴 사모펀드 문제에 집중했다. 그러나 중앙일보는 공주대 논문 관련 내용을 기사 제목으로 뽑았다. '조 씨가 별로 한 것도 없이 대입 스펙으로 쓸 논문을 얻었다'는 점에 주목한 것이다.

조 씨가 공주대 논문 초록에 이름을 올린 것은 체험활동 때문이 아니라 학회 참가를 전제로 했기 때문이고 검찰도 공소장에서 그렇게 밝히고 있다. 검찰의 공소장에 따르면 "수초의 일종인 '홍조식물'이 들어 있는 접시에 물을 갈아주는 등 고등학생 수준에서 할 수 있는 간단한 체험활동을 했다"고 되어 있다. 그런데 중앙일보는 "집에서 선인장 등 식물을 키우면서 생육일기를 쓰는 활동을 하고 국제학회 발표 논문 초록에 제3저자로 기재된 것으로 드러났다"며 "조 전 장관 딸은 3달여 동안 1달에

1~2번 공주대 연구소에 가서 수초 접시에 물을 갈아주는 일만을 했다고 한다"고 보도했다. 식물을 키우며 생육일기를 쓴 체험활동이 제3저자 등재의 배경인 것처럼 보도했을 뿐만 아니라 '하찮은 일만 하고 논문 초록에 저자로 기재됐다'는 인상을 주고 있는 것이다.

"조 전 장관 딸은 집에서 동식물을 키우면서 생육일기나 독후감을 작성해 K교수에게 가끔씩 보고하는 일만 하고도 2년의 활동 기간이 적힌 공주대 연구소 명의의 체험활동 확인서를 발급받았다"는 기사 내용도 마찬가지다. "선인장 등 작은 동식물을 키우면서 생육일기를 쓰거나 독후감을 작성하여 ○○교수에게 간헐적으로 보고하였고…"라는 공소장 내용과 비교하면 중앙일보는 조 씨의 활동을 하찮은 것으로 축소함으로써 체험활동 확인서 발급이 마치 정당하지 않은 것처럼 부정적으로 보도했다.

아무도 주목하지 않은 공주대 조사 결과

공주대 논문 의혹이 제기되었을 때 공주대는 관련 조사에 들어가겠다고 밝혔다. 당시 언론은 공주대가 조사에 나서는 것 자체가 마치 해당 논문의 문제점을 인정한 것인 양 대대적으로 보도했다. 하지만 공주대 연구윤리위원회는 조 씨의 인턴십 과정에 문제가 없다는 조사 결과를 내놓았다. 검찰 주장과는 정반대의 결론이었다. 그러나 언론은 정작 공주대의 조사 결과에는 관심을 보이지 않았다.

공주대의 조사 결과는 조사가 마무리된 지 한 달이 지난 시점에 국민일보를 통해 알려졌다. 국민일보는 11월 12일 〈[단독] 공주대 '조국 딸 인턴십 문제없다', 검찰과 정반대 결론〉 기사에서 공주대 연구윤리위원회의 조사 결과를 자세히 보도했다. 국민일보는 이 기사에서 "공주대 연구윤리위원회가 조국 전 법무부 장관 딸 조 씨의 인턴증명서 발급, 발표문 초록 제3저자 등재과정에 문제가 없다는 결론을 지난달 초 내린 것으로 드러났다"며 "검찰이 지난 11일 정경심 동양대 교수의 공소장에 '수초 접시물 갈고 논문 초록 저자로 허위 등재됐다'고 적시한 것과 정반대 결과"라고 보도했다. 국민일보 외에 이 사실을 보도한 매체는 금강일보, 시사저널, 고발뉴스, JTBC 등이었다.

국민일보 보도로 알려진 공주대 조사 결과는 한 달 뒤에 다시 주목을 받았다. 12월 10일 정경심 교수에 대한 세 번째 공판준비기일에 재판부가 공주대 건을 특별히 언급했기 때문이다. 재판부는 조 씨의 공주대 인턴 문제와 관련해 제기된 공문서위조 혐의에 대해 "우리 헌법은 학문의 자유를 보장하고 있다. 따라서 대학이 자율권을 가지는 부분에서는 최대한 존중해야 한다"고 밝히고 "사회의 기본질서를 침해하지 않는다면, 개입하지 않는 것이 헌법의 기본 원칙"이라고 강조했다. 이어 "공주대 건과 관련해서는 공주대 윤리심판원이 문제없다고 결정을 내린 것으로 아는데 그 심의가 최종적으로 확정된 것인지를 확인해줄 것"을 변호인에게 요청했다. 공주대 결정이 최종이라면 그 결정을 존중하고 법원에서는 따로 판단하지 않겠다는 뜻이었다.

국민일보의 단독 보도에는 관심을 보이지 않았던 언론이 재판부의 언급이 나오자 일제히 공주대를 취재했고, 공주대는 "조 씨의 인턴십 과정에 문제가 없다"고 결정한 두 달 전의 조사 결과를 재확인해주었다. 이 내용을 보도한 매체는 연합뉴스, MBC, SBS, 뉴스1, 경향신문, 공감신문, 중앙일보, 국제신문, 연합뉴스TV, 헤럴드경제, 머니S 등이다.

부산대 의전원 장학금 의혹 보도

조국 후보자의 딸이 '두 번 낙제하고도 6학기 동안 장학금을 받았다'는 의혹은 2019년 8월 19일 한국일보가 단독으로 보도했다. 이 의혹은 조 후보자에게 제기된 혐의 중 상대적으로 가장 무거운 형법상 뇌물죄와 부정청탁 및 금품 등 수수의 금지에 관한 법률(김영란법) 위반이었고 결국 기소로 이어졌다.

조국 사태와 관련한 언론 보도 가운데 8월 19일 한국일보의 〈[단독] 조국 딸, 두 번 낙제하고도 의전원 장학금 받았다〉는 최악의 보도로 꼽힐 만하다. 이 기사는 "두 차례 낙제하고도 수년간 장학금을 독차지했다"는 문제제기로 시작해 'A교수의 부산의료원장 선임의 대가' 의혹으로 이어졌다. '특혜'와 '뇌물'이 결합된 프레임이다. 이후 대다수의 언론 보도는 이 프레임에서 크게 벗어나지 않았다. 검찰의 기소와 혐의 내용 역시 이런 프레임과 큰 차이가 없었다.

'부산의료원장 선임 대가' 관련 의혹에 대해서는 여러 언론에서 몇 차례 새로운 사실을 보도하기도 했지만 "두 차례 낙제하고도 수년간 장학금을 독차지했다"는 의혹은 어떤 언론도 부정하거나 의심하지 않았다. 이러한 보도는 수천 건이 넘게 쏟아졌다.

"두 번 낙제하고도 장학금"

조 씨는 정말 "두 번 낙제하고도" 장학금을 받은 것일까? "두 번 낙제하고도 장학금을 받았다"는 사실이 성립되려면 시간상으로 '두 번의 낙제'가 '장학금 지급' 시점보다 모두 앞서야 한다. 그런데 조 씨가 장학금을 받기 전에 낙제를 한 것은 한 번이다. 조 씨는 2015년 1학기에 유급을 하고 2016년 1학기부터 2018년 2학기까지 장학금을 받았다. 그리고 2018년 2학기에 두 번째 유급을 하고 2019년에는 장학금을 받지 않았다. 따라서 굳이 따지려면 "한 차례 낙제하고 장학금을 받았다"거나 "낙제를 하고도 장학금을 받았다"라고 해야 한다.

독자의 흥미나 관심을 끌 수 있는 기사, 사회적인 파장을 불러일으킬 수 있는 기사를 일컬어 흔히 '이야기가 되는 기사'라고 한다. "두 번 낙제하고도 장학금을 받았다"는 프레임은 굉장히 자극적이다. 이른바 '이야기'가 되고도 남는 것이다. 언론은 무수한 인용 보도와 후속 보도에서 이와 같은 프레임으로 수천 건 넘게 반복적으로 보도했다. 그러나 이는 사실과는 다른 왜곡이었다. 이를 넓은 의미에서 '오보'라고 한다면, 과연 단순한 실수였거나 취재상의 여러 한계 때문에 생긴 불가피한 오보였다고 할 수 있을까. 기사를 작성하기 전에 꼼꼼하게 확인했거나 나중에라도 기사를 수정하고 바로잡았다면 우리 사회가 오보로 인해 이토록 혼란에 빠지지는 않았을 것이다.

그렇다면 한 번이건 두 번이건 "낙제하고도 장학금"이라는 프레임은 어떻게 성립 가능한 것일까. 일반적으로 낙제를 하면 다음 학기는 강제 휴학이 되고, 그다음 학기에 복학해도 직전 학기에 유급했으므로 장학금 수혜 대상이 되지 않는다. 그러나 부산대학교 의전원의 장학생 선발 지침에 따르면, 직전 학기 성적의 평점 평균이 2.5 미만일 경우 장학생 선발에서 제외되지만 외부 장학금은 예외로 되어 있다.

중앙일보는 8월 23일 〈[단독] 의전원, 조국 딸 장학금 받기 직전 성적제한 풀었다〉 기사에서 "2015년 (장학금 선발 지침) 개정은 조국 딸에게 장학금을 지급하기 위한 '1인 맞춤형 개정'인 것으로 보인다"는 자유한국당 곽상도 의원의 주장을 자세히 보도했다. 그러나 부산대 의전원은 "관련 규정은 2013년 당시에도 존재하고 있었고 이후에 개정되지 않았다"고 반박했다. 중앙일보 보도는 곽상도 의원이 부산대 의전원으로부터 받은 자료를 토대로 하고 있는데, 부산대 의전원은 "제출자료 작성 시 오류가 있었던 것"이라고 해명했다.

한국일보가 8월 19일 단독 보도를 하면서 부산대 의전원의 장학생 선발 지침을 제대로 확인했다면 곽상도 의원이나 중앙일보처럼 "조 씨를 위한 맞춤 개정이었다"라는 의혹을 제기할 수는 있어도 "(한 번이건 두 번이건) 낙제하고도 장학금"이라는 프레임을 설정하기는 어려웠을 것이다. 그런데 왜 장학금 관련 의혹을 보도하면서 해당 학교의 규정을 확인하지 않았을까. 한국일보가 1면 머리기사로 처리하고 '단독'을 붙일 정도였다면, 특히 청문회 정국에서 이 기사의 파급력을 예상했다면, 관련 규정을 먼저 확인하는 것이 취재의 기본 아닐까.

기자들은 취재와 보도 과정에서 '당연한 것'이나 '상식적인 것'에 질문을 던지고 의심한다. '실수'는 당연한 줄 알았는데 아닌 경우, 상식적으로 이해한 것과 다른 경우에서 주로 벌어지기 때문이다. "낙제를 하고도 장학금을 받아?" 하며 독자들의 눈이 휘둥그레질 것을 예상했다면 그만큼 철저하게 관련 규정을 확인하는 게 먼저다. 확인이 어려운 사안도 아니었다. 해당 학교에 관련 규정을 물어보기만 하면 되는 일이었다.

"다른 학생들의 장학금 박탈한 것"

한국일보는 이 기사의 끝부분에서 "조 후보자 가족은 자녀들 돈까지 동원해 사모펀드에 수십억 원의 출자를 약정할 정도로 부유한데도 낙제를 받은 딸은 학교에서 장학금까지 받아 챙겼다. 다른 학생들의 장학금을 박탈한 것이나 마찬가지다"라는 곽상도 의원의 말을 인용했다. 또 '나 홀로 장학금'이라는 표현을 사용하면서 '다른 학생들이 받아야 할 장학금을 빼앗은 것'이라는 프레임을 추가했다. 이는 "두 번 낙제하고도 장학금"이라는 '무자격' 프레임에 '기회 박탈'이라는 프레임까지 씌운 것이다. 그렇다면 정말 다른 학생들이 조 씨 때문에 장학금을 받지 못한 것일까. 자격이 되지 않는데 장학금을 받았으면 '부당한' 것이고, 다른 학생이 받아야 할 장학금을 빼앗았다면 '불공정'한 것이다. '불공정'은 우리 사회에서 가장 민감한 주제다. 조국 전 장관을 둘러싼 사태가 이토록 악화되면서 거센 논란으로 번진 것은 바로 이 '불공정' 이슈가 작동했기 때문이다. 이 과정에서 언론은 기본적인 사실관계를 충분히 파악하기 전에 일부 정치인 등이 주장하는 '선동적 프레임'을 단순 중계하거나 일부 사실만을 과장되게 보도함으로써 '불공정 감성'을 자극한 측면이 있다.

우선 한국일보 기사는 조 씨 이전에 다수에게 지급되던 장학금이 조 씨 때부터 한 명에게 몰아주는 방식으로 변경되었다고 지적했다. 그렇다면 다른 학생들이 조 씨 때문에 외부 장학금(소천장학금)을 받지 못했는지, 또한 다른 장학금도 받지 못했는지 먼저 확인하는 게 순서다. 그래야 곽상도 의원의 지적대로 조 씨 때문에 다른 학생들의 기회가 박탈된 사실이 있는지가 분명히 드러나기 때문이다.

이때 기본적으로 확인해야 하는 것이 부산대 의전원의 장학금 수혜율이다. 수혜율이 높다면 조 씨가 받은 외부 장학금이 아니더라도 학생들이 다른 명목으로 장학금 혜택을 받았을 가능성이 크고, 수혜율이 낮다면 조 씨가 다른 학생에게 돌아가야 할 기회를 박탈했을 가능성이 있기 때문이다. 그러나 부산대 의전원의 장학금 수혜율은 조 씨가 외부 장학금을 받기 시작한 2016년 81.4%였고 2017년 78.6%로 떨어졌다가 2018년 95.4%에 이르렀다. 금액의 차이는 있겠지만 거의 모든 학생이 장학금을 받는다는 뜻이다. 그렇다면 당시에 다른 학생들이 조 씨 때문에 외부 장학금이나 다른 장학금을 받지 못해 어려움을 겪었을 가능성이 얼마나 된다고 할 수 있을까.

한국일보는 조 씨의 장학금 문제를 보도하면서 '부당 수령'이라고 전제하고, '기회 박탈'로 몰아갔다. 취재 과정에서 반드시 확인해야 할 가장 중요한 두 가지가 바로 장학금 관련 규정과 장학금 수혜율이다. 한국일보는 이 두 가지를 취재했을까. 취재하지 않았다면 실수였을까, 고의였을까. 취재하고도 기사에 언급하지 않았다면 그것은 '언론의 선'을 넘는 행동이며 상상조차 하기 어려운 일이다.

한국일보 기사에 익명으로 나온 A교수는 노환중 부산의료원장이다. 노 원장은 한국일보 기사에 대해 8월 19일 오후 입장문을 발표했다. 그런데 이 입장문은 한국일보 기사 내용과 크게 다르지 않았다. 이 말은 한국일보가 나름대로 노 원장을 충실하게 취재했고 노 원장도 한국일보의 취재와 질문에 적극적으로 답변했다는 의미일 것이다. 그러나 한국일보는 "두 번 낙제하고도 장학금"이라고 보도하면서 부산의료원장 선임과 관련된 특혜로 연결시켰고, 노 원장의 해명을 구색 맞추기 정도로 처리했다. 한국일보는 이어 8월 20일 후속 기사 〈의전원 학생들 "조국 딸이라서 교수들이 더 신경"〉에서는 "조국 법무부 장관 후보자 딸이 재학 중 두 번의 낙제에도 노환중 당시 의전원 교수로부터 특혜성 장학금을 받았다는 소식에 교직원과 학생 들은 하루 종일 뒤숭숭한 분위기"라고 보도했다. 노 원장은 8월 23일에도 입장문을 내고 조국 후보자 모친과의 관련성 부분에 대해 자세히 밝혔다. 그러나 한국일보는 주요 매체 가운데 유일하게 두 차례의 입장문을 보도하지 않았다.

약방의 감초 "두 번 낙제하고도 장학금"

부산대 의전원 장학금 관련 후속 보도는 TV조선의 〈[단독] 조국 母, 손녀 유급 직후 그림 기증…다음 학기부터 장학금 받아〉(8월 21일), 중앙일보의 〈[단독] 의전원, 조국 딸 장학금 받기 직전 성적제한 풀었다〉(8월 23일), 동아일보의 〈[단독] 조국 딸 5연속 장학금에…의전원, 지도교수 불러 "심사숙고하라"〉(8월 26일) 정도였다. 한국일보의 첫 보도와 다른 방향의 보도는 거의 나오지 않았다.

한편 8월 19일 한국일보의 첫 보도가 나온 바로 다음 날, 단국대 의대 제1저자 논문 의혹이 다른 모든 이슈를 블랙홀처럼 빨아들이며 정국을 뒤덮는 바람에 한국일보의 장학금 보도는 상대적으로 묻히는 듯했다. 그러나 조국 후보자와 관련된 거의 모든 기사마다 "두 번 낙제하고도 장학금"이라는 표현이 약방의 감초처럼 등장했다. '제1저자 논문' 의혹 기사에도 등장하고, 〈외고→대학→의전원…조국 딸, 시험 한 번 안 보고 진학했다〉 같은 기사에도 등장하고, '조국 후보자 딸 포르쉐 탄다'라는 루머를 허위사실 유포로 고소하겠다는 기사에도 등장하고, 8월 20일부터 봇물 터지듯 나온 '조국 딸 특혜 논란에 허탈한 2030' 류의 기사에도 빠짐없이 등장했다.

    그 결과, 첫 보도가 나온 8월 19일에는 276건이던 관련 보도가 8월 20일 528건으로 늘어났고 8월 21일 615건으로 급증했다. 8월 22일 537건, 8월 23일 352건, 주말인 8월 24일과 25일 110건 이상을 기록하다가 8월 26일 509건으로 다시 늘어났다. 조 후보자 일가에 대한 전방위적 압수수색이 이뤄진 8월 27일에는 667건으로 최고점을 찍었다. 이후로는 8월 28일 455건, 8월 29일 353건을 기록하다가 조국 후보자의 기자간담회가 열린 9월 2일 다시 626건으로 늘어났으며 동양대 표창장 의혹이 확산되고 인사청문회가 열린 9월 6일까지 300건대를 유지했다.

동양대 표창장 위조 의혹 보도

　　조국 사태에서 사모펀드 의혹과 함께 또 한 축을 이룬 표창장 위조 논란은 2019년 9월 3일 검찰의 동양대 압수수색을 기점으로 번져나갔다. 검찰은 조 씨의 자기소개서와 대학·대학원 입시서류를 확인하면서 조 씨가 거쳐 간 흔적이 있는 곳마다 압수수색을 진행했다. 검찰은 이 과정에서 조 씨의 부산대 의전원 입시 과정에서 제출된 동양대 총장 명의의 표창장을 확인하기 위해 동양대를 압수수색했다. 9월 3일 KBS는 〈[단독] 조국 딸, 어머니 재직 대학서 총장상 받아…동양대 압수수색〉에서 "조 씨는 2014년 부산대 의전원에 제출한 자기소개서에 대학 재학 시절 한 대학교의 총장상을 받았다고 기재했다"며 "검찰은 이 총장상 수상에 정 교수가 개입했다고 보고 오늘 동양대에 대해 전격 압수수색을 벌였다"고 전했다. '동양대 총장으로부터 받은 표창장'을 확인하기 위한 압수수색으로 특정한 보도였다. 압수수색 사실이 먼저 보도되고 나중에 압수수색의 목적과 내용 일부가 알려지던 것과는 다른 양상이었다.

　　다음 날인 9월 4일 중앙일보는 〈[단독] 조국 딸 받은 '동양대 총장상'…총장은 "준 적 없다"〉 기사에서 검찰의 수사 경위를 자세히 보도했다. "검찰이 조국(54) 법무부 장관 후보자의 딸(28)이 2014년 부산대 의학

전문대학원에 지원할 당시 제출한 자기소개서와 표창 내역이 부정한 방법으로 만들어진 정황을 포착하고 수사"에 나섰으며 그 단서로 "조 후보자 딸이 지식거래 사이트에 올린 서울대 환경대학원 자기소개서엔 '4학년 초부터 인문학 영재프로그램에 참여해 봉사했다'고 썼다. 부산대 의전원 입학을 위한 자기소개서에서도 모 대학 총장이 준 봉사상을 수상 경력에 포함하기도 했다"고 보도했다. 중앙일보는 이어 "검찰은 표창장을 발급한 학교가 어머니 정 교수가 재직하고 있는 동양대인 것으로 확인하고 이날 압수수색에 나선 것으로 전해졌다"고 덧붙였다. 또한 "검찰은 이 표창장이 정상적인 절차에 따라 발급되지 않은 정황을 파악했다. 중앙일보 취재 결과 이날 압수수색을 당한 동양대 측은 해당 표창장이 발급된 적이 없다고 검찰에 밝힌 것으로 확인됐다"고 보도했다.

중앙일보는 특히 "최성해 동양대 총장은 중앙일보와의 통화에서 '나는 이런 표창장을 결재한 적도 없고 준 적도 없다'고 밝혔다"면서 표창장 발급이 정상적이지 않았다는 사실을 강조한 뒤 "오늘 검찰에서 조 후보자 딸이 우리 학교에서 받았다는 표창장을 들고 왔는데 상장 일련번호와 양식이 우리 것과 달랐다. 그래서 지금 학교에 있는 상장번호를 보여주고 검찰도 이를 확인해서 갔다"는 동양대 관계자의 말을 인용했다. 검찰이 들고 왔다는 표창장은 부산대에 제출된 표창장 사본이었다.

중앙일보는 또 특수부 검사 출신 변호사의 말을 인용해 "동양대 측 얘기가 맞다면 해당 표창장을 만든 사람에겐 사문서위조 혐의가 적용될 수 있다"며 "정당하게 발급되지 않은 표창장이 부산대 의전원에 입시 자료로 제출됐다면 입시를 방해한 위계에 의한 업무방해 혐의 적용도 가능하다"고 보도했다.

최성해 총장과 '표창장 위조' 의혹

'위법'보다는 '공정성'과 '형평성'에 초점이 맞춰진 단국대 의대 논문이나 공주대 인턴 문제와 달리 표창장 문제는 매우 확실한 '범죄 혐의'로 등장했다. 압수수색 사실이 알려지던 당시만 해도 '위조' 여부보다는 딸의 스펙을 위해 자신이 근무하는 학교에서 '총장 표창장'을 받게 한 사실에 비판의 초점이 모아졌다. 그러나 압수수색 다음 날인 2019년 9월 4일 중앙일보와 KBS가 동양대 최성해 총장과의 인터뷰를 통해 '부정발급' 가능성을 제기한 뒤 검찰이 곧바로 최성해 총장을 소환조사하고, 조사를 마친 최 총장이 대기하고 있던 기자들에게 "내가 모르는 표창장"이라는 점을 거듭 강조하면서 '부정발급' 혹은 '무단발급' 의혹이 점점 커지기 시작했다.

최 총장의 소환조사가 이뤄진 9월 4일 조선일보는 〈[단독] 조국 아내, 동양대에 "딸 표창장 정상발급됐다고 해달라" 압력…'허위 총장상' 숨기기 의혹〉 기사를 보도했다. 정경심 교수가 동양대 고위관계자에게 전화를 걸어 "표창장 발급이 정상적으로 이뤄졌다는 반박 보도자료를 내달라"고 동양대 측에 "압력을 가한 정황"이 확인되었다는 것이다. 조선일보는 이와 관련해 "동양대 측은 처음부터 몰랐던 일이고, 정 교수 자신이 센터장으로 되어 있는 영어영재센터에서 상장이 나간 걸로 해달라는 취지의 압력이었던 것으로 전해졌다"며 "그러나 조 후보자 딸이 받았다는 상장에는 동양대 총장의 직인이 찍혀 있다"고 보도했다. 또한 조선일보는 "검찰은 이 상장이 처음부터 조작됐을 가능성도 염두에 두고 있다. 조 후보자 딸이 의전원에 제출한 표창장이 동양대의 기본양식·일련번호와 다른 정황을 확보한 까닭이다. 검찰은 전날 압수수색에서 이와 관련한 모든 자료를 확보한 것으로 전해졌다"고 보도했다. 처음으로 '위조' 가능성을 제기한 것이다.

대다수의 언론은 최성해 총장의 주장을 비중 있게 보도했다. 최 총장은 수많은 언론 인터뷰에 응하며 "교육자의 양심으로 오직 진실만을 이야기하고 있다", "총장 표창장을 준 적도 없고 결재한 적도 없다", "총장 직인이 찍혀 나간 표창장은 모두 학교 내부서류로 보관하게 되어 있다", "총장 명의 표창장은 일련번호가 모두 '○○○'으로 시작하는데 (조 후보자 딸) 표창장 일련번호는 앞자리가 '1'이다", "아예 존재하지 않는 잘못된 일련번호" 등의 발언을 쏟아냈다.

최 총장은 더 나아가 "여권 핵심인사와 국회의원이 '도와달라'며 전화를 해왔다"고 주장했다. 최 총장의 이 발언은 표창장 논란을 정치권과 여권 전체로 확대시켰다. 동아일보는 9월 5일 〈[단독] 여권 핵심-의원, 동양대 총장에 "도와달라" 전화〉에서 "최 총장은 4일 동아일보 기자와 만나 이날 오전 11시 45분경 여권 핵심인사 A씨로부터 조 후보자를 낙마 위기에서 살리자는 취지의 전화를 받았다고 밝혔다"고 보도했다.

최 총장은 "(A씨가) 시나리오를 하나 보여드릴게"라고 한 뒤 자신의 구상을 설명했다고 말했다. 총장의 권한으로 표창장에 총장 직인을 찍을 수 있는 권한을 정 교수에게 정식으로 위임했다고 해달라는 제안이었다는 것이다. 최 총장은 또 "(A씨가) '저쪽에서 이제 조국을 임명장 안 받게 하려는 목적으로 나오기 때문에 이런 식으로 해줬으면 좋겠다'는 얘기도 했다"고 말했다. 최 총장은 "'나도 그랬으면 좋겠지만 검찰이 이미 다 알고 있어서 도와줄 수가 없다'며 (A씨의 제안을) 거절했다"고 말했다. (중략) 최 총장은 또 이날 오전 11시경 더불어민주당 B의원이 전화를 걸어서 "이렇게 해 가지고 이런 식으로 해줬으면 안 좋겠나"라며 A씨와 비슷한 제안을 했다고 밝혔다.

동아일보 기사에 언급된 여권 핵심인사 A씨는 유시민 노무현재단 이사장, B의원은 김두관 더불어민주당 의원이었다. 최성해 총장은 9월 5일에도 여러 매체와 인터뷰하면서 유시민 이사장과 김두관 의원이 전화를 걸어온 사실을 적극적으로 알렸다. 9월 5일은 조국 후보자 인사청문회를 하루 앞둔 날이었다. 최 총장은 이날 채널A, TV조선과 인터뷰를 하고 유시민 이사장, 김두관 의원과의 통화 내용을 설명하는 등 표창장 위조 의혹을 강조했다. 채널A는 9월 5일 〈〔단독〕 동양대 총장 "김두관이 전화…청와대 수석비서관 언급"〉과 〈〔단독〕 동양대 총장 "유시민도 전화…'조국 살리기' 시나리오 설명"〉에서 최 총장의 주장을 자세하게 보도했다.

김두관 의원이 전화를 걸고 45분 뒤 유시민 노무현재단 이사장도 동양대학교 총장에게 전화를 걸었습니다. 유 이사장은 통화에서 "조국 교수를 살리자"는 말을 했고, "총장님이 이런 식으로 해줬으면 좋겠다"고 말했다는 것이 동양대 총장의 설명입니다. (중략) 유 이사장은 최 총장에게 '표창장'과 관련한 시나리오를 제시하면서 검찰의 목적은 '조국 떨어뜨리기'라고 설명했습니다.
〔최성해/동양대 총장(어제)〕 "유시민은 자기가 시나리오를 딱 만들어왔더라고. 이랬죠? 이랬죠? 이건 이렇게 가는 건데, 총장님 말씀 다 맞다, 맞고 이렇게 가는 건데. 저쪽에서 목적이 이제 (조국을) 떨어뜨리려는 목적으

로, 임명장 안 받게 하려는 목적으로 검찰에서 나오기 때문에 이런 식으로 해줬으면 좋겠다고 얘길 하더라고."

총장 직인을 찍을 권한을 정경심 교수에게 위임했다고 해달라는 제안을 하며 '조국을 살리자'는 표현을 썼다고 했습니다.

〔최성해/동양대 총장(어제)〕"(전결권이 있는 걸로 해주면 이렇게 될 거고 이런 말씀이신 거죠?) 그렇지. 하여튼 조국 교수 살리자는 그런 뜻이지."

하지만 검찰이 표창장 조작 정황을 이미 알고 있어 도울 수 없었다고 했습니다.

〔최성해/동양대 총장(어제)〕"검찰이 다 알고 와가지고 결국에는 검찰이 한 게 맞는데 맞기 때문에 어쩔 수 없이 내가 그걸 도와주려고 해도 도와줄 수가 없다. 내 심정을 이해하라고 그랬어요."

이에 대해 김두관 의원은 9월 6일 "제가 압력을 넣을 위치에 있지 않다"며 "조 후보자가 임명되어 검찰개혁을 완수했으면 하는 바람을 갖고, 논란이 있어서 진위를 파악한 것"이라면서 "총장은 상을 준 것을 인지하지 않았을 수도 있으니 살펴봐달라고 한 것 그 이상도 이하도 아니다"라고 해명했다.

유시민 이사장은 노무현재단 유튜브 채널 〈유시민의 알릴레오〉 등 여러 매체를 통해 "총장상인지 표창인지, 기록이 남아 있는지, 봉사활동 내용이 무엇이었는지 취재 차원에서 사실관계를 여쭤본 것"이라고 말했다. 유 이사장은 또 "언론 보도가 굉장히 조 후보자를 도덕적으로 공격하고 있는 시나리오로 짜여 있는 것 같다는 의견은 말씀드렸지만, 어떻게 공인이고 대학 운영을 책임지고 있는 총장에게 사실과 다른 진술을 언론과 검찰에 해달라는 제안을 하겠는가. 상상할 수도 없는 일"이라고 밝혔다.

압수수색 전 총장상 자료 요청

중앙일보는 2019년 9월 4일 〈[단독] 동양대 내부 공문도, 조국 딸 관련 '총장상 수상 없음'〉 기사에서 동양대 공문을 공개했다. 이 공문은 자유한국당 주광덕 의원이 8월 27일 동양대에 자료를 요구해서 받은 답변인데, '총장상 수상자 이력: 자료없음으로 확인불가'라고만 적혀 있었다. 이에 대해 중앙일보는 "최성해 동양대 총장 역시 중앙일보와의 통화에서 '나는 이런 표창장을 결재한 적도 없고 준 적도 없다'고 밝힌 상태"라며 "동양대가 내부 공문에서도 '자료가 없다'고 밝힘에 따라 총장 표창에 대한 의문도 커지고 있다"고 지적했다. 또한 주광덕 의원의 "(조 후보자 딸이 받았다고 하는) 총장상이 있긴 한 것인지 의문스럽다"는 발언을 전하면서 "검찰도 표창 내역이 부정한 방법으로 만들어진 건 아닌지 수사에 나섰다. 서울중앙지검 특수2부는 3일 경북 영주에 있는 정 교수의 동양대 연구실과 이 학교 사무실 등을 압수수색했다"고 덧붙였다.

표창장 의혹이 세상에 알려진 것은 9월 3일 검찰의 동양대 압수수색이 이뤄진 시점이었다. 그런데 주광덕 의원이 그 이전인 8월 27일 동양대에 자료를 요구하고 8월 30일 회신을 받았다면 검찰의 표창장 관련 수사를 미리 알고 있었다는 뜻이 된다. 이는 재판 과정에서도 논란이 되었다. 2020년 3월 30일 한겨레는 〈정경심 "최성해, 조국 민정수석에게 양복 선물 시도"…최성해 "기억 안 난다"〉 기사에서 다음과 같이 보도했다.

정 교수 쪽은 최 전 총장이 '표창장 위조 의혹'을 알게 된 시점도 검찰의 압수수색 이전임을 시사하는 정황도 공개했다. 검찰이 동양대를 압수수색한 지난해 9월 3일 이전에 최 전 총장이 표창장 위조 의혹을 알고 있었다는 주장이다. 최 전 총장은 앞서 언론 보도로 조국 전 장관 딸에 대한 표창장 발급 사실을 처음 알았다고 밝힌 바 있다. 하지만 정 교수 쪽은 그가 지난해 8월부터 자유한국당(현 미래통합당) 주광덕 의원과 곽상도 의원에게서 총장상 수상자 이력 자료를 요청받았다고 주장했다. 최 전 총장도 의원들의 자료 요청에 대해서는 "알고 있었다"고 진술했다. 하지만 그는 "조 전 장관 딸과 관련된 것인지는 몰랐다"고 주장했다. 당시 동양대는 "확인 불가"라는 답변을 보냈지만, 최 전 총장은 답변 과정에 관여하지 않았다고 주장했다.

한편 중앙일보가 9월 4일 기사에서 "조 후보자 딸에게 총장상을 준 자료가 없어 확인이 어렵다"는 취지로 해석한 '총장상 수상자 이력: 자료없음으로 확인불가'의 의미는 조 씨에게 총장상을 수여한 기록이 없다는 뜻이 아니라 2014년 이전의 자료가 없기 때문에 2012년 당시의 표창 사실에 대한 확인이 불가능하다는 뜻인 것으로 밝혀졌다.

동양대 동료 A교수 "표창장, 내가 제안"

2019년 9월 5일 YTN은 〈[단독] "조국 딸 표창장, 내가 제안"…동료 교수 증언〉에서 동양대 A교수와의 통화 내용을 공개했다. "조국 후보자 딸이 지난 2012년 영어 교육 관련 봉사활동을 할 때 기특하다는 생각을 해 자신이 직접 조 후보자 부인인 정경심 교수에게 표창장 수여를 제안했다"는 것이다. YTN은 "A교수는 그러면서 표창장이 거창한 것이 아니라 그저 수고했다는 의미를 담고 있는 격려 차원의 봉사상 같은 거라고 설명했다"고 덧붙였다. 아울러 "A교수는 지방에 있는 대학이어서 외부 사람을 쓰기 여의치 않아 정 교수가 영어에 능숙한 자신의 딸을 쓴 것으로 보인다고 덧붙였다"고 보도했다.

YTN은 또한 "이런 가운데 지난 2012년 당시 동양대 행정직으로 근무했던 B씨는 YTN과의 통화에서 총장 직인을 사용하더라도 일련번호가 연결되지 않거나 직인 관리 대장에 기재하지 않는 경우도 빈번했다고 주장했다"고 보도했다. 그러나 YTN의 이 보도는 파급력이 없었다. 다른 매체에서 인용하거나 별도 기사로 다뤄지지 않았다.

조 씨 연구보조금 지급

2019년 9월 4일 한국일보는 〈[단독] 조국 부인 동양대 센터장 시절 딸에게 교재비 300여만 원 지급⋯봉사라더니 웬 금품?〉 기사를 보도했다. 조 후보자 측에서는 표창장 발급 사유를 '봉사활동'이라고 주장했지만, 한국일보는 "봉사가 아닌 금품이 제공된 행위"였는지, "어머니가 센터장으로 있는 기관에서 금품을 받은 것이 적절한지"에 대해 의혹을 제기한 것이다.

한국일보는 동양대 고위관계자의 입을 빌어 "2013년 정 교수가 센터장으로 있던 영어영재센터가 영주시의 지원을 받아 영어교재 제작비 명목으로 1000여만 원을 지출했는데 그중 300여만 원이 교재 제작에 도움을 줬다는 명목으로 딸에게 지급됐다"며 "당시 교재의 수준이 좋다는 인상은 받지 못했다"고 전했다. 그러면서 "조 후보의 딸은 2014년 부산대 의학전문대학원에 지원할 당시 제출한 자기소개서와 표창 내역에 '모 대학(동양대) 총장이 준 봉사상'을 포함했는데, 표창장을 받은 대학에서 교재 제작에 도움을 줬다는 이유로 금전적인 대가를 받은 것은 부적절하다는 지적"이라고 보도했다. 이에 대해 조 후보자 인사청문회 준비단은 "후보자의 딸은 2013년 5월부터 12월까지 연구보조원으로 영어영재교육 프로그램 및 교재 개발에 참여해 일한 대가로 총 160만 원을 받았다"고 해명했다.

9월 6일에는 조선일보가 〈[단독] 조국 아내 이번엔 딸 급여 더 주려고 공문서 위조 의혹〉에서 자유한국당 이은재 의원실의 주장을 인용해 "정경심(57) 동양대 교수가 딸에게 급여를 더 주기 위한 목적으로 공문을 조작했다는 의혹이 5일 제기됐다"고 보도했다. 조선일보는 이 기사에서 "이 공문은 위조 논란에 휩싸인 '총장 표창장'과는 별개의 교육청 보고 문건이다. 동양대 진상조사위원회는 정 교수가 딸 조모(28)씨의 편의를 봐줄 목적으로 상습적으로 문건 조작에 나섰는지 아닌지를 확인하고 있다"고 전했다.

조선일보는 "이은재 의원실에 따르면 정 교수는 동양대 영어영재센터장으로 재직하던 2013년 5월부터 12월까지 산학협력으로 진행됐던 영어영재교육 프로그램·교재 개발에 연구보조원 자격으로 딸의 이름을 올렸다. 연구보조원의 급여는 80만 원이었는데 정 교수는 경북교육청에 올린 공문에서 딸에게 지급되는 금액을 두 배(160만 원)로 조정했다"며 "이 연구비는 경북교육청을 통해 지급된 정부 예산"이라고 보도했다. 검찰은 이와 관련해 정경심 교수에 대한 추가 기소에서 사기 및 보조금 관리에 관한 법률 위반(허위보조금 수령) 혐의를 추가했다.

최 총장 "조국 부부가 압력 전화"

헤럴드경제는 조국 법무부 장관 후보자 인사청문회가 열린 2019년 9월 6일 〈[단독] 최성해 총장 "조국이 거짓 증언 종용…괜찮냐 물었더니 '문제없다' 했다"〉 기사에서 "최성해 동양대 총장이 조국 법무부 장관 후보가 전화로 '총장 표창장' 위조 의혹과 관련해 거짓 증언을 종용했다고 폭로했다"고 보도했다.

최 총장은 6일 오전 헤럴드경제와의 인터뷰에서 "정경심 교수와 통화를 하다가 조국 교수가 전화를 건네 받았다. 조 교수가 '(표창장 임명권한을 정 교수가) 받아서 위임하는 걸로 하면 '나도 별 문제가 없고, 정 교수도 문제가 없으니까' 그렇게 해달라 했다"고 밝혔다. 이어 최 총장이 조 후보자에게 "'그게 가능합니까' 물었더니 조 교수가 '고문변호사에게 물어보고 하는 말인데 아무 문제가 없다'고 했다"고 말했다.

이 기사가 보도되자 국회 인사청문회는 아수라장이 되었다. 이날 인사청문회에서 자유한국당 김진태 의원은 "부부가 돌아가며 동양대 총장과 통화했는데 조 후보자는 '그렇게 해주면 안 되겠냐, 그래야 총장님도 살고 정 교수(조 후보자 부인)도 산다'고 말하지 않았느냐"고 추궁했다. 그러면서 조국 후보자가 최성해 총장과 통화한 것은 "묵시적인 협박"이라며 강요죄로 고발하겠다고 말했다. 자유한국당 장제원 의원은 "동양대 총장이 녹음파일을 갖고 있다고 한다"며 "앞에서는 '의혹 때문에 당사자(5촌 조카)와 통화 못 한다'고 하고선 뒷구멍으로는 의심 사는 사람과 통화하고 있다. 위증교사 증거인멸 혐의 있는 사람이 법무부 장관 후보자가 됐다"고 비판했다.

조 후보자는 "제 처(정경심 교수)가 최성해 총장에게 '위임하지 않았느냐'는 취지로 전화를 하면서 건강이 걱정될 정도로 격앙해 남편으로서 전화를 바꿔 받아 '사실관계를 살펴봐달라'는 취지로 이야기했다"고 해명했다. 이에 대해 최성해 총장은 9월 6일 한국경제신문과의 전화 인터뷰에서 "4일 있었던 조국 법무부 장관 후보자와의 통화 녹취 파일이 있지만, 아직은 풀지 않을 것"이라고 말했다. 최 총장은 또 "상황을 지켜보면서 조 후보자가 어떻게 나오는지를 보면서 공개 여부를 결정할 것"이라고 말했다.

SBS "정경심 연구실 PC에 '총장 직인 파일'"

SBS는 검찰이 2019년 9월 6일 정경심 교수를 전격 기소한 하루 뒤인 9월 7일 〈[단독] "조국 아내 연구실 PC에 '총장 직인 파일' 발견"〉에서 "정경심 교수가 사무실에서 가지고 나왔다가 나중에 검찰에 제출한 컴퓨터가 있었는데 이 안에서 총장 도장, 직인을 컴퓨터 사진 파일로 만들어서 갖고 있던 게 발견된 것으로 확인됐다"고 보도했다. 그런데 총장 직인 파일이 발견된 컴퓨터는 동양대 강사 휴게실에 있던 컴퓨터였고 이후 재판 과정에서 검찰이 적법하지 않게 임의제출받은 사실이 드러나 논란이 되었다. 또한 이 컴퓨터는 검찰이 해당 증인에게 관련 진술을 강요했다는 폭로가 나오는 등 재판 과정에서 증거능력에 대한 논란을 낳기도 했다.

그러나 이날 SBS는 "정 교수가 (9월 3일) 압수수색 전에 연구실에서 가져갔던 업무용 PC를 검찰에 임의제출했다"고 보도했다. 또한 "검찰이 이 PC를 분석하다가 동양대 총장의 직인이 파일 형태로 PC에 저장돼 있는 것을 발견한 것으로 SBS 취재 결과 확인"되었으며 "검찰은 총장의 직인 파일이 정 교수의 연구용 PC에 담겨 있는 이유가 석연치 않다고 보고 있다"고 보도했다. 그러면서 "딸 조 씨에게 발행된 총장 표창장에 찍힌 직인과 이 직인 파일이 같은 건지 수사하고 있다"고 덧붙였다.

SBS 보도는 '부실' 의혹에 휩싸였던 검찰 기소에 정당성을 부여해준 셈이나 마찬가지였다. 검찰 기소에 물적 증거가 있었다는 정황을 뒷받침하고 있기 때문이다. 결국 "소환조사도 없이 무리하게 기소했다"와 "설마 아무 증거도 없이 기소를 했겠느냐"는 상반된 여론 사이에서 "검찰이 물증을 가지고 기소했다"는 쪽으로 확신을 심어주었다.

이후 9월 17일 조선일보의 〈[단독] "조국 가족의 '동양대 표창장' 위조 수법, 영화 기생충과 닮았다"〉 보도는 '총장 직인 파일에 의한 표창장 위조'를 기정사실화했다. 문제의 '총장 직인 파일'은 영화 〈기생충〉 속의 졸업장 위조 장면을 연상시켰고, 검찰의 표창장 위조 주장을 시각적으로 증명하는 기재로 작동했다.

검찰이 밝힌 SBS '총장 직인 발견' 오보

그러나 2020년 4월 8일 정경심 교수 9차 공판에서 SBS의 이날 보도가 사실이 아님이 밝혀졌다. 검찰은 총장 직인과 관련해 정 교수와 여러 차례 통화한 것으로 알려진 동양대 교원인사팀장 박 씨를 신문하면서 "사실은 (연구실 PC에서 총장 직인이 발견됐다는 SBS의) 보도 내용과는 다르게 이 PC에서는 총장 직인이 발견된 건 아니었는데, 보도 내용의 진위는 알 수 없었죠?"라고 물었다.

검찰이 이렇게 신문한 의도는 무엇일까. SBS 보도가 사실이 아닌

데도 정 교수는 이 보도를 보고 '위조 범행 수법이 들켰다'는 불안감을 느꼈고, 그래서 박 씨에게 전화해 "상장에 총장 직인을 찍을 때 인터넷 이미지를 사용해 엎어서 찍고 그럴 가능성이 있느냐", "표창장이나 상장의 인주가 번지느냐" 등을 물어본 것이라고 검찰은 추측한 것이다. 그러나 정 교수와 박 씨가 통화한 시점은 검찰 기소 전이었다. 즉 정 교수는 검찰 기소 이전에 "검찰이 총장 직인 이미지를 찍어서 위조한 것으로 보고 있다"는 이야기를 전해 듣고 "정말 그럴 수가 있을까?"라는 의문이 들어 박 씨에게 관련 내용을 물어본 것이다. 또한 정 교수가 "직인의 인터넷 이미지"를 박 씨에게 문의한 것은 SBS 보도가 나오기 전이었다. 이런 맥락을 모른 채 정 교수와 박 씨의 통화 내용만 놓고 보면, 정 교수가 자신의 '범행 수법'이 학교에서도 통용되는 방법인지를 확인한 셈이 된다.

　이처럼 정 교수와 박 씨의 통화, 그리고 SBS 보도 사이에 존재하는 시간적 순서를 고려하지 않으면 검찰의 추론은 그럴 듯해 보인다. SBS 보도 때문에 정 교수와 박 씨가 통화를 했고, 정 교수는 통화에서 본의 아니게 범행 수법을 이실직고했으며, 결과적으로 SBS 보도는 정 교수가 범행 수법을 우회적으로 자백하는 '밑밥' 역할을 했기 때문이다. 정 교수가 박 씨에게 파일 관련 문의를 한 이유는 최성해 총장이 "궁금한 것이 있으면 박 처장에게 물어보라"고 했기 때문이었다.

　한편 SBS는 2020년 5월 7일 〈'동양대 총장 직인 파일' 논란 계속… 당시 상황은?〉이라는 제목으로 추가 보도를 내보냈다. SBS의 이 보도를 요약하면 당시 SBS 보도는 사실이 명확하지 않은 상황에서 보도된 것은 맞지만, 검찰이 기소 전에 김경록 PB로부터 제출받은 정 교수 연구실 PC 하드디스크와 9월 10일 동양대 휴게실에서 확보한 컴퓨터(정 교수가 사용했을 것으로 추정)에서 '아들 상장 파일'과 '총장 직인 파일'을 확보한 것은 사실이므로 결과적으로 9월 7일 SBS 보도는 사실이라는 것이다.

SBS는 이 보도에서 당시 9월 7일의 '오보' 정황을 상세하게 전하고 있다. SBS는 "결정적인 근거는 기소 하루 전인 9월 5일 검찰이 확보한 정 교수의 동양대 연구실 컴퓨터 하드디스크에서 발견됐다"고 단정 지어 말하고 있다. 9월 5일 확보된 '아들 상장 파일에 포함된 총장 직인'과 '큰딸이 부산대 의전원에 제출한 표창장 사본 총장 직인'을 검찰이 분석한 결과 두 직인이 동일하다는 결론을 냈다는 것이다. SBS는 이에 대해 "아들의 상장과 딸의 표창장에 찍힌 총장 직인이 약간의 크기 차이만 있었을 뿐 인주가 묻어난 정도나 찍힌 모양 등이 모두 일치한다고 분석됐기 때문"이라며 "검찰은 정 교수가 아들 상장의 총장 직인 파일 등을 이용해 딸의 표창장을 위조한 것으로 보고 기소했지만, 당시에는 어떤 증거가 있었는지 언론에 밝히지 않았다"고 보도했다.

하지만 '검찰이 압수한 정경심 교수 연구실 PC에서 총장 직인 파일이 발견되었다'는 SBS의 2019년 9월 7일 보도는 사실이 아니었다. 검찰이 정 교수 연구실 PC에서 발견한 것은 정 교수 아들이 받은 최성해 총장 명의의 상장 파일이었고 SBS는 '아들 상장 파일'을 '총장 직인 파일'이라고 잘못 보도한 것이다. 정작 '총장 직인 파일'이 발견된 곳은 2019년 9월 10일 검찰이 동양대 강사 휴게실에서 임의제출받은 컴퓨터였다.

SBS는 2020년 5월 7일 관련 기사에서도 2019년 9월 7일 오보에 대한 해명은커녕 시차를 넘나들며 자기변명에 급급했을 뿐이다. SBS의 2020년 5월 7일 보도는 2019년 9월 7일 보도와 마찬가지로 검찰 기소가 확실한 물증을 토대로 이뤄졌다는 점을 다시 한번 강조한 것 이상도 이하도 아니었다.

　　방송통신심의위원회(방심위) 방송심의소위원회(방송소위)는 2019년 9월 7일 SBS 〈[단독] "조국 아내 연구실 PC에 '총장 직인 파일' 발견"〉 보도에 대해 2020년 6월 3일 법정제재인 '주의' 결정을 내렸고, 6월 22일 전체회의에서 이를 확정했다.[2] 정경심 교수의 사문서위조 혐의와 관련해 불명확한 내용을 전달함으로써 심의규정 객관성 조항을 위반했다는 것이다.

　　방송소위 심의위원들은 6월 3일 의견진술자로 출석한 김정인 SBS 보도본부 법조팀장 등 SBS 관계자들을 대상으로 "검찰이 정경심 교수 PC에서 동양대 총장 직인이 파일 형태로 저장되어 있는 것을 발견한 것으로 확인됐"고 단정해 보도한 근거가 무엇인지 집중적으로 물었다.

이소영 위원 이 보도가 나갈 당시에 실제로 정경심 씨가 딸의 표창장을 위조하는 방법으로 여러 가지 방법이 있을 수 있는데, 그중에 기존에 있는 표창장의 총장 직인을 디지털 캡처한 파일을 붙이는 방식으로 했다는 것까지는 당시에 팩트 체크가 안 된 건가요?

김정인 SBS 법조팀장 그렇죠. 기사에도 그런 식으로 되어 있지는 않습니다.

이소영 위원 그 당시에 1차 제출된, 즉 임의제출된 컴퓨터에서 아들의 상장

---

[2] '의견제시' 또는 '권고'와 같은 '행정지도'는 방송심의 관련 규정 위반 정도가 경미한 경우에 내려지며 방송통신심의위원회 위원 중 5인으로 구성된 방송심의소위원회에서 최종 의결할 수 있다. 반면 '법정제재'나 '과징금'은 방송심의 관련 규정 위반 정도가 중한 경우에 내려지며 방송심의소위원회의 건의에 따라 9인의 위원 전원으로 구성되는 전체회의에서 최종 결정된다. 지상파방송사 및 보도·종편·홈쇼핑채널사용사업자가 '과징금'이나 '법정제재'를 받으면 방송통신위원회가 매년 수행하는 방송평가에서 감점을 받게 된다.

파일이 발견되었다, 확인하셨습니까, SBS?

김정인 SBS 법조팀장 그러니까 그러한 식의 증거가 있다는 것으로만 했습니다.

이소영 위원 아들의 상장 파일, 저는 지금 특정해서 여쭤보는 거예요. 지금 계속 물증이라고만 포괄적으로 얘기하시니까.

김정인 SBS 법조팀장 아들 상장이라고는 그때는 파악을 못 했습니다. 기사에도 그건 안 썼고요.

이소영 위원 그러면 아들의 상장 파일이 있다는 건 확인을 못 했어요. 그러면 이 위조의 방법으로 직인을 스크린 캡처 또는 디지털 캡처한 것을 사용했다라고 하는 것도 확인했습니까?

김정인 SBS 법조팀장 그거는 기사에 쓴 내용도 아닙니다.

이소영 위원 디지털 캡처를 한 것을 가지고 사용했는지도 확인이 되지도 않았다는 거죠, 그 당시에는.

김정인 SBS 법조팀장 그렇죠. 그런 방식 중의 하나로 했을 거라고 추정했다는 거죠.

이소영 위원 확인된 사실은 아니라는 거죠. 그러면 그 두 가지, 즉 컴퓨터에서 아들의 상장 파일이 발견되었는지 확인하지 못 했고, 그리고 그것을 가지고 디지털 캡처를 해서 사용했는지도 확인이 안 됐는데, 그럼 그거를 제외한 이것을 기소하는 데 충분한 물증이라고 당시에 취재원으로부터 확인받은 것은 무엇입니까?

김정인 SBS 법조팀장 그 위조된 표창장 직인 파일의 원본에 해당되는 게 있다는 거니까 그게 저희는 위조의 핵심이니까 총장 직인 파일이라고 저희가 생각을 한 겁니다. 그러니까 결론을 내린 거죠.

이소영 위원 그러면 취재원으로부터 전달받은 내용이 위조된 표창장의 직인 파일의 원본에 해당되는 자료가 1차 제출, 임의제출된 컴퓨터에서 발견되었다. 그 내용까지인가요?

김정인 SBS 법조팀장 그렇습니다.

이소영 위원 그러면 그 원본이 어떤 것인지에 대한 건 확인이 안 되었고?

김정인 SBS 법조팀장 총장 직인 파일이 있는 거죠.

이소영 위원 있는 것으로 이해했다는 말씀이신 건가요?

김정인 SBS 법조팀장 그게 위조의 핵심 증거라고 본 겁니다.

이소영 위원 저는 팩트를 여쭤본 거예요. 정확하게 전달받은 것에 대한.

김정인 SBS 법조팀장 예, 맞습니다.

이 회의에서 방송소위 심의위원 3명(정부·여당 추천 허미숙 소위원장, 김재영·이소영 위원)은 법정제재에 해당하는 '주의'를, 2명(미래통합당 추천 전광삼 상임위원, 바른미래당 추천 박상수 위원)은 행정지도에 해당하는 '의견제시'를 주장했다. 이소영 위원은 "(해당 보도는) 총장 직인 파일이 발견되었고, 정경심 교수가 검찰에 임의제출한 컴퓨터에 총장 직인을 파일로 만들어서 가지고 있다는 등 구체적인 범행 방법을 특정해서 설명하고 있다"며 "문언상으로 오보가 명확하다"고 지적했다.

김재영 위원은 "기자는 전문직업인으로서 중요한 사실을 취재하고 보도하는 일을 한다. 확인되지 않은 사실을 퍼 나르는 사람이 아니다. 의견진술 결과, 취재 과정에서 사실 확인이 제대로 되지 않았다"며 "일방의 정보 또는 파편적인 사실을 확인 없이 보도하는 우리 언론의 고질적 관행에서 자유롭지 않은 문제"라고 지적했다.

허미숙 소위원장은 "사실 전달에 있어서 합리적 의심을 바탕으로 사실관계를 추정해서 보도한다는 것이 뉴스 보도에 있어서 과연 가능한 일인가. 보도를 하기에 앞서 더 신중한 판단이 필요하지는 않았나. 결과적으로는 그 합리적 의심과 합리적 추정이 틀린 것 아닌가. 정경심 교수 개인 PC에서 동양대 총장 직인 파일이 나온 게 아니기 때문에 그렇다"며 "객관적이고 공정한 보도만이 뉴스 보도의 생명이고 철저한 사실 확인 보도만이 언론의 존재 가치라는 점을 볼 때 이 보도의 심의는 행정지도를 넘어서는 것으로 판단한다"고 밝혔다.

결국 방심위는 전체회의에서 SBS 〈[단독]"조국 아내 연구실 PC에 '총장 직인 파일' 발견"〉 보도에 대해 다수 의견(6명)으로 법정제재(주의)를 결정했다. 정부·여당 추천 심의위원 6명은 법정제재인 '주의'를, 야당 추천 심의위원 3인은 행정지도인 '의견제시'와 '문제없음'을 주장했다.

"정경심 교수, 연구실 PC 무단 반출"

조국 법무부 장관 후보자 인사청문회가 열리기 하루 전인 2019년 9월 5일 서울경제는 〈조국 딸 고려대 입학 취소 가능성…부인 정 씨, 압색 전 PC 빼돌린 정황도〉라는 제목의 기사에서 정경심 교수가 압수수색 전 동양대 연구실 PC를 빼돌린 정황이 있다고 보도했다. 서울경제는 이 기사에서 "검찰은 관련자 소환조사에 이어 청문회 전날까지 추가 압수수색을 벌이며 수사에 박차를 가하고 있다"며 "이날 서울중앙지검 특수2부(고형곤 부장검사)는 서울 영등포구 한국투자증권 프라이빗뱅킹(PB)센터에 검사와 수사관을 보내 압수수색을 진행했다"고 보도했다. 또한 "(정경심 교수가) 동양대 압수수색 직전 이 PB센터 소속 직원과 함께 컴퓨터와 자료를 미리 빼돌려 증거를 인멸했다는 의혹을 받고 있다"고 덧붙였다.

정 씨는 "지난 8월 말 개인적으로 PC를 사용하기 위해 사무실에서 가져왔으나, 자료를 삭제하거나 훼손한 행위는 없었다"며 이를 전면부인했다. 이어 "당시 수사기관의 압수수색을 예상할 수 없었다"며 "동양대 압수수색이 있던 3일 해당 PC를 검찰에 임의제출했다"고 밝혔다.

이날 다른 언론도 정경심 교수의 해명을 덧붙이기는 했으나 모두 "압수수색 전 동양대 컴퓨터를 빼돌렸다"고 일제히 보도했다. 언론은 후속 보도를 통해 "검찰이 반출된 PC의 행방을 쫓기 위해 동양대 폐쇄회로(CC)TV를 확인했는데, 압수수색 직전 한국투자증권 영등포PB센터에 근무하는 직원 A씨가 정 교수와 함께 연구실에 들른 장면을 확보했다"는 내용을 추가로 보도하기도 했다.

후속 보도 가운데 검찰이 관련 내용을 흘린 것으로 의심되는 보도는 9월 9일 〈[단독] PC 빼간 그날 아침…정경심, 사무실서 서류뭉치 가득 안고 나왔다〉라는 제목의 조선일보 기사였다. 이 기사는 "본지 취재"라고 밝히고 있지만 CCTV 화면을 게재하고 영상 파일에 대해서도 상세히 언급하고 있다. 검찰에서 자료를 유출한 것이 아니라면 사실상 불가능한 보도였다. 동양대 측에서 영상을 보여줬을 가능성도 배제할 수는 없지만 경찰 입회 없이 임의로 CCTV 기록을 공개했다면 실정법 위반이다.

조선일보는 이 기사에서 CCTV 영상 내용을 상세하게 묘사했다. CCTV 화면의 캡처본과 그래픽이 등장하고, 각 화면에서 확인되는 정 교수의 모습을 시간별로 자세하게 묘사했다. 마치 정 교수가 은밀하게 무엇인가를 하는 듯한 모습이다. 조선일보는 "개강 준비를 하면서 지난 학기 수업 자료를 정리하려다가(정리하려고 들고 나왔다가) 학생 개인 정보가 있는 것을 발견하고 다시 연구실에 갖다놓은 것"이며 "해당 문서는 현재 수사 중인 사안과 전혀 관련이 없다"는 정경심 교수의 해명을 보도하면서도 "서류 반출은 조 후보자 부부가 증거인멸에 대해 해명하면서도 지금까지 한 번도 언급하지 않은 부분"이라고 문제 삼았다.

표창장 의혹에 덧씌워진 '기생충' 프레임

조선일보는 2019년 9월 17일 〈[단독] "조국 가족의 '동양대 표창장' 위조 수법, 영화 기생충과 닮았다"〉 기사에서 동양대 관계자의 말을 인용해 "정 씨가 딸과 아들에게 준 표창장 등은 똑같은 모양의 직인이 찍힐 가능성이 극히 낮다"며 "영화 '기생충'에 나오는 장면처럼 대학 로고와 직인, 글씨체 등을 일일이 짜깁기해 만든 것으로 보였다"고 보도했다. 이 기사는 "조국 법무장관의 아내 정경심(57)씨가 동양대 재직 중 아들 조모(23)씨에게도 총장 직인이 찍힌 증명서를 여러 장 위조해 발급한 것으로 17일 확인됐다"며 조국 장관 딸뿐만 아니라 아들과 관련된 상장 및 증명서도 모두 위조된 것이라고 주장했다.

조선일보는 또한 "검찰은 동양대 측과 함께 조 장관의 아내가 위조한 딸과 아들의 동양대 표창장과 수료증 등을 대조하는 작업을 벌인 것으로 알려졌다"고 보도했다. 특히 "표창장과 수료증에 찍힌 총장 직인이 찍힌 위치나 기울어진 각도가 정확하게 일치했다고 한다", "딸의 표창장과 아들의 수료증에 포함돼 있는 동양대 로고도 크기나 형태가 거의 똑같았다고 한다"와 같은 표현을 사용했는데, 이는 영화 〈기생충〉 속 졸업장 위조 장면과 정 교수의 표창장 위조 수법을 오버랩시키고 싶은 검찰의 '의도'가 느껴지는 대목이었다.

이 기사는 또한 "조 장관의 딸이 2012년 9월 받았다는 총장 표창장의 위조 시점도 의문"이라면서 "검찰은 표창장에 적힌 날짜가 2012년 9월 7일로 돼 있어 지난 6일 조 장관의 인사청문회가 있던 날 밤 늦게 정씨를 기소했지만, 실제 표창장은 더 늦게 위조된 단서가 발견된 것으로 알려졌다"고 보도했다. 이와 함께 "검찰은 조 장관과 정 씨 가족이 쓰던 PC의 하드디스크를 분석하는 과정에서, 표창장 위조에 쓰인 것으로 추정되는 파일이 만들어진 시점이 딸 조 씨가 서울대 의학전문대학원 원서를 접수한 시기와 맞물린다는 것을 파악했다고 한다"고 보도했다. 검찰이 위조 시기를 2012년에서 2013년으로 변경해 특정한 2019년 11월 11일의 2차 공소장 내용과 일치하는 내용이다. 검찰의 수사 진행 상황과 정확히 일치하는 것이다.

이후 수많은 언론이 관련 보도를 할 때마다 영화 〈기생충〉이 자주 언급되었다. 직인을 따서 붙이는 방법으로 표창장을 위조했다는 검찰의 주장을 사실상 기정사실화한 것이다.

MBC 〈PD수첩〉 '장관과 표창장'

검찰의 주장을 일방적으로 보도하는 '받아쓰기' 언론 행태에 대한 비판이 높아지던 중에 이런 흐름을 뒤바꾸는 보도가 나왔다. 2019년 10월 1일 방송된 MBC 〈PD수첩〉 '장관과 표창장' 편이었다. 〈PD수첩〉은 이날 방송에서 표창장 의혹 수사의 유일한 '근거'였던 최성해 총장의 주장을 검증했다. 최 총장은 줄곧 "자신 명의로 표창장을 발급해준 적이 없다"고 주장해왔다. 최 총장은 9월 5일 참고인 조사에서도 "조 씨에게 수여된 표창장 일련번호가 '정상적인' 표창장 형식과 다르다"며 "총장 명의의 표창장은 모두 ○○○○-○○○으로 나가는데 조 장관 딸의 표창장은 일련번호와 양식에 차이가 있다"고 주장했다.

〈PD수첩〉은 최 총장의 이런 주장을 반박하는 상반된 증언을 보도했다. 당시 조교로 근무했던 A씨에 따르면 "표창장의 일련번호는 원래 제각각"이며 "일련번호는 (정확히) 기재하지 않아도 당시에는 문제될 게 없었기 때문에 (부서) 자체 번호로 만들어서 나갔다"는 것이다. 〈PD수첩〉은 실제로 일련번호와 형식이 제각각인 상장들을 입수해 근거로 제시했다. 조교 A씨와 전직 직원은 "수료증이나 상장은 학과에서 조교나 직원이 임의로 내용을 넣어서 만들기 때문에 내용과 양식이 다를 수 있다"고 말했다.

〈PD수첩〉은 공소시효에 대해서도 이견을 제시했다. 검찰은 표창장 수여일을 위조일로 특정해 기소했지만 반드시 그렇게 봐야 할 근거가 없다는 것이다. 〈PD수첩〉과 인터뷰한 서기호 변호사는 "사문서위조 공소시효가 완성되어 처벌을 못 한다고 해도 위조사문서행사죄, 그리고 업무방해죄가 성립되면 그것으로 처벌할 수 있다"며 "굳이 그 당시에 무리하게 기소할 필요가 없었다"고 지적했다. 서 변호사는 또 "(검찰이) 전격적으로 (정경심 교수를) 기소한 것은 청문회에 개입해서 대통령에게 조국 장관을 임명하면 안 된다는 메시지를 보낸 것"이라며 "(검찰이) 사실상 정치에 개입한 것이고 대통령 임명권을 침해한 것"이라고 주장했다.

〈PD수첩〉은 조국 전 장관 자택에 대한 압수수색에도 문제를 제기했다. 이 압수수색은 9월 6일 정경심 교수에 대한 기소 이후에 진행된 것이다. 이에 대해 서기호 변호사는 "기소가 되면 (사건이) 법원으로 넘어가기 때문에 검찰 수사는 이미 끝난 것"이라며 "원칙적으로 기소 뒤에 압수수색을 하는 것은 위법"이라고 말했다. 또 "설령 증거를 찾아 제출해도 법원에서 증거능력이 없다"며 "증거로 사용할 수 없다고 판단한다"고 덧붙였다.

〈PD수첩〉은 표창장 위조 문제와 관련해 원본을 입수하지 못한 상태에서 사본으로 위조 여부를 판단하는 것은 불가능하다는 문서감정사들의 증언을 소개했다. 〈PD수첩〉과 인터뷰한 문서감정사들은 "국립과학수사연구원이나 대검찰청 문서감정실에 의뢰해도 사진이나 복사본만으로는 '감정 불가' 판정만 나온다"며 "위조된 문서인지 판단하기 어렵다"고 말했다.

〈PD수첩〉이 가장 강력하게 문제를 제기한 것은 최성해 총장과 야권 정치인들의 사전교감 의혹이었다. 최 총장이 검찰 조사를 받기 직전에 자유한국당 관계자들에게 표창장 위조 의혹에 대한 자문을 받았다는 것이다. 이에 대해 전 동양대 관계자는 "최 총장과 최모 의원은 부인할 수 없는 막역한 사이"라고 증언했다. 최성해 총장과 최 의원은 공천 전 동양대에서 '최 씨 종친회'를 진행하는 등 친분을 다져왔다는 것이다. 최 의원의 지역구는 동양대가 있는 경북 영주시다.

〈PD수첩〉은 최성해 총장 측근의 녹취록을 공개하기도 했다. 최 총장의 측근이자 동양대 생활관 관장인 정 씨는 "(조국 장관) 편 잘못 들었다가는 자한당이 정권 잡으면 학교 문 닫아야 한다. 자한당이 (학교를) 그냥 놔두겠냐"라며 "27일 바로 서울 올라가서 전 자유한국당 고위 관계자, 전 교육감 등과 서울에서 만났다. 그러면 최 의원이 제일 가까이 있었으니 교감했을 것"이라고 말했다.

최성해 총장과 최 의원은 이 사실을 모두 부인했다. 최 총장은 〈PD수첩〉 제작진에게 "정치하는 친구들과는 거의 안 만난다. 그 친구도 나한테 연락 안 하고 나도 연락 안 했다"며 "아마 최 의원과는 (지금껏) 한 번 정도 만났다"고 밝혔다. 최 의원도 검찰 출석 전에 최 총장을 만난 적이 없다고 말했다. 그러나 동양대 압수수색이 있기 전인 8월 27일 서울에서 최 총장과 야권 인사, 교육계 인사의 회동이 있었다는 주장이 여러 차례 제기되었고, 이는 사실로 확인되었다. 단지 〈PD수첩〉이 제기한 최 의원과의 회동이 확인되지 않았을 뿐이다.

채널A의 "풀리지 않는 의문"

채널A는 2019년 9월 21일 〈[단독] 추석 전 입원 후 퇴원…정경심, 병실 홀로 쓰며 '쉬쉬'〉 기사를 보도했다. 정경심 교수가 추석 연휴를 이용해 입원한 것을 마치 비밀작전이라도 벌인 양 보도한 것이다. 채널A는 이 기사에서 "정 교수가 7층 병실에 머물렀고, 7층 병실에 있었던 환자는 정 교수뿐이었다. 이 병원 입원 환자들은 5층이나 6층 병실을 우선 사용한다"며 "정 교수는 추석 연휴 전날인 지난 11일 퇴원하기까지 보안 유지를 당부한 걸로 전해졌다. 병원 관계자에게 '입원 사실 등이 노출되지 않도록 해달라'고 요청했다"고 보도했다. 그러면서 "또 다른 병원 관계자는 채널A 취재진에게 정 교수의 내원 이력이 남아 있지 않다고 했다"면서 "메모난에 (정경심 교수) 내원 내역이 없다"는 병원 관계자의 인터뷰를 덧붙였다.

피로가 쌓이고 건강에 문제가 생겨 입원했다면 그 자체로 문제될 일은 아니다. 5, 6층이 아니라 7층 병실을 사용한 것도 마찬가지다. 7층에 있던 환자들을 다른 입원실로 옮기면서까지 정 교수를 홀로 입원시킨 게 아니기 때문이다. 보안 유지를 당부한 것도 문제라고 보기 어렵다. 조국 장관 지명 이후로 수십 명의 기자들이 자택 앞에서 진을 치고 있는 상황이었다. 정 교수의 입원 사실이 알려지면 어떤 일이 벌어질지 뻔히 예측되는 상황에서 보안 유지를 당부한 것은 어쩌면 당연한 일이었다. "정 교수의 내원 이력이 없다"는 병원 관계자의 발언도 단순 착오로 밝혀졌다.

채널A가 이어서 보도한 〈[단독] "정경심 처음 봤다"던 병원장은 서울대 동기였다〉는 더욱 의아한 내용이었다. 채널A는 "이번에 정경심 교수를 처음 봤다는 병원장은 서울대 영문학과 81학번인 정 교수와 같은 해에 서울대 의대에 입학했다"고 보도했다. 채널A는 "정 교수는 과거에도 몰랐고 이번에 처음 봤다. 다른 환자와 똑같은 입퇴원과 진료절차를 거쳤다"는 병원장의 해명을 전하면서도 "입원 사실이 드러나는 걸 꺼린 정 교수가 이 병원을 택한 이유가 있었던 것 아니냐는 의문이 남는다"고 보도했다. 정 교수의 입원 경위에 "풀리지 않는 의문"이 있다며 그 이유로 해당 병원장과 정 교수가 '81학번 서울대 동기'라는 점을 제시한 이 기사는 많은 사람들 사이에서 비웃음을 샀다. 단순히 같은 해에 같은 대학에 입학했다는 사실만으로 '특별한' 관계를 의심하는 것은 상식적인 판단이라고 보기 어렵기 때문이다.

도를 넘은 스토커식 보도

조국 전 장관의 서울 방배동 자택 앞은 오랜 시간 버티기 취재와 스토킹 보도가 각축을 벌인 현장이었다. 2019년 8월 27일 TV조선 〈보도본부 핫라인〉에서는 "조국 QM3 차량, 자택 아파트 주차장에 주차 중"이란 자막이 속보로 올라오는가 하면 조국 장관이 아들과 함께 쓰레기를 버리는 모습이 사진으로 찍혀 보도되는 등 온 가족의 일거수일투족이 취재 대상이었다. 조국 장관 자택에 대한 압수수색이 이뤄진 이틀 뒤인 9월 25일 중앙일보는 조국 장관이 늦은 퇴근길에 딸의 생일 케이크를 사 들고 집으로 들어가는 뒷모습을 촬영해 내보냈다. 이 사진은 조국 장관의 고초를 상징하는 장면으로 화제를 모으며 소셜미디어 등을 통해 널리 회자되기도 했다.

조국 전 장관과 같은 아파트 단지에 거주하는 한 주민은 11월 22일 TBS 〈김어준의 뉴스공장〉과의 인터뷰에서 "아무 상관없는 주민들 차량을 들여다보고 차량 사진을 찍고 주민들 사진을 찍는다"면서 기자들에게 불만을 표시했다. 그는 "계속해서 아파트 단지 안쪽으로 카메라를 들이대고 있다. 원치 않는데 계속해서 촬영당하고 있다"면서 "누가 지켜보는 건 굉장히 사람을 불안하게 하는 거 아니냐. 너무나 스트레스받고 싫다"고 지적했다. 또 "기자들에게 직접 항의한 분들도 많다"면서 "'우리 동네에 와서 이러지 마라'라고 몇 번 말했지만 그때 잠깐뿐이지 계속 카메라를 들이대고 아예 삼각대를 설치한 후 집 앞에서 대기했다"고 말했다.

조국 장관이 사퇴한 후에도 언론의 스토킹 보도는 계속되었다. 조선일보는 10월 21일 〈[단독] 조국, 학교 안 나가고 매일 등산〉을, 같은 날 TV조선은 〈등산 모자 눌러쓰고…조국, 오늘도 산행〉을 보도했다. 조 전 장관의 아침 등산을 따라붙고 모자와 선글라스 등 복장까지 언급하면서 도를 넘어선 과잉 취재라는 비판을 받았다.

서울대 환경대학원 장학금 관련 보도

한국일보가 부산대 의전원 장학금 문제를 첫 보도하고 나서 이틀 후인 2019년 8월 21일 조선일보는 〈[단독] 조국 딸, 서울대 환경대학원 2연속 장학금…부산대 의전원 합격 다음 날 바로 그만둬〉 기사에서 자유한국당 곽상도 의원을 인용해 서울대 환경대학원 장학금 문제를 제기했다. 보도에 따르면 조 후보자의 딸은 서울대 총동창회가 운영하는 장학재단인 '관악회'로부터 1, 2학기에 각각 전액 장학금 401만 원을 받았다. 이에 대해 조선일보는 조 후보자가 당시 서울대 법학전문대학원 교수였다는 점에서 특혜 의혹이 있다는 것과 함께 이 장학금이 경제적으로 어려운 학생들을 지원하는 것이 주된 목적이고 조 씨가 서울대 학적을 입시용 '징검다리'로 이용하면서 다른 학생들의 입학 및 장학금 기회를 빼앗았다는 데 초점을 맞췄다.

조선일보의 단독 보도가 나온 8월 21일 한국일보는 〈'낙제장학금' 받은 조국 딸, 서울대서도 두 차례 장학금 받아〉라는 제목의 기사에서 자사의 부산대 의전원 장학금 보도와 서울대 장학금 문제를 연결시켰다. 이 기사는 첫 문장으로 "조국 후보자 딸 조모(28)씨가 2014년 서울대 환경대학원 재학 시절에도 두 차례 장학금을 받은 것으로 알려졌다"고 한 뒤 바로 "이후 부산대 의학전문대학원에 입학한 조 씨는 두 차례 유급을 받았는데도 2016~2018년 6학기에 걸쳐 1200만 원의 장학금을 받아 논란이 됐다"며 다시 '두 차례 유급'을 강조했다.

중앙일보는 같은 날 〈조국 딸 지도교수도 "추천 안 했다"…서울대 대학원 장학금 의혹〉 기사를 통해 "조국 후보자의 딸 조모(28)씨가 2014년 서울대 환경대학원에 다닐 때 받은 장학금을 두고 '매우 드문 경우'라는 주장이 나왔다"며 "당시 조 씨의 지도교수를 맡았던 윤순진 서울대 환경대학원 교수는 '추천한 적이 없다'고 선을 그었다"고 보도했다. 중앙일보는 이어 윤 교수가 "(조 씨가) 장학금을 받았다는 사실조차 몰랐다"면서 "단과대 추천을 받았다면 당시 학과장인 내가 모를 리 없다"고 주장했다고 보도했다. 또한 "장학금을 지급한 관악회 관계자는 '현재 장학금을 받는 학생은 단과대학 장학과로부터 추천을 받아 결정하지만, 조 씨가 장학금을 받았던 2014년 당시 선정 기준에 대해서 알 수 없다'며 '지급 명단은 있지만 지급한 이유에 대한 서류는 남아 있지 않다'고 설명했다"고 보도했다.

논란의 핵심 '선발·지급 과정의 불명확성'

국민일보 역시 8월 21일 〈서울대의 '수상한 장학금'…"조국 딸, 전액장학생 선발 이유 몰라"〉 기사를 통해 "서울대 장학지원팀 관계자는 '관악회에서 알아서 조 씨를 선발한 후 나중에 학교 측에 통보했다'고 주장했다. 이 관계자는 '학교에서 추천했다면 관련 기록이 전산에 남는데 조 씨의 경우 장학금 지급 사실만 입력돼 있지 다른 정보는 없다'며 '규정상 장학금 이중 지급을 막기 위해 외부 장학재단이 장학생을 선발한 후

학교에 통보하게 돼 있는데, 이 경우도 학교는 통지만 받은 것'이라고 말했다"고 보도했다.

조 씨가 받은 장학금은 지도교수도 몰랐던 장학금이고, 장학금을 지급한 관악회 관계자와 서울대 장학지원팀 관계자조차 알 수 없는 장학금이라는 것이다. 관악회는 서울대에서 추천했다고 말하고, 서울대는 관악회 자체 선발이었다고 말하는 엇갈린 주장 속에서 곽상도 의원이 제기한 "당시 서울대 법학전문대학원 교수였던 아버지의 음덕이 작용해 공짜로 대학원을 다닌 것 아니냐"는 의혹이 더욱 확산되었다.

국민일보는 이틀 뒤인 8월 23일 〈조국 딸이 받은 뒤 규정 바꿔…장학금도 '맞춤형' 의혹〉이라는 기사를 보도했다. 제목만 보면 서울대 환경대학원이나 관악회가 '조국 딸'에게 '맞춤형'으로 장학금을 주기 위해 규정을 바꾼 것 같은 인상을 준다. 그러나 기사 내용은 "조국 법무부 장관 후보자 딸(28)이 2014년 서울대 환경대학원에 입학해 받은 관악회 장학금은 고 구평회 LG 창업 고문의 기부금으로 운영되는 특지장학금"이고 "구평회 장학금 지원 대상은 조 후보자 딸이 장학금을 받은 다음 해인 2015년 변경"되었으며 "구평회 장학금을 지원하는 송강재단 홈페이지에는 특지장학생 대상을 '진주고·서울고 졸업생 중 서울대에 입학 또는 재학 중인 학생'이라고 명시돼 있다"는 내용일 뿐 조 씨의 장학금과는 무관한 것이었다.

중앙일보도 같은 날 〈조국 딸 받은 뒤 기준 바뀌어…서울대 대학원 장학금 다시 논란〉을 보도했다. 이 기사에 따르면 서울대 환경대학원에 '구평회 장학금' 명목으로 장학금을 기탁한 송강재단의 관계자는 "재단이 2013년 7월 설립됐기 때문에 자체 선발 여력이 없었다"며 "2014년에 지급된 1, 2차 장학금은 서울대나 동창회 측이 선발한 학생에게 줬다"고 설명했다. 이어 "2015년부터는 서울고와 진주고에서 직접 추천을 받아 성적과 학생의 가정형편 등을 종합해 선발하고 있다"고 말했다.

정리하면, 조 씨가 장학금을 받은 2014년에는 송강재단이 장학금만 지급하고 그 선발은 관악회가 했는데 2015년부터 송강재단이 장학금 수령자를 지정하기 시작했다는 것이다. 2015년에 장학금 지원 대상이 변경된 것과 2014년에 조 씨가 장학금을 받은 것은 서로 무관한 일이라 딱히 '특혜'라고 볼 만한 뚜렷한 연관 관계가 없는데도 이어지는 기사에서는 "장학회와 지도교수 모두 추천한 적이 없다고 입을 모은 가운데 서울대에서도 비판의 목소리가 나온다"며 '문제 있는 장학금'이라는 인상을 강조하고 있다.

"선발 과정 알 수 없는 장학금 있다"

장학금 선발과 수령 과정은 이후로도 계속 논란이 되었다. 언론이 문제 삼고 의혹을 제기한 핵심은 '선발 과정과 기준을 학교도 모르고, 장학회도 모르고, 동창회도 모르고, 심지어 지도교수도 모른다'는 정황이었다. 이 논란에서 가장 많이 기사에 등장하고 인용된 사람이 서울대 환경대학원 윤순진 교수였다. '장학금 신청을 받은 적도 없고 추천한 적도 없다', '(조 씨가 단과대의) 추천을 받았다면 내가 몰랐을 리 없다'는 윤 교수의 발언은 복수의 언론을 통해 반복적으로 등장했다.

그러나 윤 교수는 9월 4일 TBS 〈김어준의 뉴스공장〉에 출연해 "장학금의 종류, 장학금의 추천과 수령 경위는 다양하다"며 "신청하지 않아도 받게 되는 장학금도 있다"고 말했다. 또 "(법무부 장관 후보자) 지명이 있은 후 언론과 인터뷰를 수십 번은 했을 것"이라며 "그런 점을 다 설명하고 수정도 요청했지만 반론권이 보장되지 않았다"고 호소했다. 장학금 선발과 수령에 대한 여러 가지 경로를 설명하면서 그중 학과 추천의 경우에 자신은 추천한 적이 없고, 학과에서 추천한 것이라면 자신이 몰랐을 리가 없다고 이야기한 것인데, 많은 언론이 "추천한 적도 없고, 내가 몰랐을 리 없다"는 부분만 부각시켜 보도했다는 것이다.

이와 관련해 윤 교수는 10월 7일 국회 산업통상자원중소벤처기업위원회 국정감사에 출석한 자리에서 자유한국당 정유섭 의원이 "본인도 신청하지도 않고, 지도교수도 모르고, 장학금 지급 주체인 관악회나 송강재단 등 그 누구도 추천하지 않은 장학금을 조 씨가 받았다. 이것이 서울대 시스템인가. 서울대 교수 자식이면 장학금을 주는 것인가"라고 질문하자 "그런 장학금도 있다. 저도 이번에 처음 알게 됐다. 학과 소속 다른 학생이 같은 기간에 장학금을 받아서 조사를 해봤는데, 그 친구도 장학금을 신청하지 않았는데 선정돼 받았다고 한다"고 답변했다.

언론은 검찰이 서울대 환경대학원과 서울대 총동창회를 압수수색하고 장학금 지급 관련 서류를 확보했다고 일제히 보도했지만 구체적인 내용에 대해서는 알려진 것이 없다. 그리고 검찰은 이 사안을 기소 내용에 포함하지 않았다. 그렇다면 '특혜'라고 할 수 있는 문제점이 없었다고 보는 게 타당할 것이다.

그러나 언론은 당시 학과장이었던 윤순진 교수의 "내가 추천하지 않았고, 몰랐다"는 발언을 맥락 없이 보도하고, 서울대 환경대학원과 총동창회(관악회), 송강장학재단 등 관계자들이 선발 과정에 대해 "모른다, 알 수 없다"고 밝힌 대목을 부각시키며 줄기차게 '특혜' 의혹을 제기했다.

'버닝썬 사건' 연루 의혹 보도

2019년 9월 6일 조국 법무부 장관 후보자 인사청문회에서 자유한국당 김도읍 의원은 한 장의 사진을 공개하며 조국 후보자와 윤 총경의 연결 관계를 파고들었다. 김 의원은 조국 후보자와 윤 총경이 함께 찍은 사진을 근거로 질문 공세를 퍼부었다. 윤 총경은 '버닝썬 사건' 연루자들 사이에서 이른바 '경찰총장'으로 불리며 '유흥업소와 경찰 유착' 의혹의 핵심 고리로 지목된 인물이다. 더구나 윤 총경은 청와대 민정수석실 행정관으로 근무한 이력도 있다. 이에 대해 조국 후보자는 "해당 사진은 민정수석실 전체 회식 때 찍은 것"이라며 "당시 테이블을 돌면서 직원 개개인과 사진을 찍은 것에 불과하다"고 해명했다. 언론은 이날 김도읍 의원의 질의와 조국 후보자의 해명을 사진과 함께 보도했다.

2019년 9월 6일

- 청문회에 등장한 '버닝썬' 윤총경-조국 사진…조국 "靑 회식 때 찍은 것"(아시아경제)
- 조국, '버닝썬' 윤 총경과 찍은 사진 해명…"전체회식 때"(중앙일보)
- 조국, '버닝썬 윤총경' 사진 해명…"회식 때 찍은 것"(매일경제)

- 조국 청문회, "'버닝썬' 윤총경과 사진? 민정수석실 전체회식서 찍은 것"(동아일보)

대부분의 언론은 김 의원의 질의와 조 후보자의 해명을 함께 다뤘다. 기사 제목에도 조 후보자의 해명이 나란히 등장했다. 그러나 서울경제는 9월 6일 〈조국-윤총경, 애월식당에서 회동? '버닝썬 게이트' 그 경찰총장〉 기사에서 같은 내용을 보도하면서도 김 의원의 주장에 기울어진 제목을 뽑았다. 반면 민중의소리는 〈'버닝썬' 윤 총경 인증샷 꺼냈다 머쓱해진 김도읍…조국 "단체 회식 사진"〉이라고 제목을 뽑았다.

버닝썬에 조국 등장, '의미 없음'

조국 후보자가 '버닝썬'에 소환된 이유는 두 가지였던 것으로 보인다. 조 후보자가 청와대 민정수석이던 시절, 윤 총경이 청와대에 파견되어 함께 일한 적이 있다는 게 첫 번째 소환 이유였다. 언론은 윤 총경이 조국 후보자와 청와대에서 함께 일했기 때문에 경찰이 부실 수사를 하는 것 아니냐는 의혹을 제기했다.

두 번째 이유는 윤 총경이 2015년 '큐브스'라는 회사의 주식을 샀는데, WFM이 2014년 큐브스에 투자를 했고, 윤 총경과 연루된 정 씨가 이 큐브스의 전 임원이었다는 사실 때문이었다. 당시 검찰은 코링크PE의 실소유주가 정경심 교수이고, 코링크PE에서 운용하던 블루펀드에서 투자한 WFM 또한 정경심 교수가 '여회장'으로 불리며 운영에 관여했다고 의심하고 있었다. 검찰의 입장을 충실히 대변해온 언론매체들은 WFM이란 회사명이 나오는 순간, 조국 후보자(정경심 교수)→WFM→큐브스

→정 씨→윤 총경→버닝썬으로 연결시키며 근거 없는 추측에 불을 지폈다.

9월 6일 시작된 조국-버닝썬 연관 보도는 9월 11일 채널A의 〈[단독] 버닝썬 윤총경, '조국 펀드' 관련업체 주식 투자〉를 시작으로 구체화된 의혹 보도로 넘어간다. 채널A는 "검찰은 두 사람(조 장관과 윤 총경)의 사진을 찍은 사람이 민정수석실 소속이 아닌 특수잉크 제조업체 큐브스의 정모 전 대표로 의심하고 수사 중"이라며 "정 전 대표는 버닝썬 사건 당시 윤 총경에게 승리를 소개한 인물"이라고 전한 뒤 "정 전 대표가 대주주인 큐브스는 이른바 '조국 가족펀드'의 투자사 WFM의 투자를 받은 회사인데 윤 총경은 큐브스 주식을 매입했다가 경찰 내사를 받았다"고 보도했다. 채널A는 또 "검찰은 WFM과 큐브스를 사이에 두고 조 장관과 윤 총경이 연결된 정황에 주목하고 있다"면서 "윤 총경과 '조국 가족펀드'와 연관성이 있는지 수사를 확대하고 있다"고 덧붙였다.

동아일보 역시 경찰의 부실 수사 의혹을 제기하며 그 이유를 조국 장관과 연결지었다. 동아일보는 9월 20일 〈檢 "경찰 버닝썬 수사 허술"… '조국 민정실' 입김 있었나 조사〉에서 "검찰은 경찰의 '의도적 부실수사'가 있었던 정황을 포착하고 '조국 민정수석 체제'의 입김이 작용했는지를 가리는 수사에 착수했다"고 보도했다. 그런데 이 기사에서 경찰 부실 수사의 증거로 제시된 것은 "윤 총경은 조국 법무부 장관(54)이 대통령 민정수석 비서관으로 근무할 당시 청와대 민정수석실에서 파견근무를 했다"는 사실 뿐이었다.

한국일보가 9월 21일 보도한 〈조국의 민정수석실 입김 있었나… 검찰 '버닝썬 스캔들' 다시 겨냥〉도 마찬가지였다. "검찰에서는 이런 수사 결과가 부실하다고 여기고 있다. 윤 총경과 조 장관의 친분 때문에 경찰이 몸을 사린 것이라 본다"는 검찰의 입장을 전하고 있을 뿐이다.

추측성 의혹 보도, 바람과 함께 사라지다

채널A는 10월 7일 〈'버닝썬' 윤 총경에 영장 청구…조국까지 연결 가능성?〉, 중앙일보는 10월 8일 〈검찰, 버닝썬 사건 윤 총경 영장청구…조국펀드 수사와 이어지나〉를 각각 보도했다. 윤 총경과 조국 장관의 연관성을 강조한 이 기사들은 '윤 총경에 대해 구속영장이 청구되었고 이 사안이 조국 장관과 연결될 가능성이 높으며 윤 총경의 지인 정모 대표는 조국 장관 일가의 사모펀드 투자 의혹과도 맞닿아 있다'는 추측성 주장을 보도했다.

민주언론시민연합은 언론 모니터 보고서에서 TV조선이 9월 28일 보도한 〈[단독] 큐브스 전 대표 휴대전화에서 조국-윤 총경 사진 발견〉을 가장 '황당한' 보도로 꼽았다. TV조선은 앵커 멘트로 "조국 장관과 '버닝썬 사건'에서 '경찰총장'으로 불렸던 윤모 총경이 함께 찍은 바로 이 사진, 횡령 혐의로 구속된 큐브스 전 대표, 정모 씨가 찍어둔 것 아니냐는 의혹을 조 장관은 부인했었다"며 "그런데 이 사진이 정 씨의 휴대전화에 저장돼 있었던 것으로 파악됐다. 정 씨가 찍어준 게 맞다면 민정수석실과 유착을 보여주는 정황이 되는 건데, 정 씨는 일단 자신이 찍은 건 아니다, 이렇게 부인하는 것으로 알려졌다"고 보도했다.

정 씨의 휴대전화에 사진이 있었다고 하더라도 직접 찍어서 저장한 것인지, 아니면 누군가로부터 받은 것인지는 불분명했다. 그런데도 TV조선은 "정 씨가 찍어준 게 맞다면 민정수석실과 유착을 보여주는 정황이 된다"는 논리를 펼쳤다.

이어지는 기자의 리포트를 보면 왜 "정 씨가 찍어준 게 맞다면"이라는 단서가 붙었는지 드러난다. 기자는 먼저 "이 사진이 정 씨 휴대전화에 저장돼 있던 것으로 파악됐다"라며 "앞서 '버닝썬 사건'을 수사하던 경찰이 정 씨의 휴대전화를 복구하는 과정에서 확인한 것으로 알려졌다"고 보도했다. 하지만 곧이어 "다만 정 씨는 자신이 촬영한 사진은 아니라고 부인한 것으로 전해졌다"며 "검찰 조사에서 정 씨가 '윤 총경이 메신저를 통해 보내준 것으로, 조 장관을 본 적은 없다'고 진술한 것"이라고 덧붙였다.

결국 사실로 밝혀진 것은 '정 씨의 휴대전화에서 문제의 사진이 발견된 것'뿐이다. 그런데도 TV조선의 보도는 정 씨와 윤 총경, 그리고 조국 장관 사이에 어떤 연관성이 있는 듯한 분위기를 풍기고 있다.

버닝썬 사건과 조국 전 장관을 무리하게 연결지으며 의혹을 제기하던 언론 보도는 어느 순간 사라졌다. 조국 전 장관에 대한 검찰 공소장에도 버닝썬은 등장하지 않았다. 윤 총경은 검찰 수사와 재판 과정에서 일관되게 혐의를 부정했다. 그는 1심 최후진술에서 "아내와 두 딸에게 남편으로서 아빠로서 추호도 부끄럽거나 떳떳하지 않은 행위를 한 사실이 없다. 결혼 20년이지만 아파트 한 채 없이 살고 있다"면서 "사건 무마알선으로 수천만 원 상당의 주식을 받거나 미공개 정보를 이용해 주식거래를 했다는 건 결코 있을 수 없는 일"이라고 말했다. 버닝썬 관련 1심 재판에서 윤 총경은 무죄를 선고받았다.

그러나 어느 언론사도 관련 보도에 대해 사과하지 않고 있다. 포털 사이트에서 기사를 검색해보면 '버닝썬 사건', '상상인 불법대출 의혹 사건'[3]과 조국 전 장관을 연루시킨 보도들이 여전히 '건재'하다.[4] 전대미문의 폭행, 마약, 탈세, 성범죄와 디지털 성범죄, 경찰유착 범죄은폐 의혹 등에 유명 연예인과 연예기획사가 연루되어 온 나라를 떠들썩하게 했던 '부패 스캔들'에 조국 전 장관을 근거 없이 연루시킨 '버닝썬과 조국 보도'는 '상상인-조국 연루 보도'[5]와 함께 우리 언론사에 흑역사로 남을 만하다.

---

[3] 유준원 상상인그룹 대표와 검찰 출신 박모 변호사가 2015년부터 2018년까지 벌인 불법대출 의혹 사건에 대해 검찰은 2020년 7월 8일 두 사람에게 자본시장법상 부정거래, 미공개중요정보이용, 시세조종 혐의를 적용해 구속기소했다. 조국 사태 당시 검찰과 언론은 상상인저축은행이 WFM에 20억 원의 담보대출을 했다는 이유로 유준원 대표가 조 전 장관에게 뇌물을 제공했다는 의혹을 제기해왔다. 그러나 검찰은 7월 8일 "상상인그룹 불법대출 의혹과 조국 전 장관은 무관하다"고 밝혔다.

[4] 2020년 6월 30일 조범동 씨 재판에서 사모펀드와 관련해 재판부가 "권력형 범죄에 대한 증거가 불충분", "코링크PE의 최고의사결정권자는 조범동 씨, 익성 회장과 부사장"이라고 판결함으로써 사실상 "정경심 교수는 코링크PE 의사결정과 무관하다"고 했음에도 '조국펀드'라는 단어를 쓰고 '조국 사모펀드, 가족펀드' 프레임을 확산시킨 기사들이 버젓이 실려 있기도 하다.

[5] 검찰, '조국펀드 연루 의혹' 제기된 저축은행 압수수색 (SBS, 2019. 11. 12.)
檢, 상상인저축은행 압수수색…조국펀드 연루? (채널A, 2019. 11. 12.)
검찰, 상상인저축은행 압수수색…조국 가족펀드 연루 의혹 (조선일보, 2019. 11. 12.)
검찰, 상상인저축은행 압수수색…'조국펀드 의혹' (노컷뉴스, 2019. 11. 12.)
검찰, 상상인저축은행 압수수색…조국 가족펀드 연루 의혹 (연합뉴스, 2019. 11. 12.)
검찰, '조국 의혹' 연루 상상인저축은행 전격 압수수색 (KBS, 2019. 11. 12.)
검찰 '조국 수사' 속도…저축은행 압수수색 장학금 조사 (JTBC, 2019. 11. 13.)
검찰, 상상인저축은행 압수수색…조국펀드 운용사에도 대출 (중앙일보, 2019. 11. 13.)
'조국 가족펀드 의혹' 상상인저축銀 압수수색 (동아일보, 2019. 11. 13.)

2장

사모펀드 관련
언론 보도

사모펀드 논란의 전개

　　사모펀드 논란은 2019년 8월 14일 조국 법무부 장관 후보자가 국회에 인사청문 요청안과 함께 '공직후보자 재산변동사항 신고서'를 제출하면서 본격적으로 시작되었다. 이날 오후 중앙일보는 해당 문서에 기재된 세부 재산 내역과 함께 사모펀드 가입 상세 내역을 보도했다.[6] 곧이어 서울경제[7]와 조선일보[8]가 차례로 사모펀드의 약정액이 과다하다는 취지로 보도를 이어갔다. 조 후보자의 아내 정경심 교수가 사모펀드 운용사 코링크PE를 통해 사모펀드 '블루코어밸류업1호'(블루펀드)에 총 10억 5000만 원(정경심 9억 5000만 원, 두 자녀 각 5000만 원)을 납입했고 이 납입액과 별개로 펀드의 약정액이 총 74억 5500만 원이며 이 약정액이 조 후보자의 재산보다 훨씬 많다는 것이다.[9] 당장 다음 날부터 여러 언론에서 '펀드 약정액이 전 재산보다 많은데 나머지 액수를 어떻게 채울 생각이었는

6　조국 신고 재산 56억 원 중 예금 34억 원…사모펀드에 74억 5000만 원 약정하고 10억 5000만 원 투자(중앙일보, 2019. 8. 14.).
7　[단독] 조국, 민정수석 시절 사모펀드에 75억 투자 약정(서울경제, 2019. 8. 14.)
8　56억 재산 신고한 조국, 민정수석 때 아내·자녀 사모펀드에 75억 투자 약정(조선일보, 2019. 8. 14.)
9　조선일보는 이러한 정보 및 의혹 제기의 출처를 자유한국당과 주광덕 의원실이라고 명기했다.

가'라며 의혹을 제기했다.

일요신문은 이보다 며칠 전에 사모펀드 관련 내용을 보도했다.[10] 문재인 대통령이 조국 후보자를 지명한 8월 9일 일요신문은 "예금 자산 중 아내의 펀드 투자에 이목이 집중된다. 이미 정치권에서는 이 부분에 대해 들여다보고 있다"면서 "조 후보자의 부인 정 씨가 보유한 사모펀드 금액은 9억 5000만 원이다. 자녀 역시 사모펀드에 각각 5000만 원씩 투자했다"고 보도했다. 자유한국당을 비롯한 야당들이 일찌감치 사모펀드 이슈에 주목하고 있었다는 것이다. 다만 '약정액'이 이슈로 떠오른 것은 8월 14일 보도부터였다.

왜 '하필' 사모펀드에 투자했나

애초 야당과 언론이 사모펀드 문제에 집중적으로 의혹을 제기한 이유는 무엇일까. 일반 국민들에게 사모펀드가 꽤 생소하고 부정적인 인식이 있다는 점이 작용했을 것이다. 이런 사모펀드에 청와대 민정수석을 지낸 공직자가 큰돈을 투자했다는 사실만으로도 의혹의 눈길을 보낼 만했다.

사모펀드와 공모펀드의 차이는 무엇일까. 펀드라는 점에서는 근본적으로 차이가 없지만 가입 고객의 '수'와 모집하는 '대상'에 따라 구분이 된다. 공모펀드는 '50인 이상'의 고객을 모집해 운용한다. 상품을 판매하는 운용사는 가입자를 유치하기 위해 '공개적으로' 불특정 다수에게 홍보한다. 반면 사모펀드는 '49인 이하'의 소수 투자자로부터 '비공개'로 자금

---

10 '최대 난타전' 예고한 조국 후보자 인사청문회 주요 쟁점(일요신문, 2019. 8. 9.)

을 유치한다.

그런데 언론은 외환은행 헐값매각 논란의 장본인이었던 론스타가 사모펀드였다는 점을 부각하며 이를 코링크PE와 비슷하다고 빗대는 등 국민들의 부정적인 인식을 부채질했다. "윤석열 검찰총장은 2006년 대검 중앙수사부에 근무할 당시 외국계 사모펀드인 론스타의 외환은행 헐값매각 사건 수사에 참여해 사모펀드의 운용 방식 등에 해박한 지식을 가진 것으로 전해진다"는 중앙일보 보도는 조국 전 장관 가족이 투자한 사모펀드에 대한 검찰 수사의 강도를 예고하는 듯했다.[11] 하지만 이 보도는 제목에서 '윤석열' '직감' '조국펀드 이상하다'라는 단어를 썼을 뿐 본문에서는 검찰 특수통 출신 변호사의 멘트로 시작되는데, 정작 윤석열 총장의 멘트는 없는 의심스러운 보도였다.

그렇다면 정경심 교수는 왜 '사모펀드'에 투자했는지 의문이 생길 수 있다. 언론도 사태 초기에 '왜 하필 사모펀드인가' 하는 문제를 집중적으로 다루면서 비리 의혹을 부풀렸다. 이 점에 대해서는 한국투자증권 프라이빗뱅커(PB) 김경록 씨의 설명이 충분한 답이 될 수 있을 것이다. 김경록 씨에 따르면, 이전부터 주식 투자를 해온 정경심 교수는 조국 전 장관이 민정수석으로 내정되면서 기존 투자를 '백지신탁'(공직자가 재임 기간에 주식 따위의 재산을 대리인에게 맡겨 관리하게 하는 제도) 방식으로 전환하려고 알아본다. 하지만 시중의 증권사 등에는 '백지신탁'에 해당하는 금융상품이 존재하지 않았다. 그래서 공모펀드에 가입할 수도 있었지만 민정수석이 가입한 상품으로 홍보되는 등 광고 수단이 될 수 있어 배제하고, 블라

---

11 "조국펀드 이상하다"…윤석열의 론스타 직감(중앙일보, 2019. 9. 2.)

인드 설정이 가능한 사모펀드를 선택했다는 것이 김경록 씨의 증언이었다. 김경록 씨와 정경심 교수가 이렇게 방향을 잡은 후 청와대에서는 '적대적 M&A가 아닌 사모펀드는 간접투자로서 괜찮다'는 유권해석을 했다.[12] 이에 따라 김경록 씨가 속해 있는 한국투자증권(한투)에서 이런 조건에 맞는 메자닌과 프리 아이피오(pre IPO)라는 두 가지 형태의 사모펀드를 정경심 교수에게 권했던 것이다.

김경록 씨가 한투의 사모펀드 상품을 정 교수에게 소개하자 정 교수는 외부 펀드사인 코링크PE의 제안서를 김경록 씨에게 보여주고 의견을 물었다. 정 교수가 조국 민정수석의 5촌 조카 조범동 씨로부터 받은 펀드 제안이었다. 김경록 씨는 당시 코링크PE가 이상하다고 느꼈지만 상대가 오랜 고객인 정 교수의 '친척'이어서 말리지 못했다고 밝혔다. 이후 정 교수의 투자금 총 10억 5000만 원이 한투 계좌에서 코링크PE의 블루펀드로 넘어가면서 김 씨와 정 교수의 거래 관계는 끊어졌고 이후 조범동 씨가 김 씨가 맡았던 정 교수의 자산관리인 역할을 일정 부분 대신한 것으로 보인다.

'재산보다 많은 약정액' 논란

사모펀드 가입 자체에 대한 의혹 제기에 이어 언론이 집중적으로 문제를 삼은 것은 사모펀드 약정액 논란이었다. 서울경제와 조선일보가 '야당'을 출처로 보도를 시작한 뒤 다수의 언론이 비슷한 보도를 내놓았다. 조국 후보자가 국회에 제출한 '출자증서'에 따르면 정경심 교수가 코

---

12 김경록 씨의 인터뷰 발언 및 9월 2일 조국 후보자 기자간담회 발언

링크PE의 블루펀드에 실제 투자한 금액은 총 10억 5000만 원이지만 출자증서에 적힌 약정액은 총 74억 5500만 원이었다. 이에 대해 언론은 "약정액이 조국 후보자 부부의 재산 총액인 56억 4000여만 원보다 훨씬 더 많다"고 지적했다. 특히 펀드사가 요구하면 반드시 약정액 투자를 실행해야 하는 것처럼 해석하면서 "조국 후보자 부부는 이 차액을 어떻게 조달할 생각이었는가"라는 식의 의혹성 질문을 쏟아냈다.

하지만 기자들에게 진실을 파악하려는 의지만 있었다면 당시에도 '약정액=출자의무액'이라는 전제가 사실과 다르다는 것을 알 수 있었을 것이다. 2009년 머니투데이 기사[13]를 한번 살펴보자.

> 원칙상 LP(투자자)들이 출자약정을 한 번 맺었으면 GP(펀드 운용사)들의 캐피털 콜 요청에는 의무적으로 응해줘야 한다. 하지만 미국발 신용위기가 본격화되면서 이런 원칙이 유명무실해졌다. LP들이 현금보유에 안간힘을 쏟으면서 투자금 내주기를 꺼리고 있기 때문이다.

펀드 약정액 의무 납입이 이미 10년 전에 유명무실해진 펀드업계의 현실을 말해주는 기사다. 그러나 언론은 마치 펀드사에서 약정액 납입을 요구하면(캐피털 콜, capital call) 고객은 의무적으로 납입을 해야 하고, 만일 약정액을 납입하지 못하면 고객의 자산압류라도 할 수 있는 강제성이 있는 것처럼 보도했고, 그 결과 왜곡된 사실이 퍼져나간 것이다. 이런 보도를 한 기자들이 대부분 사회부 소속이라는 점을 감안하더라도 사내의

---

13 "캐피탈 콜 받기도 어려워요"(머니투데이, 2009. 1. 8.)

경제부 기자나 관련 전문가에게 자문만 얻었더라면 피할 수 있는 왜곡 보도였다. 하지만 언론은 의혹 제기에는 매우 적극적이었지만 검증에는 소홀했고 책임에는 더더욱 소극적이었다. 이 논란은 꽤 오랫동안 불필요하게 이어졌다.

이 논란이 사실상 종료된 것은 두 달 가까이 지나고 나서였다. 국정감사에 출석한 금융위원회 은성수 위원장이 "약정액을 74억 원으로 설정해 놓고 실제 투자는 10억 5000만 원만 하면 법적으로 문제가 되느냐"는 이학영 민주당 의원의 질의에 "문제없다"고 대답한 것이다.[14] 금융위원회는 자본시장법 등을 다루는 주관기관이기 때문에 위원장의 답변은 사실상 유권해석에 해당한다. 하지만 검찰은 2019년 11월 11일 정경심 교수에 대한 2차 기소 당시 공소장에 이 '금융위원회 거짓보고'[15]를 범죄 혐의로 적시하는 무리수를 두었다. 해당 보고를 받는 당사자이자 주관기관인 금융위원회 위원장이 국회에서 공개적으로 "문제없다"고 밝혔는데도 불구하고 기소를 강행한 것이다.

자본시장법은 펀드의 사측, 즉 코링크PE와 그 운영자를 규제하는 법률이다. 당연히 투자자인 정 교수는 이 법의 처벌 대상이 되지 않는다. 하지만 금융위원장의 유권해석에도 불구하고 검찰은 정경심 교수 공소장에 자본시장법 위반 혐의를 적시했다.

---

14 '코링크PE-서울시 계약'…은성수 "정경심 처벌 불가능"(머니투데이, 2019. 10. 4.)
15 검찰은 조범동 씨가 2017년 7월 정 교수로부터 코링크PE에 14억 원을 출자받았음에도 금융위원회에 99억 4000만 원으로 부풀려 신고한 것이 자본시장법 위반이라며 정 교수와 함께 기소했다. 그러나 2020년 6월 30일 1심 재판부는 거짓이라는 인식이 없고 고의가 아니라는 이유로 무죄를 선고했다.

정 교수에게 자본시장법상 '거짓변경보고' 혐의를 적용하려면, 정 교수가 코링크PE를 사실상 지배했다는 사실을 증명해야 한다. 자본시장법에 따르면 금융위원회에 대한 변경보고의 의무자는 펀드사이지 투자자가 아니기 때문이다. 정 교수가 코링크PE의 임직원이 아니기 때문에 그 지배 여부는 더욱 확실하게 증명되어야 한다. 하지만 검찰의 공소장에는 정 교수가 코링크PE를 지배했다는 일방적인 주장조차 담겨 있지 않다. 코링크PE 설립 자금에 관한 대목에서도 5억 원을 송금하고 그중 2억 5000만 원이 투자됐다는 주장만 있을 뿐이다.

한편 조선일보는 2019년 8월 19일 기사[16]에서 정 교수에게 제기된 자본시장법 위반이 성립되기 어렵다는 해설을 내놓았다.

전문가들은 현재 드러난 사실만으로는 자본시장법 위반 사항을 확인할 수 없다고 보고 있다. 출자 약정을 했다면 설령 납입하지 않더라도 법 위반이 아니며, 일가족만 투자자로 참여해도 딱히 제재받을 사유는 아니라는 것이다. 자녀들이 5000만 원씩만 출자한 것과 관련해서도, 자본시장법상 사모펀드는 최소 1억 원을 투자해야 하지만 이 또한 약정금액이 3억 원이었기 때문에 문제될 것이 없다는 게 전문가들의 설명이다.

연일 조국 전 장관을 비난하던 조선일보가 이런 균형 잡힌 기사를 내놓을 수 있었던 것은 이 기사를 송고한 안재만 기자가 금융부 기자였고, 해당 이슈에 대한 전문성과 취재를 위한 네트워크를 가지고 있었기

---

16 자본시장법 위반했나…조국 사모펀드 의혹 4가지(조선일보, 2019. 8. 19.)

때문이다. 반면 이 시기에 조 전 장관에 대한 의혹 보도를 주도한 기자들은 대부분 사회부 기자들이었고, 제대로 된 검증보다는 '단독' 타이틀을 붙이며 경쟁적으로 기사를 송고하는 데 치중했다.[17]

사모펀드 자녀 편법증여 의혹

사모펀드 문제에서 언론이 추가로 주목한 것은 '자녀 증여세 탈세 의혹'이었다. 이 논란은 조선일보의 단독 보도로 시작되는데, 조선일보는 2019년 8월 18일 보도[18]에서 익명의 '야당의 주장'을 출처로 삼아 "수년 전부터 일부 자산가들이 자녀에게 증여세를 내지 않고 수억 원을 넘겨주기 위해 사모펀드를 이용하곤 했다"고 주장했다. 부모와 자식이 함께 가입한 사모펀드에서 펀드가 상당한 수익을 낸 후 부모가 중도 해지를 하면 수익금의 상당 부분을 펀드 측에 환매수수료로 내야 하고 그러면 부모의 환매수수료까지 외견상 펀드 수익금이 되어 자식들이 증여세 없이 부모의 자금을 받게 된다는 것이다.

자유한국당 김종석 의원은 8월 21일 "조국 법무부 장관 후보자 일가가 가입한 '사모펀드'가 처음 만들 때부터 편법증여용으로 설계된 정황이 있다"고 주장했다.[19] 김종석 의원에 따르면, 펀드사가 약정액 납입을

---

17 2019년 8월의 공격적인 언론 보도가 각 언론사의 사회부 주도로 이뤄졌다면 9월 검찰 수사가 본격화하면서는 사회부에서 법조팀으로 넘어가게 된다. 언론사 법조팀은 사회부 소속이지만 초기 의혹 보도를 주도한 사회부 기자들과 9월 이후 검찰 받아쓰기에 매몰된 법조팀 기자들의 보도 양상은 분명히 달랐다.

18 조국 일가 의문의 '74억 펀드'…강남 자산가들 사이서 유행하는 편법증여인가(조선일보, 2019. 8. 18.)

19 김종석 "조국 사모펀드는 증여세 탈루 목적의 OEM펀드 정황"(중앙일보, 2019. 8. 21.)

요구했는데 고객이 미납할 경우 연 15%의 지연이자를 납입해야 하는데 이후 정경심 교수가 펀드를 해지할 경우 이 추가된 이자를 자녀가 가져갈 수 있다는 것이다. 김 의원은 이를 가리켜 편법증여를 위해 맞춤형으로 만들어진 'OEM펀드'라는 작명까지 내놓았다.

하지만 8월 22일 최종구 당시 금융위원장은 국회 정무위원회에 출석한 자리에서 사모펀드를 활용한 편법증여 사례는 아직 없으며 "사모펀드의 정관과 약정을 가지고 세금을 회피할 수 없다"[20]고 설명했다. "어떤 식으로든 부모 재산이 자녀에게 세금 없이 증여되는 경우 증여세 대상이 된다. 펀드를 사용해 증여세를 피하긴 어렵다"는 금융위의 공식 입장은 결국 사모펀드 약정액 미납 등을 통해서는 증여세를 회피할 수 없으며 사모펀드를 통한 편법 재산 물려주기 역시 증여세 부과 대상이라는 것이다. 기존에 그런 수법을 쓰고도 적발되지 않은 고액 자산가가 있을지는 몰라도 이는 분명한 탈세이며 현금으로 몰래 자식에게 증여한 경우와 다를 것이 없다는 이야기다. 결국 이 '편법증여 의혹'은 정경심 교수에 대한 공소장에 한 줄도 언급되지 않았다.

웰스씨앤티 관급공사 수주 의혹

가로등 점멸기 제조업체 웰스씨앤티는 블루펀드에서 투자한 업체다. 정경심 교수가 10억 5000만 원을 납입한 블루펀드가 웰스씨앤티 지분을 30% 가까이 취득하면서 최대주주로 올라선 이후 회사의 관급공사 수주가 급증했고 공사 수주 과정에서 조국 전 수석이 영향을 끼쳤다는 의

---

20 최종구 "사모펀드로 증여세 피하기 어려워…사례 없어"(연합뉴스, 2019. 8. 22.)

혹이 제기되었다. 블루펀드는 '블라인드펀드'였기 때문에 애초에 웰스씨앤티에 특혜성 조치를 할 방법도 이유도 없었다는 것이 조국 후보자 측의 설명이었다. 블라인드펀드는 투자자가 자신의 투자금이 어디에 투자되는지 사전에 알 수 없도록 설계된 펀드를 말한다. 따라서 논란으로 떠오른 웰스씨앤티 관급공사 수주 의혹은 이 블루펀드가 블라인드펀드가 맞느냐 아니냐에 초점이 모아졌다.

블라인드펀드가 이슈로 떠오르게 된 가장 큰 이유는 이 블루펀드가 실제로는 블라인드펀드가 아니며 정경심 교수가 웰스씨앤티라는 투자처를 사전에 알고 있었고 남편인 조국 당시 민정수석의 영향력을 이용해 관급공사 수주에 영향력을 끼쳤다는 의심 때문이었다. 하지만 자유한국당과 다수 언론 그리고 검찰까지 총동원되다시피 해서 몇 개월이나 의혹을 제기했는데도 결론적으로는 관급공사 수주에서 아무런 혐의도 나오지 않았고 검찰의 공소장에도 언급되지 않았다.

관급공사 수주 의혹은 2019년 8월 17일 동아일보 보도에서 처음으로 제기되었다.[21] 동아일보는 "블루펀드가 지분을 투자한 전후 웰스씨앤티의 매출 규모도 급증했다"고 보도했다. 블루펀드의 투자 이후 2018년부터 웰스씨앤티의 매출이 "수직 상승"했다면서 그 배경을 관급공사 집중수주라고 보도한 것이다. 조 후보자가 영향력을 행사한 게 아니냐는 의혹이었다.

자유한국당 정점식 의원은 8월 20일 언론에 보도자료를 내고 "웰스씨앤티가 이렇게 성장하게 된 배경에는 조국과 민정수석실의 위세를

---

[21] 조국 가족 투자한 사모펀드 운용사, 檢 수사받은 기업들과 거래 (동아일보, 2019. 8. 17.)

업고 수주행위를 했을 가능성을 배제할 수 없다"고 주장했다. 정 의원은 조달청 자료를 인용해 블루펀드의 투자 시점인 2017년 8월 이후 웰스씨앤티가 지방자치단체와 공공기관 총 44곳에 177건을 납품하고 2017년부터 2018년까지 매출이 급증했다며 관급공사 특혜 의혹을 강력하게 제기했다.

채널A는 8월 23일 보도[22]에서 문재인 대통령이 '스마트 가로등'을 언급한 후 웰스씨앤티의 납품 실적이 1년 만에 2배로 뛰었다고 보도했다. 보수 진영에서는 "문재인과 조국은 경제공동체"라는 비아냥거림이 나돌았고, 조국 전 장관 가족 의혹을 넘어 정권 차원의 의혹으로 확대하려는 시도가 나타났다.

실제로 웰스씨앤티의 매출은 블루펀드 투자 이후에 급등한 것이 아니라 블루펀드 투자와 무관하게 여러 해 전부터 오르락내리락 등락을 거듭하고 있었다. 하지만 정점식 의원 등은 매출이 상승한 최근 2년의 실적만 부각시켜 의혹을 제기했다. 결국 관급공사 수주 의혹은 대다수 언론이 일제히 받아쓰며 한동안 사모펀드 의혹의 핵심으로 부상했다.

자유한국당과 언론의 대대적인 의혹 부풀리기가 이어지면서 검찰도 이 사안에 수사력을 집중했다. 검찰은 8월 27일 웰스씨앤티 본사를 압수수색한 데 이어 최태식 대표를 소환조사하고 자택 압수수색을 거쳐 9월 9일 구속영장 청구까지 일사천리로 진행했다. 검찰은 또 "웰스씨앤티가 청와대 민정수석이었던 조 후보자를 뒷배로 향후 스마트시티 사업 입찰에 참여하려 한 게 아니냐"는 의혹을 꺼내들고 국토교통부 도시경제과

---

22 〔단독〕 조국펀드 '수상한' 실적…대통령 언급 후 171건 수주(채널A, 2019. 8. 23.)

를 압수수색하기도 했다.[23] 정권 차원의 특혜와 비호가 있었다는 냄새를 풍기는 신호였다.

하지만 구속영장 청구 이틀 후인 9월 11일 최태식 대표에 대한 영장이 기각되었다. 이때 이미 검찰 수사에 이상 조짐이 드러났다. 최 대표에게 제기된 영장청구 혐의가 관급공사 수주 의혹과는 무관한 특정경제범죄가중처벌법 위반(횡령)이었기 때문이다. 웰스씨앤티의 계좌에서 빠져나간 자금에 대한 책임만을 물어 영장을 청구한 것인데 이 영장마저도 기각되었다.

더 놀라운 것은 이 시점 이후로 언론 보도에서 웰스씨앤티가 사라졌다는 점이다. 자유한국당도 꿀 먹은 벙어리였다. 최태식 대표가 아니라 조범동 씨에게 자금 횡령의 법적 책임을 묻는 방향으로 검찰 수사가 바뀌었기 때문인 것으로 보인다. 애초에 수사 방향을 잘못 잡으면서 엉뚱한 사람을 구속할 뻔한 것이나 다름없다. 이후 검찰은 웰스씨앤티 자금 횡령 수사의 방향을 '조범동의 범행'과 '정경심의 지시'로 틀어버린다. 그리고 검찰과 언론, 자유한국당 모두 '관급공사', '웰스씨앤티'에 대해 철저히 입을 닫고 아무런 말도 하지 않았다. 정경심 교수와 조국 전 장관의 공소장에도 이 문제는 언급조차 되지 않았다.

당시 최 대표에게 제기된 특경법상 횡령 혐의는 관급공사와는 무관했으며 웰스씨앤티 계좌에 있던 자금의 횡령을 엉뚱하게 최 대표의 책임으로 몰았던 것이다. 하지만 검찰 수사 결과 그 자금은 조범동 씨가 빼간 것으로 조사되었다. 그러자 검찰은 정 교수의 '지시'로 자금 횡령이 이

---

[23] [단독] 검찰, 국토부 압수 수색…'조국펀드' 투자 특혜 의혹(노컷뉴스, 2019. 9. 2.)

뤄졌다고 주장하기 시작했다.

지금까지의 흐름을 보면 관급공사 특혜는 아예 존재하지도 않았고, 검찰이 제기한 횡령 혐의 역시 근거 없는 의혹 제기에 불과했다. 자유한국당, 언론, 검찰이 총동원되어 연기를 피워댔지만 결국 근거 없는 한바탕 '쇼'로 마무리된 것이다. 이와 함께 웰스씨앤티 관급공사 특혜 의혹을 뒷받침하기 위해 필요했던 "블라인드펀드는 거짓" 주장도 힘을 잃었다.

KBS의 김경록 PB 인터뷰 왜곡 보도

2019년 9월 10일 KBS 법조팀은 정경심 교수의 이전 PB였던 한국투자증권 김경록 씨와 36분간 인터뷰를 진행했고 다음 날인 9월 11일 KBS 9시뉴스에서 두 건의 관련 보도를 내보냈다. KBS는 〈[단독] 사모펀드 초기 투자 어떻게?…"정경심, 5촌 조카가 코링크 운용한다 말해"〉, 〈[단독] '모른다'던 투자처…"정경심이 먼저 WFM 투자 가치 문의"〉에서 조국 장관 후보자가 공개적으로 밝힌 사모펀드 관련 진술이 사실과 다르고, 김경록 PB의 인터뷰에 따르면 조국 장관 가족은 자본시장법과 공직자윤리법 위반 소지가 있다고 지적했다.

KBS는 이미 '사모펀드 의혹'과 관련한 연속 보도를 내보낸 바 있다. 9월 1일 〈조국 사모펀드 의혹, 치명타? 무관?…4대 쟁점 정리〉와 9월 2일 〈조국, 사모펀드 가족투자 문제 있었나?〉가 그것이다.

9월 1일 기사에서 KBS는 조국 후보자 가족 관련 사모펀드 의혹 네 가지에 대해 조목조목 분석했다. 첫째, '사모펀드로 자식에 대한 편법증여 노렸나?' 둘째, '조 후보자 일가가 코링크PE를 지배했다?' 셋째, '펀드 투자사에서 사라진 10억 5천?' 넷째, '조 후보자 압력 행사해 웰스씨앤티 매출 급증?' 등에 대해 "여러 의혹이 제기됐지만 아직 뚜렷한 불법행위가 드러나지 않는 상황"이라며 "조 후보자 본인은 펀드 투자자도 아니어서 후보자가 사모펀드 문제로 처벌받을 가능성은 매우 낮다"고 보도했다.

또 9월 2일 기사에서는 "사모펀드를 통한 편법증여 의혹에 대해서 '해당 펀드 정관상 조기환매가 불가능하게 돼 있어 편법증여가 어렵다'", "조 후보자 5촌 조카 조 씨는 코링크PE 설립 초기 운용사 업무에 관여한 것으로 확인됐다", "코링크PE의 또 다른 사모펀드 '블루코어'가 투자한 웰스씨앤티 매출 증가세가 조 후보자 때문이라는 의혹도 명확한 근거가 없는 상황이고 업체도 조 후보자를 알지 못했다고 한다"고 전제한 뒤 "사모펀드와 관련해 조 후보자가 처벌받을 가능성은 매우 낮다"고 언급했다.

KBS가 사모펀드 의혹을 다루면서 9월 1일과 2일 양일 보도와 9월 11일 보도가 180도 달라진 것은 왜일까. 여전히 의문이 남는 지점이다.

문제의 9월 11일 KBS 보도 이후 김경록 씨는 〈유시민의 알릴레오〉와 단독 인터뷰를 했고, 〈알릴레오〉는 10월 8일 관련 방송을 내보냈다. 이 인터뷰에서 김경록 씨는 "KBS 법조팀이 자신의 인터뷰를 왜곡했다", "KBS 인터뷰 이후 검찰 조사를 받으러 갔는데 KBS와의 인터뷰 내용이 검사 컴퓨터 속 대화창에 떠 있더라", "검찰에 가서 조사를 받고 나오면 기자들로부터 전화기에 불똥이 튈 만큼 전화가 왔다" 등등 검언유착을 암시하는 충격적인 주장을 했다.

〈알릴레오〉의 김경록 씨 인터뷰 해설방송 이틀 후인 10월 10일 KBS는 〈KBS, '정경심 자산관리인' 김경록 인터뷰 녹취록 공개〉라는 보도를 통해 〈알릴레오〉 방송 내용을 반박했다. 그리고 김경록 씨 인터뷰 중

'김 씨의 요청으로 녹음하지 않은 부분'을 제외한 36분 분량의 녹취록을 공개했다.

녹취록 공개는 또 다른 파장을 가져왔다. 이미 김경록 씨가 〈알릴레오〉를 통해 주장한 것처럼 KBS의 9월 11일 인터뷰 보도와 김경록 씨의 주장이 많이 달랐기 때문이다. KBS가 '의도'에 맞게 김경록 씨 인터뷰를 짜깁기 보도했다는 비판이 거세게 제기되었다.

김경록 씨가 KBS 법조팀과 인터뷰한 이유

김경록 씨가 KBS 법조팀과 인터뷰를 한 이유는 정경심 교수와 사모펀드 관련 언론 보도들이 부정확하고 PB 등 관련 종사자들을 일방적으로 매도하고 있다는 판단 때문이었던 것으로 보인다. KBS 녹취록의 초반부에서 김경록 씨는 다음과 같이 말한다.

> 그게 선진금융에서 추구하는 방식이고 저희 회사도 수년 전부터 그런 쪽으로 발맞춰 가고 있기 때문에… 이게 뭐 개인적 일탈이나 금융회사가 뭔가 사고를 친 것처럼 보도되는 게 그게 제일 가슴이 아프더라고요. 선의의 임무를 지켜가며 일하는 직원들이 한순간에 매도되는 것도 보고 있을 수가 없고… 만회할 수 있을까 생각을 했는데… 이렇게 말할 수 있는 기회가 있어서 마지막으로 말씀을 드리고 싶었습니다.

녹취록에서 김경록 씨가 "정경심 교수가 청문회 과정에서 엄청 힘들었다", "감옥 같은 삶을 살고 계셨다"면서 "누군가의 도움이 절실히 필요하지 않았을까"라고 언급한 것으로 볼 때 정경심 교수에 대한 검찰 혐의를 뒷받침하려는 취지에서 KBS 인터뷰에 응한 것으로 보기는 어렵다. 그러나 KBS 법조팀은 김경록 씨의 인터뷰 내용 중 자본시장법 위반과 공직자윤리법 위반 혐의를 뒷받침할 수 있다고 자신들이 판단한 부분만을 짜깁기해서 결과적으로 검찰 입장에 선 보도를 내보냈다. 문제의 KBS 9월 11일 보도는 이렇게 시작된다.

> (앵커 멘트) 검찰이 집중적으로 파헤치고 있는 사모펀드와 관련해 관건은 불법이 있었느냐, 있다면 이 불법에 조국 장관 본인이나 혹은 배우자 정경심 교수가 개입돼 있느냐입니다. 특히 자본시장법 위반 여부가 핵심입니다. 이 법은 사모펀드의 출자자가 펀드 운용에 개입하는 것을 금지하고 있죠. 이와 관련해 KBS 취재팀이 한 가지 증언을 들었습니다. 펀드를 소개해준 조 장관의 5촌 조카가 이 펀드의 실질적 운용자였고, 정경심 교수가 이 사실을 미리 알고 투자했다는 것입니다.

KBS는 이 증언을 한 인물이 '조국 장관의 자산관리인'이자 '정경심 교수와 가까운 인물'이라고 소개하고 리포트를 시작했다. 관련 리포트는 다음과 같이 세 개의 멘트를 소개한다.

> [조국/법무부 장관/2일 기자간담회] (5촌 조카가) 자기와 아주 친한 사람이 이걸 운용하고 있다. 실제 5촌 조카가 어떤 역할을 했는지는 저도 알지 못합니다.
> [김○○/정경심 교수 자산관리인/음성변조] (친척이 관련된 회사라고 하신 건가요? 친척이 추천한 회사라고 하신 건가요?) 자기가 운용을 한다고 얘기를 했던

것 같아요. 그래서 제가 그런 부분에서 조금 의아심을 가졌고….
[김ㅇㅇ/정경심 교수 자산관리인/음성변조] 먼 친척이 정말 노력을 해서 잘 됐더라. 나한테 이렇게 제안을 하는데 아무튼 네가 한번 검토를 해보고 나한테 어떤지 얘기를 해달라….

위 세 개의 멘트와 관련해 기자는 이렇게 설명한다.

조 장관은 청문회 준비 당시 5촌 조카 조모 씨로부터 펀드를 소개받은 것은 맞지만, 조 씨는 펀드 운용과 관계가 없다고 밝혔습니다. 하지만 조 장관의 배우자 정경심 교수의 금융 자산을 오래도록 관리해온 투자회사 직원 김모 씨의 말은 전혀 달랐습니다. 정 교수가 '코링크'를 먼 친척의 회사인 것처럼 자신에게 말했다는 겁니다. 먼 친척은 조 장관의 5촌 조카, 조모 씨를 말합니다. 그러면서 제안서까지 가져와 검토를 부탁했다고 했습니다. 5촌 조카가 펀드를 소개해줬을 뿐 펀드 운영엔 일체 관여한 사실이 없다는 조 장관 측 설명과 배치되는 부분입니다.

9월 11일 〈[단독] 사모펀드 초기 투자 어떻게?…〉 기사에서 KBS가 인용한 조국 장관의 발언은 "실제 5촌 조카가 어떤 역할을 했는지는 잘 모른다"는 것이다. 김경록 씨는 정경심 교수가 5촌 조카 조 씨를 통해 사모펀드를 하게 되었다고 말했을 뿐이다. 조국 장관의 발언을 종합해보면 그는 5촌 조카의 업무에 대해 잘 알지 못했던 것으로 보이는데 기자는 무리하게 김경록 씨가 언급한 5촌 조카에 대한 정 교수의 발언과 조국 장관의 기자간담회 답변을 연결지어 조국 장관이 '사실과 다른 말'을 한 것처럼 몰아가고 있다. KBS는 또 "김 씨는 나아가 코링크가 처음부터 조 장관 일가만을 위해 만들어졌을 가능성도 언급했다"고 전제한 뒤 다음과 같은 발언을 소개했다.

[김○○/정경심 교수 자산관리인/음성변조] 코링크에 제가 직접 전화를 해봤어요. (그 펀드에) 30억 정도 투자를 하고 싶다. 안 된다는 거예요. 상식적으로 납득이 안 되잖아요. 돈 있는 사람이 지금 내 돈 싸들고 가서 투자를 하겠다는데….

김경록 씨가 코링크PE에 전화를 걸었고 투자 의향을 밝혔는데 거부당했다면 김 씨 입장에서는 의구심을 가질 수 있다. 그러나 김경록 씨가 투자 거부를 당했다고 해서 "코링크PE가 조 장관 일가를 위해 만들어졌을 가능성이 있다"고 주장하는 것은 무리다.

과연 김경록 씨는 코링크PE가 조 장관 일가를 위해 만들어졌을 가능성이 있다는 언급을 했을까. 녹취록에서 그런 언급은 찾을 수 없다. 오히려 김경록 씨는 정 교수의 친척이 권하는 펀드라서 정 교수에게 솔직하게 조언하진 못했지만 코링크PE에 대해 "조심해야겠다", "그 상품이 잘 안될 것 같다"는 느낌을 가지고 있었다고 말한다. KBS가 공개한 녹취록을 봐도 김 씨의 생각은 명확하다. KBS 기자가 "본인(정 교수) 피해를 입었다고 말씀하신 적은 없으신 거죠?"라고 묻자 김경록 씨는 이렇게 답했다.

네. 제 생각에 일반적으로 많이 당하는… 일을 당하신 것 같구나. 많은 사람이 후회하는 일을 당하신 것 같구나 이런 생각을 했습니다. 그래서 그

때 조금 더 제가 더 알아보고 확인했었어야 되는데 그게 좀 후회됩니다.

한마디로 정 교수가 5촌 조카에게 피해를 입었다는 것이다. 그렇다면 왜 KBS는 "김 씨는 코링크PE가 처음부터 조 장관 일가만을 위해 만들어졌을 가능성도 언급했다"는 무리한 해석을 한 것일까. 9월 11일 KBS 보도의 마무리 멘트에 답이 있다.

KBS는 이 보도에서 "만일 5촌 조카가 펀드 운용에 직접 개입했고 정 교수가 이를 알고도 돈을 맡겼다면, 투자자의 펀드 운용 개입을 금지한 자본시장법 위반이 될 수 있다"고 끝을 맺고 있다. 이미 KBS 법조팀 기자는 조국 장관과 정 교수가 자본시장법을 위반했다는 심증을 굳히고 있었고, 그 이상의 의심을 하고 있었던 것으로 보인다. '조 장관 일가만을 위한 것일 가능성'이라는 표현은 자본시장법 위반이나 공직자윤리법 위반에 대한 의심만으로 언급할 수 있는 수준을 넘어선다.

KBS는 9월 11일 〈[단독] '모른다'던 투자처…〉에서도 정경심 교수가 코링크PE 전체 운용에 개입하고 있다는 심증 아래 정 교수가 WFM에 투자하려 했고 이 계획을 조국 내정자가 알았다면 공직자윤리법 위반이라는 '주장'을 하고 있다. 이 보도에서 KBS 기자는 "코링크PE가 배터리 펀드를 통해 2차 전지업체 WFM에 투자했다"고 전한 뒤 민정수석의 배우자라서 개별 주식에 투자할 수 없는 정 교수가 김경록 씨에게 "WFM에 대해 알아봐달라"고 했는데 "유망하지 않은 업체의 신사업과 투자성을 살펴본 점, 정 교수가 돈을 넣은 사모펀드 운용사의 투자처인 점 모두 공교롭다"고 덧붙였다. KBS 기자가 이렇게 추측한 근거는 김경록 씨의 다음 인터뷰 내용이다.

[김○○/조국 장관 가족 자산관리인/음성변조] 그쪽 회사(코링크PE)에서 교수님한테 뭐에 투자했다 뭐에 투자했다 말씀을 드렸던 것 같고, 그러다 보니까 저한테 '더블유에프엠이라는 회사가 어떤지 봐달라' 그런 말씀도 하셨습니다.

[김○○/조국 장관 가족 자산관리인/음성변조] 사업 자체가 그렇게 튼실하지가 않더라고요. 그리고 신규 사업을 하고 있어서 교수님이 이해하시기 쉽게 설명을 드렸습니다. (2차 배터리 말씀하시는 거죠?) 네, 네.

기사는 이어 "더구나 문의 이후, 정 교수는 이 회사에서 최근까지 7개월간 영어교육 자문료 명목으로 월 200만 원씩 받았다"며 "WFM의 정관상 사업 목적을 가족펀드 투자회사의 정관과 똑같이 바꾸는 등 합병을 통해 우회상장하려 했다는 의혹도 제기된 상황"이라는 멘트를 붙였다. 마치 정 교수가 'WFM의 정관상 사업목적'을 '코링크PE' 정관과 똑같이 바꿔 '우회상장' 시도를 한 듯한 분위기를 풍기고 있다. 그런데 "WFM의 정관상 사업목적을 (중략) 우회상장하려 했다는 의혹도 제기된 상황"이라는 문장에는 주어가 없다. 기사의 육하원칙에도 맞지 않는 '정체불명'의 문장을 왜 이 보도에 끼워 넣은 것일까. 의문이 생기지 않을 수 없다.

KBS의 이 보도가 나올 즈음 이미 검찰 주변과 언론, 야당에서는 조국 장관 가족을 '주가조작 가족사기단'으로 규정하고 있었다. 이들은 조국 장관이 정경심 교수와 함께 5촌 조카를 내세워 코링크PE를 설립해 여러 사모펀드를 만들었고, 민정수석이라는 지위를 남용해 가로등 점멸기 제조업체 웰스씨앤티를 통해서는 관급공사를 싹쓸이했으며, 2차 전지 업체 WFM의 우회상장을 통해 '대선자금'을 마련하려 했다는 '가설'을 기정사실로 굳혀가고 있었다.

지금까지 살펴본 2019년 9월 11일 KBS의 두 기사는 '조국 전 장관 가족=주가조작 가족사기단'이라는 검찰 주변과 야당의 '황당한 억측'을 김경록 씨 인터뷰 일부 내용으로 뒷받침해준 '어이없는 보도'였고, 한동안 KBS는 내홍에 시달리게 된다.

녹취록이 공개되면서 KBS는 검찰 편향적 시각에서 김경록 씨 인터뷰를 짜깁기 보도했다는 비판 외에도 김경록 씨 인터뷰를 한 방향으로 몰아가려 했으며 정작 사모펀드와 관련해 '진실을 밝혀줄' 중요 인터뷰 내용은 보도하지 않았다는 비난에 직면했다.

공직자 사모펀드 투자, 불법 아니다

KBS가 공개한 녹취록에 따르면 김경록 씨는 사모펀드가 간접투자이므로 공직자가 투자할 수 있었다고 말하고 있다. 그러나 KBS 기자는 끈질기게 정 교수와 사모펀드에 관해 묻는다.

김경록 일단 첫 번째 청와대 규정에 사모펀드가 투자해도 되는지에 대해서 의견을 물었을 때 된다고 했습니다. (중략) 간접투자이기 때문에. 당시 규정이나 감독원 규정에서도 특별히 문제될 규정을 발견하지 못했어요. (중략)

기자 그럼 2015년에는 코링크나 사모펀드에 대해서 (정 교수가) 전혀 관심이 없으셨던 건가요?

김경록 네. 2015년만 해도 사모펀드가 그렇게 많이 대중화되지 않았었고요.

기자 결정은 교수님이 하신 거고?

김경록 네. 최종적으로 그렇게 결정은 하셨습니다.

기자 이게 정 교수님이 코링크 이전에도 나 이런 사모펀드 해보고 싶어, 나도 이런 투자처에 해보고 싶어 이런 직접 가져오시는 경우가 많았나요?

김경록 아니요. 민정수석 되시고 나서 그렇게 됐지 그전에는 거의 저희들이 제안을 하고 타사에서 뭘 하나 추천받아서 그것도 이제 간접상품인데요. 그걸 저한테 한번 문의하셨던 적은 있습니다.

KBS 기자는 가로등 점멸기 제조업체 웰스씨앤티에 대해서도 질문을 던졌지만 김경록 씨의 답변은 기사화되지 않았다. 그러나 다음의 인터뷰 내용이 기사화되었다면 웰스씨앤티 관련 의혹은 상당 부분 해소되었을지도 모른다.

기자 그럼 코링크에 투자하고 나서 혹은 그전에 웰스씨앤티에 대해서 물어보시거나 투자를 좀 하고 싶다거나 물어보신 적은 있으신가요?

김경록 아니요. 저도 그렇고 저는 처음 들었습니다. 이번에 그 회사 이름 자체를.

기자 아니면 웰스씨앤티의 업종. 가로등 점멸이라든가 신사업 관련해서 여쭤본 적은?

김경록 아니요, 한 번도 없었습니다.

기자의 질문은 웰스씨앤티에서 WFM으로 넘어간다.

기자 WFM에도 코링크가 투자를 했는데. (중략) 이 WFM에 대해서 정 교수께서 먼저 물어보신 적이 있으세요?

김경록 물어보신 적이 있으시고요. (중략) 블라인드펀드가 아예 아무것도 알려주지 않는 펀드는 아니에요. 블라인드펀드의 핵심은 눈을 감고 있다는 의미가 아니라 내가 지금 앞으로 투자할 게 뭔지 정해지지 않고 투자자를 모집한다는 개념인 거거든요. 그래서 그쪽 회사에서 아무래도 교수님한테 뭐에 투자했다 이렇게 말씀을 드렸던 것 같고. 그렇다 보니까 저한테 WFM이라는 회사가 어떤지 좀 봐달라 그런 말씀을 하셨습니다.

기자 그냥 봐달라고 단순하게만?

김경록 네. 그 회사가 어떤지 봐달라, 이거였습니다.

(김경록 씨가 WFM에 대해 공부를 해서 정 교수에게 알려줬다는 요지의 이야기를 한 뒤)

기자 본인(정 교수)이 이 회사랑 연관되어 있다거나 이런 말씀을 하신 적은 없으시고요?

김경록 절대로 그런 말씀 안 하셨고요.

녹취록에서 기자는 정 교수가 아들, 딸에 대한 증여 부분을 언급했느냐고 질문하고 김경록 씨는 그런 의논은 하지 않았다고 답한다. 사모펀드 약정액 70억 원에 대한 질문도 있다. 실투자액과 약정액의 차이에 대해 김경록 씨는 "약정액은 사모펀드 운용사가 특별히 안 지키셔도 되고 강제로 돈을 넣으라는 말씀 안 할 테니 편의상 해달라"고 하는 경우라고 설명하고 "그 회사와 교수님이 밀접한 관계가 있다고 생각을 하니까 말이 꼬이는 거다", "답답하다"라고 심경을 토로한다. 이어 기자가 정 교수 동생의 코링크PE 투자에 대해 질문하고 김 씨는 모른다고 답변한다. 이어지는 다음 질문은 기자의 질문 취지를 가늠하게 만든다.

기자 블루펀드의 투자처는 아니었지만 어쨌든 WFM에 대해서 교수님이 먼저 말씀을 하시고 또 친척분이 운용을 하셨다고 하면 전문가가 보시기엔 이게 직접투자가 아닌 게 맞는 상황인 건지.
김경록 어… 직접투자라고 말을 하기가 거의 불가능하다고 생각이 들고요.

김경록 씨는 블라인드펀드라고 해서 투자자에게 아무것도 알려주지 않는 게 아니라며 그렇게 하면 투자가 이뤄지지 않는다고 설명한다. "사실은 이런 것도 투자했고 저런 것도 투자했고 이런 투자계획이 있다고 이야기를 해준다"고 전제하고 다만 "그게 제안서나 문서 형태로 남아 있으면 안 된다", "규정 위반이다"라는 블라인드펀드 일반론을 언급한다. 그런데 KBS 기자는 불쑥 이런 질문을 던진다.

기자 적어도 종목 이상은 알 수 있었던 구조라고 봐야 하는 거죠?
김경록 흔히들 다들 그렇게 얘기를 해주고 있어요. 어떻게 투자되는지에 대해서는.

이 대목은 "정 교수가 WFM을 알아봐달라고 했다"는 내용과 함께 KBS 기자로 하여금 9월 11일 〈[단독] '모른다'던 투자처…"정경심이 먼저 WFM 투자 가치 문의"〉를 보도하는 근거로 작용한 것으로 보인다. 김경록 씨는 블라인드펀드의 일반적인 운용 행태를 말했을 뿐인데 KBS 기자는 정 교수의 블라인드펀드는 블라인드가 아니므로 '직접투자'일 수 있고 이 사실을 조국 장관이 알았다면 공직자윤리법 위반이라고 주장하고 싶었던 것이 아닐까. 녹취록에서 계속되는 기자의 질문을 보면 의도가 좀 더 명확해진다. 기자는 조국 장관이 정 교수의 자금운용에 대해 안다는 전제로 질문하고 김 씨는 부정한다.

> **기자** 그럼 그 자리에서 (가족 식사 자리에서) 어떤 주제를 하고 있고 얼마 정도 사모펀드에 넣은 상태다, 내지는 뭐 주식을 넣은 상태다 이런 얘기도 나누셨나요?
>
> **김경록** 그 자리에서 그냥 애들 얘기 그 정도 하는 거였지, 조국 교수님은 단 한 차례 투자나 금융이나 주식에 대해서 말씀하신 적이 없었습니다. 잘 모르시더라고요. 아무것도 모르시더라고요.
>
> **기자** 정경심 교수님께서 어쨌든 배우자한테 소개시켜줄 정도면 자산관리 어느 정도는 말씀하시는 게?
>
> **김경록** 이게 정경심 교수의 자산이기 때문에 정경심 교수가 전반적으로 모든 것에 대해서 책임을 지고 관리를 했었습니다.

결국 기자는 김경록 씨 인터뷰를 통해 팩트를 전달하려고 했던 것이 아니라 "조국 장관은 최소한 공직자윤리법 위반일 것"이라는 심증을 가지고 질문을 이어갔고, 김경록 씨로부터 기대한 답변을 이끌어내지 못하자 인터뷰 내용을 짜깁기해 최소한의 기사 요건도 갖추지 못한 기사를 내보내게 된 것으로 판단된다.

당시 검찰은 조국 장관에 대해 사모펀드를 통한 웰스씨앤티 투자 과정에서 관급공사를 독점한 의혹을 두고 수사하고 있었지만 수사에 진전을 보지 못하고 있었다. 이런 상황에서 KBS의 김경록 씨 인터뷰 왜곡 보도로 WFM이 부각되자 검찰은 관급공사 독점수주 의혹에서 슬그머니 발을 빼는 모양새였다. 대신 WFM 의혹에 집중하기 시작한 것으로 보인다.

KBS의 보도로 검찰의 수사 방향이 바뀐 것인지, 검찰의 필요에 따라 KBS 보도가 나온 것인지 알 길이 없지만 적어도 검찰과 KBS 법조팀 간에 의뭉스러운 연계가 있었다는 '합리적 의심'이 든다. 이 보도에 대한 방송통신심의위원회 심의 과정에서 김경록 씨는 의견서를 통해 KBS 인터뷰 성사 과정에서 검찰을 거론한 KBS 측의 협박성 발언이 있었다고 주장했다. 다음은 방심위 관련 심의 과정을 보도한 미디어오늘 기사[24] 내용이다.

> 김 씨는 KBS 측이 인터뷰를 제안하면서 검찰과 관계를 들어 압박했다는 취지의 주장을 펼쳤다. 김 씨는 지난해 9월 10일 대학 동문으로 알고 지내던 변호사의 사무실에서 역시 대학 동문인 KBS 법조팀장을 만나 인터뷰를 제안받았다고 밝혔다. 김 씨는 "저는 인터뷰를 할 이유도 없고 변호사를 통해서 검찰 조사에만 충실하고 싶다며 거절 의사를 밝혔다. 그럼에도 KBS 법조팀장은 거의 2시간 동안이나 회유와 설득을 반복했고, 차마 입에 담기에도 험한 이유까지 들어가며 인터뷰를 성사시키려 했다. 그중 가장 강조하면서 저를 설득하려고 했던 내용은 송아무개 3차장과의 관계였다"고 주장했다.
>
> 김 씨는 "본인과 3차장 검사는 매우 밀접한 관계를 맺고 있는데 그 사람이 너의 범죄를 매우 심각하게 보고 있으며 영장을 만지작거린다는 소리까지 있더라. 본인이 3차장 검사와 매우 친하니 네가 인터뷰하면 그 사람이

---

[24] 김경록 "KBS 인터뷰는 검찰 조사와 유사한 계획된 각본" (미디어오늘, 2020. 2. 24.)

선처해줄 수 있다는 이야기였다"고 주장했다. 김 씨의 주장이 사실이라면 KBS 측은 인터뷰를 성사시키기 위해 검찰과의 관계를 언급하며 김 씨에게 상당한 압박을 가했다는 얘기가 될 수 있다.

인터뷰 제안에 김 씨는 "사모펀드 투자 과정에서 법과 규정을 지키려고 했고, 사모펀드 투자 이후에 조국 교수는 정말 펀드의 내용을 알지 못했다는 내용 등을 전달할 수 있으면 인터뷰를 할 의사가 있으며 그것을 법조팀장이 받아들이면서 인터뷰가 성사됐다"고 밝혔다.

김 씨는 인터뷰 과정에 대해서도 문제를 제기했다. 김 씨는 "9월 7일 (검찰)조사 과정에서 받았던 질문의 내용과 형식, 순서들이 너무 일치해서 중간에 인터뷰를 끊고 법조팀장에게 질문이 너무 이상하다고 이야기를 했다"고 주장했다. 김 씨는 "9월 7일 제가 오전 10시부터 다음 날 (새벽) 2시까지 16시간이 넘는 시간 동안 (검찰) 조사받은 질문과 유사한 질문을 9월 10일 이틀 만에 도대체 어디를 취재하고 조사를 해야지 구할 수 있을까요"라며 "이틀 전 검찰 조사에서 받았던 질문과 형식, 순서가 유사한 인터뷰 질문들이 1시간 내내 계속됐다. 그리고 결과적으로 저의 취지와는 전혀 다른 내용의 9월 11일 뉴스9 기사까지가 계획된 각본이 아니었냐는 생각이 든다"고 주장했다.

당시 서울중앙지검의 송경호 3차장은 조국 전 장관 관련 수사를 맡아서 이끌어왔던 수사 총책임자였다. 김경록 씨의 증언에 따르면 KBS 법조팀장이 김경록 씨와의 인터뷰를 따내기 위해 '(검사가) 영장을 만지작거린다', '선처해줄 수도 있다'며 협박하고 회유했다는 것이다. 채널A 이동재 기자가 유시민 노무현재단 이사장을 겨냥해 이철 전 밸류인베스트코

리아(VIK) 대표를 회유하고 '윤석열 최측근' 한동훈 검사장과의 커넥션을 거론한 이른바 '채널A 검언유착 사건'과 같은 일이 KBS 법조팀장과 김경록 씨 사이에서 벌어진 것일까.

한편 2020년 2월 24일 방송통신심의위원회는 KBS의 김경록 씨 인터뷰 보도에 대해 과징금 다음으로 높은 법정제재인 '관계자 징계'라는 중징계 결정을 내렸다. 이후 KBS는 방심위의 중징계 결정에 강력하게 반발하며 재심 청구에 나섰다. 언론개혁시민연대는 방심위의 결정에 "객관성이 결여됐다"며 비판하는 논평을 내놓았고[25] 한국기자협회도 비슷한 입장[26]의 기사를 내놓았다.

방심위가 KBS에 '관계자 징계'라는 중징계 결정을 내리는 과정에서 김경록 씨의 주장을 검증하거나 KBS의 추가 입장을 듣는 절차를 거치지 않은 점은 문제다. 그런데 방심위의 중징계 결정을 비판한 언론개혁시민연대는 방심위의 결정을 비판만 했을 뿐이다. 방심위의 징계 결정에 대해서는 5개 항에 걸쳐 조목조목 비판을 하면서도 언론사의 '취재원 협박' 의혹에는 함구했다. 다만 KBS에 대해 "보도 품질을 더욱 향상"하라는 모호한 당부를 했을 뿐이다.

결국 방심위는 재심 청구를 받아들였고 4월 27일 열린 재심의에서 KBS에 대한 징계를 '관계자 징계'에서 '주의'로 감경했다. 안타까운 것은 이 과정에서 김경록 씨가 제기했던 'KBS 법조팀장의 김경록 씨 협박 의혹'이 실종됐다는 점이다. 방심위는 사태를 수습하기에 바빴던 것 같고,

---

25 객관성을 결여한 방심위의 부실 심의(언론개혁시민연대 논평, 2020. 2. 25.)
26 김경록 인터뷰 KBS 뉴스9, 방심위 소위선 '주의' 전체회의 '중징계'…무슨 일이(기자협회보, 2020. 2. 26.)

언론개혁시민연대나 한국기자협회는 언론취재윤리 문제를 심각하게 보지 않았다.

김경록 씨 인터뷰 관련 KBS 왜곡 보도는 공영방송의 존재 이유를 묻게 되는 '수치스러운 사건'이었다. 김경록 씨가 레거시 미디어가 아닌 〈유시민의 알릴레오〉에서 진실을 알리려 하는 순간 레거시 미디어는 사망 선고를 받은 것과 같다는 자조의 목소리도 높았다.

WFM 자문료 논란

정경심 교수가 WFM으로부터 받은 '자문료' 의혹 관련 첫 보도는 조국 법무부 장관에게 임명장이 수여된 2019년 9월 9일 아침 일찍 터져 나왔다.

시작은 경향신문의 단독 보도였다.[27] 경향신문은 2019년 9월 9일 정경심 교수가 코링크PE의 펀드가 투자한 회사 WFM으로부터 '2017년부터 최근까지' 매달 수백만 원씩 '경영고문료'를 받아왔다고 보도했다. 경향신문은 이를 토대로 정경심 교수가 블라인드펀드라서 투자처를 모른다고 하면서도 코링크PE의 투자처인 WFM을 알고 있었기 때문에 자문계약까지 한 것 아니냐는 의혹을 제기했다.

하지만 이 의혹은 몇 가지 지점에서 성립이 불가능하다. 우선 정교수가 투자한 블라인드펀드는 '블루펀드'이고, WFM은 블루펀드와는 별개로 운영되는 '배터리펀드'에서 투자한 회사다. 두 펀드는 각각 별개의 '유한회사'일 정도로 자금이 분리되어 있으며 배터리펀드는 정 교수가

---

27 〔단독〕조국 부인, 가족펀드 투자사서 매달 고문료 받았다(경향신문, 2019. 9. 9.)

블루펀드에 투자한 2017년 7월보다 3개월 뒤인 10월에 조성되었다. 따라서 집안 5촌 조카 조범동 씨가 WFM을 정 교수에게 소개한 것은 블라인드펀드 의혹과는 무관한 일이었다.

경향신문은 기사에서 "취재 결과 확인됐다"는 식으로 출처를 정확히 밝히지 않거나 "서울중앙지검 특수2부는 압수수색과 참고인 조사에서 관련 서류와 전·현직 WFM 직원 진술을 확보한 것으로 전해졌다"고 보도함으로써 관련 정보들이 검찰에서 흘러나왔을 가능성을 암시했다.[28] 또한 경향신문은 기사 말미에 "이날 조 후보자 입장을 들으려고 연락했으나 답변을 듣지 못했다"고 밝혔는데, 이어지는 "인사청문회 후 (중략) 후보자 입장 확인 업무를 하지 않는다"는 법무부 관계자의 멘트로 볼 때 경향신문은 해체된 인사청문회 준비단에 연락한 것으로 보인다. 조 후보자 측의 답변을 들으려는 의지가 있었는지 의심하게 되는 대목이다.

정경심 교수는 9월 9일 페이스북에 〈정경심의 해명〉이라는 글을 올리고 경향신문 보도 내용을 반박했다. WFM은 원래 영어교육 사업을 하는 회사이고, 영문학자인 자신이 어학 사업 관련 자문위원으로 위촉되어 자문을 맡았다는 설명이다. 자문 기간도 2017년부터가 아니라 2018년 말부터였고 총 자문 기간은 7개월이었다고 밝혔다. 또한 자신이 일하는 동양대에 겸직허가 신고를 했으며 세금도 신고했다고 말했다. 정 교수는 WFM 자문 활동을 빌미로 마치 블라인드펀드인 블루펀드에까지 관여한

---

28 이 기사가 나온 2019년 9월 9일은 KBS가 김경록 씨와 인터뷰한 날이다. 미디어오늘의 보도에 따르면 당시 KBS 법조팀이 수사팀 총책임자인 서울중앙지검 송경호 차장을 거론하며 협박하고 회유했다는 것이 김경록 씨의 주장이다. 김경록 씨의 이러한 주장을 감안하면, 이 시점에 검찰이 WFM을 언론에 띄우려는 의도로 이른바 '친검언론'에게 WFM에 대한 '보도협조'를 구했을 가능성도 있어 보인다.

것처럼 보도한 것에 대해 유감을 표했다.

동양대학교 교수 정경심입니다. 오늘 아침 일부 언론에 제가 '가족 펀드 투자사로부터 매달 고문료를 받았다'는 보도와 관련하여 말씀드립니다. 더블유에프엠은 원래 영어교재 등 영어교육사업을 전문으로 하는 회사입니다. 저는 영문학자로서 회사로부터 어학 사업 관련 자문위원 위촉을 받아 영어교육 관련 사업을 자문해주고 자문료로 7개월 동안(2018. 12.~2019. 6.) 월 200만 원씩 받았을 뿐입니다. 제가 더블유에프엠의 경영에 관여하였다는 보도 내용은 전혀 사실이 아니고, 더블유에프엠은 제가 투자한 펀드에서 투자한 회사도 아닙니다.
한편 위와 같은 자문 업무는 동양대에 겸직허가 신고 등 관련 절차를 모두 이행하였고 세금 신고까지 하였습니다. 일부 언론에서 제가 마치 투자한 펀드 운용사 및 그 계열사의 운영에 관여한 것으로 보도된 데 대해 깊은 유감을 표하며, 모든 진실은 검찰 수사와 재판을 통해 밝혀질 것으로 생각합니다. 그때까지 일부 사실만을 가지고 왜곡하여 추측성으로 보도하는 것은 삼가주시기 바랍니다.

WFM은 원래 에이원앤(A1N)이라는 비교적 유명한 영어교육 업체였다. 원래 EBS에서 명성을 얻은 이보영 강사를 영입해 '이보영의 토킹 클럽' 가맹사업을 진행했으나 기존 주력사업이었던 영어교육 사업 외에 2017년 10월 코링크PE와 주식양수도 계약을 맺으면서 전기차 배터리 소재 사업을 추진했다.

정 교수의 적극적인 해명이 나온 뒤 일주일가량 잠잠했던 자문료 의혹은 9월 17일 한국일보가 다시 단독 보도[29]를 내놓으면서 또 한 번 파장이 일었다. 한국일보는 '동양대 내부 관계자'를 인용해 정 교수가 "산학협력단 규정에 따라 자문 계약을 하지 않았다. 학교를 통해 자문 계약을 맺고 자문료도 지급받아야 하는데 개인적으로 직접 자문료를 받았다"고 지적했다. "절차를 지키지 않았다"는 주장이다. 이에 대해 정 교수는 9월 18일 페이스북에 해명 글을 올리고 동양대에 제출했던 겸직 허가 신청서를 공개했다.

> 저는 2018년 11월 WFM과 고문계약을 체결하면서 저의 직장인 동양대학교 교원인사팀과 사전 협의를 거쳐 겸직허가서를 득하였습니다. 당시에 산학협력단에 보고해야 한다는 안내를 받은 바가 없었기에 금일 오후 3시경 산학협력단에 문의하고 규정집을 확인하였습니다. "고문"에 대한 규정은 명시되어 있지 않으므로 인사팀의 지침을 따르는 것이 정례라고 안내받았습니다.
> 추신) 산학협력단으로부터 정확한 안내를 받았습니다. 겸직허가가 난 경우는 산학협력단의 '산학자문' 규정에 적용받지 않으며, '산학자문' 규정은 직이 없는 교수님께 해당되는 것입니다. 요약하면 저는 규정대로 보고하여 승인절차를 완료한 것입니다.

정 교수의 해명에 따르면 당시 학교 교원인사팀과 사전 협의를 거

---

[29] [단독] "정경심, 동양대에 신고 않고 WFM 자문료 받아"…직접투자 의혹 커져(한국일보, 2019. 9. 17.)

쳐 겸직 허가를 받았고, 당시 산학협력단에 보고해야 한다는 안내를 받지 못했으며, 한국일보 보도 이후 산학협력단에 문의한 결과 '겸직 허가가 난 경우는 산학협력단의 규정을 적용받지 않는다'는 답변을 받았다는 것이다. 정 교수의 해명대로라면 전날 한국일보에서 보도한 '산학협력단 규정' 문제는 근거 없는 의혹 보도인 셈이다.

하지만 의혹 보도는 계속 이어졌다. 9월 19일 한겨레는 정 교수가 WFM의 경영에 관여한 정황이 있다는 의혹을 보도했다.[30] 한겨레는 이 기사에서 "정 교수는 지난해부터 올해 초까지 더블유에프엠 회의에 참석해 매출 전표 등을 보고받고 '매출이 왜 오르지 않느냐' '연간 사업 목표의 최대치와 최소치를 잘 구분하라' 등 회사 운영과 관련해 여러 지시를 한 것으로 알려졌다"고 보도했다. 9월 21일 채널A는 정 교수가 WFM에서 어학 사업 자문을 맡았을 뿐이라는 주장과 다르게 주가 하락에 예민하게 반응하는 등 경영에 깊숙이 관여했다는 의혹이 커지고 있다고 보도했다.[31] 채널A 보도에는 검찰이 취재원으로 등장했다.

검찰은 WFM 내부 관계자에게 "정 교수가 배터리 사업 매출이 언제부터 발생하는지 다그치며 자주 질책했다"는 진술을 확보했습니다.

같은 날 SBS는 정 교수와 WFM이 맺은 계약 내용과 관련해 고정급 월 200만 원 외에 "회사 영업이익이 증가하면 증가분의 최대 20%까

---

30 [단독] 조국 부인, WFM 회의서 "왜 매출 안 오르나"…경영 관여 정황 (한겨레, 2019. 9. 19.)
31 [단독] "투자처 모른다"던 정경심…"주가도 챙겼다" (채널A, 2019. 9. 21.)

지 성과급을 받는 내용이 포함된 것으로 알려졌다"고 보도했다.[32] 이 기사에도 역시 검찰이 등장한다. 검찰이 조국 장관 가족에 대한 무리한 수사를 합리화하면서 국민 정서를 건드릴 만한 것들만 골라서 언론에 피의사실을 유포하는 게 아니냐는 비판이 거세지던 시기였다. 그런데 고정급 자문료 외에 경영성과에 따른 성과급 계약이 있었다면 경영성과에 대해 신경을 쓰고 조언하는 것은 당연한 일이다. 하지만 언론은 정 교수의 경영 관여를 먼저 보도하면서 성과급을 넘어서는 이해관계가 있었던 게 아니냐는 의심을 깔아놓고는 뒤늦게 성과급을 거론하는 식으로 의혹에 의혹을 부추겼다.

성과급 계약은 영화 제작 등에 흔히 있는 '러닝개런티' 계약이라고 보면 이해가 쉽다. 고정 급여액을 줄이고 대신 성과가 좋을 경우 추가로 비용을 지급하는 방식이다. 이 방식은 흥행성이 기대되는 영화에도 적용되지만 실제로는 제작비가 많이 부족한 경우에 더 자주 등장한다. 이런 영화들은 결과적으로 흥행 성적이 좋지 않을 때가 많다. 러닝개런티를 받을 가능성이 애초부터 낮은 것이다.

정 교수의 WFM 자문 계약도 비슷한 경우라고 할 수 있다. WFM(사명 변경 전 에듀박스→에이원앤)의 영어교육 사업은 10년 넘게 정체된 상태였다. 정 교수가 자문을 한다고 해서 성과가 오를 가능성은 높지 않았다.[33] 200만 원이라는 기본 자문료에 조건부로 성과급을 지급한다는 모양새를 갖췄을 뿐 실제로 성과급이 지급될 가능성은 낮았던 것이다. SBS 보도에서도 "검찰은 WFM과 정 교수가 경영 성과에 따른 성과급을 받는 자

---

32 〔단독〕정경심-WFM 계약엔 '이익 나면 성과급'…경영 손댔나(SBS, 2019. 9. 21.)

문 계약을 맺은 배경과 실제 돈을 받았는지 조사하고 있다"고 했지만 이후 공판 과정에서도 검찰은 200만 원이라는 액수만 강조했을 뿐 '성과급'에 대해서는 언급하지 않았다.

정경심 교수, 코링크PE 소유? 지배?

정경심 교수가 코링크PE의 설립 자금을 댔다는 의혹은 2019년 9월 16일 조범동 씨에 대한 구속영장 실질심사 과정에서 나왔다. 법정에서 조 씨가 "코링크PE 설립 자금이 조 장관 부인인 정경심 교수로부터 나왔다"고 인정했다는 것이다.[34] 또 정 교수의 동생 정 씨가 2017년 3월 코링크PE의 주주로 등재되었다는 사실도 다시 부각되었다. 많은 언론이 이 두 개의 별개 사실을 하나로 엮어 보도하면서 순식간에 "코링크PE 실소유주는 정경심"이라는 주장이 확산되었다.

정 교수 동생의 코링크PE 투자 사실과 "코링크PE 실소유주는 정경심"이라는 주장이 함께 보도되면서 정 교수가 사모펀드를 직접 운용했다는 의혹이 기정사실화되기 시작했다. 정 교수 동생의 코링크PE 투자 사실은 2019년 8월 22일 자유한국당 주광덕 의원이 공개한 것인데[35] 당시에는 정치 공세로 머물며 그다지 관심을 끌지 못했다. 그런데 언론이

---

33 WFM에서 오랫동안 영어교육 가맹사업의 간판 얼굴이던 이보영 강사는 정경심 교수의 해명 글이 올라온 다음 날, 역시 페이스북에 글을 올려 자신은 정경심 교수의 영어자문 계약에 대해 아는 바 없다고 밝혔다. 다만 이 글은 정경심 교수의 글에 대한 반박이라기보다는 강용석의 〈가로세로 연구소〉가 '충격! 조국과 이보영의 관계!'라는 제목의 동영상을 올리며 마치 이보영 강사가 WFM 의혹에 관련이 있는 것처럼 발언한 데 대한 대응이었다. 정작 해당 동영상은 조국 전 장관과 이보영 강사 사이의 관계에 대한 내용은 전혀 없었다. 전형적인 '낚시질' 제목이었다.
34 조국펀드 운용사 코링크도, 정경심 돈으로 설립했다 (중앙일보, 2019. 9. 16.)
35 주광덕 "조국 처남, 코링크PE에 5억 원 출자…'조국 펀드'" (연합뉴스, 2019. 8. 22.)

'코링크PE 설립 자금 5억 원'과 엮으면서 의혹을 키운 것이다.

중앙일보도 9월 16일 〈조국펀드 운용사 코링크도, 정경심 돈으로 설립했다〉라는 기사 제목에서 마치 정 교수가 코링크PE에 출자라도 한 것처럼 보도했지만 정작 기사 내용은 이런 의미와는 거리가 멀었다. 단지 조범동 씨가 구속영장 실질심사 과정에서 "코링크PE 설립 자금이 조 장관 부인인 정 교수로부터 나왔다"고 진술했다는 것인데, 정 교수와 조범동 씨가 사업 자금 5억 원이 '채무'일 뿐이라고 일관되게 주장해온 것과는 대립되는 것이다.

특히 뒤이어 같은 소식을 전한 한국일보와 동아일보[36]를 보면 "정 교수가 조 씨 측에게 빌려준 5억 원 가운데 일부가 2016년 2월 코링크PE 설립 자금으로 쓰인 정황", "코링크PE의 설립 자금 등에 사용"이라고 언급하고 있다. 언론은 당시에도 조범동 씨가 정 교수로부터 차입한 돈 5억 원 중 일부만 코링크PE로 입금되었다는 사실을 파악하고 있었던 것이다.

코링크PE 설립 시점은 2016년 초였고, 당시는 조국 전 장관이 교수로 재직하던 시절이었기 때문에 정경심 교수가 코링크PE에 투자한 사실을 숨길 이유가 없었다. 한투 PB 김경록 씨의 증언에 따르면 조국 전 장관이 민정수석으로 임명되기 전에도 정경심 교수는 다양한 주식에 직접투자를 하고 있었다. 자유롭게 투자하던 시절이니 코링크PE에 투자했더라도 숨길 이유가 없었고, 집안 친척인 조범동 씨에게 사업자금으로 5억 원을 빌려준 것도 이상한 일이 아니었다.

---

[36] 법원, 조국 5촌 조카 구속영장 발부…조국 부인 정경심 소환 턱밑(한국일보, 2019. 9. 16.)
코링크 설립 때도 조국 부인 돈 들어갔다(동아일보, 2019. 9. 17.)

무엇보다 정 교수가 대여한 5억 원 중 일부만 코링크PE 설립 초기 자금으로 쓰였으며 코링크PE 설립 자금 중 아주 일부에 불과했다. 오히려 자동차 부품업체 '익성'의 자금이 초기 설립 자금의 대부분을 차지했다. 한겨레 9월 16일 보도[37]에 따르면 초기 설립 자금은 1억 원이었고 그 중 8500만 원이 익성에서 나왔다.

하지만 한겨레는 코링크PE의 배후에 익성이 존재한다는 중요한 단서를 취재하고도 제대로 다루지 않았다. 오히려 정반대 주장을 다루면서 몇 줄로만 간단히 언급했을 뿐이다. 코링크PE 설립 자금의 대부분이 익성 자금이라는 사실은 자사 기자의 단독 취재였는데도 한겨레는 정반대 주장을 다룬 기사에 구색을 맞추는 수준으로 끼워 넣은 것이다.

오히려 한겨레의 단독 취재 내용을 주요하게 다루며 적극적으로 부각시킨 것은 TBS〈김어준의 뉴스공장〉이었다.〈김어준의 뉴스공장〉은 9월 17일 한겨레의 익성 관련 보도를 다루었고, 9월 18일에는 한겨레 김완 기자를 스튜디오에 출연시켰다.[38] 이날 방송에서 김완 기자는 코링크PE의 설립 자금이 익성의 자금이라는 점을 지적하고 코링크PE의 설립 목적 자체가 익성의 우회상장을 위한 것이라고 주장했다. 코링크PE가 설립 직후 처음 조성한 레드펀드는 온전히 익성의 우회상장 작업만을 위한 것이었다는 그의 취재 결과는 대다수 언론의 주장과는 180도 다른 것이었다. 익성의 우회상장을 위해 인수한 상장회사 포스링크가 재무 문제로 거래정지가 되면서 이 시도는 실패로 돌아갔다.

---

37 〔단독〕조국 부인 돈 5억, 사모펀드 운용사 설립 종잣돈으로(한겨레, 2019. 9. 16.)
38 조국 뉴스, '진짜? 가짜?!'(TBS〈김어준의 뉴스공장〉, 2019. 9. 17.)

한편 정경심 교수가 조범동 씨에게 빌려준 5억 원 중 코링크PE의 투자금으로 사용된 것은 총 1억 6500만 원 이내인 것으로 보인다. 코링크PE 설립 초기 자본금은 익성 자금 8500만 원을 포함해 총 1억 원이었고, 뒤이어 유상증자를 통해 2억 5000만 원이 되었다. 즉 설립 초기 자금 1억 원에서 익성 투자금을 뺀 1500만 원과 유상증자 액수 1억 5000만 원이 전부 정 교수의 대여금이라고 해도 결국 정 교수가 조범동 씨에게 건넨 5억 원 중 1억 6500만 원만 조범동 씨의 투자로 사용되었고 나머지 3억 원 이상은 다른 곳에 쓰인 것이다. 조범동 씨가 당시 신용불량자였던 만큼 개인 빚을 갚았거나 당장의 생계를 위해 부인에게 넘겼을 가능성이 있어 보인다. 검찰과 언론의 주장대로 정 교수가 조범동 씨에게 대여한 5억 원이 코링크PE 실소유를 위한 차명 투자라는 의혹이 무색해지는 것이다. 이런 사실은 일부나마 검찰의 공소장에서도 확인되었다.

> 조범동은 2016. 2.경 경영참여형 사모집합투자기구 설립·운용을 목적으로 하는 ㈜코링크프라이빗에퀴티(이하 코링크PE라고 함)를 설립하고 그 무렵 자본금 및 유상증자금 합계 2억 5000만 원을 피고인의 투자금으로 충당하였다.

검찰은 초기 설립 자본금과 유상증자가 별개임을 알고 있었고, 공소장에서도 정 교수가 조범동 씨에게 빌려준 5억 원 중 일부만 코링크PE 자금으로 들어간 사실을 인정한 것이다(그러나 초기 설립 자본금 1억 원 중 익성이 8500만 원을 투자한 사실은 공소장에 나오지 않는다). 그럼에도 '2015년 정경심 교수의 5억 원'이 코링크PE의 투자금이고 코링크PE의 실소유주가 정 교수라는 검찰의 주장을 과연 받아들일 수 있을까? 코링크PE의 설립 자금은 대부분 익성이 투자했고 익성의 우회상장을 위해 코링크PE가 설립, 운영된 정황은 명백하다. 또한 코링크PE가 설립된 이후에 들어온 정 교수의 돈은 코링크PE에 대한 투자금이 아니라 조범동 씨 개인에 대한 대여금일 가능성이 높다. 돈이 오간 시점도 조국 전 장관이 민정수석이 되기 전이었고 따라서 정 교수가 코링크PE에 투자를 했다고 하더라도 그 사실을 굳이 숨길 필요가 없었다.

정 교수 동생의 돈, 투자금이냐 대여금이냐

한편 이 초기 대여금은 다시 2017년의 2차 대여금과 연결된다. 정경심 교수의 해명은 2015년 말 1차 대여금을 2017년에 청산한 뒤 다시 대여하면서 정 교수의 동생 정 씨가 5억 원을 추가로 대여해 총 10억 원이 되었다는 것이다.[39] 이 사안을 제대로 이해하려면 검찰이 정경심 교수에 대한 의혹을 키우기 위해 흘린 것으로 보이는 JTBC의 2019년 9월 18일 보도[40]와 함께 살펴보아야 한다.

JTBC의 보도는 이렇다. 정경심 교수는 2016년 9월에 코링크PE에 투자를 하려고 했고, 당시 신주청약서를 작성해 날인까지 했다. 코링크PE의 신주 500주를 액면가의 100배인 5억 원에 사들이겠다는 내용이었다. 하지만 이 계약은 정 교수가 실제 입금을 하지 않아 이루어지지 않았다.

---

[39] 이 과정에서 정 교수는 동생 정 씨에게 3억 원을 대여했다. 조국 전 장관은 민정수석 당시 조범동 씨에게 대여한 5억 원과 정 씨에게 대여한 3억 원 등 총 8억 원을 '사인 간 채권'으로 신고했다.

[40] 정경심 교수, 코링크 설립 초기부터 '직접투자 의향 문건'(JTBC, 2019. 9. 18.)

이 사실에 주목할 필요가 있다. 6개월 후인 2017년 3월, 정 교수의 동생 정 씨가 같은 형식으로 코링크PE에 투자했을 때 계약 총액은 5억 원으로 동일했지만 주식 수는 250주로 절반이 되었다. 만약 검찰과 언론의 주장대로 이 5억 원이 정 교수의 차명 투자라면, 계약 논의가 오가던 불과 6개월 전과 비교해 절반이 된 주식을 받으면서 똑같은 돈을 투자한다는 것이 가능했을까? 검찰의 주장대로 정 교수가 코링크PE를 실질 지배했다면 있을 수 없는 일이다.

언론은 정 교수가 동생 정 씨에게 3억 원을 송금하면서 '정경심(KoLiEq)'이라고 기재한 것도 차명 투자의 근거로 삼았다. 차명 투자는 실제 투자하는 사람과 투자처를 숨기는 것이 상식이다. 그런데 본인 이름과 'KoLiEq(코링크에쿼티)' 즉 투자처 이름까지 명시한 송금 기록을 남겼다면 이것을 어떻게 봐야 할까. 검찰의 주장과는 달리 투자가 아니라는 반증일 수 있다.

중앙일보는 9월 19일 기사[41]에서 정 교수의 동생 정 씨가 코링크PE에 추가로 5억 원을 투자한 후 자문료 명목으로 매달 833만 원을 받았다고 보도했다.

19일 검찰 조사를 받은 코링크PE 관계자 등에 따르면 코링크PE가 정 씨에게 자문료로 지출됐을 때 붙는 세금 3.3%를 제외하고 805만 원을 주려고 하자 이에 대해 정 씨가 이상훈(40) 코링크PE 대표에게 강하게 항의했다고 한다. 결국 코링크PE는 정 씨 측이 실수령으로 833만 원을 매달 수

---

41 〔단독〕 "5억 투자하고 연 1억 받아갔다…조국 처남 이면계약" (중앙일보, 2019. 9. 19.)

령할 수 있도록 회삿돈 860만 원을 지출하면서 세금까지 부담했다. (중략) 검찰은 무엇보다 5억 원을 투자한 정 씨가 월 833만 원씩을 받은 점에 주목하고 있다. 정 씨가 받은 월 833만 원은 1억 원을 12개월로 나눴을 때 나오는 액수다. 10억 원의 10%가 1억 원이다. 코링크PE는 정 씨가 10억 원을 투자한 것으로 계산해 돈을 준 것이다. 이에 대해 코링크PE 핵심 관계자는 "2016년 정 교수가 조 씨에게 투자한 돈 5억 원을 포함해 총 10억 원 투자금에 대한 대가를 정 씨에게 몰아 준 것이다"고 말했다.

요컨대 2016년 코링크PE 설립 직후에 빌려준 5억 원과 정 교수 동생이 2017년 3월에 '투자'한 5억 원을 합친 10억 원에 대해 연이율 10%에 해당하는 금액 월 833만 원을 자문료 형식으로 지급했다는 것이다. '서류상으로' 정경심 교수의 동생이 코링크PE에 넣은 5억 원은 지분투자로 되어 있다. 그런데 한투 PB 김경록 씨의 인터뷰에 따르면, 정 교수의 동생은 빌려주는 것으로 인식하고 있었다가 나중에야 지분투자로 처리된 것을 알고 당황해했다.

자금이 필요한 사업 초기의 창업자와 자금을 투입한 사람 사이에 계약 내용을 둘러싸고 법정 다툼이 벌어지는 경우가 흔히 있다. 이런 경우에 가장 큰 쟁점은 그 금액이 '투자였느냐 대여였느냐' 하는 문제다. 이 경우도 같은 맥락이라고 볼 수 있다. 다만 특이하게도 돈을 주고받은 쌍방이 아닌 제3자인 검찰이 '대여가 아니라 투자'라고 주장하고 있는 것이다.

이런 법적 다툼과 관련된 수많은 민사 판례를 보면 단순히 서류상의 내용만 따지는 것이 아니라 다양한 상황들을 고려하고 있다. 특히 중요하게 고려하는 것은 '원금 보장'과 '정기적인 이자 지급' 여부다. 원금이 보장되고, 이자로 볼 수 있는 돈이 일정하게 지급된 정황 등이 있을 경우에는 대여금으로 판결하는 경향이 있다.

정 교수의 동생으로부터 조범동 씨에게 넘어간 5억 원에 대해서는 이자로 볼 수 있는 일정한 액수를 매달 지급받았고, 상환 기일에 따라 수차례 독촉한 끝에 원금 상환도 이뤄졌다. 코링크PE 설립 초기에 정 교수가 빌려준 5억 원도 마찬가지로 원금이 상환되었다. 그런데 지금껏 검찰발 언론 보도를 돌아보면 검찰은 이 '원금 반환'을 한 번도 언급한 적이 없다. 물론 공소장에서도 언급하지 않았다. 홍수처럼 쏟아진 검찰발 언론 보도만 본 사람들은 '원금 반환' 자체가 금시초문이겠지만, 1차 대여금 5억 원과 2차 추가 대여금 5억 원 모두 2018년 8월에 반환되었다. 검찰이 자신들의 시나리오에서 벗어난 진실을 애써 무시하고 있는 게 아니냐는 의심이 드는 대목이다. '착오에 의한 잘못된 기소'가 아니라 '자신들의 각본에 맞는 사실만 끼워 맞춘 기소'가 아닌지 의심할 수밖에 없는 것이다.

검찰은 "유상증자 형태로 회사에 들어온 돈에 대해 일정한 회삿돈을 지급하는 것은 횡령"이라고 주장하지만 이것 역시 논리적으로 앞뒤가 뒤집혔다. '서류로만 유상증자일 뿐 실질은 대여이기 때문에 일정한 이자를 지급하는 것은 횡령일 수 없다'고 보는 것이 상식적이다.

한편 '정 교수 동생의 5억 원'에 대해 검찰은 전부 정경심 교수의 '차명 투자'라고 주장했으나 정작 공소장에 적시된 사실은 스스로의 주장과 배치된다. 검찰 공소장에 따르면 "피고인은 정○○(정 교수 동생)를 통하여 그중 80% 상당을 지급받았다"라고 되어 있다. '80% 지급'은 이자를 원금의 최초 출처의 비율로 나눈 것으로 정 교수 측의 해명과 일치한다. 2015년 12월에 대여한 5억 원은 정 교수의 돈이고, 2017년 3월 대여금 5

억 원 중 3억 원은 정 교수가 동생에게 빌려준 돈이며, 나머지 2억 원은 정 교수 동생의 돈이었기 때문이다. 검찰의 주장대로 5억 원이 전부 '차명투자'라고 했던 언론은 이에 대해 어떠한 설명도 내놓지 않았다.

업무상횡령 혐의

정경심 교수와 동생 정 씨의 대여금 각각 5억 원을 합한 총 10억 원에 대해 검찰은 업무상횡령 혐의를 적용하고 있다. 업무상횡령 혐의는 검찰이 2019년 11월 11일 공소장에서 정경심 교수에 대해 제기한 혐의 중 첫 번째 혐의다. 검찰이 주장하는 이 혐의의 대전제는 사모펀드사 코링크PE 설립 당시 정경심 교수가 연이율 11%로 금전대차 계약의 '외양을 갖추고' 투자 목적으로 5억 원을 조범동 씨에게 제공했으며 조 씨는 그중 2억 5000만 원을 코링크PE의 정 교수 투자금으로 충당했다는 것이다. 검찰의 주장을 풀어서 설명하면, 정 교수는 코링크PE에 5억 원을 '투자금'으로 제공했는데 조범동 씨는 그중 절반인 2억 5000만 원을 실제 투자금으로 납입하고 나머지는 횡령했다는 의미이며 정 교수는 이를 인지하고도 용인한 셈이 된다. 정 교수가 '투자금'으로 제공한 5억 원 중 나머지 2억 5000만 원은 어디로 갔을까. 검찰의 주장은 앞뒤가 맞지 않는다.

코링크PE의 등기부등본을 보면 2016년 2월 15일 설립 당시에 자본금 2억 5000만 원이 납입된 게 아니었다. 설립 당시의 자본금은 1억 원이었고, 한 달 뒤인 3월 10일에 1억 5000만 원이 증자되면서 총 2억 5000만 원이 된 것으로 명시되어 있다. 그런데 앞서 살펴본 대로 코링크PE 최초 설립 자본금 1억 원 중에서 8500만 원은 자동차 부품업체 익성의 돈이었다. 즉 정경심 교수가 2억 5000만 원을 대여로 위장해 투자했다는 검찰의 주장은 여러 가지로 사실과 다르다.

검찰은 '정경심 교수가 5억 원을 코링크PE 투자금 명목으로 조범동 씨에게 건넸고 이 가운데 총 2억 5000만 원이 코링크PE에 투자되었기 때문에 정 교수가 실소유주'라는 근거가 부족한 주장을 전제로 업무상횡령 혐의를 적용했다. 검찰이 업무상횡령으로 지목한 행위는 정 교수의 동생 정 씨가 5억 원을 대여(혹은 투자)한 이후 매달 860만 원씩, 19회에 걸쳐 총 1억 5000여만 원을 받았다는 것이다.

조범동 씨는 자신의 재판에서 "실질적으로 5억 원 대여에 대한 이자를 지급한 것이다. 횡령이라고 볼 수 없다"는 주장을 일관되게 하고 있다.[42] 앞서 설명했듯이 투자냐 대여냐를 놓고 다툼이 벌어지는 경우는 흔하며 이에 대한 법원의 판단에도 일정한 기준이 있다. 계약서 등 서류만을 기준으로 판단하는 것이 아니라 '원금 보장'과 '정기적인 이자 지급' 여부를 중심으로 다양한 상황들을 살펴보는 것이다. 정 교수 동생의 경우에는 원금이 상환되었고, 매월 정기적으로 이자가 지급되었다. 서류상 '지분투자'로 꾸며놓았지만 그것이 실제로 대여금인지 투자금인지를 판단하는 데는 결정적인 증거가 되지 못하는 것이다.

게다가 업무상횡령 혐의는 형법 제356조의 기본 전제 조건으로 "업무상의 임무에 위배하여"라는 조건이 붙어 있다. 즉 횡령 대상의 자금을 관리할 임무가 있는 해당 회사의 임직원이어야만 적용이 가능하다. 하지만 정 교수는 코링크PE의 임직원이 아닐뿐더러 검찰 공소장에서도 기업 지배에 대한 어떤 서술도 없다. 지배는커녕 투자라는 주장도 신빙성이 낮다.

---

42 조국 5촌 조카 "정경심에 준 1억 5천, 횡령 아닌 이자" 주장(연합뉴스, 2019. 11. 27.)

검찰은 업무상횡령 혐의를 조범동 씨와 정경심 교수 양쪽에 제기했다. 대여로 판정될 경우 어떤 범죄도 존재하지 않는 것이고, 설사 재판부가 '투자'로 판정한다고 해도 회사 내부인인 조범동 씨에게만 횡령죄가 성립되고 '투자자'인 정 교수에 대해서는 성립되지 않는다.

코링크PE의 실제 배후, 익성

자유한국당 주광덕 의원은 2019년 8월 22일, 정경심 교수와 두 자녀가 투자했다고 알려진 블루펀드에 정 교수의 동생 정 씨도 투자자로 이름을 올렸다면서 이 블루펀드를 '조국 펀드'라고 불러야 한다고 주장했다.[43] 그런데 이후에 언론이 '조국 펀드'라는 표현을 사용하면서 이것이 펀드 운용사 코링크PE를 가리키는 것으로 오용되었다. 펀드 운용사와 펀드 상품은 다른 것이고 구분해서 지칭해야 하지만 수많은 언론이 구분 없이 뒤섞으면서 '조국 펀드'로 통칭된 것이다. 이 때문에 코링크PE에서 운용하는 다른 펀드에서 투자한 회사인 WFM도 '조국 펀드'의 일부로 오인되는 등 결과적으로 코링크PE와 관련된 모든 의혹이 '조국 펀드'라는 단어로 함축되면서 조 전 장관과 그 가족의 범죄 의혹을 상징하는 프레임으로 작동했다. '코링크PE는 조국 펀드 회사'라는 인식이 퍼져나간 것이다.

앞서 코링크PE의 최초 설립 자금 1억 원 중 8500만 원이 자동차 부품업체 익성의 자금이라는 사실을 보도한 한겨레 김완 기자는 9월 19일 한발 더 나아간 취재 결과를 내놓았다.[44] 코링크PE 자체가 비상장회

---

43 주광덕 "조국 처남도 사모펀드 투자·운용사 주식 매입…결국 '조국 펀드'"(한겨레, 2019. 8. 22.)
44 '익성'까지 봐야 '조국 가족 사모펀드' 전체가 보인다(한겨레TV, 한겨레 라이브, 2019. 9. 19.)

사 익성을 우회상장시키기 위한 목적으로 설립되었고 코링크PE 설립 직후 가장 먼저 조성된 '레드펀드'는 익성의 투자로 만들어진 것이며 그 레드펀드가 다시 익성에 투자했다는 내용이었다. 즉 '익성→코링크PE→레드펀드→익성'의 순환출자 고리가 성립된다는 것이다. 김완 기자는 계속된 추가 취재[45]에서 익성 부사장이 조범동 씨에게 익성 회장의 구체적인 '지시사항'을 전달하는 녹음파일을 공개하기도 했다.

조범동 씨에 대한 공판 과정에서도 익성이 코링크PE를 실질적으로 지배했고 조범동 씨가 익성의 대리자였다는 증거와 증언이 나왔다. 코링크PE 건물에 익성 회장의 개인 사무실이 있었고 익성 부사장이 코링크PE에 상주하며 실질적인 대표로 활동했다는 것이다.

검찰 역시 2019년 9월을 전후로 익성이 관여한 사실을 파악하고 익성 본사와 회장, 부사장의 자택을 압수수색[46]한 뒤 익성 회장을 두 차례에 걸쳐 소환조사하기도 했다.[47] 하지만 익성 관련 수사에는 진전이 없었다. 검찰은 공소장에서도 익성을 단 한 번도 거론하지 않았다. 검찰은 정 교수와 조 전 장관을 기소하는 데만 총력을 기울였다.[48]

---

45 익성 부사장 "회장님이 구도대로 가는 게 맞겠다 말씀" (한겨레, 2019. 9. 20.)
46 [단독] 검찰, '조국 사모펀드 의혹' 익성 등 압수수색 (뉴시스, 2019. 9. 20.)
47 '조국 5촌조카 연루' 익성 대표 소환 조사…檢 사모펀드 수사 총력 (서울신문, 2019. 9. 10.)
검찰, 조국 사모펀드 의혹 '핵심인물' 익성 사장 재소환 (연합뉴스, 2019. 9. 25.)
48 2020년 6월 30일 조범동 씨 1심 재판 선고가 있었다. 정경심 교수와 연관된 선고 요지는 다음과 같다. ① 이 사건을 권력형 범죄로 볼 증거가 부족하다. ② 정경심 교수가 조범동 씨에게 건넨 10억 원은 투자가 아니라 대여다. ③ 따라서 정경심 교수는 조범동 씨의 횡령 혐의에 대한 공범이 아니다. ④ 코링크PE 최고의사결정권자는 익성 회장, 부회장, 조범동 씨다. ⑤ '정관에서 정 교수 동생 이름을 삭제해달라'는 요청과 관련해 증거인멸 공모만 제한적으로 인정한다.

웅동학원 관련 의혹 보도

웅동학원 문제와 관련해 검찰, 자유한국당, 언론이 제기한 의혹 중에서 가장 굵직한 사안을 꼽는다면 웅동학원으로 인해 발생한 조국 전 장관 일가의 채무 문제, 그리고 조 전 장관 동생이 웅동학원을 상대로 낸 소송에서 웅동학원이 무변론 패소한 것 등 두 가지다.

웅동학원은 경남 창원에 있는 사립학교 웅동중학교를 운영하는 학교재단이다. 조국 전 장관의 선친 조변현 씨가 이사장이었고 현재는 모친이 이사장을 맡고 있다. 웅동중학교는 3개 학년 11학급에 학생 244명, 교직원 33명의 작은 학교다. 이 학교는 지역 주민들이 힘을 합쳐 설립해 운영되던 곳인데 학교 재정 상태가 어려워지자 지역민들이 조변현 씨를 찾아가 학교 인수를 부탁했고 조 씨가 이를 수락했다. 조변현 씨는 숙부가 이 학교에서 교사 생활을 한 인연이 있기도 했다. 이런 사정들 때문에 중학교를 운영하는 과정에서 조 전 장관 일가 외에도 지역 오피니언 리더들의 입김이 강했던 것으로 알려져 있다.

학교의 재정이 좋지 않은 상태에서 학교 경영을 맡게 된 만큼 조변현 씨는 이사장으로 취임한 후에 상당한 사재를 투입했지만 재정 상태는 크게 나아지지 않았다. 더구나 웅동중학교의 교육환경을 개선하기 위해 학교 이전 및 신축을 추진하면서 조국 가족 일가는 어려움을 겪게 된다.

웅동학원에 대한 의혹 제기는 조국 전 장관의 인사청문회를 앞두고 있던 2019년 8월 16일부터 시작되었다. 자유한국당 주광덕 의원은 조 전 장관의 동생 조 씨와 전 부인이 웅동학원을 상대로 밀린 공사대금을 청구한 2006년과 2017년의 소송을 문제 삼았다. 학교를 상대로 두 차례의 소송을 제기하면서 학교 채무가 급증한 점이 수상하다는 것이다. 그로부터 한 달 넘게 자유한국당과 언론의 의혹 제기가 이어졌다.

웅동학원 채무의 실체

조국 전 장관 친가의 '채무'는 크게 두 가지다. 하나는 동남은행 35억 원, 다른 하나는 농협과 부산은행 9억 5000만 원이다. 여기서 동남은행 채무 35억 원은 웅동학원이 1995년(30억 원)과 1998년(5억 원) 두 차례에 걸쳐 빌린 돈인데 이것은 웅동중학교 신축공사 계약금 등 선지급해야 하는 비용 때문에 빌린 돈이다. 또 다른 채무인 농협과 부산은행 9억 5000만 원은 조변현 씨가 대표였던 고려종합건설이 추가 공사비용을 위해 빌린 돈이다.

한국자산관리공사(캠코)는 동남은행 채권을 인수한 뒤 2006년 소송으로 웅동학원에 대한 채권을 확보했다. 캠코는 곧바로 학교 부지에 압류를 걸었으나 학교 자산이었기 때문에 경매가 불가능했다. 이 채권은 웅동학원의 채무이자 연대보증으로 조변현 씨에게도 채무가 발생된 상태였다. 그러나 조변현 씨는 IMF 구제금융 위기로 회사가 완전히 몰락한 상태였고, 연대보증 채무 회수가 불가능한 상태에서 2013년 작고했다. 이 연대보증 채무를 상속받지 않기 위해 2013년 조 전 장관과 다른 가족들이 법원에 한정상속 승인 신청을 했고, 이 신청이 받아들여져 동남은행 채권은 채무자 조변현 씨의 사망을 끝으로 연대보증 분은 사라지고 웅동학원의 단독 채무만 남게 되었다.

　캠코는 2017년 또다시 조국 전 장관 일가에게 소송을 제기했고, 법원은 이미 한정상속 승인을 한 상태이므로 캠코 승소 판결을 내리면서도 그 범위를 조변현 씨의 남은 재산(21원) 내에서만 변제하도록 결정했다. 웅동학원이 아닌 가족의 연대보증에 대해서는 사실상의 채무 소멸 사실을 재확인한 것이다. 이에 대해 언론은 조 전 장관이 수십억 원대의 빚을 갚으라는 판결을 받고도 이를 갚지 않고 얼마 후 펀드에 투자했다며 비난을 쏟아냈다.[49] 실제 판결 내용은 총 상속 액수인 21원(조 전 장관 몫은 6원) 이내에서 갚으라는 것이었지만 이 부분은 제대로 언급되지 않았다.

　또 다른 채무인 농협과 부산은행 9억 5000만 원은 조금 더 복잡하다. 이 채권은 원래 조변현 씨가 대표였던 고려종합건설이 두 은행으로부터 빌린 것인데 당시 기술신용보증기금(기보)이 보증을 섰다가 1998년 고려종합건설의 파산으로 채무 이행이 불가능해지자 기보가 두 은행에 대신 빚을 갚고 채권을 인수했다. 그리고 기보는 연대보증인 조변현 씨와 그 부인(조 전 장관 모친), 그리고 동생 등 3인에게 빚을 갚으라고 요구했다. 동남은행 채권과 다르게 가족 2명이 더 연대보증을 서면서 일이 복잡해진 것이다.

　이처럼 웅동학원이 갚아야 할 빚이 웅동학원→고려종합건설→기보→선친 조변현, 모친, 동생으로 넘어갔고, 조변현 씨가 작고하면서 이

---

[49] [단독] 조국, '캠코 12억 부채' 갚지 않고 열흘 뒤 사모펀드에 74억 약정(국민일보, 2019. 8. 19.)

'채권 의무'는 모친과 동생의 몫으로 남아 있다. 원래 웅동중학교 신축공사는 동생의 기억으로 80억 원대 공사였고, 계약금 등 선지급 액수가 35억 원이었으며 부족한 공사비는 고려종합건설이 농협과 부산은행에서 9억 5000만 원을 빌려 충당했다. 두 가지 채무 모두 웅동학원이 변제해야 할 채무인데 연대보증으로 인해 조 전 장관 가족이 책임지게 된 것이다.

웅동중학교 신축공사를 하기 전에는 학교의 기존 자산만으로도 채무 변제가 가능했다. 당시 학교 부지 감정평가액만도 43억 원이었고 다른 부동산도 상당했기 때문이다. 그런데 공사가 끝나가면서 43억짜리 웅동학원 땅을 매각해야 할 시점에 IMF가 터졌고 땅값이 급락했다. 동남은행 채권을 인수한 캠코가 경매를 진행한 결과 원래 가치의 절반도 안 되는 20억 원에 학교 부지가 매각되었다. 현재 웅동학원의 다른 부동산 자산에는 가압류가 걸려 있다. 웅동학원 소유의 부동산은 학교 자산이라 관할 교육청의 승인이 있어야 처분할 수 있는데, 교육청도 승인을 거부하고 캠코도 가압류를 해지하지 않으면서 헐값 경매 이후 남은 채무를 갚지 못한 채 이자만 계속 쌓여왔다.

정부는 2013년 IMF 당시 연대보증으로 채무를 진 11만 4000명에 대해 최대 70%까지 채무를 탕감해주었다. 고액 채무자는 별도 심사로 70%가 넘는 탕감도 하겠다고 발표했다. 당시 원금 기준 10억 원 이하에 적용한 정책이었고, 그 주관기관이 바로 캠코였다. 이어서 정부는 기보 등 정부기관의 대출 보증에서 추가 연대보증을 폐지했다. 2012년부터는 가족이나 동료에 대한 연대보증이 폐지되었고 2018년 4월부터는 대표자의 연대보증도 폐지되었다. 그러나 소급적용이 되지 않아 기존의 연대보증 채무는 해당되지 않는다.

조 전 장관 가족의 연대보증 채무도 원금 9억 5000만 원이므로 탕감 대상이었지만 무슨 이유에서인지 조 전 장관 가족은 이 혜택을 받지 못했다. 'IMF 연대보증 채무 70% 탕감'의 주관기관이었던 캠코가 오히려 원금 9억 5000만 원에 19%의 이자까지 붙여 44억 원의 채권을 요구해왔다. 웅동학원의 현재 채무는 총 128억 원이며 이 중에는 웅동학원의 채무이면서 조 전 장관의 어머니와 동생의 연대보증 채무인 44억 원이 포함되어 있다.

무변론 패소는 배임?

웅동학원 문제에서 또 다른 의혹으로 등장한 '무변론 패소'는 주광덕 의원이 2019년 8월 16일 처음 제기했다. '무변론 패소'란 상대가 돈을 달라고 민사소송을 걸었는데 변호사도 선임하지 않고 법정 변론을 포기함으로써 그냥 패소 판결이 나게 하는 것을 말한다.

주 의원이 제기한 주장에 따르면, 2006년 조 후보자의 동생과 그 전 부인이 웅동학원을 상대로 52억 원의 소송을 냈는데, 웅동학원이 대응을 하지 않아 자동으로 패소했다는 것이다.[50] 자유한국당은 '무변론 패소는 배임'이라며 검찰에 고발[51]했고, 언론 역시 '무변론 패소'를 집중적으로 문제 삼았다. 소송을 제기한 동생 본인이 웅동학원의 사무국장으로서 무변론 패소를 실질적으로 주도했다는 의혹도 제기되었다.[52]

---

50 한국당 "조국 일가, 채무 변제 않으려고 위장거래 의혹"(한겨레, 2019. 8. 16.)
51 한국당, 조국·웅동학원 檢 고발…"무변론 패소는 배임"(연합뉴스, 2019. 8. 23.)
52 웅동학원 52억 소송 '원고'·'피고' 모두 조국 동생이었다(중앙일보, 2019. 9. 2.)

그렇다면 실체는 무엇일까. '무변론 패소는 배임'이라는 주장은 재판에서 다툴 여지가 있을 때나 가능한 것이다. 조 전 장관 동생의 전 부인은 이미 존재하고 있는 조국 동생의 채권 일부를 인수한 것뿐이다. 채권이 조국 동생에게 있건 전 제수에게 넘어갔건 채무의 존재 자체는 불변이다. 그런데 자유한국당과 언론은 마치 존재하지 않았던 채무가 소송 패소로 갑자기 생긴 것처럼 사건을 왜곡했다. 중요한 것은 채무가 명백한 것이냐 다툼의 여지가 있느냐이다. 만약 다툼의 여지가 있었는데도 재판에서 변론하지 않고 패소했다면 배임이 성립할 수 있지만 사안, 즉 '채권의 존재'가 명백해서 부인할 여지가 없다면 배임의 가능성은 없다.

채권의 시초가 된 웅동학원 공사는 1996년의 일인데 이때 조국 전 장관의 아버지가 운영하던 건설회사와 조국 동생이 운영하던 건설회사가 공사를 맡았다. 그런데 공사비를 받지 못했다. 공사비용을 기술신용보증기금이 대출해줬기 때문에 기보는 두 회사와 보증인인 조국 가족에게 소송을 걸었고 승소했다.

웅동학원 법인은 공사를 발주하고 공사비를 지급하지 못한 당사자로서 누구보다도 채권의 존재 여부를 확실하게 알고 있다. 공사를 발주했는데 대금을 주지 못했으니 이에 따른 채무의 발생을 누구보다도 명백하게 알고 있는 것이다. 채권이 명백한 경우 배임이 성립할 수 없다.

게다가 이 소송은 애초부터 채권의 존재 여부를 따지는 소송이 아니었다. 단지 소멸시효로 인해 채권이 사라지는 것을 막기 위한 소송이었다. 민법상 채권의 소멸시효는 10년이다. 명백하게 갖고 있던 채권도 10년이 지나면 시효에 따라 소멸한다. 조국 가족이 소송을 낸 목적은 채권의 확인과 변제를 위한 것이 아니라 채권의 기한을 연장하려는 것이었다.

실제 이 소송은 공사가 이뤄진 1996년으로부터 정확히 10년 후인 2006년에 제기되어 2007년에 승소가 확정되었고, 다시 또 10년 후인 2017년에 제기되어 승소했다. 채권 소멸을 막기 위한 이런 소송은 종종 있는 일이다. 2018년에도 대법원은 '시효중단을 위한 재소'를 합법적이고 유효하다고 판결한 바 있다.

당장 받아낼 수 없는 채권 시효를 계속 연장하는 이유는 지금은 웅동학원에 자금이 없어도 미래 시점에는 자금 여유가 생길 수 있으므로 그때 분할상환으로라도 받아내기 위한 것이다. 그러므로 '소송 패소로 빚을 떠안았고 그래서 배임'이라는 주장은 성립되지 않는다. 도리어 이미 존재하는 것이 명백한 채권이므로 패소가 확실한데도 변호사 비용 등을 들여 변론했다면 그것이야말로 법리상 배임의 여지가 있다고 할 수 있다.

검찰은 2019년 10월 8일 조 전 장관 동생에 대한 구속영장을 청구했다. 하지만 당시 영장판사는 구속영장을 기각했고[53] 그 사유 중 하나로 "주요 범죄(배임) 성부에 다툼의 여지가 있다"는 점을 들었다. 무변론 패소가 배임이라고 보기 어렵다는 것이다. 물론 검찰의 영장 재청구를 통해 결국 구속영장이 발부되기는 했지만 사유는 웅동학원 관련 혐의가 아니라 별건 수사로 진행된 채용비리 혐의(배임수재)였다.

사라진 공사비 35억이 조국 펀드?

2019년 8월 21일 조선일보는 웅동학원이 공사비로 대출받은 35억 원이 사라졌다는 보도를 내놓았다.[54] 한 달 후인 9월 27일에는 검찰이 이

---

53   '조국 동생' 구속영장 기각…법원 "주요 범죄 성부 다툼 여지 있어"(머니투데이, 2019. 10. 9.)

같은 내용을 사실로 보고 자금을 추적 중이라고 보도했다.[55] 조선일보는 이날 기사에서 "검찰은 35억 원을 포함한 웅동학원의 일부 자금이 비자금으로 조성돼 '조국 펀드'로 유입됐을 가능성에 대해 집중 수사 중"이라고 보도했다.

이 의혹은 35억 원을 웅동중학교 신축공사의 공사비 총액으로 오해했기 때문에 벌어진 일이다. 자유한국당, 검찰, 언론은 이 35억 원을 신축공사비 총액으로 간주했다. 그래서 '공사비를 다 대출받고도 하도급 비용을 왜 지급하지 않느냐', '하도급 비용을 지급하지 않았다면 공사비 35억은 사라진 것이다'라는 주장이 나오게 된 것이다.

앞서 설명했듯이 이 동남은행 대출 35억 원은 한 번에 이뤄진 것이 아니다. 공사 계약 시점인 1995년에 30억 원, 1998년에 5억 원이 대출되었다. 35억 원이 총 공사비라면, 계약 시점에 총 공사비의 85.7%에 해당하는 30억 원을 대출받았다는 것인데, 착공도 하기 전인 계약 시점에 공사비 총액 혹은 그 대부분을 마련할 이유가 없다. 계약금이 필요할 때 그만큼 마련하고, 잔금이 필요할 때 또 그만큼을 마련하는 게 일반적이다. 높은 이자를 물어가면서 공사 총액 대부분을 앞당겨 대출받을 이유가 없는 것이다.

이러한 의혹 주장은 단순한 '오해'에서 시작되었을 가능성이 높아 보인다. 자유한국당 의원들이 경남교육청으로부터 제출받은 '웅동학원 담보 및 기채 허가'의 첨부 문서 '피담보액 및 산출근거'만 봐서는 오

---

54 [단독] "옛 학교 땅 담보대출, 웅동학원이 빌린 35억 사라졌다"(조선일보, 2019. 8. 21.)
55 검찰 '웅동학원 대출 35억 증발' 확인…조국 동생 소환(조선일보, 2019. 9. 27.)

해의 여지가 있기 때문이다. 이 문서는 웅동학원이 1995년 동남은행으로부터 30억 원을 대출받기 위해 교육청에 제출한 문서다. 사립학교 법인이 학교 재산을 처분 또는 담보로 제공하려면 관할 교육청의 허가를 받아야 하기 때문이다. 이 문서에는 토목공사비, 건축공사비 등 세부 항목 내역이 있고 총계 30억 원이 명시되어 있다. 전후 맥락 없이 이 한 장의 문서만 본다면 총 공사비라고 오해할 여지가 있는 것이다. 하지만 '담보 및 기채허가' 문서의 목적은 학교 재산을 담보로 대출받을 돈의 용처를 밝히는 것이지 공사비 총액과 세부 내역을 밝히는 것이 아니었다. 당장 대출받을 액수에 대한 내역만 제시했을 뿐 공사비 총액과는 무관하다. 따라서 30억 원은 공사 계약금을 위한 대출이며 각 세부 공사비 항목은 공사비 총액 대비 초기 계약금의 비율만큼 일할(日割) 계산된 것이라고 볼 수 있다.

35억 원이 공사비 총액이 아니라는 것은 경남교육청에서 자유한국당에 제출한 다른 서류를 통해서도 증명되었다. 웅동학원이 1998년 부동산을 매각하기 위해 경남교육청에 제출한 '공사 관련 소요액 총괄표'가 바로 그것이다. 이 문서에는 '공사 계약금 약 36억 원, 설계비 5400여 만 원'이라고 적혀 있다. 조국 전 장관이 청문회 준비단을 통해 밝힌 사실관계와도 일치하는 내용이다.[56]

엉뚱한 지연이자율 논란

2019년 8월 22일 한국일보는 "조국 법무부 장관 후보자의 동생 조

---

[56] 인사청문회 준비단은 웅동학원 신축이전 공사비용이 최소 48억 원 이상이라고 밝혔고, 조국 전 장관의 동생은 총공사비를 80억 원으로 기억하고 있다.

모(52)씨 측이 후보자 일가 소유의 사학법인 웅동학원을 상대로 낸 소송에서 공사대금 미지급에 대한 지연이자를 연 24%로 적용한 것을 두고 논란이 일고 있다"며 "민법상 지연이자가 연 5%이고 상법상으로도 6%인 점을 감안하면 24%는 상식을 뛰어넘는 고율의 이자라는 지적"이라고 보도했다.[57]

하지만 한국일보 기사는 해당 소송의 시발점이던 1996년이 IMF 구제금융 위기 이전이었고, 그 정도의 이자율은 당시로선 전혀 이례적이지 않았다는 점을 무시했다. 실제로 조국 전 장관 일가에게 소송을 제기한 캠코 역시 정부 기관이면서도 19%라는 높은 이율을 적용했다. IMF 구제금융 위기 이후의 기준으로는 너무 높은 이율이었기에 빨리 상환했어야 했지만, 경남교육청이 웅동학원의 부동산 매각을 허용하지 않으면서 웅동학원이 빚더미에 앉게 된 것이다. 지연이자율 문제는 조 전 장관 동생이 웅동학원에 대해 갖고 있는 채권이 사실상 받아내기가 불가능한 휴지조각에 가깝다는 사실을 무시하고 숫자 놀음만으로 엉뚱한 주장을 늘어놓은 격이다. 현실적으로 받아낼 수 없는 채권은 이자가 아무리 붙어나 채권 액수가 커진다고 해도 더 많은 휴지조각이 늘어날 뿐이다.

2019년 9월 27일 조선일보는 부산의 한 목재업체 대표의 인터뷰 기사를 실었다.[58] 과거 조변현 씨의 건설업체 고려종합건설이 부도를 내면서 총 2600만 원의 하도급 공사비를 받지 못해 자신을 포함한 여러 업체가 망했다는 주장이었다. 조선일보는 목재업체 대표의 딱한 사정을 자

---

57 조국 동생, 웅동학원 상대 소송서 지연이자 年24%나 받아냈다(한국일보, 2019. 8. 22.)
58 22년 전 웅동학원에 공사비 떼여 망한 목공소 대표 "조국 해명 다 거짓말, 아직도 부도 어음 갖고 있다"(조선일보, 2019. 9. 27.)

세하게 전하면서도 당시 IMF 구제금융 위기로 고려종합건설뿐만 아니라 수많은 업체가 동시 도산했던 상황은 언급하지 않았다.

목재업체 대표는 조 전 장관이 유학을 다녀온 후 1998년에 억대 아파트를 구입했다며 "그들이 내가 받지 못한 돈으로 집을 산 게 아닌가, 나 같은 사람들은 생고생을 했는데 그들은 그 돈으로 떵떵거리며 잘산 것 아닌가, 하는 생각에 분통이 터지더라"라고 말했는데 뜻밖에도 이에 대한 '해명'을 해준 것은 검찰이었다. 검찰은 조 전 장관에 대한 공소장에서 조 전 장관 부부의 최초 재산이 1989년 결혼 당시 양가 부모의 도움으로 취득한 아파트라고 설명했다. 하도급업체의 돈을 떼어먹고 그 돈으로 1998년에 억대 아파트를 산 것 아니냐는 의심과 달리 조 전 장관이 아파트를 구입한 최초 자금은 그로부터 9년 전인 1989년에 양가로부터 증여받은 자금이었다.

기사마다 극과 극, 웅동학원 재산 가치

2019년 8월 19일 자유한국당 주광덕 의원은 다음과 같은 기막힌 주장을 내놓았다.[59]

현재 웅동학원이 조 씨 부부에게 진 채무는 이자 등을 포함 100억 원 이상이 됐다. 2019년 현재 웅동학원 자산은 토지·건물 등 128억 원이다. 이 학교는 설립된 지 100년이 넘었지만, 현재 학생 수가 200명 남짓으로 폐교 위기를 겪고 있다. 민법 제87조(청산인의 직무)와 사립학교법 제35조(잔

---

[59] 조국 前제수 "웅동학원 채권 돈 안 돼" 野 "폐교 땐 100억 받아"(중앙일보, 2019. 8. 19.)

여재산의 귀속) 등에 따르면, 이 학교가 학생 수 부족으로 폐교될 경우 학교 자산은 부채 변제 후 국고에 귀속된다. 주광덕 의원은 "현행법상 학교가 폐교되면 그 자산은 자연스럽게 조 씨 부부에 간다. 100억 넘는 부채를 먼저 변제한 뒤에야 남은 돈이 국고에 귀속되는 것"이라며 "검은 악마의 손들이 학교 재단 재산을 노리고 있는 것 아닌가"라고 말했다.

언론은 주광덕 의원의 주장에서 채무 부분과 재산 부분을 기사의 목적에 따라 편리하게 활용했다. 8월 20일 연합뉴스는 재산 부분만 발췌해서 '법인 재산만 130억 원대'라는 제목으로 웅동학원 재산 가치를 높게 평가하는 보도를 했다.[60] 이후 조국 장관 후보자가 웅동학원을 사회에 환원하겠다고 발표하자[61] 연합뉴스는 입장을 180도 바꾸고 주 의원 주장에서 웅동학원의 채무를 강조했다. 기사의 제목도 채무가 100억 원대라고 뽑았다. 즉 웅동학원 채무가 100억 원대라서 기부할 것이 별로 없다는 취지의 보도를 내보낸 것이다.[62] '법인 재산만 130억 원대'라는 제목으로 보도한 지 불과 3일 만의 일이다. 입장을 뒤집는 순발력을 발휘한 이유는 뻔하다. 이처럼 사회환원 발표 전과 후에 웅동학원 재산 가치에 대한 보도는 다른 언론도 대부분 비슷했다.

---

60 조국 가족 운영 창원 웅동학원 법인재산만 130억 원대(연합뉴스, 2019. 8. 20.)
61 조국 "가족 펀드 사회 환원…웅동학원서도 모두 물러날 것"(한겨레, 2019. 8. 23.)
62 조국, 웅동학원 사회에 헌납한다지만…100억 채무 정리가 관건(연합뉴스, 2019. 8. 23.)

재판에서 드러나는 진실들

정경심 교수의 첫 공판은 2020년 1월 22일 시작되었다. 2019년 9월 6일과 11월 11일 두 차례 기소되었지만 사전 단계인 공판준비기일 과정에서 검찰이 변호인 측은 물론 재판부와도 격한 신경전을 벌이면서 공판이 지연되었다. 검찰은 변호인 측에 수사 자료와 압수한 증거물을 내줄 수 없다며 여러 차례 피고의 방어권 행사를 방해했다. 재판부와는 9월 6일 기소에 대한 공소장 변경신청 허가 여부로 갈등을 빚었다.

하지만 실제로 공판이 시작되면서 그동안 검찰과 언론에서 주장한 여러 의혹들, 정경심 교수를 범죄자로 몰아간 사실관계 대부분이 근거 없는 억지였음이 드러나기 시작했다. 특히 2020년 1월 31일 2차 공판과 2월 6일 3차 공판, 2월 12일 4차 공판에서는 사모펀드 관련 혐의가 사실이 아님을 입증하는 변론과 관련 증거물들이 제시되었다.

코링크PE '투자금' 실체는 대여금

검찰은 정경심 교수가 코링크PE를 실질적으로 지배했다고 주장해왔지만 2019년 11월 11일 법원에 제출한 공소장에서는 사실상 이 주장을 철회했다. 정 교수가 코링크PE를 지배했다는 내용을 공소장에 넣지 못한 것이다. 대신 검찰은 코링크PE 설립 시점인 2016년 3월 정 교수가 조범동 씨에게 대여한 5억 원을 투자금이라고 주장했다. 또 1년 후인 2017년 2월 말에도 정 교수가 5억 원을 추가로 투자했다고 주장했다.

이 주장은 검찰이 정 교수에게 적용한 업무상횡령 혐의의 핵심이다. 검찰은 공소장에서 '10억 원은 투자금인데도 회사 자금을 횡령해서 수익금을 빼돌렸다'라고 명시했다. 정 교수의 업무상횡령 혐의가 적용되려면 무엇보다 정 교수가 코링크PE의 임직원이거나 그에 준하는 자격이어야 하고 코링크PE에 관여해서 자금을 횡령했다는 점이 입증되어야 한다. 회사에 영향력을 미칠 수 없는 외부인이 '횡령'을 할 수는 없기 때문이다. 그런 이유 때문에 검찰은 정 교수가 코링크PE의 투자자라고 계속해서 주장해온 것이다.

정 교수 측 변호인은 2020년 1월 31일 2차 공판에서 검찰의 이런 주장을 조목조목 반박했다. 특히 가장 눈길을 끈 것은 변호인 측에서 법정에 제출한 서류 증거 '금전소비대차계약서'였다. 정 교수 측 변호인은 이날 "2015년 12월 거래는 여유자금을 찾던 중 조범동 씨에게 상담을 하고 조 씨의 처 이 모 씨의 계좌로 5억 원을 맡기고 10% 이자를 받기로 한 것"이라고 설명했다. 정 교수 측은 "조범동 씨와 이 씨가 작성한 소비대차계약서가 있고, 대여 기간 등이 기재되어 있다. (이율은) 연 11%로 되어 있고, 당사자 간에는 10%로 약정이 되어 있어 계약서 내용이 일부 정확하게 기재되지 않은 부분이 있지만 5억 원의 소비대차계약이 있었다는 것은 입증이 된다"고 말했다.

이 금전소비대차계약서는 계약일자가 '2016년 12월 30일'로 되어 있어 실제와 차이가 있다. 하지만 대여 기간은 '2015년 12월 30일부터

2017년 12월 30일까지'로 분명하게 기재되어 있고, 이자 지급 방법 및 시기도 '2016년 1월 2일로부터'라고 되어 있다. 따라서 '2016년'으로 표기된 계약일자는 '2015년'의 오기라고 봐야 할 것이다.

그동안 '10억 원'의 실체를 둘러싸고 투자금이 아닌 대여금이라는 증거와 증언이 여러 건 있었다. 조범동 씨 공판에서는 검찰 측 증인으로 나온 코링크PE 대표가 변호인 반대 신문에서 '대여금 이자'라고 증언했다. 이전 공판에서 제시된 코링크PE 직원이 작성한 검찰 측 증거자료에도 '매월 지급한 860만 원은 이자'라는 사실이 명시되어 있다. 증언, 정황 증거, 서류 증거까지 모두 일치하는 것이다. 또한 투자인지 대여인지를 둘러싼 분쟁이 잦은 민사소송에서는 서류상의 근거보다 원금 보장 여부, 정기적인 이자 지급 여부 등을 우선적으로 고려했던 수많은 판례가 존재한다.

'여회장.hwp' 파일의 허탈한 비밀

정경심 교수에 대한 검찰과 언론의 의혹 공세가 극에 달하던 2019년 10월 15일, 중앙일보는 검찰발 단독 보도[63]를 통해 '여회장.hwp' 파일 의혹을 터뜨렸다. 중앙일보 기사에 따르면 '여회장.hwp' 제목의 문서 파일은 코링크PE 사무실 컴퓨터에서 발견되었고, '여회장'은 정경심 교수를 지칭하는 것이며, 파일 작성일자는 2016년이다. 검찰은 파일 이름과 작성일자가 코링크PE의 블루펀드 투자 시점보다 앞선 2016년이라는 것만 가지고 정 교수가 코링크PE를 실질적으로 지배했다는 주장을 펼쳤다.

---

63 [단독] 정경심 투자 1년 반 前, 코링크 PC엔 '여회장.hwp' 파일(중앙일보, 2019. 10. 15.)

그런데 정 교수의 2차 공판에서 변호인 측이 내놓은 반대 증거에 따르면 '여회장.hwp' 파일의 진실은 검찰의 주장과 크게 달랐다. 먼저 파일 이름 자체가 언론 보도와 달랐다. '여회장.hwp'가 아닌 '증자제안 및 수락(계약)-여회장.hwp'이었다. 당초 언론은 파일 이름에서 단지 '여회장'에만 주목하며 무궁무진한 상상력을 자극했지만 실제 파일 이름에는 구체적인 내용이 담겨 있었다.

정 교수 변호인 측은 이 파일을 작성한 코링크PE 직원을 조사한 검찰 측 참고인 신문조서도 공개했다. 이 조서에 따르면, 파일을 마땅히 구별할 특이점이 없었는데 마침 조범동 씨가 "여성 회장분이 들어온다"라고 말했기 때문에 파일 이름에 '여회장'을 덧붙였다는 것이다. 검찰과 언론이 마치 엄청난 배후라도 되는 것처럼 정 교수를 몰아세웠던 '여회장' 파일은 단지 코링크PE 직원이 정 교수의 이름을 몰랐기 때문에 붙여진 것이었고, 검찰과 언론이 이를 사실과 다르게 의혹을 부풀리며 벌어진 논란이었다.

차명계좌 주장에 대한 반박

검찰이 공소장에서 혐의를 주장한 정경심 교수의 '차명계좌'는 크게 3개다. 동생 정 씨, 지인 이 씨, 헤어디자이너 구 씨의 계좌가 그것이다. 우선 검찰이 주장한 차명계좌 중 정경심 교수 동생 명의의 계좌는 한국투자, 하나금융투자, 미래에셋 등 3개였다. 정 교수 동생의 계좌들은 정 교수가 차명으로 운용한 것이 아니라 동생 본인이 직접 개설해 운용했다. 이 중에서 한국투자증권 계좌의 경우 PB 직원 김경록 씨에게 일임 매매한 계좌이며 실제 김경록 씨가 KBS 인터뷰를 할 당시에 "기존의 동생

분도 계좌가 있었고. 똑같이 제가 고객님 관리하듯이. 고액은 아니었고. 소액으로 관리하고 있었다"라고 증언한 내용과 일치한다. 변호인 측도 정 교수 동생이 거래와 관련해 정 교수에게 "나는 많이 빠졌다"고 문자메시지를 보낸 내역을 증거로 제시했다.

미래에셋 계좌의 경우 동생이 개설하고 정 교수의 지인 이 씨의 추천으로 거래한 계좌다. 일부를 정 교수가 대리 운용해준 사실은 있지만 '관리 주체'가 계좌 명의자인 동생 정 씨 본인이라는 사실에는 변함이 없다. 지인 이 씨 명의의 계좌는 차명이 맞지만 그 거래 액수가 3000만 원 미만이었고, 이는 공직자윤리법 제14조와 그 시행령(제27조의4)에서 명시적으로 허용되는 액수다. 공직자윤리법 위반을 피하기 위해 차명으로 운영하려는 의도는 아니었던 것이다.

정 교수가 이 계좌를 차명으로 운영한 것은 이 계좌가 일반적인 주식투자 계좌가 아니라 '선물옵션' 계좌였고, 개설에 일정한 자격 제한이 있었기 때문이다. 이 씨가 정 교수에게 직접 선물옵션 투자를 권유했고, 세세하게 투자에 대해 가이드해준 계좌였다. 이런 이유로 선물옵션 전문가인 이 씨 명의로 개설했을 뿐 차명으로 탈세나 기타 불법 이득을 얻으려는 목적은 아니었다.

검찰은 차명 거래에 대한 금융실명제법 위반 혐의를 제기했지만 '금융실명제법의 처벌 취지는 불법적인 거래를 처벌하기 위한 목적이며 단지 차명이라고 해서 모든 차명 거래를 다 처벌하는 것은 아니므로 해당 혐의 적용이 부당하다'는 게 변호인 측 주장이다. 실제로 금융실명제법 제3조 3항은 금융회사가 아닌 일반 개인은 '세부적으로 명시된 탈법의 목적인 경우 타인의 실명으로 거래해서는 안 된다'고 명시하고 있다. 지정된 불법 목적이 아닌 단순 차명 거래만으로는 처벌할 수 없는 것이다.

헤어디자이너 구 씨는 본인이 직접 검찰 측 증인으로 출석해 '정 교수에게 계좌를 빌려준 것이 맞다'고 진술했지만 변호인 반대신문에서는 보다 구체적인 정황이 드러났다. 당초 정 교수가 친한 사이였던 구 씨에게 주식 종목으로 WFM을 추천하고 투자를 권유했는데 주가가 하락하면서 구 씨가 손해를 입자 정 교수가 구 씨 계좌로 2000여만 원을 송금하고 추가 투자를 권했다는 것이다. 그런데 다시 주가가 떨어지는 바람에 정 교수가 돈을 더 빌려주겠다고 했고 구 씨가 아예 정 교수에게 계좌를 맡겼다는 것이다. 결과적으로는 차명 운용이 된 셈이지만 정 교수가 자신의 돈을 운용하려는 목적은 아니었고 오히려 구 씨에 대한 호의와 미안함으로 돈을 빌려주고 대리 운용해준 정황이었다.

WFM 실물주식 12만 주와 미공개정보이용 혐의

2019년 9월 23일 한겨레는 정경심 교수 동생의 자택에서 WFM의 실물주식 12만 주가 발견되었다고 보도했다.[64] 8월 말에 검찰이 정 교수 동생의 집을 압수수색하면서 이 주식을 발견했다는 것이다. 수많은 언론이 관련 내용을 보도했으나 출처를 공개한 기사는 없었다. 압수수색을 한 지 한 달 가까이 지난 사안을 하루 동안 여러 언론이 일제히 보도한 것으로 볼 때 검찰이 기획적으로 흘린 게 아니냐는 의심을 사기에 충분했다.

언론은 흔치 않은 실물주식을 12만 주나 보유했다는 사실에 강한 의심의 눈초리를 보냈다. 하지만 실물주식 보유 자체가 범죄일 수는 없

---

64 〔단독〕 조국 처남 집에서 'WFM 12만주' 확인…이례적 실물증권 보유 (한겨레, 2019. 9. 23.)

다. 다만 흔치 않은 일이라는 이유로 범죄적 의도가 있는 것 아니냐는 의심과 상상 속에 여러 가지 시나리오가 펼쳐졌다. 최소한의 근거도 없이 단지 가능성만으로 범죄를 예단하는 기사들이 쏟아진 것이다. 이에 화답하듯 검찰은 10월 21일 정경심 교수에 대한 구속영장 청구에서 '실물주식 12만 주'를 금융시장법상 '미공개정보이용' 혐의의 주요 증거로 제시했으며 11월 11일 공소장에도 이 혐의를 적시했다.

하지만 정 교수가 '실물주식 12만 주'를 매입한 시점이라고 검찰이 공소장에 밝힌 2018년 1월 26일 WFM 주가는 6910원이었고, 검찰이 주장한 '미공개 호재 정보'인 군산공장 가동이 대외적으로 공개된 2018년 2월 15일 전후의 주가는 7010원~6810원이었다. 사실상 주가가 거의 오르지 않은 것이다. 오히려 10여 일 후인 2월 27일부터는 주가가 연일 폭락해서 한 달쯤 후에는 5000원대 초반을 거쳐 4000원대까지 떨어져버렸다. 이후 WFM 주가는 한 번도 예전 수준을 회복하지 못했다.[65] 결국 검찰이 주장한 '미공개정보'는 공개된 해당 시점에서조차 전혀 호재가 아니었던 것이다.

검찰의 주장에서 더 놀라운 것은 이 '실물주식'이 시장 내 온라인 거래가 아닌 장외시장에서 매매한 물건이라 문제가 있다는 식의 지적이다. 실물주식인데 온라인 거래가 될 수 없는 것은 당연한 일이다. 결론부터 말하면 장외시장에서 매매한 물건은 미공개정보이용에 해당될 수 없다. 법리상으로도 그렇고 실질적인 의미로도 그렇다.

먼저 이 실물주식을 정 교수 동생이 취득하게 된 경위를 이해할 필

---

[65] 조국 사태 이후에 거래정지를 거쳐 상장폐지 검토를 진행하고 있어 사실상 휴지조각이 된 상태다.

요가 있다. 이 실물주식은 일회성 단일 매매가 아니었다. WFM 전 대표였던 신성석유 회장 우 씨가 2017년 10월 코링크PE에 WFM의 지분 다수를 매각하기로 했던 계약의 일환이었고, 2018년 초까지 코링크PE에 지속적으로 분할 매각하고 있었던 대량 지분들 중 일부였다. 당시 코링크PE와 우 회장은 WFM의 지분을 주당 5000원에 매매하기로 계약했는데, 당시 우 회장 및 우 회장의 회사들이 매도한 WFM 지분을 코링크PE와 함께 매입한 개인이 여럿 있었다. 정 교수의 동생 정 씨도 이때 주식을 매입했다. 이 주식이 실물이었던 이유는 WFM 대표였던 우 회장으로부터 매입했기 때문이다. 이후 공판에서 정 교수의 변호인 측은 "당시 코링크PE 측에서 WFM 지분 매입 자금이 부족하자 여러 개인들에게 매입 요청을 했다"고 말했다.

실제로 당시 코링크PE는 복잡한 꼼수를 동원해 사실상 무자본으로 WFM 지분을 매입한 것으로 알려졌다. 2017년 10월 당시 외형상 코링크PE가 WFM을 인수했다고 발표했지만 정확하게는 코링크PE와 코링크PE에서 조성한 '배터리펀드'가 공동으로 인수한 것이고, 이 배터리펀드는 다시 우 회장이 전액 출자한 것으로 알려졌다. 약정액 논란과 관련해 유일하게 제대로 보도했던 조선일보 금융부 안재만 기자는 2019년 10월 6일 기사[66]에서 코링크PE가 우 회장으로부터 WFM을 인수한 대금 상당 부분을 우 회장 자신의 돈으로 배터리펀드에 출자한 사실을 밝히며 "본인의 인수대금을 본인이 출자했다"라고 표현했다.

즉 코링크PE가 외형상 WFM을 인수한 후에도 WFM 최대주주는

---

66 조국 조카와 얽힌 버스재벌, 수백억 원 날릴 위기(조선일보, 2019. 10. 6.)

여전히 우 회장이었다. 소유와 지배가 복잡하게 얽혀 있었지만 코링크PE와 우 회장이 WFM을 공동으로 소유하고 지배한 것은 사실이었다. 따라서 2018년 초에 WFM 주가가 급등했을 때 최대 수혜자는 코링크PE를 지배했던 익성 회장과 우 회장 양대 세력이었고, 여기에 다른 사채업자들의 자금이 투입되었다. 이처럼 주가조작 혐의를 의심할 만한 충분한 정황들이 드러났는데도 검찰은 조국 일가 수사에만 매진할 뿐 익성과 우 회장 등에 대해서는 제대로 수사하지 않았다.[67]

이런 다소 복잡한 이유 때문에 외형상 대규모 지분 인수에도 불구하고 코링크PE와 우 회장 사이에 오간 실제 현금은 얼마 되지 않았는데 코링크PE가 대규모 지분을 사들일 자금이 없어 사채업자까지 동원하고 있던 상태에서[68] 당초 계약했던 매매 지분량 중 부족한 액수만큼을 매입해줄 추가 투자자가 필요했다. 이런 이유로 정 교수 동생을 포함한 여러 개인들에게 매입을 요청한 것이다. 즉 이 실물주권의 거래는 코링크PE가 WFM을 인수하는 과정의 일부였고, 그 거래의 취지가 미공개정보이용이라는 검찰의 주장과는 거리가 멀다.

그런데 이런 장외주식 거래의 경우, 당연하게도 장내 시장의 시가에는 영향을 미치지 않는다. 법리적으로 미공개정보이용 혐의의 성립에는 '불공정한 정보격차'의 존재 유무가 중요하다. 일반론적으로 불공정한 정보 격차의 피해자는 당연히 증권시장 전체의 다른 참여자들이다. 다른 투자자들은 알지 못하는 호재, 악재 정보를 극소수 내부자들이 활용함으

---

67 대한민국 사모펀드 2부-'조국펀드' 추적기(MBC 〈PD수첩〉, 2020. 4. 28.)
68 조범동 씨에 대한 공소장 내용에 따르면 검찰도 당시 코링크PE가 자금이 없어 사채업자까지 동원해 사실상 무자본으로 인수한 사실을 알고 있었고 이를 공소장에 적시했다.

로써 증권시장에 불공정이 생기는 것을 막는 것이 미공개정보이용을 처벌하는 법의 취지다.

그런데 경쟁시장에서의 거래가 아닌 경우라면 어떨까. 대표적인 것이 장외매매 중에서 '상대매매'다. 상대매매란 경쟁시장이 아니라 매도자와 매수자가 가격, 수량, 결제조건 등을 직접 협의하여 거래하는 것이다. 경쟁시장이 아니므로 정보의 '불공정성'은 오직 매수자와 매도자 양자 사이에만 존재하게 된다. 정 교수 동생이 매입한 실물주식의 경우, 코링크PE와 우 회장 사이의 사전 계약조건에 따른 대규모 상대매매의 일부였다. 장외 상대매매는 미공개정보이용에 해당하지 않는다는 사실은 여러 판례로도 정립되어 있고, 증권 거래의 주요 상식 중 하나다.

남은 가능성은 상대매매에서 매수자와 매도자 사이의 '정보의 불균형성' 문제다. 즉 둘 중 한쪽이 상대적 정보 우위로 다른 쪽을 기만했느냐의 여부인데 이 거래에서는 '정보의 불균형성'이 매수자와 매도자 사이에 존재하지 않았다. 우 회장은 외형상 WFM의 지분을 대량으로 코링크PE에 매도한 후에도 여전히 WFM의 2대 주주였기 때문에 내부 정보를 몰랐을 수가 없다. 더구나 우 회장은 사실상 코링크PE의 배터리펀드를 통해 여전히 최대주주였다. 도리어 이 주식이 얼마 못 가 장기 폭락을 거듭하다 바닥으로 주저앉은 사실을 감안하면 정 교수의 동생이 미공개정보를 이용하여 우 회장을 기만한 것이 아니라 그 반대일 가능성이 크다.

이런 정황에도 불구하고 검찰은 미공개정보이용 혐의로 정 교수의 기소를 강행했다. 그러면서 부당이익의 존재를 강조하기 위해 당시 장내 시세가 아닌 장외거래 취득가인 고정가 5000원을 기준으로 차익을 계산하는 무리수를 뒀다. 하지만 실제 시장 주식 가격은 전혀 오르지 않았다는 점에서 검찰의 주장은 왜곡이다. 검찰이 주장하는 차익은 미공개정보에서 나온 것이 아니라 거래 상대방인 우 회장(유니퀀텀홀딩스)이 장외에서 시세보다 낮은 가격인 5000원에 매도한 물량을 사들였기 때문이었다. 즉 미공개정보가 있어서 정보공개 시점에 발생한 차익이 아니라 장외거래의 특성상 거래 즉시 생긴 차익이었을 뿐이며 그조차도 불과 한 달 만에 급락세로 돌아서 단 한 번도 반등하지 못하고 결국 휴지조각이 되었다. 미공개정보로 인한 차익은 애초에 존재하지도 않았고 그럴 수도 없었다.

우 회장의 매도 물량은 코링크PE와의 계약에 따라 코링크PE에 매도하는 물량이며 코링크PE의 요청에 의해 주식을 매입한 개인도 여럿 있었다. 검찰이 정 교수에게 미공개정보이용 혐의를 적용하려면 같은 장외 물량을 사들인 전원을 다 기소해야 맞지만 검찰은 오직 정 교수만 기소했다.

한편 검찰은 '실물주식 12만 주' 외에도 다른 두 건(2018년 2월, 2018년 11월)의 미공개정보이용 혐의를 주장하며 정 교수를 기소했다. 이때의 거래들은 주식 거래 이후에 주가가 오히려 더 떨어졌다. 애초에 호재성 미공개정보가 아니었던 것이다. 특히 검찰이 공소장에 밝힌 세 번째 미공개정보이용 혐의는 헤어디자이너 구 씨의 계좌와 관련된 것인데, 이미 지적한 대로 정 교수가 호의와 미안함 때문에 구 씨의 계좌를 대신 운용해 준 정황이 있었다.

이 혐의와 관련해 검찰이 '호재'로 지목한 2018년 11월 5일 중국 MOU 소식을 살펴보면, 검찰은 공소장에서 관련 정보가 언론에 공개된 시점을 당일 장 마감 이후인 '11월 5일 17시 33분'이라고 적시했다. 그리고 구 씨 계좌에서는 그보다 이전인 장중 시간 '11월 5일 11시 14분부터

11시 31분 사이'에 주식을 매입했다고 주장했다. 그러나 검찰의 이 주장은 사실과 다르다. 실제 '중국 MOU 소식'이 언론에 처음 보도[69]된 시점은 아시아경제가 기사를 올린 11월 5일 오전 10시 54분이다. 검찰이 주장하는 시점보다 반나절이나 앞설 뿐만 아니라 구 씨 계좌에서 주식을 매입했다고 주장한 시간보다도 이전이다. 즉 구 씨는 해당 정보가 언론에 보도된 이후에 WFM 주식을 매입한 것이고 매매 시점만 봐도 미공개정보와 아무런 관련이 없다.

재판에서도 계속된 검찰의 언론플레이

검찰은 공판이 진행되는 동안에도 언론플레이를 하듯 '선정적 키워드' 제공을 반복했다. 그중 대표적인 사례가 '강남 건물주가 목표'와 '물고기 두 마리의 꿈'이다. 이 내용은 정경심 교수의 일기에 등장한 표현이거나 동생과의 사사로운 대화에 불과했다. 유의미한 범죄 정황과는 거리가 멀었다.

검찰은 정경심 교수가 동생에게 '강남 건물주가 목표'라고 말한 것을 꼬투리 잡아 사모펀드에서 불법적으로 고수익을 추구한 정황이라고 주장했다. 하지만 정경심 교수는 이미 강북에 상속받은 건물이 있을 만큼 자산가이고, 따라서 강남 건물을 소유하는 것이 비현실적인 희망도 아니다. 게다가 검찰은 법정에서 "수백억 원대 강남 건물을 사는 것을 목표로 한 것"이라 주장하며 해당 문자에는 나오지도 않는 "수백억 원"을 멋대로 끼워 넣었다.[70]

---

[69] 더블유에프엠, SiOx 음극재 中시장 공급판매 협약 체결(아시아경제, 2018. 11. 5.)

강남에 건물을 마련하겠다는 희망과 목표를 품는 것이 법적으로나 도덕적으로나 비난의 대상이 될 문제는 아니다. 그렇지만 검찰은 '강남 건물주'라는 말이 갖고 있는 우리 사회의 정서적 효과를 노린 듯하다. 실제로 대다수의 언론은 이날 공판에서 제기된 유의미한 내용들을 다 제쳐놓고 '강남 건물'을 제목으로 뽑았다.

'물고기 두 마리의 꿈'은 정 교수가 스마트폰에 기록한 일기에 나오는 표현이다. 검찰은 "남편이 민정수석 된 지 10개월이 넘었다. 코링크에 투자한 지 1년 차다. 1차는 회수할 거고 2차는 두고볼 것이지만 포트폴리오를 다시 짜야겠다"는 내용을 문제 삼았다. 검사는 이 일기의 내용으로 볼 때 코링크PE의 투자 방향과 운영을 결정하는 '경영자의 입장'으로 추정된다고 주장했다. 하지만 누가 봐도 지나친 비약이다. 검찰이 주장하듯 이 글이 코링크PE 경영자의 입장으로 읽히거나 범행 의도가 담겨 있다고 보기는 어렵다. 이런 식으로 수년간의 일기에서 의미 연결도 명확하지 않은 짧은 멘트들을 골라 '범행 의도'로 몰아붙인다면 어디 검찰 무서워 일기라도 편하게 쓸 수 있겠는가.

---

70 檢 "정경심 '수백억 강남 건물이 목표'…사모펀드에 집착했다"(중앙일보, 2020. 1. 31.)

에필로그

징벌적 손해배상제도와 오보방지법

　　21대 국회의 첫 번째 과제가 코로나19 확산에 따른 경제위기 극복이라는 것에 이의를 다는 사람은 없을 것이다. 그러나 국회가 경제문제 해결을 위해 할 수 있는 역할은 제한적이다. 제한적이라고 해서 중요하지 않다는 뜻은 물론 아니다. 국회는 정부의 경제 살리기를 입법으로 제도화하고 재정을 감시하는 역할을 충실해 해야 한다. 국민의 입장에서는 정부의 경제 살리기가 속도를 낼 수 있도록 국회에서 합리적이고 효율적으로 뒷받침해주길 기대하고 있다. 그러나 국회의원 300명이 모두 '경제문제'만 붙들고 있을 수는 없는 노릇이며 그럴 필요도 없다. 그래서 국회에는 상임위원회가 있고, 해당 상임위와 각 당 원내 지도부, 국회의장단 등이 각각에게 부여된 역할을 제대로 수행할 수 있도록 조율할 필요가 있다.

　　2019년 말 고위공직자범죄수사처(공수처) 설치법과 검경 수사권 조정안이 국회를 통과했다. 검찰개혁의 첫발을 내디딘 것이다. 물론 인사청문회법 개정안과 국회법 개정안 처리, 공수처장 후보추천위원회에 대한 규칙 제정 등 공수처 설치를 위한 후속작업이 남아 있지만 일단 검찰개혁의 가닥은 잡힌 셈이다.

　　그러나 언론개혁의 현실은 어떠한가. 2004년 신문법과 불법경품

근절을 위한 신문고시 개정 등을 통해 신문업계 정상화의 단초를 마련했지만, 2008년 미디어법 날치기 통과로 종편이 출범하면서 신문 쪽 여론 독과점이 방송 쪽으로 전이될 우려가 커졌다. 또한 이명박 정부의 종편 특혜 방송규제 정책은 박근혜 정부를 거쳐 문재인 정부까지 이어지고 있다. 제도권 방송은 여전히 '기울어진 운동장' 상태를 벗어나지 못하고 있는 것이다.

검찰개혁 다음은 언론개혁

누구나 언론의 문제점을 말하고 '언론개혁'의 필요성을 말하지만 '언론개혁이 무엇인가'라는 질문을 받으면 선뜻 답변하지 못하는 경우를 종종 본다. 그만큼 언론개혁이 복잡하고 어렵게 느껴진다는 반증일 것이고, '언론개혁'이란 단어를 떠올리는 순간 '언론자유'라는 개념이 동시에 뒤섞이기 때문이 아닐까 한다.

검찰개혁을 말할 때 혹자는 검찰의 자율적인 개혁을 주장하지만 이는 다음 두 가지 중 하나일 가능성이 높다. 첫째는 '검찰개혁의 제도화' 과정에서 나오는 주장으로 검찰개혁의 제도적 완성 이후 검찰의 자율성을 추동하는 경우다. 다음으로는 검찰개혁 제도화, 즉 공수처 설치나 검경 수사권 조정에 반대하는 속내를 '자율개혁과 타율개혁'이라는 이분법으로 은폐하는 경우다.

그러나 언론개혁을 논의할 때 등장하는 언론의 자율개혁은 헌법에 보장된 '언론자유'와 맞물려 있는 기본권적 주장이며 사회 다수가 동의하는 주장이다. 그렇기 때문에 언론개혁은 그 출발부터 민주사회에서 '절대적으로' 보장되는 '언론자유'를 침해한다는 논란을 불러일으킬 수 밖에 없다. 그런 점에서 언론개혁 의제를 다룰 때 조심스럽게 제기해야 할 필요성을 인정하지 않을 수 없으나 현재 우리 언론 상황을 고전적 언론자유의 관점에서 바라보고 '언론자율개혁'을 말하기는 부적절하다.

대한민국 언론은 팩트 체크에 게으르고 정파성에 기초한 의도적 사실 왜곡을 일상적으로 저지르고 있다는 비난에 직면해 있다. 그리고 이 반언론적 행태는 언론사 차원에서 행해지고 있으며 기자정신은 사라지고 받아쓰기, 따라쓰기, 단독경쟁 등이 기자들 사이에 문화와 관행으로 고착되었다는 지적이 많다. 요컨대 우리 언론은 언론자유는 누릴 대로 누리면서 언론의 공적 책임은 외면하고 있으며, 일부 언론은 정파적 선동에 앞장서며 개혁정부 흔들기를 위한 "가짜뉴스를 양산하고 있다"는 우려를 낳고 있다.

우리 헌법은 21조에서 언론자유를 보장하고 있지만 '본질적인 내용을 침해할 수 없다'는 전제 아래 '타인의 명예와 권리, 공중도덕이나 사회윤리 침해'를 막거나 '국가 안전보장, 질서유지, 공공복리를 위해서' 언론자유를 무한정 보장할 수 없다는 점 또한 명시하고 있다. 즉 '명백하고 현존하는 위험'이 있을 때는 언론자유의 제한이 가능하다는 것이다. 왜곡된 형태이긴 하지만 군부 권위주의 정권에서는 '북한의 존재'를 '명백하고 현존하는 위험'으로 규정하고 비상계엄이나 대통령 긴급명령 등의 형태로 언론자유의 '제한'을 넘어 '탄압'하기까지 했다.

언론자유를 제한하는 입법이 가능하려면 다음 세 가지 질문과 그에 대한 해답이 제시되어야 하며 도출된 해답에 대한 일정한 수준의 사회적 합의가 필요하다. 첫째, 현재 대한민국은 '명백하고 현존하는 위험'에 직면해 있는가? 둘째, 현재 대한민국 언론이 저지르는 '타인의 명예와 권리, 공중도덕이나 사회윤리 침해' 정도가 심각한 수준인가? 셋째, '국가안전보장, 질서유지, 공공복리'를 구현하는 과정에서 언론이 걸림돌이 되고 있는가?

코로나19 경제위기와 언론

코로나19의 전 세계 확진자 수는 2020년 5월 25일 현재 540만 1612명이며 사망자는 34만 3804명, 회복된 사람은 224만 7151명이다. 미국의 확진자는 166만 6824명이며 사망자는 9만 8683명이다. 중국은 확진자가 8만 2971명이며 사망자는 4634명에 이른다. 우리나라의 확진자는 1만 1206명, 사망자는 267명이다.

코로나19로 세계경제가 위협받고 있다. 이번 경제위기는 코로나19가 급속하게 퍼지면서 이로 인해 대면접촉과 활동이 제한되고 소비가 위축되면서 시작되었다. 대면접촉과 활동의 제한은 국내의 경제활동을 넘어 국제적인 경제교류를 불가능하게 만들었다. 대외경제정책연구원(KIEP)은 '2020년 세계경제 전망'에서 2020년 세계경제 성장률이 -2.6%, 미국의 경제성장률이 -6%를 기록할 것이라고 분석했다. 중국의 성장률은 2.2%, 일본의 성장률은 -6.2%라고 내다봤다.

상대적으로 코로나19에 잘 대처한 우리나라도 마이너스 성장이 예상되고 있다. 국제통화기금(IMF)은 -1.2%를 예측했고, 한국경제연구원은 -2.3%를 전망했다. 각국의 경제성장률 예측치의 차이는 봉쇄 조치의 강도와 범위에 기인한 것으로 보인다. 나라 전 지역에 걸쳐 강도 높은 봉쇄 조치를 취할 경우 급격한 소비위축을 초래하고 역내외 수출이 빠르게 둔화하며 이는 기업 위축으로 이어져 신규 투자가 감소하고 그 결과 일자리가 크게 줄어들게 된다. 우리나라는 봉쇄 조치 없는 선제적 코로나19 검사, 정보통신 인프라를 바탕으로 한 확진자 및 접촉자 관리 등으로 경제성장률 전망에서 양호한 수치를 얻은 것으로 보인다.

그러나 코로나19가 장기화될 것이라는 전망이 우세하다. 제조업 건실도, 대외의존도, 정부부채비율 등 각국 경제를 결정하는 주요 변수에서 우리나라는 대외의존도가 높은 경제구조를 갖고 있다. 따라서 미국, 중국, 일본 등 주요 교역 대상국의 경제변동에 주의를 기울이지 않을 수 없다. 중국과 미국이 인프라 투자 확대와 유동성 공급 확대로 소비촉진정책에 성공할지 촉각을 곤두세울 수밖에 없다. 이미 일부에서 예측하고 있는 것처럼 미국과 중국이 화해와 협력을 통해 경제위기를 극복하기보다 국내 정치에 경제를 악용하며 미중 갈등으로 격화한다면 대한민국 경제의 앞날에 암운이 드리울 것은 불 보듯 뻔한 일이다. 한마디로 대외의존도가 높은 대한민국이 코로나19로 겪고 있는 경제위기는 '명백하고 현존하는 위험'인 것이다.

그렇다면 과연 이러한 미증유의 국가 위기 상황에서 대한민국 언론은 코로나19 보도를 제대로 하고 있을까. 여전히 대한민국의 주류 언론은 정파적 입장에서 '문재인 정부 흔들기'에 경제위기를 악용하고 있다는 비난에 직면해 있다. '재난보도 준칙'이 있지만 사문화되어 있는 실정이고 대한민국 언론 스스로 '재난'이 되었다는 비판이 팽배하다.

대부분의 언론은 코로나19 보도에 있어 '정확한 정보'를 주기보다는 '공포 분위기'를 조성했고, 진단 키트나 마스크 공급 관련 보도에서도 정부 흠집 내기에 바빴다. 심지어 '대통령과 청와대는 잘하지 못했는데 질병관리본부는 잘했다'는 궤변으로 정부를 흔들고 있다는 비아냥거림까지 받기도 했다. 언론이 대한민국을 위협하는 '명백하고 현존하는 위험'이라는 지적에서 자유롭지 못한 것이다.

21대 국회가 언론개혁 입법에 나서야 하는 조건은 충분히 마련되어 있다. 3부 언란에서 제시하고 있는 여러 자료들에서도 확인되었듯이 언론은 수시로 타인의 명예와 권리를 훼손하고 있으며 '국익'에 충실하기보다는 '정파적 이해'에 빠져 있다는 비난을 거세게 받고 있다.

언론개혁 목표는 '정론 기능 회복'

언론개혁의 목표는 무엇인가. 언론의 정론 기능 회복이다. 정론이란 무엇인가. 사실에 기초해 올바른 정보를 제공하고 사실에 기초해 진실한 논평을 하는 것이다. 언론의 1차적 기능은 사회적 정보 전달이며 사실에 기초해 '논평'하는 것은 2차적 기능이다. 사실 전달은 육하원칙에 따라야 하며 관점의 개입은 허용되지 않는다. '논평'에 '가치'가 반영되는 것은 불가피한 일이지만 사실을 기반으로 해야 한다. 그러나 우리 언론은 사실 보도에 충실하지 않고 정파적 입장에 따라 사실을 취사선택해 보도하거나 심지어 사실 자체를 왜곡해 보도하는 경우가 비일비재하다. 결국 언론의 정론 기능 회복의 첫걸음은 사실 보도 기능을 회복하는 것이다.

그렇다면 언론의 사실 보도 기능을 회복하기 위해 필요한 것은 무엇일까. 우선 언론이 자율적으로 사실 보도를 하도록 촉구하는 방법이 있을 것이다. 이것은 수십 년 동안 촉구해온 일이며 수십 년 동안 언론이 외면해온 것이기도 하다. 그러나 여전히 언론의 자율개혁을 배제할 필요는 없다고 본다.

다음으로 타율적으로 압박하는 것이다. 타율적 압박은 언론 모니터 등을 통해 시민운동 차원에서 문제점을 지적하고 사회적으로 공유하는 방식이 있다. 또 현행법으로 규제하는, 즉 새로운 법을 만드는 방법까지 다양하다. 시민행동 차원의 언론개혁은 모니터 운동부터 불매 운동까지 다양하게 이뤄져왔고 지금도 현재진행형이다. 시민들은 그동안 언론개혁을 위해 할 수 있는 역할을 충실히 해왔기 때문에 더 첨언하거나 촉구할 필요는 없을 것이다. 다만 시민언론운동 단체들이 언론개혁 입법 과정에 좀 더 적극적으로 나설 필요는 있을 것이다.

규제 주체에 따라서는 정부 차원에서 시행령으로 규제할 수 있는 방법, 국회에서 새로운 규제법을 만드는 방법, 현행 법률로 규제하는 방법 등을 고려해볼 수 있다.

언론자유와 언론의 역할

오보와 허위왜곡 보도는 근본적으로 다르다. 오보는 그야말로 단순한 실수다. 그러나 허위왜곡 보도는 '의도성'이 개입된 것이며 의도에는 대개 해당 언론의 '정파적 입장'이 반영된다. 오보의 경우도 허위왜곡 보도와 연관된 오보가 있을 수 있으므로 단순 오보와 허위왜곡을 전제한 오보로 나누어볼 수 있다.

허위왜곡 보도는 '가짜뉴스'와 맞닿아 있다. 가짜뉴스는 범죄이며 이미 SNS상의 가짜뉴스에 대해서는 '단순 전달이나 유포'에도 벌금과 징역형이 가능한 제도가 있다. 언론이 가짜뉴스와 맞닿아 있는 허위왜곡 보도를 할 경우, 현재 신문은 언론중재위를 통한 구제, 방송은 방송통신심의위 심의를 통한 방송 제재가 가능하다. 민형사상 명예훼손 소송을 제기하는 방법도 있지만 사법부의 판결은 '언론자유'에 힘을 실어주는 경우가 대부분이다.

　　징벌적 손해배상제 도입에 대한 논의의 필요성을 촉발시킨 것은 '포르말린 통조림 사건'이다. 1998년 검찰은 독성물질 포르말린을 방부 목적으로 통조림에 넣은 혐의를 적용해 우리농산, 대진산업, 남일종합식품 등 3개 업체를 기소했다. 당시 검찰의 발표 내용은 충격적이었고 언론은 검찰의 발표를 그대로 보도했다. '인체에 치명적인 포르말린 사용, 식품업체 대표 적발', '동해안 일대 포르말린 무분별 사용규제 시급' 등등의 보도가 이어졌고 이들 업체에 대한 사회적 비난이 집중되었으며 엄벌을 요구하는 목소리가 높아졌다. 결국 해당 업체는 물론 연관 유통업체가 도산하는 등 피해가 속출했다.

　　언론은 해당 업체들의 반론에는 관심을 두지 않았고 검찰 발표를 그대로 받아쓰며 '통조림업체 악마화'에 심혈을 기울였다. 식품의약품안전처에서도 "천연 상태에서 포르말린이 검출될 가능성이 있다"고 밝혔지만 검찰과 언론은 이 발표에도 주의를 기울이지 않았다. 하지만 재판 결과 이 업체 대표들은 대부분 무죄판결을 받았다. 1, 2심 법원은 "포름알데히드가 통조림에서 검출된 것은 사실이지만 자연 상태의 식품에도 원래 존재하고 인위적으로 첨가했다고 볼 증거가 없다"며 피고인들에게 무죄를 선고했다.

　　2000년 9월 대법원에서 최종 무죄판결이 확정된 뒤 해당 업체들은 국가와 신문사, 방송사를 상대로 모두 37억 5000만 원의 손해배상청구소송을 제기했다. 소송 결과, 법원은 언론사에 대해서는 "보도 내용이 국민 건강과 직결되는 것으로 신속성을 요하는 것이었고 사건 담당 부장검사의 공식 발표라는 점에서 신뢰도가 높았으며 해당 피의자의 구속으로 당사자에 대한 직접 취재가 어려웠던 점을 감안하면 보도 내용이 진실하다고 믿은 데 상당한 이유가 있다"며 명예훼손의 위법성을 인정할 수 없다고 판결했다. 다만 국가에 대해서만 1억 4000만 원의 책임을 인정했고 대법원에서 확정됐다.

자살 초래한 '쓰레기 만두' 파동

2004년 대한민국의 신문과 방송 보도는 '쓰레기 만두 사건'으로 뒤덮였다. 검찰은 그해 6월 7일 무말랭이 만두소로 만두를 만들어 유통한 생산유통업자들을 구속했다. 이어 식약청은 불량 만두소로 만두를 만든 25개 생산업체의 명단을 공개했다.

신문과 방송 보도마다 쓰레기 더미에 무말랭이가 쌓여 있는 사진과 화면이 등장했고 국민적 분노가 끓어올랐다. 언론은 경쟁적으로 선정적인 제목의 기사를 쏟아냈다. '쓰레기 만두 비상', '만두 공급 중단, 반품 잇달아…단무지 충격', '쓰레기 만두 충격 전국 확산', '도대체 뭘 먹어야 하나', '분식집에도 쓰레기 만두 유통' 등등의 기사가 봇물처럼 터져 나왔다.

우리나라 만두 제조업체들은 심각한 타격을 받았다. 어떤 업체는 매출의 90%가 급감하는 타격을 입었고 당시 전국 130여 개 만두 제조업체는 파산 위기에 직면했다. 단무지업체 등 관련 기업의 타격도 엄청났다. 사건 보도 이후 일본이 한국산 만두 수입을 전면 중단하는 등 쓰레기 만두 파동은 국내 문제로만 그치지 않았다.

그리고 6월 13일, 만두 제조업체 비전푸드 신영문 대표가 반포대교에서 투신해 사망했다. 6월 10일 식약청이 비전푸드 제조 만두에 대해 전량 회수 조치를 내린 지 4일 만이었다. 신 대표는 유서에서 "우리 만두는 절대로 쓰레기가 아니다. 제발 믿어달라"고 절규했지만 대부분의 언론은 이를 외면했다. 심지어 한 경제전문지는 〈침묵하는 불량 만두 CEO〉라는 제목의 기사에서 신 씨의 죽음을 전하며 관련 CEO들을 향해 "솔직히 고백하고 용서를 구하라. 직접 나서 해명하고 사과하는 CEO가 없는 게 더 문제다. 책임을 통감하고 물러나겠다는 CEO도 없다"면서 신 씨의 죽음을 애도하기는커녕 다른 CEO들을 비난하는 기사를 싣기까지 했다.

이후 사건의 실체가 서서히 드러나면서 우리 사회는 검경과 언론의 무분별하고 무책임한 행태로 다시 한번 충격에 휩싸였다. 신문과 방송을 통해 반복 보도되었던 쓰레기 만두소 사진과 화면은 기자들이 취재한 것이 아니라 경찰이 제공한 것이었고, 심지어 '만두소 재료'가 아니라 '진짜 쓰레기 더미'를 찍어 '쓰레기 만두소'로 조작했다는 의혹이 제기된 것이다.

화면으로 나간 쓰레기 만두 공장 대표의 증언은 참으로 어처구니없는 것이었다. 그는 "방송된 화면은 우리 공장이 확실하다"면서도 "지난 5월 경찰이 수사 참고자료라며 쓰레기 더미에 버려진 단무지를 찍어 갔다. 그리고 이 쓰레기가 쓰레기 만두소로 둔갑해 언론에 보도되었다"고 말했다. 이어 "경찰은 쓰레기장에 있는 썩은 무를 박스 위에 올려놓고 비디오를 찍어 갔다. 폐기물처리업체에서 받은 영수증까지 보여줬지만 경찰은 믿지 않았다"고 증언했다. 아울러 그는 "이번 사건과 관련해 우리 공장을 찾아온 방송기자는 단 한 명도 없었다. 방송 보도가 지나치게 왜곡, 과장되어 매출이 70% 이상 떨어졌다. 대부분의 단무지 공장이 문을 닫아야 될 형편"이라며 분개했다.

한 달 뒤 식약청은 기존과 상반된 의견을 발표했고, 1년여간 끌어온 재판에서 대부분의 만두 제조업체들은 무혐의 판결을 받았다. 2004년 6월 15일 식약청장은 "불량 만두와 관련한 식약청 조사 결과 발표가 무리였다"고 시인해 파문을 불러일으켰다. 그는 국회 업무보고에서 "조사 결과 발표는 여론에 떠밀려 한 것임을 솔직히 고백한다"고 밝히고 "한강에 투신한 업체 사장의 말에 일리가 있다고 생각한다"고 말했다. 그는 "식약청이 보다 당당하려면 아무리 여론에 떠밀렸어도 조사가 철저히 끝날 때까지 버텼어야 한다"고 덧붙였다.

쓰레기 만두 파동은 다양한 법적 소송을 불러일으켰다. 만두 제조업체와 판매업자들은 국가를 상대로 손해배상 소송을 제기했고 단무지 제조업체들은 방송사들을 상대로 소송을 제기했다. 쓰레기 만두로 건강이 침해되었다는 소비자들이 생산업체를 상대로 소송을 제기하는 촌극도 벌어졌다. 이 외에 1989년 공업용 우지 라면 파동도 라면업계의 판도를 바꾼 검찰과 언론의 '거짓 프레임' 사건으로 기억되고 있다.

포르말린 통조림 사건과 쓰레기 만두 파동처럼 공권력과 언론의 잘못으로 심각한 인적·물적 손실이 일어났을 때 억울한 피해자들은 국가기구와 언론을 상대로 손해배상청구 소송으로 대응하지만 사법부는 언론에 대해서는 책임을 거의 묻지 않고 있다. 사법부의 이러한 법적 판단은 '언론자유'에 비중을 두고 언론의 역할을 존중하려는 취지일 것이다. 그런데 과연 이 같은 언론의 행태는 존중받을 자격이 있는 것일까. 언론은 오히려 언론자유를 존중하는 사법부의 판결에 기대어 언론자유를 남용해 왔다는 의심을 피하기 어렵다.

악의적 왜곡 보도를 막기 위하여

징벌적 손해배상제란 "가해자의 불법행위에 대해 피해자가 입은 재산상 손해 원금과 이자에 더해 형벌적 의미의 금액을 추가적으로 포함되게 하여 배상토록 하는 것"이다. 이는 같은 불법행위가 반복되지 않도록 하는 것을 목적으로 한다.

징벌적 손해배상제는 1760년대 영국 법원의 판결로 시작되었다. 대표적으로 1992년 맥도날드 화상 사건에 대한 판결이 널리 알려져 있다. 1992년 맥도날드 커피를 산 뒤 차에 탄 스텔라 라이벡은 차가 흔들려 커피를 쏟았고 3도 화상을 입었다. 그는 맥도날드를 대상으로 손해배상청구 소송을 제기했고 맥도날드가 지나치게 높은 온도의 커피를 제공해 화상 사고가 반복되었다는 자료를 제시해 승소했다. 법원은 맥도날드에 화상 손해배상금 16만 달러, 징벌적 배상금 48만 달러를 피해자에게 배상하도록 최종 판결했다.

영국과 미국에서는 언론에 대해서도 징벌적 손해배상제도를 적용하고 있다. 미국의 경우 언론의 악의적 보도와 명예훼손 소송의 평균 손해배상액은 15억 원에서 20억 원에 이르는 것으로 알려져 있다. 영국에서도 징벌적 손해배상제도에 따라 영업을 포기한 중소 언론사가 있다고 한다.

한편 2008년 2월 뉴욕타임스는 한 여성 로비스트가 존 매케인 대통령 후보와 부적절한 관계를 맺고 로비활동을 했다는 의혹을 제기했다. 대선 후 이 로비스트는 2700만 달러(약 270억 원)에 달하는 명예훼손 소송을 제기했다. 양측의 합의로 재판이 종결되었지만 징벌적 손해배상제가 있었기에 합의가 가능했던 것으로 보인다. 2007년 영국의 데일리익스프레스와 데일리스타가 4세 아동 매들린 매칸 실종사건이 부모의 자작극이라고 보도했다. 기사는 오보로 판명되었고 아이의 부모는 명예훼손 소송에서 승소했다. 런던 법원은 해당 언론사에 55만 파운드(약 10억 원)를 배상하라고 판결했다. 2008년 영국 BBC는 맥알파인 상원의원을 아동 성학대범이라고 보도했는데 이는 오보였다. 이와 관련한 재판에서 BBC는 손해배상금 18만 5000파운드(약 3억 원)를 배상해야 했다.

반면 우리나라에서 언론을 대상으로 한 명예훼손 소송 배상액은 1000만 원대를 넘지 않는다. 그마저도 대부분 인정조차 되지 않고 있다. 이처럼 적은 배상액은 법원의 친언론자유적 판결에서 기인하지만 징벌적 손해배상제가 도입되지 않은 것도 이유로 지목된다.

우리나라에서 언론에 대한 징벌적 손해배상제 도입이 처음으로 공식 논의된 것은 2004년 신문법 제정 때였다. 그러나 당시에는 우리나라 법제에 '징벌적 배상제' 개념이 도입되어 있지 않았다. 그런 상태에서 상대적으로 진보적인 언론사들의 규모가 작아서 '진보적 언론의 피해가 클 수 있고, 언론자유 침해의 소지가 있으며, 사법부의 보수성으로 실효성이 크지 않을 것'이라는 지적이 나오면서 논의가 불발되었다.

2004년과 비교해볼 때 언론 보도에 대한 국민적 비난은 더욱 거세졌으며 인터넷매체의 숫자가 4000개를 넘어가는 등 언론 환경 변화에 따른 오보와 허위왜곡 보도의 심각성은 나날이 커지고 있다. 이러한 가운데 2017년 3월 국회에서 징벌적 손해배상제를 담은 법률이 통과되었다. 제조업자가 제품의 결함을 알면서도 적절한 조치를 취하지 않아 소비자의 생명과 신체에 중대한 손해가 발생한 경우 그 손해의 최대 3배까지 배상하게 할 수 있는 '제조물 책임법'이 통과된 것이다.

현재 우리나라에 징벌적 손해배상을 인정하는 관련 법률은 다음과 같다. 하도급거래 공정화에 관한 법률, 기간제 및 단시간 근로자 보호 등에 관한 법률, 신용 정보의 이용 및 보호에 관한 법률, 개인정보 보호법, 정보통신망 이용 촉진 및 정보보호 등에 관한 법률, 대리점 거래의 공정화에 관한 법률, 제조물 책임법, 공익신고자 보호법, 환경보건법 등등. 이 법률들에는 "발생한 손해의 3배를 넘지 않는 범위에서 손해배상액을 정할 수 있다. 다만 고의 또는 과실 없음을 입증한 경우에는 그렇지 아니하다"고 명시되어 있다.

이 법률들이 언론에 대한 징벌적 손해배상제 도입 논의 과정에 던져 주는 시사점은 2004년과 달리 현재는 징벌적 손해배상의 개념이 우리 법 제도 안에 있다는 것이다. 즉 지금 언론 쪽에 징벌적 손해배상 개념을 법제화하려는 시도는 징벌적 손해배상제 '도입'이 아니라 '확대'라는 점에서 2004년에 비해 논의 과정이 다소 수월할 수 있다.

언론의 악의적 왜곡 보도를 막기 위한 '징벌적 손해배상제 도입' 논의가 21대 국회에서 늦지 않게 시작되길 기대한다. 우리 사회가 언론에 대한 징벌적 손해배상제도를 진지하게 논의하는 순간부터 언론도 '진지하게' 자율개혁을 고려하게 되는 나비효과가 있으리라는 기대도 있다.

오보방지법이 필요한 이유

오보 방지를 위한 특별법을 만들 수 있을까. 직접적으로 오보방지법을 만드는 것은 지난한 과정일 것이다. 그러나 오보방지법을 만드는 것이 어렵다고 하여 피할 수도 없다. 악의적 왜곡 보도는 징벌적 손해배상제도의 도입으로 바꿔나가는 노력을 할 수 있다면, '악의적'이지 않은 오보는 어떻게 해야 할까? 계속 방치해도 되는 것일까? 혹은 악의적인 의도와 오보의 경계 즈음에 있는 보도들은 어떻게 해야 할까?

우선 언론중재법 개정을 통해 오보 방지 효과를 높이는 방법을 고려해볼 수 있다. 언론중재법의 목적은 "언론 보도 또는 그 매개로 인하여 침해되는 명예 또는 권리나 그 밖의 법익에 관한 다툼이 있을 경우 이를 조정하고 중재하는 등의 실효성 있는 구제제도를 확립함으로써 언론의 자유와 공적 책임을 조화함을 목적으로 한다"고 명시되어 있다.

언론중재법이 오보 방지를 위해 효율적으로 기능하기 위해서는 언론중재위원 구성 부분, 그리고 정정보도 및 반론보도 관련 조항을 검토할 필요가 있다. 현행 언론중재법은 언론중재위원을 40명 이상 90명 이내로 구성하되 일정한 자격의 법관 20%, 일정한 자격의 변호사 20%(대한변협 회장 추천), 일정한 자격의 보도부문 종사자 20%를 의무적으로 임명하도록 강제하고 그 밖에 언론에 관하여 학식과 경험이 풍부한 사람 40%로 구성하도록 되어 있다. 법관, 변호사, 보도부문 종사자가 60%를 채우는 의무 규정을 예컨대 총 30% 이내로 수정하고 연령대별, 직업별 다양성이 반영되도록 언론중재위원 구성 조항을 바꿔볼 수 있다.

다음으로 정정보도와 반론보도, 추후보도 청구 규정을 피해자 중심주의에 입각해 강화해야 할 필요성이 있다. 이를 테면 1면 5단 크기의 오보로 피해를 본 경우, 오보라는 사실이 판명되면 같은 크기의 정정기사 혹은 반론기사를 확보하도록 하는 것이 한 방법이다. 이 외에 연합뉴스 관계법, 정부 광고를 담당하는 언론재단의 개혁 등등 다양한 구체적 논의가 필요하다.

방송통신산업 발전과 규제혁신

방송통신위원회는 현재 유료방송을 제외한 방송규제 전반을 담당하는 정부기관이다. 보도 기능을 갖는 방송사의 인허가권을 행사하며 공영방송 사장 및 이사를 임명 혹은 추천한다. 방통위는 5명의 상임위원으로 구성되며 대통령이 속하지 않은 교섭단체에서 2명의 위원을 추천한다. 대통령 추천이 2명이며 그중 1명은 방통위원장이 된다. 방통위원장은 국회 인사청문회를 거치지만 본회의 표결은 없다. 정부와 여당은 1명의 위원을 추천한다. 여야 추천 방통위원은 국회 본회의 의결을 거친다.

방송통신심의위원회는 방송과 통신 내용의 심의를 담당한다. 통신의 경우 일정한 절차를 거쳐 의결한 뒤 가짜뉴스의 삭제를 명령할 수 있다. 방송 내용 심의 후 위반의 경중에 따라 주의, 경고, 관련자 징계 등 법정 제재와 비법정제재인 권고 결정을 내린다.

방송통신심의위원회는 여야 6 대 3 추천 구조다. 방송통신심의위원장은 대통령이 임명하고 부위원장은 국회의장이 추천한다. 위원장, 부위원장, 야당 추천 상임위원 등 3명이 상근한다. 비상임위원은 6명이다. 방송통신심의위원회는 대개 상근 부위원장과 사무총장이 실무를 처리하므로 상근 부위원장과 사무총장 인선이 매우 중요하다. 방통위나 방심위가 제 역할을 못한다면 그 원인은 법적 미비의 문제라기보다는 위원 구성과 운용의 문제에 있을 가능성이 크다.

현재 여당 일각에서 방송통신위원회를 방송통신부로 바꾸자는 의견이 제시되고 있지만, 여론에 직접적 영향을 주는 공영방송 지배구조를 결정하고 방송 인허가권을 행사하는 방통위를 위원회 구조가 아닌 독임제로 바꾸는 것은 득보다 실이 크다는 판단이 지배적이다.

방송규제를 수평적 체계로 전환하는 것을 즉시 논의해야 한다. 앞서 지적했듯이 문재인 정부 들어서도 이명박 정부의 종편 특혜 방송규제가 그대로 이어지고 있다. 지상파방송에 비해 종편을 비롯한 유료방송들은 방송광고 영업 방식, 광고 형식 및 운영, 편성, 방송심의, 방송발전기금 납부 등등에서 특혜를 받아왔다. 최근 종편의 약진이 이러한 방송규제 체계상의 특혜로 인한 것임은 부정하기 어렵다. 그러나 방송에서 지상파와 종편의 규제체계 형평성 문제는 어쩌면 '소 잃고 외양간 고치기'식 논의라고 볼 수 있다. 유튜브의 약진, 그중에서도 넷플릭스의 등장에 따른 방송업계 판도 변화에 정부나 방송사들이 선제적으로 대응하지 못한 것은 못내 아쉽다.

결국 방송은 지상파 광고 규제를 완화하는 식의 땜질 처방이 아니라 방송통신산업 발전과 규제혁신 차원의 논의가 필요하다. 대통령 직속 '미디어산업발전위원회' 등을 만들어 사회적 논의를 통해 종합적인 대책을 만들어야 한다.

시민의 힘이 필요하다

2019년 가을의 촛불집회가 없었다면 과연 국회는 공수처법을 통과시킬 수 있었을까. 조국 장관 일가만 검찰개혁의 희생양이 되고, '검찰 자율개혁안' 수준에서 검찰개혁 국면이 마무리될 것이라는 의견도 많다. 물론 공수처 설치법과 검경 수사권 조정안이 단지 '촛불의 힘' 때문에 통과되었다고 주장하는 것도 무리가 있다. 검찰개혁에 대한 강력한 의지를 가진 대통령, 오랫동안 검찰개혁에 천착해온 교수 출신의 법무부 장관, 개혁적 삶과 정치로 일관해온 여당 당 대표와 원내대표의 존재, 〈나는 꼼수다〉 이후 만개한 1인 미디어의 힘 등이 모여 모자이크처럼 검찰개혁 입법을 이뤄냈다고 봐야 할 것이다.

검찰개혁보다 힘들다는 언론개혁 역시 어떤 한 단위의 힘만으로는 불가능하다. 정부, 여당, 시민사회가 가지고 있는 역량을 하나로 모아 슬기롭게 언론개혁을 이끌어야 한다. 깨어 있는 시민들은 언론개혁의 마지막 순간에 언제든 어떤 방식으로든 힘을 보탤 준비가 되어 있다. 검찰개혁 다음은 언론개혁이다.

4부

시민의 힘

개혁을 향한 촛불

프롤로그

시민들이 써내려간 역사

조국 사태는 레거시 미디어(Legacy media)의 시대가 저물어가고 있음을 보여주었다. 대부분의 언론이 조국 전 장관과 그의 가족에 대해 검찰이 흘리는 정보를 그대로 받아쓰며 사실 보도, 진실 보도를 외면했다. 이 과정에서 오보와 왜곡 보도가 넘쳐났고 인권침해가 벌어졌다.

이에 맞서 시민들은 검찰과 언론의 행태를 비판하며 사실관계를 따지고 새로운 정보를 공유했다. 나아가 촛불집회를 통해 '검찰개혁'과 '언론개혁'을 의제로 만들어냈다. 시민들은 미디어 환경의 변화를 능동적으로 수용하고 온·오프라인에서 집단지성을 발현함으로써 더 이상 검찰권력의 여론조작이 통하지 않으며 레거시 미디어가 의제설정을 독점할 수 없다는 사실을 보여주었다. 이러한 시민의 힘은 국회가 공수처법을 통과시키도록 압박했으며 드디어 2019년 12월 30일 검찰개혁의 첫 단추를 뗄 수 있었다.

4부의 이야기는 온라인에서 오프라인에서 나라 안에서 나라 밖에서 시민들이 써내려간 검찰개혁과 언론개혁의 역사라고 할 수 있다. 조국 정국에서 시민들이 보여준 활약을 촛불집회, 1인 미디어, '댓글 미디어', 페이스북, 언론 모니터 보고서, 시민창작물, 재외국민 활동으로 나누어 기록했다.

2019년 8월 300여 명의 시민들이 참여한 첫 촛불집회가 '100만 촛불'로 확산되었다. 촛불집회를 시작한 〈시사타파TV〉 이종원 PD를 인터뷰하고 촛불집회의 전개 과정과 의미는 무엇인지, 시민 참여의 다양한 모습은 어떠했는지 이야기를 나눴다.

1인 미디어의 활약도 빼놓을 수 없다. 이들은 기존 언론이 보도하지 않은 사실을 알려내고 시민들의 목소리를 담아냈다. 다양한 1인 미디어들이 활동했지만 이 책에서는 유튜브를 중심으로 팩트 체크에 집중해 온 채널들을 살펴보았다.

언론 보도에 달린 촌철살인 댓글들은 조국 정국에서 또 하나의 시민 미디어로서 큰 역할을 했다. 시민들은 댓글을 통해 시시비비를 따지고, 미처 생각하지 못했던 사실을 상기시키고, 반박의 논리를 제공했다. 수많은 촌철살인 댓글을 이 책에 전부 담을 수 없어 일부만 기록으로 정리했다.

검찰 수사와 언론 보도의 문제점을 전문가의 시선으로 날카롭게 분석한 페이스북 계정들도 시민들의 주목을 받았다. 이런 페이스북 계정 가운데 많은 관심과 주목을 받은 두 분의 글을 소개했다.

시민들은 검찰과 언론의 행태를 풍자하는 '짤'을 비롯해 촛불집회를 알리고 참여를 독려하는 홍보물 등 다양한 창작물을 자발적으로 만들어냈다. 인쇄 해상도 등의 문제로 책에 싣기 어려운 경우를 제외하고 가능하면 많은 창작물을 기록으로 남기고자 했다.

　　마지막으로 재외국민의 활약상을 담았다. 해외 여러 지역에서 수많은 재외국민이 검찰개혁, 언론개혁을 위해 목소리를 냈다. 미주 한인 온라인 커뮤니티 '미시USA'를 중심으로 재외국민의 다양한 활동을 기록했다.

2019 촛불집회의 전개 과정과 의미

'검찰개혁'을 시대정신으로!
시민들이 주도한 '맞춤형 저항'

— [인터뷰] 〈시사타파TV〉 이종원 PD

검찰개혁 촛불집회의 발단

: 'NO아베'에서 '검찰개혁', '언론개혁', '조국수호'로

—검찰개혁 촛불집회는 어떻게 시작되었습니까?

2019년 7월 초 일본의 수출규제에 맞서 시민들이 자발적인 불매운동을 시작했습니다. 그런데 당시 자유한국당과 일부 수구보수 언론에서 문재인 정부의 외교정책을 비난하고 시민들의 일본 불매운동을 비하하면서 논란이 벌어졌죠. 저는 5~6년 전부터 〈시사타파〉라는 개인방송을 하고 있었는데 제 방송을 시청하는 몇 분과 이야기를 나누다가 '개싸움국민운동본부'(개국본)를 만들자는 데 뜻을 모으게 됐어요. '노재팬' 운동(일본 불매운동)을 지원하고 일본 정부를 상대로 항의집회를 하자는 거였죠. 말 그대로 '일본을 향한 개싸움은 우리가 할 테니 정부는 정공법으로 나가

라'는 의미였어요. 수구적폐 세력들에게 절대로 휘둘리지 말라는 뜻이기도 했습니다. 그렇게 해서 일본대사관 건너편에 자리한 '평화의 소녀상' 앞에서 아베 정부를 규탄하는 집회를 열었습니다. 그리고 그렇게 모인 사람들 사이에서 '조국수호'라는 구호가 나오기 시작했습니다. 개국본 회원들을 '개밴저스'라고도 하는데 이 '개밴저스'가 문재인 정부의 검찰개혁 의지를 꺾고 흔드려는 적폐세력과의 싸움에 나선 겁니다.

2019년 8월 9일 문재인 대통령이 조국 청와대 민정수석을 법무부 장관에 내정했다는 발표가 나오자마자 자유한국당과 언론들이 각종 의혹을 쏟아내기 시작했습니다. 너무 과하다는 생각이 들면서 검찰개혁의 '아이콘'인 조국 후보자를 끌어내리기 위한 적폐세력의 시도라는 것을 알게 되었습니다. 그래서 'NO아베'로 모인 시민들이 '조국수호'를 외치는 흐름으로 자연스럽게 연결될 수 있었습니다.

8월 30일 '가짜뉴스 언론개혁, 조국수호' 촛불집회에는 약 300명의 시민들이 참가했어요. 거의 모든 언론에서 매일 조국에 대한 의혹을 수백, 수천 건씩 쏟아내는 상황이었지만 '조국 법무부 장관 후보자를 지키는 것이 검찰개혁의 시작'이라는 마음으로 많은 시민들이 모였습니다. '조국수호'라는 구호는 바로 현 정부의 개혁 의지가 흔들려서는 안 되며 끝나지 않은 적폐청산이 계속되어야 한다는 강한 의지의 표현이었습니다.

—9월부터 촛불집회 장소를 일본대사관 앞에서 서초동으로 옮겼습니다. 그 배경은 무엇인가요?

8월까지만 해도 검찰이 조국 정국을 주도한다고 보기는 어려웠어요. 자유한국당의 무차별적 폭로와 언론의 받아쓰기가 문제였죠. 그런 상황에서 일본대사관 앞에서 두 번 정도 '조국수호' 집회를 열었는데 조국 장관 인사청문회 이후 검찰이 정경심 교수를 기소하고 피의사실을 반복적으로 흘리는 상황이 계속되면서 서초동으로 가자는 의견이 나오기 시작했어요. 8월 30일 일본대사관 앞 집회 이후 9월 16일 첫 서초동 집회가 열렸습니다.

사실 고민을 많이 했어요. 검찰개혁이 결코 쉬운 일이 아니잖아요. 그렇다면 우리 시민들이 이 문제를 어떻게 바로잡고 알려내야 할까? 잠깐 반짝하고 그칠 의제가 아니기 때문에 고민이 더 컸습니다. 우리 역사를 보면 1960년 4·19혁명으로 이승만 정권을 물리치고, 1987년 6월항쟁으로 군부독재를 끌어내렸죠. 2016년에는 '국정농단' 항의 촛불집회로 박근혜 정권을 탄핵시켰습니다. 그러나 '최고 권력자'를 수차례 갈아치운 대한민국 근현대사에서 검찰은 단 한 번도 개혁되지 않았습니다. 수십 년간 공고하게 쌓아올린 검찰권력에 제대로 맞서려면, '검찰개혁'이라는 요구가 단순한 구호에 그치지 않으려면, 정말 길고 어려운 싸움을 해야만 했습니다. 진정한 검찰개혁을 이뤄내기 위해서는 시민들의 목소리가 반드시 필요했습니다. "바위에 부딪히는 계란이 되더라도 한번 해보자!" 검찰개혁이 되는 그날까지 끝까지 싸워보겠다는 마음으로 개국본은 서초동 집회를 시작하게 된 것입니다.

— 시민들이 왜 검찰개혁 촛불을 들었다고 보십니까?

검찰과 언론, 수구보수정당이 보여준 행태가 너무 지나쳤어요. 이들의 행태가 시민들을 '조국수호', '검찰개혁' 집회에 나서게 만들었다고 생각합니다. 검찰과 언론은 조국 장관 후보자와 그 가족을 온갖 부정한 짓을 저지른 '범죄자'로 몰아세웠지만, 시민들은 한 가족에게 가해지는 폭력적인 상황에 주목했어요. 검찰개혁을 무력화하려는 의도라고밖에 볼 수 없는 비상식적이고 반인권적인 수사와 여론몰이, 그로 인해 조 후보자와 가족이 겪는 고통을 외면해선 안 된다고 생각하지 않았을까요?

조 후보자를 공격하는 주체는 검찰, 수구보수정당, 다수의 레거시 미디어(기성 언론)였죠. 지난 '이명박근혜' 정권 9년 동안 시민들은 이들이 무슨 짓을 했는지 똑똑히 기억하고 있습니다. 조 후보자에게 했던 동일한 수사방식으로 노무현 전 대통령을 죽음으로 내몰았고, 뇌물을 준 사람이 없는데도 한명숙 전 국무총리를 철창에 가뒀으니까요. 삼성으로부터 뇌물을 받은 검사들의 명단을 공개했다는 이유로 노회찬 의원의 의원직을 박탈했고, 국정원과 기무사 등을 이용해 선거에 개입하기도 했습니다. 그뿐인가요? 쌍용차 노조, 세월호 유가족 등 민간인을 불법사찰하고 모욕했습니다. 그랬던 그들이 '표창장' 하나를 트집 잡아 조국 가족을 범죄자로 만들고 있죠.

조국 전 법무부 장관과 가족에게 쏟아진 온갖 의혹 중 '동양대 표창장 위조' 의혹으로 결국 정경심 교수가 구속되었습니다. 표창장 의혹 자체에는 다양한 의견이 있을 수 있다고 생각합니다. 하지만 혐의의 경중에 비해 검찰 수사는 지나치게 광범위하고 거침이 없었어요. '표창장 위조' 의혹을 수사하기 위해 무려 70여 곳을 압수수색했잖아요. 대통령 해외순방 동안 압수수색, 영장청구 등이 진행됐어요. 없는 죄도 만들어낼 것 같다는 위기감을 느낄 수밖에 없었습니다.

이런 생각의 기저에는 노무현 대통령을 떠나보낸 트라우마가 자리 잡고 있었죠. 노무현 대통령이 검찰로부터 굴욕적인 수사를 받고 수구보

수 언론에 의해 일거수일투족이 감시당할 때 시민들은 숨죽이고 있었어요. 퇴임 후 오히려 인기가 높아진 전 대통령을 의도적으로 망신 주기 위한 이명박 정부의 진짜 '하명수사'였지만 시민들은 노무현의 편에 서지 못했습니다. 결국 검찰 수사, 언론의 스토킹이 노무현 대통령의 죽음이라는 참혹한 결과로 이어지고 말았습니다. 그로부터 10년이 흐른 지금, 시민들은 10년 전의 수사 방식과 언론의 행태가 이번에 다시 조국 법무부 장관 후보자를 향하고 있다고 느낀 겁니다. '한 발짝 뒤에' 있던 시민들이 '다시 한 발짝 앞으로' 나선 이유라고 생각합니다.

검찰개혁 촛불집회의 전개
: 300에서 100만으로, '검찰개혁'을 시대정신으로

―서초동 촛불집회가 대규모로 확장되었는데요. 그 과정이 궁금합니다.

2019년 9월 16일에 서초동에서 첫 집회를 열었습니다. 월요일이었는데 300여 명이 참가했죠. 처음에는 검찰개혁이 실질적인 성과를 낼 때까지 매일 촛불집회를 열 계획이었습니다. 그래서 9월 16일부터 20일까지 진행된 주중 촛불집회는 공사 현장 옆 2차선 도로에 집회 신고를 냈고, 작은 '무대 차'(무대행사를 할 수 있게 만든 트럭) 하나를 놓고 시작했습니다. 다음 날 500명이 참가했고, 주말을 앞둔 금요일 5차 촛불집회에는 2000여 명이 참여했어요. 이때까지만 해도 참여 인원이 많지 않다 보니 시민들이 자발적으로 무대에 올라 발언하기도 하고 앉아 있는 시민들에게 마이크를 건네기도 했어요. 이날까지는 참여 인원을 파악하는 게 어렵지 않았죠. 그래서 21일 토요일 집회에는 1만 명쯤 참여를 예상하고 집회 장소

를 중앙지검 서문 쪽 도로로 옮겼습니다.

그런데 이날 6차 촛불집회에 4~5만 명이 참가한 거예요. 온라인에서도 실시간으로 수만 명이 집회를 함께했죠. 갑자기 인원이 불어나면서 발 디딜 틈 없었고 경찰 측에서 집회 공간을 추가로 확보해주기도 했습니다. 사람들이 많아지니 집회를 준비하고 진행하는 일이 쉽지 않더군요. 그래서 매일 하기로 했던 촛불집회를 매주 토요일마다 하는 것으로 변경했어요. 주중에는 더 많은 사람들이 참가할 수 있게 조직하고 준비해서 토요일에 집회를 열기로 한 거죠.

9월 21일 이후부터 SNS와 온라인 공간에서 촛불집회에 대한 지지와 참여 의사를 드러내는 분위기가 뜨거워졌어요. 각 지역에서도 자발적으로 버스를 대절하겠다면서 서로 집회 참여를 독려하는데, 과연 얼마나 많은 사람들이 참여할지 예측하기가 어려웠죠. 바로 직전의 6차 촛불집회가 5만 명이었으니 9월 28일 7차 촛불집회는 10만 명을 예상하고 보다 큰 무대와 스피커를 준비했어요. 손 피켓도 10만 장을 준비했죠. 준비를 철저히 한다고는 했는데, 28일 당일에 몰려드는 구름 인파를 감당하기엔 턱없이 부족했어요. 손 피켓은 금방 동났고 무대에서 멀리 떨어져 있는 시민들은 무대가 어디에 있는지, 누가 마이크를 들고 있는지, 어떤 말을 하는지 알 수가 없었어요. 서초역, 강남역, 교대역 인근이 '조국수호', '검찰개혁'을 외치는 인파로 인산인해를 이뤘습니다. 이날 7차 촛불집회에 얼마나 많은 사람들이 모였는지를 놓고 논란을 벌이는 사람들이 있었죠. 하지만 그 정도 규모의 집회에 숫자 논란을 벌이는 것은 무의미하다고 생각해요. 저는 적어도 100만 명의 사람들이 참여했다고 보고 있습니다.

그날 집회에 참가한 시민들의 눈을 봤는데, 다 울고 있었습니다.

옆에 있는 사람들을 보며 같이 눈물을 흘리더군요. 집회에서 느낀 가장 큰 감동은 프로그램이나 구호가 아니었어요. 나와 같은 생각을 하는 사람들이 이렇게 많다는 것에 감동받고 자신감을 얻게 된 거죠. '조국수호'와 '검찰개혁'의 목소리는 그렇게 쩌렁쩌렁하게 울려 퍼졌습니다.

—많은 시민들이 9월 28일 촛불집회 현장에서 엄청난 인파에 놀랐습니다. 10월 들어 촛불집회 규모가 더 커졌는데요.

9월 28일 집회 참여 인원을 두고 수구보수야당과 언론, 극우성향의 1인 미디어 등은 갖은 비난과 가짜뉴스를 쏟아냈습니다. 언론과 전문가들은 저마다 추산한 숫자를 내놓았고, 자유한국당은 "대한민국에 정신 나간 이들이 그리 많을 수가 있느냐", "문 대통령의 홍위병", "전형적인 관제데모"라는 원색적인 표현을 쓰며 비난했죠. 그러나 신경 쓰지 않았어요. 다음 집회인 10월 5일은 더 철저하게 준비해서 더 많은 사람들과 함께 행사를 진행하고 싶은 마음뿐이었죠.

서초역 사거리에 무대를 놓고 3개의 스크린을 설치해서 어느 곳에서든 행사를 함께할 수 있게 '네 방향 집회'를 준비했어요. 이날 시민들은 9월 28일보다 더 많이 참가해서 악의적인 숫자싸움을 무의미하게 만들었죠. 10월 5일 집회부터는 주최 측이 참가 인원에 대한 공식발표를 하지 않기로 했어요. 수구보수 세력과 레거시 미디어가 벌이는 무의미한 '숫자' 프레임, '광장대결' 프레임에 빠져들지 않기 위해서였죠. 하지만 '2016년 탄핵 촛불집회 이후 최대 참여 인원'이라는 표현은 결코 틀리지 않다고 생각합니다.

—그날 이른바 "서초동에 황금 십자가가 떴다"며 화제가 되었습니다. 수백 명에서 시작한 집회가 엄청난 규모로 커졌는데 어떤 생각이 들었나요?

시민들의 뜨거운 참여 열기에 가장 먼저 들었던 느낌은 두려움이었어요. 서초역 사거리에 몰려드는 시민들을 보면서 소름이 돋았죠. 참가 인원이 300명, 500명일 때는 함께 분노하기도 하고 즐겁게 싸우면 된다고 가볍게 생각했어요. 발언하고 싶은 사람은 발언하고, 함께 구호를 외치고, 때가 되면 "수고하셨다"는 인사를 하며 각자 집으로 돌아가면 됐으니까요. 그런데 100만 명이 몰려들었을 때는 거대한 군중의 분노, 슬픔, 의지를 느꼈어요. 중심을 잘 잡아야 한다는 생각이 들더군요. 누군가는 촛불집회를 비난하고 흔들기 위해 사력을 다하겠지만 끝까지 '검찰개혁', '공수처 설치'라는 한 목소리를 낼 수 있도록 최선을 다해야겠다고 다짐했습니다.

—10월 19일부터는 여의도에서 촛불집회가 열렸습니다.

10월 12일 9차 검찰개혁 촛불집회는 '최후통첩'이라는 제목으로 열렸습니다. 검찰을 향해 '더 이상 납득할 수 없는 수사를 하지 말라'는 경고의 의미를 담은 거죠. 9차 촛불집회 이후에는 집회를 잠정 중단하고 검찰이 어떻게 수사를 진행하는지 지켜보려고 했습니다. 그런데 토요일 촛불집회가 끝나고 월요일인 10월 14일에 조국 장관이 사퇴를 했습니다. 마른하늘에 날벼락 같았죠. 검찰개혁 촛불집회를 진행해온 입장에서는 조국 장관이 조금 원망스럽기도 했습니다. 검찰개혁을 위해 조금만 더 버텨주었으면 하는 아쉬움이 있었죠. 조국 장관은 사퇴의 변에서 스스로를 '불쏘시개'로 표현하며 "검찰개혁을 위한 '불쏘시개'의 역할은 끝이다.

시민 여러분 때문에 여기까지 올 수 있었다"고 말했습니다. 9월 16일부터 진행된 촛불집회가 조국 장관에게도 큰 힘이 되었다는 점에서 작은 위안을 얻었죠.

당분간 집회를 중단하려던 계획을 변경하고, 10월 19일 10차 검찰개혁 촛불문화제를 여의도에서 열기로 했습니다. 조국 장관이 35일간의 대장정 동안 그 누구도 해내지 못했던 검찰 개혁안을 만들고 사퇴했는데, 검찰 문제를 검찰에게 항의하는 것만으로는 안 되겠다는 생각을 하게 된 거죠. 검찰이라는 조직이 스스로 개혁할 가능성이 없다면 검찰 조직을 개혁하기 위한 민주적 통제장치를 마련하는 일이 무엇보다 중요하다고 생각했습니다. 고위공직자범죄수사처(공수처) 설치법안이 그 방안이었기 때문에 여의도에서 촛불집회를 열고 국회를 압박할 필요가 있었어요. 여의도 검찰개혁 집회에서 국회를 향해 가장 많이 외친 구호가 바로 '공수처 설치'였습니다. 검찰과 언론의 불법적인 피의사실·공표와 보도를 막는 가장 효과적인 방법도, 문재인 정부의 검찰개혁과 적폐청산을 위한 성공적인 교두보를 만드는 것도 결국 '공수처 설치'라고 생각했기 때문입니다.

—2019년 검찰개혁 촛불집회는 어떤 성과를 남겼을까요.

9월 28일 집회 이후 문재인 대통령은 검찰총장에게 "국민으로부터 신뢰받는 권력기관이 될 수 있는 방안을 조속히 마련해 제시해주길 바란다"고 했습니다. 조국 장관이 사퇴한 10월 14일 수석보좌관 회의에서는 "검찰개혁에 대한 조국 장관의 뜨거운 의지와 이를 위해 온갖 어려움을 묵묵히 견디는 자세는 많은 국민들에게 다시 한번 검찰개혁에 대한 절실함을 불러일으켰고, 검찰개혁의 큰 동력이 되었다"고 말했습니다. 이처럼 검찰개혁 촛불집회가 대통령의 검찰개혁 의지를 직접적으로 드러낼 수 있는 공간을 만들어내지 않았나 생각됩니다. 촛불집회에 참여한 시민들이 검찰의 조직적인 저항을 견제할 수 있는 든든한 후원군 역할을 했다는 의미로도 볼 수 있죠.

더불어민주당도 공수처법을 통과시키는 데 있어 시민적 동력을 얻었다고 생각합니다. 검찰개혁 촛불집회가 꾸준하고 강력하게 진행되었기 때문에 가능한 일이 아니었을까요? 촛불집회가 언론과 검찰이 만든 '조국 일가족의 범죄행위로 인한 법무부 장관 낙마 사태' 시나리오를 '조국을 낙마시키기 위한 검찰과 언론의 불법 피의사실 공표와 개혁에 대한 저항 사태'로 바꿔냈으니까요.

개국본이 주최한 촛불집회 외에도 각지에서 다양한 검찰개혁 촛불집회가 열렸습니다. 장소와 구호는 조금씩 다를 수 있겠지만 검찰개혁이라는 뜻은 모두 같았다고 생각합니다. 모든 촛불이 모여 검찰개혁을 시대정신으로 만들어냈고 공수처가 반드시 필요하다는 공감대를 형성해낼 수 있었다고 봅니다.

검찰개혁 촛불집회의 특징
: 시민이 주도한 '맞춤형 저항'과 레거시 미디어의 '퇴장'

—이번 촛불집회는 이전과 비교할 때 어떤 다른 특징이 있을까요?

'맞춤형 저항'이라고 표현하고 싶어요. 이전의 촛불집회가 통합적인 권력에 대한 저항이었다면 이번 검찰개혁 촛불집회는 우리 사회의 기득권과 적폐세력을 향해 맞춤형으로 들고 일어난 섬세한 저항의 시작이라고 볼 수 있습니다.

　　2016년 촛불집회를 통해 정권교체를 이뤄냈지만 대통령과 청와대만 바뀌었을 뿐 검찰과 언론의 행태는 이전 정부에서 보여준 모습 그대로였습니다. 개혁 법안들이 순리대로 통과되지 못하는 국회 상황은 자유한국당이 아직도 여당인 것 같다는 착각까지 들게 만들었죠. '이런 꼴을 보려고 추운 겨울 박근혜를 탄핵시키기 위해 거리로 나섰나' 하는 착잡한 마음이 들었습니다. 문재인 정부가 부족하고 조금 더딜지라도 적폐를 청산하고 '비정상'을 '정상'으로 만들기 위해 노력해왔다는 것을 알고 있습니다. 그런데 검찰이 정부의 개혁의지에 저항하기 위해 칼을 들이댄 거죠. 그동안 자신들이 해왔던 행태에 대한 반성은 전혀 없고, 적폐의 중심이 바로 검찰 자신이라는 것을 시민들에게 새삼 확인시켜준 셈입니다.

　　문재인 정부만 교체됐을 뿐 나머지 기득권 세력은 교체되지 않았다는 자각이 일어났어요. 분노한 시민들은 다시 촛불을 들고 '촛불정부'를 지켜야 한다는 의지를 드러냈습니다. 그 시작이 검찰개혁 집회가 아니었을까요? 앞으로도 이런 맞춤형 저항이 일어날 것이라고 봅니다.

　　세계 각국에서 수십만 명이 모이는 집회는 늘 있어 왔어요. 대규모 집회는 대부분 부정부패, 불평등, 정치적 탄압 등에 맞선 현실 권력과의 싸움입니다. 하지만 2019년 검찰개혁 촛불집회는 성격이 조금 다릅니다. 공수처가 설치되고 검찰개혁이 이뤄진다고 해서 개인의 삶이 당장 나아지는 것도 아니고, 시민들이 경제적 이익을 얻는 것도 아닙니다. 그럼에도 수많은 사람들이 검찰개혁이라는 의제에 한목소리를 낼 수 있었던 것은 우리 사회의 시민의식이 매우 높기 때문입니다. 노무현 전 대통령의 말처럼 "깨어 있는 시민의 조직된 힘"이 바로 이번 검찰개혁 촛불집회라고 할 수 있습니다.

─언론개혁을 요구하는 목소리도 높았습니다.

　검찰개혁 촛불집회는 '레거시 미디어의 종말'을 단적으로 보여주는 사례였죠. 개국본은 1차부터 15차 촛불집회까지 공식적으로 '조중동 취재불가' 방침을 천명했어요. 촛불집회에 모인 시민들은 조국 사태 과정에서 수백만 건의 기사를 쏟아낸 수많은 언론매체들을 진정한 언론으로 취급하지 않았어요. 검찰은 계속해서 피의사실을 선택적으로 흘렸고, 언론은 확인되지 않은 '검찰발' 기사에 '특종'과 '단독'이라는 꼬리표를 붙여 실시간으로 보도했습니다. 집회 현장에서는 취재를 통제하지 않았기 때문에 실제로는 보수언론도 취재를 진행했지만 일부 언론사들은 취재 과정에서 시민들의 강력한 항의를 받기도 했습니다. '진실보도'와 '언론개혁'을 외치는 촛불시민들의 목소리가 울려 퍼졌죠. 시민들은 수많은 언론사들이 같은 내용의 기사를 무분별하게 쏟아내고, 검찰이 흘린 정보를 면밀한 검증 없이 받아쓰고 있다는 사실을 알고 있었습니다. 검찰이 특정 언론사에 정보를 흘리면 '단독', '속보', '특종' 타이틀을 달고 포털사이트 메인에 내걸렸어요. 그 수많았던 '특종' 가운데 실체적인 진실로 드러난 보도는 거의 없었습니다. 여기에 맞서 〈유시민의 알릴레오〉, 〈시사타파TV〉와 같은 1인 미디어와 TBS 〈김어준의 뉴스공장〉 등이 팩트 체크를 하며 진실을 찾아 나섰죠. '레거시 미디어' 기자들은 검찰을 향해서만 귀를 열고 있었던 것은 아닌지 돌아봐야 합니다.

　촛불집회 과정에서도 레거시 미디어는 존재감이 없었습니다. 촛불집회의 시작부터 1인 미디어 〈시사타파TV〉와 시청자들이 스스로 촛불집회를 알렸죠. 레거시 미디어의 덕을 보거나 빚진 일이 없습니다. 레거시 미디어들은 촛불집회의 진정한 의미보다 '광장의 대결', '분열된 대한민국' 등으로 몰아가기 바빴어요. 하지만 검찰개혁 촛불집회는 민주진영 1인 미디어들에게 축제의 장이기도 했습니다. 유튜브 〈시사타파TV〉는 생중계 영상을 다른 민주진영 1인 미디어들에게 조건 없이 제공했습니다. 다른 채널들도 촛불집회에 참여해 방송을 진행했죠. 아직 유튜브 인기 영상이나 구독자 수는 수구보수 채널들이 상위권을 차지하고 있지만 이번 촛불집회를 계기로 민주진영의 1인 미디어들이 조금씩 성장하게 되었다고 생각합니다.

—촛불집회의 기획과 준비, 진행에서 어떤 점을 특징으로 꼽을 수 있을까요?

집회를 기획하면서 중요하게 생각했던 것 중 하나는 새로운 방식의 집회였어요. 구성원들의 시민의식, 정치의식은 날로 높아지는데 그렇다면 집회 방식도 좀 달라져야 하지 않을까 하는 생각이 든 거죠.

누구나 나서서 목소리를 낼 수 있어야 했어요. 그래서 시민 발언은 한 번도 빠지지 않았습니다. 초기에는 참가 인원이 적어서 앉아 있는 시민들에게도 마이크를 돌렸어요. 더듬더듬 자신의 생각을 진솔하게 말하는 사람도 있고, 유창하게 검찰개혁의 논리를 설명하는 사람도 있었죠. 시민들의 이런 목소리가 날것 그대로였기 때문에 더 감동을 줄 수 있었다고 생각합니다. 제가 한번은 무대에서 이렇게 말했어요. "집회에 나올 때 가장 아끼는 옷, 좋아하는 외출복으로 입고 오세요." 어떤 중년 여성은 집회에 오기 전에 미용실에서 머리를 다듬고 오셨다고 해서 한바탕 웃었죠. 구호는 강력하지만 집회는 축제처럼 즐겁게 만들고 싶었습니다. 이러한 과정을 통해 시민 스스로가 집회의 주체가 될 수 있었다고 생각합니다.

집회가 조직되는 과정도 전적으로 시민들의 자발성에 의지했어요. 2000년대의 촛불집회는 대부분 큰 현안이 있을 때 시민사회단체 연합체가 결성되고 여기에 시민들이 가세하면서 거대한 규모로 진행될 수 있었죠. 반면 이번 촛불집회는 1인 미디어와 몇 명의 시민들이 온오프라인에서 시작했어요. 그러면서 시민들이 하나둘 참여하고 온라인을 통해 공유되면서 폭발적으로 변모했죠. 그야말로 시민이 만든, 시민의 집회였습니다. 지방에서 수백 대의 버스가 상경했는데, 누군가 먼저 버스를 빌리고 'OO에서 서초동 집회 가실 분'이라고 온라인 공간에 글을 남기면 참여를 원하는 사람들이 댓글을 다는 식으로 진행됐습니다. 십시일반으로 버스 대절비를 마련해서 함께 참가한 거죠. 이런 상황에서 집회 참여 인원을 어떻게 예상할 수 있을까요. 기자들이 '참여 인원이 얼마나 될 거라 예상합니까?'라고 묻는데, 답을 할 수가 없었어요.

이렇게 집회의 규모가 커지면서 두 가지 변화가 있었는데요. 하나는 집회를 더 대중적으로 만들 수 있는 연사나 공연자를 섭외하기가 훨씬 수월해졌다는 점입니다. 초기에는 정치 발언을 위한 연사를 모시기도 힘들었고 문화공연을 꾸며줄 가수 등을 섭외하기도 힘들었어요. 집회 규모가 커지고 대중적 관심이 모아진 후로는 이런 고민을 할 필요가 없었어요. 이은미, 이승환밴드, 마야밴드, 한영애 등 유명 가수들이 공연으로 결합했습니다.

또 다른 변화는 여러 단체에서 다양한 제안을 해왔다는 점입니다. 제안 자체는 감사했지만 모두 고사했어요. 많은 단체들이 합류하면 집회 규모는 더 커지고 준비도 수월해질 수 있겠지만 그렇게 될 경우 검찰개혁

ⓒ 오마이뉴스 이희훈

의제에만 집중하기가 어려울 수 있다고 생각했어요. 여러 혼선을 피하기 위해 기존의 방식대로 시민들의 참여로만 진행했습니다.

—집회 현장에서 질서유지, 안내 등 여러 가지 실무가 필요했을 텐데 어떻게 해결했나요?

역시 시민들의 자발적인 도움으로 가능했어요. 집회를 진행하면서 가장 고마웠던 분들이 자원봉사자들과 재능기부를 해준 전문가들입니다. 이분들의 도움이 아니었다면 끝까지 해내지 못했을 겁니다.

자원봉사자들은 아침부터 늦은 밤까지 집회를 안전하게 치르기 위해 정말 열심히 뛰었어요. 뜨거운 여름엔 시원한 물을, 추운 겨울엔 따뜻한 차를 시민들에게 내밀었어요. 참가한 시민들에게 피켓을 나눠주고 집회가 끝나면 쓰레기를 치우고 집회 현장을 정리하느라 늦은 밤까지 정말 고생이 많았습니다. 이분들에게 다시 한번 고맙다는 말을 전하고 싶습니다.

집회의 규모가 커지면서 다양한 전문 인력들이 필요했어요. 스크린과 스피커를 더 많이 설치하면서 음향, 영상 등 신경 쓸 일이 한두 가지가 아니었죠. 실시간으로 참가한 시민들을 보여주기 위해 드론까지 띄웠으니까요. 이 모든 것은 재능기부라는 이름으로 활약해준 각계의 전문가들이 있었기 때문에 가능했습니다.

이번 촛불집회 과정에서 폭력 행위는 한 번도 일어나지 않았습니다. 경찰에 연행된 시민도 없었어요. 시민들은 주변 소상공인들이 피해를 보는 일이 없게 하려고 더 열심히 주변 상권을 이용했어요. 서초동 인근 편의점은 '조미료를 제외한 모든 상품이 동났다'고 할 정도로 사람들로 붐볐습니다. 영업을 하지도 못하는데 화장실을 개방해준 주유소가 고마

워서 일부러 찾아가 이용한 뒤 '인증샷'을 남긴 분들도 있어요. 우리의 시민의식은 여기까지 왔습니다. 집회 과정에서 시민들의 안전을 지켜준 경찰관, 소방관, 공무원 분들에게도 감사를 전합니다.

—**2019년 12월 30일 '고위공직자범죄수사처 설치 및 운영에 관한 법률안'이 천신만고 끝에 통과됐습니다. 감회가 남다를 것 같습니다.**

입법은 마무리되었지만 공수처가 자리 잡기까지는 많은 난관이 있을 겁니다. 70여 년 동안 이어진 검찰의 기소독점권이 깨지긴 했지만 여전히 검찰은 2000여 명이 넘는 검사를 가진 가장 강력한 수사·권력기관이죠. 이에 비하면 공수처 검사 25명은 초라해 보이기까지 합니다. 검찰은 계속해서 조직적인 반발을 이어갈 것이고 기득권 언론, 수구보수정당 등도 개혁의 발목을 잡기 위해 기회를 노릴 것입니다. 이들의 저항을 뿌리치고 적폐청산을 완수하기 위해서는 깨어 있는 시민들의 자발적인 참여와 실천이 계속되어야 합니다. 2019년 검찰개혁 촛불집회가 2020년에 어떤 방식으로 이어질지는 알 수 없지만 만약 검찰개혁이 휘청거린다면 시민들이 다시 나설 것이라고 생각합니다.

인터뷰 김유진 정리 정원철

검찰개혁과
1인 미디어

조국 사태가 확산되면서 기성 언론을 향한 시민들의 불신은 더욱 깊어졌다. 시민들은 다양한 1인 미디어를 통해서 기존 언론이 보도하지 않는 소식과 사건의 흐름, 진실의 향방을 파악했다. 조국 사태와 관련해 유튜브를 중심으로 1인 미디어들이 어떤 활동을 벌였는지 정리했다. 진보 성향의 유튜버는 다수 있지만, 가짜뉴스에 대응하는 영상을 올리거나 팩트 체크를 중심으로 활동한 〈유시민의 알릴레오〉, 〈빨간아재〉, 〈고양이뉴스〉, 〈알리미 황희두〉를 대상으로 살펴봤다.

조국 사태를 다룬 언론보도는 상상을 초월할 정도로 많았다. 2019년 9월 4일 홍익표 더불어민주당 수석대변인은 3주간 70만 건의 조국 관련 기사[1]가 나왔다고 주장했다. 9월 6일 이철희 더불어민주당 의원은 조 후보자 인사청문회에서 "조국 법무부 장관 후보자를 지명한 이후 1달 간 쏟아진 보도가 118만 건에 이른다"[2]고 말했다. 네티즌들은 네이버 기사 검색을 통해 기사 일부가 삭제됐다고 주장하기도 했다. 조사 결과[3] 실제 기사량과 검색 결과가 다른 오류가 발견되었다. 주로 포털사이트를 통해

---

1 민주당 "조국 간담회, 법적으로 문제 없어"(MBC, 2019. 9. 4.)
2 이철희 "조국 관련 보도 한달에 118만건, 세월호 24만건, 최순실 11만9000건과 비교해 과도"(디지털타임스, 2019. 9. 6.)
3 '조국 기사 100만건' 네이버 검색 오류인가, 조작인가(뉴스톱, 2019. 9. 14.)

뉴스를 보는 우리나라의 특성상 네이버의 오류[4]는 언론을 더욱 불신하게 만드는 하나의 사건이 되었다.

'2019 대한민국 신뢰도 조사 결과'에 따르면 시민들은 신문, 방송, 인터넷, 포털사이트, SNS 언론매체 중에서 가장 신뢰하는 뉴스매체[5]로 JTBC(15.2%)를, 다음으로 유튜브(12.4%)를 꼽았다. 매년 신뢰받는 언론사 1위였던 JTBC와도 불과 2.8%포인트 차이다. '디지털 뉴스 리포트 2019' 연구 결과에 따르면, 38개국을 대상으로 조사한 결과 '유튜브에서 지난 일주일 동안 뉴스 관련 동영상을 시청한 적이 있다'는 응답은 한국이 40%로 나타났다. 이제 포털을 통해 뉴스를 보는 것이 아니라 유튜브를 통해 뉴스와 정보를 얻는 시대로 접어들었다고 할 수 있다.

유튜브가 기성 언론을 대체하는 뉴스 매체로 떠오르면서 정치 채널도 급증했다. 2019년 상반기 구독자 수 기준 상위 10개 정치 채널[6]은 다음과 같다.

— 사람사는세상 노무현재단(74만 명)

— 신의한수(59만 명)

— 펜앤드마이크 정규재TV(41만 명)

— 황장수의 뉴스브리핑(37만 명)

---

4 "9월 6일 오전 10시 30분경부터 11시 30분까지 약 1시간 동안 네이버 검색 뉴스탭에서 키워드 입력 시 뉴스 검색 결과가 간헐적으로 정상 서비스되지 않아 이용에 불편을 드린 점 사과드립니다."(네이버 공지사항, 2019. 9. 6.)
5 2019년 가장 불신하는 언론매체 1위 '조선일보'(노컷뉴스, 2019. 9. 9.)
6 유튜브 인기 정치채널, 보수가 다수…1위는 진보(ZDNet, 2019. 3. 27.)

─ 고성국TV(28만 명)

─ TV홍카콜라(26만 명)

─ 뉴스타운TV(25만 명)

─ 김문수TV(22만 명)

─ 뉴스데일리베스트(21만 명)

─ 조갑제TV(21만 명)

상위 10개 채널 중 9개를 보수 성향 유튜버들과 정치인들이 운영하고 있으며 진보 성향 채널은 '사람사는세상 노무현재단' 한 개에 불과했다.[7] 이는 유튜브에서 보수 성향 채널들이 강세를 보이고 있다는 증거다. 보수 성향의 유튜브 채널 구독자와 조회 수가 증가하면서 왜곡된 정보와 가짜뉴스도 빈번하게 나왔다. 특히 조국 사태와 맞물려 보수 성향 유튜버들은 검증되지 않은 이야기를 사실처럼 방송하거나 막말을 여과 없이 입에 담기도 했다.

'조국 딸 벤츠'[8] 가짜뉴스

• 유포: 김세의 전 MBC 기자와 강용석 변호사, 김용호 전 스포츠월드 기자 등이 운영하는 유튜브 채널 〈가로세로연구소〉.

---

7 2020년 7월 현재 주요 유튜브 정치 채널의 구독자 수는 다음과 같다. 신의한수(125만 명), 사람사는세상노무현재단(117만 명), 진성호방송(91.6만 명), 딴지방송국(78만 명), 펜앤드마이크TV(63.6만 명), 가로세로연구소(61.8만 명), 고성국TV(53.1만 명), 황장수의 뉴스브리핑(48.9만 명), 서울의소리(48.5만 명), 뉴스타운TV(45.2만 명), 김용민TV(43.9만 명), 시사타파TV(41.7만 명), 새날(32만 명).

8 국회의원도 말한 "조국 딸 포르쉐"가 '벤츠'로 바뀐 이유(오마이뉴스, 2019. 8. 21.)

- 내용: 제보를 받았다며 조국 당시 법무부 장관 후보자의 딸이 빨간색 외제 차를 타고 다닌다고 방송했다. 검증되지 않은 내용을 자유한국당 곽상도 의원이 국회에서 '장학금 수혜 논란' 등을 언급하면서 "포르쉐를 몰고 다닌다는 말도 있다"고 주장했다. 조국 후보자 측은 딸이 아반떼를 타고 다닌다고 해명했다. 실제 재산신고 내역을 보면 QM3(2016년식), 아반떼(2013년식), SM6(2016년식)만 등록되어 있다.

'조국이 밀어준 여배우'[9] 가짜뉴스

- 유포: 〈가로세로연구소〉 출연자이자 유튜브 〈김용호 연예부장〉 채널 운영자인 김용호 전 스포츠월드 기자.
- 내용: '조국이 밀어준 여배우는 누구?'라는 제목의 영상에서 조국 법무부 장관 후보자가 한 여성 배우를 후원했다고 주장했다. 구체적인 증거와 자료는 제시하지 않았다. 당시 인사청문회 준비단은 해당 영상이 게시된 직후 "전혀 사실무근인 그야말로 허위조작이므로 신속히 민형사상 모든 조치를 취할 예정"이라고 밝혔다.

정경심 교수 노트북[10] 가짜뉴스

- 유포: 문갑식 전 조선일보 기자가 운영하는 유튜브 채널 〈문갑식의 진짜TV〉.
- 내용: 조국 장관 사퇴 이유가 "검찰이 정경심 동양대 교수의 노트북을 입수했기 때문"이라며 "부동산을 차명으로 보유하고 있거나 조국 일가의 비자금을

---

9 '조국 여배우' 카더라 통신 유튜버의 가짜뉴스 전력(오마이뉴스, 2019. 8. 27.)
10 조선일보 출신 유튜버, 조국 장관 사퇴 관련 루머 유포(평화나무, 2019. 10. 15.)

관리하던 모든 자료가 노트북에서 발견됐다"고 주장했다. 당시 검찰은 노트북을 확보하지 않은 상황이라 자료 내용을 누구도 알 수 없었다.

보수 성향 유튜버들이 만든 '카더라' 수준의 방송은 다른 여러 언론 매체들이 검증 없이 인용하면서 더욱 확산되었다. 가짜뉴스의 확대 재생산 과정은 '유튜브→소셜미디어→정치인→언론보도→유튜브'로 이어지는 구조를 보였다.

유튜브 내 가짜뉴스를 막기 위한 유튜버들의 자정 노력은 이미 조국 사태 이전부터 이어지고 있었다. 유튜브 채널〈고양이뉴스〉운영자 원성윤 PD는 '천재를 건드리면 안 되는 이유'라는 시리즈에서 가짜뉴스를 막는 방법을 소개했다. 원 PD가 제안한 방법은 유튜브에 올라온 가짜뉴스 영상에 '싫어요'를 누르고, 가짜뉴스로 신고하는 것이다. 〈고양이뉴스〉에 이 영상이 올라온 이후 일부 보수 성향 유튜브 영상에 '싫어요'가 증가하는 현상이 나타나기도 했다.

〈고양이뉴스〉에서 올린 '정경심 교수님 공판 보고 왔습니다' 영상은 기존 검찰발 소식 또는 기성 언론사 기자들의 보도에만 의존했던 재판 소식을 다양하게 볼 수 있는 역할을 했다. 특히 기존 뉴스에 나오지 않는 재판 내용이 유튜브를 통해 알려지면서 다양한 판단 근거를 제공하는 계기가 되었다. 운영자 원성윤 PD는 "올드미디어가 검찰과 조국 전 장관 사이의 기계적 중립을 지키고자 한다면, 뉴미디어는 올드미디어의 보도 행태와 진실 사이의 괴리감을 보도하고자 한다"며 두 미디어의 차이점을 설명했다.

기성 언론 및 유튜브에 돌아다니는 가짜뉴스를 정리해 유튜브에 올린 〈알리미 황희두〉는 "'아니면 말고'식의 보도가 너무 많았다"며 "진보와 보수를 떠나 권력자와 싸운다는 프레임을 통해 스스로 합리적이고 객관적인 이미지를 가져가려는 느낌을 많이 받았다"고 말했다. 〈알리미 황희두〉는 "언론의 비이성적인 속보 경쟁이 기억난다"며 "이번 사건을 통해 언론의 민낯이 만천하에 드러났다"고 평가했다. 이어 "언론이 '의혹'이라며 온갖 허위 사실을 유포하더니 정작 변호인단에서 진실을 알려도 이런 내용은 제대로 알리지도 않고 심지어 사죄하는 모습도 볼 수 없었다"며 기성 언론의 무책임함을 지적했다.

〈빨간아재〉는 "조국 전 장관 이슈를 거치면서 주류 언론이 수십 년간 유지해온 '출입처 체제'의 부작용이 매우 극적으로 드러났다"고 지적했다. 〈빨간아재〉는 "검찰과 법원을 출입처로 하는 '법조 출입기자'는 검찰 수사 과정에서 직간접적으로 검찰의 일방적 주장을 검증 없이 전달하는 데에 머물렀다"며 언론사 출입처 제도를 비판했다. 〈빨간아재〉는 "특히 조국 전 장관 정국에서 검찰은 '검찰개혁을 추진하는 법무부 장관(예정자)의 낙마를 주도하는' 일방의 당사자인 만큼 검찰 조직의 유불리에 따라 정보를 왜곡하거나 날조하는 정황이 속속 드러남에도 불구하고 언론은 과거의 관행을 벗어나지 못함은 물론이고 오히려 속보 경쟁을 핑계로 검찰발 정보를 확대 재생산하며 유통시켰다"고 분석했다.

검찰이 언론을 활용하고 있으며 언론이 검찰의 심리전 도구로 이용되고 있다는 주장도 유튜브를 통해 제기되었다. 2019년 9월 24일 사람사는세상 노무현재단에서 운영하는 유튜브 채널에 올라온 '알릴레오 라이브 1회: 유시민의 '조국 사건' 수첩'은 검찰발 정보를 무분별하게 받아쓰는 언론의 문제점을 지적하기도 했다. 유시민 노무현재단 이사장은 조국 전 장관 영상을 올리는 이유에 대해 "이렇게 한 시민을 언론이 집단적으로 나서서, 검찰이 뒤에서 심리전을 전개하는 방식으로 인격을 말살하는 행위를 방관하면 우리 누구에게나 그런 일이 생길 수 있다는 위기 의식 때문"이라고 밝혔다. 이 영상은 공개 15시간 만에 조회 수 36만을 돌파했고, 인기 동영상 1위를 기록했다.

10월 8일 '알릴레오 라이브 3회'에서는 조국 법무부 장관의 부인 정경심 교수의 자산관리를 맡은 한국투자증권 김경록 씨 인터뷰를 내보냈다. 김경록 씨는 이 인터뷰에서 사모펀드 의혹에 대해 조국 장관 5촌 조카 조범동 씨의 사기행각이라고 주장했다. 김 씨는 "특정 언론사와 인터뷰를 하고 들어왔는데 우연히 검사 컴퓨터 화면을 보니 인터뷰 내용이 있었다"며 검찰과 언론의 유착관계를 의심했다. 인터뷰가 공개되자 짜깁기 의혹이 제기됐다. 10월 10일 사람사는세상 노무현재단은 "'짜깁기 편집', '악마의 편집'이라는 말이 떠돌아다닌다"며 시민들의 알 권리를 위해 녹취록 전문을 공개했다.[11]

〈알릴레오〉를 단순히 재단에서 운영하고 있는 유튜브 채널로 보기는 어렵다. 뉴스에서 기본적으로 요구되는 취재를 통해 제작한 영상이기 때문이다. 오히려 기성 언론에서 〈알릴레오〉가 밝힌 내용을 근거로 기사를 쓰고 보도하는 현상도 벌어졌다. 유시민 이사장은 언론이 핵심 내용을 제외하고 편집해 내보낸다며 왜곡 보도를 지적했다.

12월 24일 유시민 이사장은 〈알릴레오〉 방송 중 "검찰이 노무현재단의 주거래은행 계좌를 들여다봤다"고 주장했다. 유 이사장은 노무현재

---

11 '유시민 이사장과 김경록 차장의 녹취록 전문'을 공개합니다(노무현재단 사이트, 2019. 10. 10.)

단 때문이 아니라 유튜브 〈알릴레오〉 때문인 것으로 추측했다. 만약 검찰이 자신들을 향한 비판을 겸허히 받아들이지 않고, 오히려 자신들이 가진 권력으로 실제 누군가를 감시하는 행위를 했다면 그것은 분명한 처벌 대상이다.

〈빨간아재〉는 "'정보의 격차'로 인해 일방적 수용자의 위치에 머물던 시청자, 독자들은 직접 관련 정보를 찾아 나서기에 이르렀다"며 "이런 욕구는 유튜버 등 1인 미디어의 확산과 맞물리며 부분적이나마 기존 미디어를 대체하는 현상을 나타냈다"고 분석했다.

〈알리미 황희두〉도 "언론이 제 역할을 못하는 상황에서 1인 미디어(유튜브)를 통해 진실을 전한 사람들도 조금이나마 있었다고 생각한다"며 "덕분에 사실이 완전히 왜곡되지는 않았고, 집단 지성의 힘을 발휘할 수 있었다"고 설명했다.

〈빨간아재〉는 "1인 미디어는 출입처 시스템에 얽매인 주류 미디어와 달리 비교적 자유롭고 입체적으로 사안을 분석하고 전달하는 등 대안 미디어로서의 가능성을 입증했다"고 평가했다. 그러나 "조회 수가 곧 수익과 직결되는 유튜브 시스템의 특성상 일부 채널에서는 지나치게 자극적이고 편향된 정보가 유통되는가 하면 1인 미디어의 전문성과 정보 접근의 한계로 인해 일부 부정확한 정보와 해설이 남발되는 등 신뢰도 문제는 여전히 해결 과제로 남아 있다"고 덧붙였다.

조국 사태를 취재하고 분석한 주요 유튜브 채널
조회 수 2020년 1월 기준

〈고양이뉴스〉 2019년 8월 22일 (조회 수 105,205)
- 제목: 조국 법무부 장관 후보자 가짜뉴스 총정리

〈알리미 황희두〉 2019년 9월 7일 (조회 수 325,133)
- 제목: [속보] 조국 부인 기소가 '윤석열 총장의 정치 검찰 쿠데타'인 이유

〈빨간아재〉 2019년 9월 9일 (조회 수 2,500,729)
- 제목: 조국 법무부 장관 임명에 검찰이 대놓고 반기 드는 이유

〈유시민의 알릴레오〉 2019년 9월 24일 (조회 수 1,211,378)
- 제목: [알릴레오 라이브 1회] 유시민의 '조국 사건' 수첩

〈고양이뉴스〉 2019년 10월 7일 (조회 수 183,977)
- 제목: 촛불집회가 유튜브 판도를 바꾸고 있습니다

〈유시민의 알릴레오〉 2019년 10월 8일 (조회 수 1,238,496)
- 제목: [알릴레오 라이브 3회] 윤석열 총장에게 띄우는 헌정방송

〈알리미 황희두〉 2019년 10월 10일 (조회 수 175,345)
- 제목: '조국 장관 의혹'만 다룬 종편이 놓친 것! 간만에 '진짜 기사' 등장하다

〈빨간아재〉 2019년 11월 26일 (조회 수 382,621)
- 제목: [직관 후기] 정경심 교수 2차 준비공판에서 벌어진 일

촌철살인
'댓글 미디어'

검찰과 정치권의 의혹 제기를 기정사실처럼 다룬 언론 보도에 시민들은 적극적으로 대응했다. 조국 전 장관 가족에 대한 기사들에는 검찰과 언론, 야당의 주장을 반박하고 비판하는 수많은 댓글이 달렸다. 시민들은 댓글을 통해 시시비비를 따지고, 미처 생각하지 못했던 사실을 상기시키고, 반박의 논리를 제공함으로써 한 명 한 명이 '1인 미디어'의 역할을 했다. 엄청난 양의 댓글을 모두 수록할 수 없어 일부만 소개한다. 시민들의 생생한 목소리를 살리기 위해 아이디를 그대로 표기하고 명백한 오기만 수정했다.

검찰, 나를 수사하시게

[단독] "조국 아내 연구실 PC에 '총장 직인 파일' 발견"
—SBS, 2019년 9월 7일

[닉네임/맹박189조 세금폭탄] 조국 딸 논란에서 우리가 놓치는 게 있다. 조국 딸이 공부 잘해 입학했을 시점에 조국은 나경원 딸이 입학할 때처럼 국회의원이었나? 김성태 딸 취업할 때처럼 국회의원이었나? 강원랜드 채용비리처럼 국회의원이었나? 황교안 아들딸 논란처럼 조국도 고위직 공무원이었나? 입시전형을 별안간 바꾼 정유라 부정처럼 조국도 대통령이었나? 조국은 당시 어떤 권력 있었길래 딸은 입학했을까? 상기 열거한, 권력형 사례는 중차대한 뉴스거리임에도 흐지부지 보도도 안 됐는데, 조국은 왜 도배가 될까? 단속 뜨면 짝퉁은 감추고 명품을 진열하는 원리인가?

[닉네임/용쟁호투] 저도 우리 회사 관인 있어요. 전자문서로 다른 데 보내기 위해 편의상 가지고 있어요. 난 또 뭐 큰 거라고…

[닉네임/치열하게] 논두렁 시계 기억하세요. 그때 보도를 주도한 것은 SBS였음. 피의사실 공표와 왜곡 보도. 그때와 같습니다.

[닉네임/DEUX] 내가 대학 조교도 해보고 직장 때도 직인 파일 많이 써봐서 아는데 ㅎㅎ 대한민국 대학교에서 직인파일 공유서버나 폴더에 아주 쉽게 있다~ 교수들도 지들이 도장 찍는지 아냐?? 전부 시킨다~ 총장은 어떨 거 같냐?? 검사들아… 현실을 알고 좀 해라. 아주 개웃긴다 니네 ㅎㅎ

[닉네임/misa] 우리 회사 사용 인감 파일 나한테 있는데? ㅋㅋㅋ 경영지원팀에도 있는데? ㅋㅋㅋ

[닉네임/김미연] 저도 학교서 근무하는데 학교장 직인 파일 있습니다! 교직원 다 가지고 있어요!!! 검찰 나를 수사하시게…

[단독] "정경심, 아들 표창장 스캔해 딸 표창장 만들어"…동양대 컴퓨터서 물증 —KBS, 2019년 9월 17일

[닉네임/ym] 우선 서울대 의전이나 부산대 의전이나 동양대 표창장으로 갈 수 있는 곳이 아니다. 또한 아들은 2014년에 봉사상을 받았는데 2014년 봉사상을 2013년에 위조를 하나? 검찰은 국민들이 바보라서 너희가 이렇게 언론에 흘리면 그대로 믿고 정 교수가 위조범이네 하나? 검찰 공소장이 너무 허접해서 기가 막혔는데 이런 기사라니 특수부가 하는

것은 이제 보니 수사를 하는 곳이 아니라 수사라 쓰고 범인을 만드는 곳이네. 과거 얼마나 많은 사람들이 간첩으로 만들어지고 성과를 위해 죄 없는 사람을 범인으로 만들고 답이 없네.

[닉네임/st] 표창장 위조하려면 도장을 찍어야지 도장 파일로 프린트해서 만드냐. 글고 파일 있다는 게 뭐가 위조의 증거가 되냐. 내 컴에 내 사진 표창장 파일 있으면 위조냐. 그거 합성해서 위조하는 게 더 어렵겠다. 이런 말도 안 되는 말로 여론 선동하고 검찰이나 KBS나 악질 사기꾼들이네. 하기야 이런 거짓말에도 넘어가는 인간들이 많으니.

[닉네임/striderz] 어떤 기사에서는 직인을 직접 빼돌렸다. 어떤 기사에서는 피씨로 직인파일로 만들어냈다. 어떤 기사에서는 스캔해서 카피했다. 가짜 기사의 스토리라도 하나로 통일해라.

[닉네임/fhjhcrx] 검찰 엄청 웃긴다. 처음엔 피씨에 직인이 있었다며 컬러본 나오니간 직인을 훔쳐서 찍었다며 알 수 없는 공범도 있고 2012년 9월 7일에 만들었다며 그새 또 말을 바꿔. 검찰아 요즘 다 스캔 떠놔. 나도 다 있어 내 컴에. 그리고 아들 표창장을 스캔했는데 있던 직인을 지우고 다시 위에 덮어 씌운다고 그 짓을 왜 해?? 징그럽다 검찰아.

[닉네임/다크엘프] 방준원 기자… 당신 검찰 공소장은 보고 기사 쓴 거요? 공소장에 위조방법으로 '직인 날인'으로 적혀 있는데 니들 기레기는 직인을 오려 붙혀 포토샵으로 짜깁기해서 위조했다는 건데 그럼 검찰이 공소장을 거짓 작성했다는 거야?

[닉네임/오쏠레미오] 정말 웃기네요. 검찰이 이미 기소한 사건이고 공소장에 표창장을 위조하여 직인을 몰래 찍었다라고 해놓고 며칠 만에 정 교수 컴에서 직인 파일이 발견됐다는 둥 또 오늘은 아들 표창장을 스캔해서

잘라 붙였다는 둥 지들이 한 기소 내용과 완전히 상충되는 내용을 흘리고 있네요. 만일 컴으로 위조한 거라면 검찰은 명확한 증거도 없이 기소를 했다는 자가당착에 빠질 수밖에 없네요. 진짜 저런 똥멍충이들이 어떻게 사법고시 합격했는지 이해가 되지 않습니다.

[닉네임/보보] 최소한 공소장하고는 맞춰라. 공소장에는 "피고인은 성명불상자 등과 공모하며 2012년 9월 7일 사실증명에 관한 사문서인 동양대 총장 명의의 표창장 1장을 위조하였다." 근데 검찰의 공소장 내용도 부정하고 정 교수가 타임머신 타고 2013년으로 날아가 아들 상장 들고 와 2012년 9월 7일에 성명 불상자와 공모하여 위조한 것??? 이게 무슨 소설이냐??? 백투더퓨처 찍냐…

[단독] "조국 父, '아들 웅동학원 채권 허위' 문건 작성 지시"
—SBS, 2019년 9월 20일

[닉네임/New Dictionary] 죽은 아버지 묘를 밟고 비석을 찍어서 온 세상에 까발리고 그것도 모자라서 죽은 아버지가 사기를 쳤다고 검찰이 흘린 내용을 받아서 보도하고… 이것은 논두렁 시계보다 더 심하다. 그냥 죽은 조국 아버지를 기소해라!! 너네가 사람들이니…

[닉네임/쌩유베리감사] 하다하다 돌아가신 분까지…쯧쯧쯧 잘하는 짓거리다. 대역죄인도 이렇게 부관참시 안 하겠다. 탈탈 털어도 나오는 게 없으니 돌아가신 분까지 터는군. 한심.

[단독] "조국 딸, 친구 인턴 증명서까지 가져와 제출"
─SBS, 2019년 9월 22일

[닉네임/바람소리] 검찰의 가장 큰 문제는 누구를 기소할지를 자기들만 결정하는 기소독점권에 있다. 즉 축구로 치면 심판인데 편파적 판정을 내려도 아무도 뭐라 할 수 없는 거다. 한쪽은 옷깃만 스쳐도 휘슬을 불고 다른 쪽은 백태클을 해도 놔둘 수 있다. 그러면 검찰은 매우 정의로운 사람들로 구성되어야 할 텐데 그들은 그저 암기를 잘해서 남들보다 시험을 잘 본 자들일 뿐. 그리고 2년간 연수원에서 끈끈한 관계를 구축, 그 기수가 조폭의 조직입문 순서같이 된다. 나이가 많아도 늦게 입문하면 동생이 된다. 이런 조폭들이 정의를 결정하는 심판이 되는게 이 나라의 슬픈 현실이다.

[닉네임/ama256] 처음에 단독 나오면 '또야? 안 되겠네~' 그랬는데 이제는 '또 조작이냐?' '또 무슨 거짓말이냐?'로 바뀌었다. 이젠 정말 범죄가 있다 해도 지지할 것이다!!! 그동안 SBS가 그런 방송인줄 모르고 열심히 봤었다.

[단독] 조국 집 압수수색 실제는 6시간…아들도 있었다
─세계일보, 2019년 9월 29일

[닉네임/암쏘쏘리] 영장발부 한다고 검사들이 밖에 있었냐? 밥을 밖에서 먹었냐? 11시간 내내 조국 장관 집에 있었잖아. 이 인간은 아침 9시 출근

해 6시에 퇴근해놓고 점심 밥 한 시간 먹었으니까 사실상 9 to 5라 할 인간이네ㅋㅋㅋ 느그 집에서 짜장면 한 그릇만 먹고 나오면 안 온 셈 쳐도 되는 거냐?

[단독] 조국 5촌의 횡령자금 1억, 정경심에 흘러간 정황
—채널A, 2019년 10월 17일

[닉네임/환타] 5촌이 교수한테 돈 빌렸잖아요. 교수는 자기가 빌려준 돈을 받은 건데… 하아… 진짜 어이없다. 왜 이런 건 고소 안 하세요. 총장처럼 고소하세요. 총장한테는 깨갱하시던데 언론아.

[닉네임/nygall] 2달 내내 정황만… 증거는 물론 없습니다… 없어요… 5촌이 빌린 돈 갚은 건데… 뭐… 어쩌라구요? 어떻게 엮어보려고… 궁리 중인가 본데… ×검이 국민을 우습게보네요. 그러다 진짜 큰일 난다…

이상민 "'나경원 의혹' 검찰 수사, 조국 때와 너무 달라"
—오마이뉴스, 2019년 11월 19일

[닉네임/행복] 편식하는 검×들…쯔쯔 삼성바이오 수사는 손 놓고 패스트트랙 수사는 질질 끌고 쿠데타 수사는 안중에도 없고 나경원 수사는 무시하고 뺑소니, 마약은 관심 없고 오로지 표창장, 자소서… 진짜 한심해서…

檢 "정경심, 조국 장관직 사퇴 2주일 전까지도 차명거래 계속"

—동아일보, 2019년 11월 12일

[닉네임/dominicakim] WFM 주범 상상인 그룹 회장 유준원이는? 유준원이를 변호한 검사 출신 '박재벌'로 통한다는 박수종 변호사는? 유준원이, 박수종 변호사와 유착 의혹이 있는 김형준, 조상준, 주진우 등 전현직 검사들은? 검찰게이트를 은폐하려고 조국 일가를 가족 범죄단으로 몰고 가는가?? 콩으로 메주를 쑨다고 해도 검찰이 하는 말은 믿지 않는다.

[닉네임/wrog] 선물 옵션을 차명계좌로 790회나 거래를 했는데… 그 금액이 얼마인지는 왜 안 쓰냐??? 너도 쪽 팔린 줄은 아는 거 같네. 그 금액이 1500만 원이라는 건 왜 안 쓰냐. 1500만 원을 790회에 걸쳐 차명 거래했단다… 그것도 선물투자를… 니가 생각해도 코메디지??? ㅎㅎ 어휴 기레기.

[닉네임/hye] 그러니까 검새가 꾸며놓은 공소장의 내용일 뿐이지 사실도 아니고 법정에 가서 다투어야 할 사안일 뿐인데 기레기는 이걸 팩트처럼 악의적으로 보도하고 죄인 취급하는 낙인 효과를 노린다는 거지. 특히 조국 관련해서 검찰개혁을 방해하려는 검찰의 나팔수가 되어서 파시즘의 극강을 보여주네, 이 기레기.

조국 5촌 조카 공소장에 '정경심 공범' 추가…法 "변경허가"

—뉴스1, 2019년 12월 16일

[닉네임/손동명] 기소 후 증거수집 웃긴다. 정말 검찰이 하는 말과 행동 다 못 믿겠다. 검찰은 이미 죽었다!

[닉네임/드라곤봉] 기레기가 팩트를 안 썼네? 팩트는 기소 뒤에 증거수집한 거 자체가 무의미하다는 거다! 기레기야! 기소 뒤에 니들이 싸지른 기사가 다 허위라는 거야.

[닉네임/경제와경영] 펀드투자자에게 펀드운용문제에 대해 책임을 묻는다면, 누가 맘 놓고 투자할 수 있나? 전부 돈 빼야지… 사모펀드 론스타가 불법을 했다고, 론스타 펀드투자자에게 잘못이 있냐?

[닉네임/바람의파이터] 코링크PE의 실소유주가 정경심 교수라고 혹세무민한 검새들아. 공소장에는 조범동에게 투자한 투자자가 정경심 교수구나. 자본시장법에서는 투자자는 아무런 처벌을 받지 않는다. 공범? 뭐가 공범이냐?

기사를 '팩트 체크'하다니

[단독] 조국 집안 '웅동학원', 땅 팔면 시세차익만 33억

— 노컷뉴스, 2019년 8월 20일

[닉네임/양웬리] 뭔 개소리야? 학교 팔면 시세 차익 생긴다? 당연한 거 아니야? 전국의 모든 학교가 그런 거 아니냐? 기자 니 집도 팔면 시세 차익 생기지 않냐? 근데 학교를 니 집처럼 맘대로 파냐? 학교가 사립 유치원이냐? 니 꼴린 대로 팔 수 있냐? 너 같으면 돈 벌려고 마음대로 파냐?

[닉네임/휘리릭퓨전] 땅을 판 것도 아니고 팔면 ㅋㅋㅋ 기자 진짜 미래지향적이다 ㅋㅋㅋ 나중에 더 싸게 팔리면 기사 수정하나? 나도 할일 없으면 기자나 해야겠다 ㅋㅋㅋ

[단독] 조국 딸, '영작실력' 인정받아 제1저자 됐는데…논문 초록부터 '오타' —한국경제신문, 2019년 8월 21일

[닉네임/Quratural] ㅋㅋㅋㅋㅋ 이쯤 되면 거의 코미디다. 장관 청문회 하라고 했더니 가족 스토킹만 한다. 저질이다.

[닉네임/Daum] 샅샅이 먼지떨이하는구나. 먼지나 마셔.

[단독] 조국 딸, 서울대 환경대학원도 필기시험 없이 합격 —조선일보, 2019년 8월 22일

[닉네임/유유] 환경대학원은 원래 필기셤 없어요. 기사 작성하면서 홈페이지 입시전형 보면 나올텐데.

[닉네임/ajim] 조선일보 기사는 일단 팩트 체크를 해야 해서… 좌엔장… 기사를 팩트 체크해야 되다니 조선일보가 일본 극우도 아니고.

[단독] 조국 딸의 물리캠프 장려상, 알고 보니 그해 전원 수상 —중앙일보, 2019년 8월 22일

[닉네임/우디] 2009년 이명박 정부일 때 조국 교수가 법무부장관 될 줄 알고 학교에서 알아서 상을 줬다고? 에라이 차라리 조국이 여자라고 지껄여라.

[닉네임/깽수기] 장려상… 피아노 콩쿨 나가면 1등상, 2등상 해서 전부 주는 것처럼 똑같다 고마해라. 고등학생들 수시로 대학 들어가려고 온갖 경연대회 봉사활동 하고 했다. 그게 문제 돼서 수시 입학 없애자고 했던 거고… 그게 왜 조국 잘못이냐고 기레기들…

[단독] "조국 동생, 웅동中 교사 2명 1억씩 받고 채용"
— 문화일보, 2019년 8월 22일

[닉네임/가제트] 바쁜데 로그인하게 만드네. 무슨 연좌제도 아니고, 조국 동생이 법무장관 후보자냐? 이재명과 이재명 형 사이를 봐라. 아주 들개들처럼 물어뜯는구나. 그래서 조국에 더욱 믿음이 간다, 이 적폐들아…

[닉네임/유호성] 조국 동생이 후보자인가?? 이 논리면 뽕쟁이 박지만을 둔 박근혜는 왜 대통령이 됐는가??

[단독] 조국 "안이한 아버지"…딸 "부모님과 인턴 많은 고민"
— 중앙일보, 2019년 8월 28일

[닉네임/시민의힘] 기가 찬다, 조국 딸이 인턴십을 열심히 한 게 특혜라면, 김성태가 KT에 각진 봉투까지 건넸다는 딸 KT 채용특혜는 그럼 뭐냐? 황교안 아들 병역특혜와 KT 채용의혹은 뭐고! 의혹 같지도 않은 걸로 여론몰이하고, 고소고발 남발하는 자한당에, 자한당이 고발한 지 며칠

이나 됐다고, 검찰은 전방위 압수수색까지! 아주 작정을 했지! 검찰·언론개혁을 저지하는 세력들이 이런 식으로 노무현 대통령을 죽음으로 몰았던 거네~ 이제 보니, 훤히 다 보이네! 두 번은 안 속는다, 이것들아!

[닉네임/후후귀여운 것] 약간… 느낌이 그렇다… 검찰이 언론에 하나씩 하나씩 흘려주고… 인간 말종으로 만들던… 노통이 생각난다… 똥 묻은 나베가 겨 묻은 꾸기 나무란다더니…

조국 '이틀 청문회' 집중 분석!
—TBS 〈김어준의 뉴스공장〉, 유시민 출연, 2019년 8월 29일

[닉네임/한얼이] 이제 기자라는 직업은 가장 피해야 하고 부끄러운 직업 압도적 1위로 확신…

[단독] 조국 딸, KIST '인턴' 아닌 '아르바이트' 신분
—채널A, 2019년 9월 5일

[닉네임/돌돌돌] 대학생 신분으로 연구원에 와서 연구 활동을 체험하고 교육도 받고 일도 조금 도와주는 학생을 연수생이라고 함. 아르바이트생과는 다름. 현직 연구원 알림.

[닉네임/돌아와롱] 한국과학기술연구원(KIST) 바이오닉스연구단 Center for bionics에서 연수생(인턴) 및 학연 지원생을 모집합니다. 본 연구실은

현재 하지 재활로봇 중 사람 보행 의도인식 관련 연구진행하고 있습니다. @모집 대상@ 1. 학연지원생(석사, 박사) 00명 @모집 기간@ 1. ~2017. 06. 09. @지원 자격@ 1. 기계 공학, 메카트로닉스, 전자 관련 전공자 2. 학연지원생: 4년제 학부 졸업자 혹은 17년 8월 졸업예정자 중 학연과정으로의 석사 및 박사 진학 희망자 @우대 사항@ : C (편집자주: 실제 KIST 공고양식을 가져온 것)

[닉네임/시민의힘] 연수가 영어로 말하면 인턴이란 뜻이자네! 연수생이었다니 인턴이란 말이고! 기레기 수준이 아주 기가 찬다~ 기레기는 도대체 어떻게 기자가 된 거지, 그게 더 의문이다! 기자가 된 경위와 증명서를 밝혀라!

[닉네임/chapter3] 연수생＝인턴인데 연수생＝알바라고 우김. 그리고 자기는 기자래 ㅋㅋ

[단독] 조국 아들 수강 후기 올린 '58세 여성 가르'…정경심 대리 작성 의혹 —채널A, 2019년 9월 5일

[닉네임/독도는한국땅] 아이고 수강후기도 압수수색이냐? ㅋㅋㅋ

[닉네임/맹박189조 세금폭탄] 조국 장관 임명 전 1달간 7만 3391개의 뉴스 도배, 반면 황교안은 1122개 뉴스가 생산됐다. 조국은 권력 없었던 민간인, 반면 황교안은 공인. 근데 7만 개를 토해냈던 뉴스에서 단 한 개의 확증이 없다. 이 정도로 쏟아냈다면 의도치 않게 소 뒷걸음 치다가 쥐 밟을 만도 한데 말이다. 예컨대 무작위로 7만 명 불심검문하면 반드시 수십 명

의 범죄자를 잡기 마련이다. 즉 이 정도면 뉴스는 존재 이유가 없다. 노무현님 때도 악의적 가짜뉴스에 국민들은 난리를 쳤다. 결국 진실 밝혀지니 뭣 때문에 피를 토하며 분노했는지 아무도 몰랐다.

[닉네임/나는나] 저 수강 후기로 유학 갔다고 우겨보지? 논문은 제출도 안 하고 자소서에 간단히 언급되었을 뿐 고려대 합격에 아무 영향도 없었고 부산대 의전원이 서울대도 아닌 동양대 총장표창 하나로 합격시킨 양 여론을 호도하더니 이젠 아들 수강 후기까지! 그 수강 후기가 또 뭘로 이어질 건가.

[닉네임/겨울나무] 나도 요즘 참 무섭다는 생각이 든다. 특히 정치가. 조국 법무장관 저지를 위해 이렇게까지 온 집안을 쑥대밭으로 만들어야만 할까. 한 사람의 인권은 어떻게 되든 상관없이… 사람을 죽인 범죄자도 아니고. 저런 식으로 모든 사람을 턴다면 무사한 사람 아무도 없다. 참 세상이 무섭다.

[단독] "조국 청문회 앞두고 '블라인드 펀드' 보고서 급조"
―SBS, 2019년 9월 11일

[닉네임/하늘] 2017년 7월 설립된 이 펀드 정관에는 매 분기별로 운용 현황을 투자자에게 보고하게 돼 있지만, 지금까지 한 번도 문서 형태로 보고한 적은 없었다고 이 관계자는 말했습니다. 이거 핵심 아닌가요? 결국 아무것도 보고받지 못했다는 건데? 청문회 앞두고 보고서를 달라한 거고.

[닉네임/수레바퀴] 아니 어떤 펀드가 투자자한테 시시콜콜 묻고 투자하는 펀드 봤나? 최근 문제된 국민, 하나은행 DLF, DTF 펀드투자자들도 그럼 다 피의자이겠네?

[단독] "조국 가족의 '동양대 표창장' 위조 수법, 영화 기생충과 닮았다" ―조선일보, 2019년 9월 17일

[닉네임/변화의물결] 최재훈 기자님 아직 재판 진행된 것도 아닌 상황만 있는데 본인이 판사가 돼서 완전 범죄라 결론내리셨네요. 캡처해놨고 이런 것들 국민들이 모아서 고소 들어갈 겁니다. 기다리세요.

[닉네임/짜장이맘] 확정적 범죄사실입니까? 동양대학 봉사상 받은 거 가지고 서울대 부산대 갈 수 있어요? 굳이 위조까지 할 정도로 대단한 대학이면 방학 때 고등학생들 동양대 봉사하러 가면 되겠네요? 좀 합리적인 의심을 기사 써야지. 악의적으로 쓸 거 없이 조국 법무장관 되는 거 그냥 싫다고 기사 쓰세요. 이런 기사 이제 공해입니다.

[닉네임/chamedu] 오늘 보면 모든 언론에서 조국 관련 사모펀드 얘기가 쏙 들어갔다. 이건 검찰에서 이미 조국 일가보다는 다른 쪽이 주범임을 알고 있다는 얘기가 흘러나왔고 기자들도 안다는 얘기다. 다만 검찰도 조국 죽이기에 나섰다가 헛힘 쓰게 생겼으니 마지막 꼬투리라도 잡으려고 악을 쓰고 있는 상황이다.

[단독] 조국 처남이 몸담은 해운사, 계열사 명의로 北석탄 운반선 소유

―조선일보, 2019년 9월 18일

[닉네임/239143358] 조선일보 역시나 왜 북한 들먹 안거리나 했다. 기-승-전-북한

[닉네임/아드소] 조국 장관 처남이 한때 일했던 해운회사가 중국회사에 배를 팔았는데 그 배를 산 중국회사가 북한으로 석탄 운반했다는 기사네요. 근데 뭐 어쩌라고요? 조국 장관 처남과 무슨 관련이 있지요? 권양숙 여사 20촌만큼이나 황당한 기사네요!

조국 지지자들, 공수처 찬성 서약서 강요 논란

―세계일보, 2019년 11월 28일

[닉네임/Qwert] 공수처 설치를 원해서 전화하는 사람은 조국 지지자만이 아니라 국민입니다. 원하는 바를 위해서 전화하는 것이 왜 나쁜지 모르겠네요.

수사를 이렇게 했어야지! 보도를 이렇게 했어야지!

[단독] "조국 딸 의전원 입시 때 학부성적−영어점수보다 서류−면접 더 많이 반영" —동아일보, 2019년 9월 26일

[닉네임/자한당없는세상에서살고싶어요] 유서대필 조작 사건. 조작의 달인. 곽상도. 양심이란 게 있을까⋯ 아마 없을 테지⋯ 있다면⋯ 저따위로 안 살지⋯

[닉네임/Espresso] 곽상도 이전에 넌 해봤으니 이번에도 조국을 증거 조작해서 엮을 수 있다고 생각하겠지? 곽상도 같은 증거조작 사건이야말로 공소시효를 없애야 하는 거 아냐?

[닉네임/kjuj] 자유한국당 곽상도 의원 검사 시절 강기훈 씨 유서대필 조작으로 한 사람 인생을 한마디로 조져 놓고 본인은 국회의원까지 인생에 꽃이 피네. 아직 반성도 없이 국회의원이란 신분을 이용하여 역시나

다른 사람들 의혹을 뿌려 괴롭히고 있고만 하지만 여기까지일 거다. 다른 사람들이 너한테 이런저런 일로 당하고만 있지 않을 테니까…

김진태 "조국 선친 묘비에 이혼한 전 제수 이름 새겨져"
―동아일보, 2019년 8월 20일

[닉네임/소나무] 쯧쯧 자녀들 이름이 올려져 있는 것 보았니? 부모 입장에서는 이혼했더라도 손자손녀들 때문에 묘비에는 새겨 넣는다. 그리고 부모 묘비에 이혼한 동생 아내 이름이 있든 없든 그것을 왜 책임져야 하지? 당사자에 한해 의혹을 제기해야 한다. 제발 조국 씨 장관되면 구린내 나는 범법자들 지위고하를 막론하고 법의 잣대로 처벌하시오. 특권이 있다고 법을 어긴 자들을 용서해선 안 된다. 또한 국회의원들의 면책특권도 폐지하여 법 앞에 모든 국민은 지위고하를 막론하고 평등해야 한다는 헌법의 개념을 이행해야 한다.

[닉네임/기자소설단] 누가 보면 조국이 법무장관 후보자 아니고 조국 동생이 후보자 같네.

주광덕, '조국 자녀 인턴증명서 의혹' 수사의뢰…"조작 확실"
―연합뉴스, 2019년 9월 9일

[닉네임/대한민국 팔도강산] 무고죄로 감옥 안 갔냐. 자한당 주광덕 포함 김

진태·이은재·전희경·정갑윤·곽상도·김석기·여상규·윤상직·이종배의 인사청문회 허위사실 유포에 안경환 전 법무부 장관 후보자의 아들은 "허위사실에 기반해 '남녀교제'를 '남학생의 성폭력'으로 허위중상해 돌이킬 수 없는 명예훼손을 초래했다"며 1억 원의 손해배상 청구소송을 제기했다. 지난 7월, 서울중앙지법 항소심에서 1심과 같이 "3500만 원을 배상하라"며 원고 일부승소판결. "안경환건 계속요. 집요하게. 오늘은 그냥 조국 조지면서 떠드는 날입니다" 2017년 6월 20일, 자한당 김정재 대변인이 보좌관에게 보낸 문자.

[단독] 정점식 "조국 20대에 산 강릉땅, 스키장 소문에 투기 의혹"
―서울경제, 2019년 9월 1일

[닉네임/바이오맨] 토지를 30년 보유하면 투자지 투기냐.

[닉네임/젤라토레] 완전 털어서 먼지 모으기 작전! 조국만이 사법개혁 적임자~♡

[닉네임/kb9111905] 우와~ 30년 전에 평당 210원짜리가 지금은 760원으로 튀어버렸어?? 3배 이상 튀어버렸구만. 어마어마하구만!! 역시 투기의 귀재다!! 한심한 기레기야~ 이런 걸 쓰고도 밥먹고 사냐…

[닉네임/쌍콤] 저게 투기면 나경원네 대장동은 뭐라고 봐야하나 ㅎㅎ

[닉네임/indigoblue] 20대 땅 사서 30년 묵혀서 투기하냐? 나경원이 신당동 건물 사서 약 5년쯤 있다가 팔아서 13억 이득 봤다. 그동안 여자 데리고 장사하는 유흥업소에 세주고 매월 900씩 벌고! 이게 투기야 니들 당

45퍼센트가 집이 두 채 이상이고 강남에 집 있고 재건축 아파트 가지고 있지 그게 투기야. 광증이 아주 극에 달했네. 다들 정신병원 가라.

[단독] "조국 장관 사퇴하라"…서울대생들 4차 촛불집회 연다
—세계일보, 2019년 9월 17일

[닉네임/오월] 장착 탈착이 가능한 선택적 분노인가. 나경원 아들 실험실 특혜는 황교안 자녀 장관상은 김성태 딸 KT 취업은… 설대생들 능력은 분노도 탈착 장착…

[닉네임/아이다호] 누가 쓴 댓글이 생각나네. 불의는 참아도 불이익은 못 참는다. 니들이 딱 그꼴이다.

[닉네임/폭주루덜프] 황교안 자신 군면제 담마진, 자녀 둘 장관상, 나경원 자녀 서울대 연구소, 제1저자, 원정출산, 딸 특혜 입학, 장제원 아들 음주운전과 뺑소니 후 운전자 바꿔치기, 김성태 자녀 KT 입사는 가만히 있고, 조국은 의혹만 가지고 정황은 없는데 4차까지 할 집회냐. 예전에는 대학생들이 민주화를 위해 피땀 흘렸지만 이젠 수구 친일 세력 따까리를 하고 있으니…

[닉네임/푸른늑대] 현조엄마가 너네 학교 연구실 무단으로 써서 예일대 간 거는 괜안아? 무슨 이런 그지 같은 논리가 다 있냐? 쟤네들 분노는 조국 장관네에만 일어나는 거야? 웃기네.

법학자 출신의 한계였나…조국을 무너뜨린 '3가지 비극'

—중앙일보, 2019년 12월 25일

[닉네임/조국 힘내세요] ㅎㅎㅎ 분명한 건 조국 장관 덕분에 검찰개혁이 되고 있다는 거. 공수처 입법이 코앞이다.

그리고 여러 기사에서 회자되었던 댓글

세월호 수사를 이렇게 했어야지!
세월호 보도를 이렇게 했어야지!
가습기 살균제 수사를 이렇게 했어야지!
가습기 살균제 보도를 이렇게 했어야지!
방씨일가 장자연 수사를 이렇게 했어야지!
방씨일가 장자연 보도를 이렇게 했어야지!
김학의 수사를 이렇게 했어야지!
김학의 보도를 이렇게 했어야지!
강원랜드 입사청탁 수사를 이렇게 했어야지!
강원랜드 입사청탁 보도를 이렇게 했어야지!
엘시티 수사를 이렇게 했어야지!
엘시티 보도를 이렇게 했어야지!
BBK 수사를 이렇게 했어야지!
BBK 보도를 이렇게 했어야지!

'전문매체'보다 뛰어난
개인 페이스북

대부분의 언론이 검찰발 정보에 의존해 기사를 쏟아내는 가운데 검찰 수사와 언론 보도의 문제점을 꼼꼼하게 지적한 페이스북 계정이 주목을 받았다. 그 가운데 김두일, 정영태의 페이스북 게시 글 중 일부를 본인의 동의를 얻어 수록한다.

페이스북: 김두일 차이나랩 CEO
www.facebook.com/dooil.kim

2019년 8월 29일

조국 단상

1. 조국이라는 이름을 처음 듣게 된 것은 노무현 대통령 재임 말기 회계사 직업을 가지고 있는 친구를 통해서였다. 그 친구는 조국이 정치를 하게 된다면 차세대에 유력한 정치인으로 성장할 가능성이 있다고 했는데 그가 가지고 있는 정치적인 스탠스 외에 중요한 배경으로 3가지를 언급했다. 개혁이미지를 가지고 있는 서울법대교수, 부산출신, 수려한 외모를 꼽았다. 정치인은 결국 대중에게 어떻게 보여지냐인데 개혁이미지의 서울법대교수는 극우, 극좌를 제외한 전반적인 유권자들에게 호감을 줄수 있고, 부산출신이라는 점은 PK와 호남지역을 함께 아우르는 후보가 되기에 적합했고, 수려한 외모는 여성유권자들에게 유리하다고 했다. (그

이야기를 해준 회계사 친구는 광주출신이니 지역정서에 대한 것을 정확히 읽는 편이다.)

2. 민정수석 시절 그의 모습을 보니 당시 친구 의견에 동의하지 않을 수 없었다. 그가 행정직을 거쳐 선출직 정치인의 길에 들어선다면 대단히 빠른 시간 내에 유력한 정치인이 될 수 있을 것이라 생각했고, 예상했던 대로 문재인 대통령은 그를 법무부 장관 후보자로 임명했다. 그는 이제 본격적인 정치의 길에 들어선 것이다. 그 임기를 무사히 마치면 아마 국회의원선거 혹은 지방선거에 나올 것이고 그러면 그는 민주당에서 차차기 정도에는 유력한 후보 중 하나가 될 수 있을 것이다. 정치란 그런 것이다. 오래하면 중량감이 생겨나지만 대신 신선도가 떨어진다. 문재인이 본격적인 정치에 입문한 것은 그리 오래되지 않았다. 청와대 민정수석-비서실장 시절에는 정치에 뜻이 아예 없었고, 본격적인 정치에 뜻을 둔 이후에는 국회의원-대통령의 정말 신속한 테크트리를 탔다.

3. 자유한국당에서는 지금 당장에도 극심한 인재풀을 겪고 있는 중이지만 차기나 차차기를 도모할 만한 마땅한 후보자가 없다는 것이 더 심각한 고민이다. 이런 가운데 조국이 정치계에 '라이징스타'로 떠오르는 것에 대단한 두려움이 생길 수밖에 없다. 현재의 배고픔은 참을 수 있어도 미래까지 배고프다면 참기 힘들다. 정치도 마찬가지이다. 차기에는 어차피 현재의 인재풀로 경쟁을 해야 하니 그들은 황교안을 후보로 만들어 민주당 쪽의 후보군으로 예상되는 이낙연-박원순-이재명 등과 경쟁하면 그래도 '해볼 만하다'고 생각할 수 있다. 하지만 차차기로 넘어가면 민주당에는 김경수에 이어 조국까지 젊고 참신하면서도 그 즈음에는 중견급

정치인으로 성장해 있는데 자유한국당에서는 그에 대항할 마땅한 후보군이 보이지 않는 것이다. 안철수는 지난 대선 때 정치적 센스가 너무 떨어진다는 것을 보여주었고, 유승민은 TK지역에서 배신자 이미지가 너무 강해서 다시 친정복귀가 어려워 보인다.

　4. 게다가 조국은 사법개혁(검찰개혁)을 위한 칼자루로 문재인은 확고한 결심을 한 것으로 보인다. 노무현은 합리적인 대화로 이견을 좁힐 수 있고 나의 선의는 상대방에게도 전달이 가능하다고 믿었다가 임기 초 '검사와의 대화'에서 평검사들에게 모욕을 당했고, 임기 후에는 더 큰 고초를 당하다가 죽음을 당했다. 그 모습을 바로 옆에서 생생하게 지켜본 문재인은 '제어할 수 없는 권력'을 가진 집단은 '시스템적으로 막아야 한다'고 결심했던 것으로 보인다. 노무현은 권력을 내려놓았고 (이는 삼권분립에 원칙에 따라 그들에게 돌려주었다는 의미이다), 이명박과 박근혜는 그 권력을 사리사욕을 위해 사용했는데 문재인은 지도자에 따라 제어가 가능도 하고 혹은 불가능도 한 권력이라면 시스템에 의해 분산되어 감시받는 것이 옳다고 믿었던 것이다.

　5. 우리 같은 평범한 민초들이야 김영삼이 하나회 해체하듯이 전격적이고 통쾌한 수단을 쓰기를 바라겠지만 문재인은 무엇보다 원칙을 중요하게 여기는 사람이니 당연히 그럴 수 없다. 또한 해당 조직 출신의 인사를 통한 개혁이 불가능하다는 것도 알고 있다. 현재의 사법체계가 만들어진 해방 이후 검찰조직에서 친정을 대상으로 개혁의 칼날을 휘두를 수 있는 사람이 나온다는 것은 불가능하다는 것을 문재인은 이미 알고 있

었지만 노무현의 죽음을 통해 거의 확고한 신념처럼 굳어진 것이 아닐까 추측한다. 결국 비검찰 출신, 비사법고시 출신, 하지만 법을 누구보다 잘 아는 법대교수 출신 조국이 사법개혁에 가장 '완벽한 인사'라는 것은 너무나 당연한 이치이다. 그 과업을 잘 수행하고 난 뒤에 큰 정치인이 될 수 있을지는 조국 자신에게 달려 있지만 적어도 사법개혁만큼은 문재인의 임기 동안 어떤 숙원처럼 진행될 것이다.

6. 한편 자한당과 기득권 세력은 총력전을 통해 조국의 임명을 막아야만 한다. 전통적으로 권력을 이용했으니 사법개혁 자체에도 반대하고, 조국이 유력 정치인으로 성장하는 것은 정치적으로 위협이 되고, 문재인 정부 개혁의 아이콘인 조국이 낙마하면 현 정권의 빠른 레임덕을 끌고 올 수 있으니 1타 3피에 해당되는 좋은 팻감에 해당된다. 때문에 간만에 총력전에 나섰다. 하지만 나는 모든 화력을 집중한 총력전에도 불구하고 자유한국당은 실패할 것이라고 판단하는데 이는 철저하게 전략적 실패에서 기인했다고 생각한다.

7. 첫째, 본인 비리가 아닌 친인척의 문제를 제기하는 것은 대선 같은 선출직에서나 확실한 수단이지 임명직에서는 국회의원 의석수에서 확실하게 우세하지 않는 한 별다른 방법이 없다. 물론 후보자 본인이나 가족들의 심각한 범죄 혹은 비리라면 말할 것도 없고 도덕적 이슈라도 여론을 통해 사퇴하게 만들 수 있지만 의혹만 가지고 낙마를 시키기에는 궁극적으로 후보자가 버틴다면 별다른 방법이 없는 것이다. (가령 황교안 법무부 장관 후보자 시절에는 지금 조국과 비교도 안 되는 심각한 문제들이 있었지만 별문제

없이 통과가 되었다.)

둘째, 너무 오래 끌었다. 차라리 청문회 날짜를 잡고 일주일 동안만 (지금 하는 방식으로) 온갖 의혹제기를 가짜뉴스까지 동원해서 집중했다면 사퇴여론은 대단히 지금보다 비교도 안 되게 높았을 것이다. 그런데 청문회를 '한다, 안 한다'로 옥신각신하고 법적 날짜를 지나서 그것도 예외적으로 이틀이나 잡는 실랑이를 하는 동안에 조국 정국은 마냥 길어지니 대중들은 이제 피곤해지기 시작했다. 도리어 청문회 일정이 늘어지면서 대부분의 의혹제기가 사실이 아니라는 점만 밝혀지면서 의혹을 하나하나 해소하는 양상이 되어가고 있는 중이기도 하다.

8. 셋째, 결정적으로 입시문제를 건드리는 것은 대박 큰 실수이다. 조국의 경우 제도권의 합법적인 테두리 안에서 활용을 한 것이지만 그럼에도 불구하고 일종의 국민정서에 마이너스인 것은 분명했고 이는 꽤 효과적인 공격이었는데 문제는 자유한국당 포함 대부분의 유력인사들의 경우 불법, 탈법을 저질렀을 가능성이 매우 높기 때문이다. 자유한국당 인사들뿐만 아니라 최근 10년간 스카이에 수시제도를 통해 입학한 학생들을 전수조사해서 지금 조국 딸의 기준으로 문제를 삼는다면 문제가 되지 않는 경우가 도리어 극히 드물 가능성이 높다. 그러니 조국 임명에 냉소적이던 강남 중산층의 학부모들은 다시 조국 임명에 우호적으로 돌아서는 것이고, 자유한국당을 지지하는 일부 학생들은 '학교의 입시비리'를 묻기보다 '조국 딸의 입시만 묻는다'는 누가 봐도 궁색한 주장을 할 수밖에 없는 것이다.

9. 입시문제는 (취업문제와 더불어) 지지하는 정당과 무관하게 누구에게나 예민한 문제이다. 그리고 전수조사를 하면 지금 조국이 정서적으로 비난받는 수준과 비교도 되지 않을 진짜 판도라의 상자가 열리는 것인데 사실은 그 상자가 열리는 것을 바라지 않는 사람들이 더 많다. 조국 임명을 반대하는 사람일수록 말이다. 내 개인적으로는 이 기회에 한번 제대로 열어보는 것도 괜찮다고 생각하지만 말이다. 자유한국당의 캠프에는 이러한 간단한 판세조차 읽을 만한 인재가 없단 말인가? 이 정도의 판단은 정치에 관심이 조금만 있는 네티즌들도 할 수 있는 수준인데 말이다.

10. 문재인 정부 초기 김기식 금융감독위원장이 낙마했다. 왜 낙마했는지 기억하는가? 국회의원 시절 외유성 해외출장 때문이었다. 대부분 국회의원들이 자유롭지 않은 외유성 출장에 김기식만 문제가 된 것은 김기식이 참여연대에서 시민운동을 오랫동안 했던 사람이기 때문에 도덕성 논란을 삼은 것이다. 어처구니없지만 '나는 되지만 너는 그러면 안 돼'가 당시 모든 (심지어 정의당까지 포함한) 야당의 스탠스였고, 그 전략이 통했다. 이후 전수조사를 통해 국회의원의 해외연수를 조사한다고 했지만 나는 그 후속조치를 본 적이 없다. 그리고 대중들에게 잊혀졌다.

11. 국정원 출신의 김병기 의원 아들의 경우는 더 코미디 같은 상황이다. 그는 국정원에 지원해서 4번 탈락을 했다가 정권이 바뀌고 들어갔다고 언론이 (특히 진보언론들) 앞다투어 깠다. 아버지가 국방위 의원 신분이라 '취업청탁을 했다'는 기사가 쏟아졌다. (더 실망할 것이 없는 줄 알았던 한겨레가 이때 가장 적극적이어서 나는 더욱 실망을 했다.) 그런데 사실 김병기의

아들은 이미 서류, 시험, 면접까지 다 합격을 했는데 마지막 신원조회에서만 탈락을 했다. 김병기 아들의 신분은 무려 기무사의 장교였다. 기무장교가 신원조회에서 탈락한다는 것은 정말 웃기는 일이고 이는 조금만 생각을 깊게 해보면 사실상 이전 정권 포함해서 오랫동안 국정원에 몸담았던 국정원 주류인사가 민주당으로 가니 도리어 그 아들이 '역차별을 당한 것이다'라는 것이 더욱 개연성 있는 판단이다. 하지만 그럼에도 불구하고 언론은 오직 취업청탁으로 몰고 갔다. 이 이슈는 국정원 개혁의 유력한 후보이자 차기 국정원장으로까지 꼽히던 김병기가 더 이상 국정원 관련한 개혁 법안에 적극적인 활동을 못하게 만드는 족쇄가 되었다. 물론 자한당과 언론의 합작품이었고, 이후 대중들에게 쉽게 잊혀진 사건이 되었다.

12. 이렇듯 무차별한 가짜뉴스를 활용해 개혁에 발목을 잡는 일은 저들이 즐겨 쓰는 전략이고, 지금까지 꽤 효과적이었다. 지금 조국(그리고 가족들)을 향한 무차별 망신 주기, 흠집내기는 단지 그가 견디지 못하고 포기하기를 바라는 의도에서이다. 진짜 문제가 있다면 바로 청문회를 해서 정공법을 택했을 텐데 방법이 없으니 지금 이런 치졸한 수단밖에는 쓰지 못하는 것이기도 하다. 다행히 청와대나 조국 후보 본인은 현재 이 광기 속에서도 포기할 생각은 없는 것으로 보인다. 이제 얼마 남지 않았으니 부디 잘 버텨주기를 바란다. 그리고 대통령과 온 국민이 바라는 사법개혁을 제대로 수행하기를 바란다. 현 시점에서 내가 해줄 것은 그저 응원뿐이다.

2019년 9월 8일

조국의 나비효과

1. 동양대 최성해 총장

청문회에서 대부분의 시간을 할애하도록 만들고, 검찰은 조국 부인을 사문서위조혐의로 기소까지 하는데 결정적인 증언을 한 동양대학교 최성해 총장의 교육학 박사 학위가 허위임이 이번에 탄로가 났다.

교육자로서의 양심을 지키기 위해 표창장이 위조되었고, 허위사실 청탁을 받았다고 당당하게 이야기했던 최성해 총장은 본인의 학력을 위조했을 뿐만 아니라 동양대 총장 명의로 나갔던 수많은 표창장이나 공문서에 교육학 박사라고 명시했으니 이거야 말로 진정한 사문서 위조가 아닐까 싶다. 게다가 최성해 총장은 석사, 학사의 학위까지도 의심을 받는 중이다. 동양대 교수들, 재학생 및 동문들은 본인들의 명예를 지키기 위해서라도 총장을 고발하는 것이 올바른 행동이 아닐까 싶다. 학력위조는 표창장과 비교도 되지 않는 중대 범죄이다. 한편 동양대는 현재 총장의 학력위조 말고도 수많은 의혹들이 쏟아져 나오는 중이다. 각종 입찰에 대한 부분까지 지금 나오기 시작했는데 그는 이제부터 헬게이트의 시작일 것 같다. 하지만 그는 이 와중에도 표창장을 만들 때 조국 부인(정 교수)과 친한 세력이 있었던 것 같다는 어그로를 끌고 있는 중이다.

키워드: 교육자의 양심

2. 장제원의 아들

조국 딸을 맹비난하며 조국의 법무부 장관을 결사반대했던 장제원의 아들이 3억짜리 벤츠로 음주운전 교통사고에 매수, 범죄 은폐, '내 아빠가 누군지 알아?'까지 시전하는 그야말로 기성세대 뺨치는 놀라운 스웩을 보여주었다. 참으로 장래가 촉망되는 젊은이가 아닐 수 없다. 더욱 놀라운 것은 그런 현행범을 경찰은 귀가조치시켰고 추석 이후에 조사를 한다고 한다.

이 사건으로 인해 새삼스럽게 장제원 아들의 과거가 재조명되고 있다. 고등래퍼 출연 시절 성매매 정황, 할머니로부터 비상장 회사 주식 45%를 단지 증여세 2천만 원 내고 상속받았는데 그 회사가 가진 부동산이 현재 시가로 100억이나 된다는 점(이는 장제원의 아들은 45억의 자산을 가지게 되었다는 의미이다) 등등… 과거의 주옥같은 발언과 행동들이 새삼 대중들에게 공개되면서 그는 더욱 유명세를 타고 있다. 도덕성을 이유로 조국의 사퇴를 강력하게 촉구했던 장제원은 이런 상황에서 본인의 의원직 사퇴 요구를 받는다면 어떻게 행동할 것인가? 조국 딸 스펙 관련해서 수십만 건의 뉴스를 다뤘던 언론들은 이 사건을 과연 얼마나 다룰 것인가? 정의로운 학생들은 여기에 얼마나 분노할 것인가? 궁금한 것들이 참 많다.

키워드: 아들아! 너는 다 계획이 있구나.

3. 나경원의 아들(내용 수정)

이 부분은 나경원 의원실에서 정식 항의를 받아 확인 후 내용 수정을 합니다. 정식 학회지에 등재가 되지 않아 논문 제1저자라는 말은 허위사실이라는 의견을 받았고 의학논문 데이터베이스인 pubmed에 없다는 것을 확인했습니다. 이 부분은 제 실수임을 인정하고 정정합니다.

다만 해당 내용이 등재된 IEEE EMB SOCIETY의 flagship conference이고 해당 분야에서 권위를 인정 받는 학술대회입니다. 한국에서는 학술대회 위주로 돌아가는 학문분야에서는 중요한 학술대회를 지정해서 해당 conference 논문은 SCIE저널 논문과 동급으로 인정해주다보니 논문 제1저자 등재 이야기가 나온 듯하고 이를 정확하게 확인하지 못하고 글을 쓴 것은 제 실수입니다. 이 부분은 나경원 의원에게 정중하게 사과합니다. 다만 이 학술대회가 2014년에 '우수학술대회' 리스트에 포함되었고 문제의 2015년 conference 논문이라면 학술대회 논문이지만 BK사업 등에서 SCIE급 논문과 동격으로 인정받는다는 기존 주장에는 변함이 없습니다. 서울대 해당랩에 conference가 실적으로 등재되어 있으니까요. (이 부분도 제 주장이 잘못되었다면 의견주세요.)

4. 장학금

서울대 학부생은 84%, 대학원생은 95%가 장학금을 받는다는 것을 이번 청문회를 통해 처음 알았다. 학부생 평균 2백만 원, 대학원생은 평균 344만 원을 받는다고 한다. 현재 서울대 재학생의 74.7%가 최상위 소득계층에 속해 있다고 한다. 또한 부산대 의전원 학생의 경우 95%가 장학금을 받는다. 극히 일부 학생들만 장학금을 받고 그중에서도 가난하거나 성적이 특출한 학생들만 장학금을 어렵게 받는데 조국 딸이 그 기회를 빼앗아갔다고 주장하던 수많은 언론들과 본인의 신분을 이용해 다른 학생의 장학금을 박탈해간 것이라 분노하며 시위하던 학생들을 어떻게 이해해야 할까? 설마 장학금을 못 받은 5%에 들어간 것이 억울해서 시위한 것일까? 그래서 마스크를 썼나? 그럼에도 불구하고 딸이 장학금을 받은 것을 반복해서 사과하고 본인이 법무부 장관이 되는 것과 무관하게 다시 방법을 찾아 장학금을 환원하겠다고 말하는 조국 후보자의 인격은 진심으로 대단하다.

키워드: 선택적 분노와 진정한 대인배

5. 박지원과 표창장

청문회 때 박지원은 조국을 자신의 앞으로 불러 스마트폰으로 (조국 딸이 받은) 동양대 표창장 사본을 보여주는 퍼포먼스를 보여주었다. 이 장면은 정말 박지원이 현존하는 유일한 '정치9단'이라는 것을 보여주는 단편적인 모습이었다. 박지원의 퍼포먼스는 사실은 방송카메라와 기자들에게 보여준 것인데 이 때문에 검찰이 표창장 관련한 기소가 아무런 증거도 없이 무리하게 기소를 했다는 것이 세간에 알려지게 되었다.

좀 더 설명하자면 표창장 원본이 검찰에게 있어야 증거로 인정이 되는 것인데 증거능력이 없는 사본만으로 검찰이 기소를 한 것이고 그것을 박지원이 온 국민에게 보여준 셈이다. 검찰을 멕이는 것이기도 하고, 조국에게 정치적으로 신세를 지게끔 만든 것이기도 하다. 대단하다.

할 수 없이 검찰은 오늘 조국 측에 원본 제출을 요구했다. 이게 얼마나 황당한 일이냐면 피의자에게 증거를 찾아오라는 것과 다름없다. 기소 후에는 관련 건으로 추가적인 압수수색을 하지 못하기 때문에 스스로 제출을 하라는 것이지만 상황이 정말 웃프지 않을 수 없다. 김학의 영상을 보고서도 판단을 못하던 검찰이 표창장은 사본만으로 기소를 한 것이니 말이다. 대한민국 검찰이 어쩌다가 이 정도까지 무능한 모습을 연출하게 되었는지 (이건 비아냥이 아니라 진심으로) 안타까울 뿐이다. 한편 검찰은 이제 조국 딸도 공동정범으로 소환 검토한다는 내용을 언론에 흘리고 있는데 제발 그런 막장까지는 가지 않으면 좋겠다. 이미 판세는 기울었다.

키워드: 네 죄를 네가 알렷다! 대신 증거는 네 스스로 찾아오너라!

6. 대통령의 시간

문재인 대통령이 동남아 순방을 마치고 돌아왔다. 아마 내일쯤 조국 후보자에 대한 임명을 하지 않을까 예상한다. 임명 강행이 아니다. 인사권자의 정당한 권한을 발휘하는 것이니 정.식.임.명.이 맞다. 임명 강행은 잘못된 표현이다. 태풍 링링 때문에 온 국민이 재난피해를 대비해야 하니 주말에 정식임명을 하지 않은 것이라 생각된다. 지금까지 언론의 공격, 자유한국당의 공격, 검찰의 공격이 이어지는 힘든 시간이었다면 지금은 대통령의 시간이다. 이러한 대통령의 시간이 지나면 진정한 사법개혁의 시간이 비로소 시작될 것이다. 개혁의 과정이 길고 지루하더라도 지치지 않고 응원할 작정이다.

2019년 12월 25일
크리스마스에 이야기하는 두 남자: 유시민과 조국

1. 어제 유시민이 자신의 방송 '알릴레오'에서 검찰에게 대형폭탄을 던졌다. 검찰이 노무현재단의 계좌를 조회했다는 제보를 받았다는 것이다. 제보라고 했지만 거의 확신을 가지고 있는 듯했고 제보자 보호 차원에서 누구인지 밝히지는 않았다. 유시민은 공개적으로 윤석열 총장에게 노무현재단의 계좌를 조회했는지, 적법한 절차를 밟았는지, 왜 들여다보

앉았는지 등의 이유를 물었다. 나는 그 순간 극장에서 '어벤저스 어셈블'을 외치는 캡틴아메리카를 보는 것보다 더 강한 짜릿함을 느꼈다. ㄷㄷ

2. 검찰은 즉각 '그런 적 없다. 허위 사실 유포하지 말라'고 보도자료를 뿌렸다. 통상적으로 검찰은 구차하게 말싸움을 하기보다 수사와 기소라는 자신들의 강력한 힘을 먼저 사용하는 곳이다. 유시민의 주장이 허위사실이라고 장담한다면 고소를 해야지 허위사실 유포하지 말라고 말싸움을 한다는 것은 그들도 캥기는 것이 있다는 것이라고 생각한다. 수사기관이 개인 혹은 기관의 계좌를 조회하기 위해서는 법원의 영장이 필수이다. 그리고 금융기관에서는 10일 이내에 그 사실을 예금주에게 알려주도록 법이 규정하고 있다. 단 몇몇 특별한 경우에 한해서 법원에 통지 유예를 신청할 경우 당분간은 알 방법이 없다. 물론 노무현 재단의 경우 그 특별한 경우와 전혀 무관하다. 다만 검찰에서 '그런 적 없다'고 즉각 부인할 수 있었던 이유는 통지 유예를 신청했던가 혹은 (아무리 검찰이 막나가도 그럴 가능성은 적다고 생각하지만) 법원 영장도 없이 사찰하듯이 불법으로 조회했을 경우이다.

3. 계좌를 들여다본 이유는 누구도 쉽게 예상할 수 있다. 검찰이 보기에 진짜 미운 유시민을 탈탈 털기 위해서이다. 노무현재단에는 많은 시민들의 기부가 들어온다. 또한 '알릴레오'만 하더라도 107만 명의 구독자가 있으니 상당한 광고 수익을 거두고 있다. '돈이 있는 곳에 비리가 있다'는 검찰의 상식에 의해 그 계좌를 들여다보면 무언가 유시민의 '약점을 잡을 수 있다'고 판단했을 것이다. 그런데 이를 어쩌나? 유시민이 밝

힌 바에 의하면 노무현재단에서 자신에게는 1원도 이체된 적이 없다고 한다. 그 반대의 경우는 많았다고 한다. 재단 이사장이기 때문에 법인카드를 발급받았지만 단 한 번의 사용도 없었다고 한다. 즉 검찰이 노무현재단 계좌를 들여다본 것이 (사실이라면) 그들은 헛수고를 한 것이다.

4. 자, 이제 역관광의 타임이다. 통상 아무 이유 없이 계좌가 털린다면 분노 게이지가 꼭대기까지 솟구칠 텐데 유시민은 여유로웠다. "너희가 한 짓인지 다 알고 있고 증거도 있는데 지금은 말하지 않을래. 너희의 대응을 봐서 나도 조금씩 공개할 거다"라는 느낌이었다. 다만 마지막 공개질의를 하는 순간에는 눈빛과 목소리에서 분노를 참는 모습이 보였다. 검찰에게는 그 모습이 더 서늘했겠지만 말이다. 유시민은 그런 방식으로 KBS 법조팀을 박살냈고, 윤석열이 여당 관계자를 만나 문재인 대통령과의 독대를 원하면서 조국을 비토하고 (내사 혹은 사찰의 형태로 얻은 정보를 통해) 사모펀드 관련해서 확실한 비리의 증거가 있다는 식으로 이야기했던 대화 내용까지 공개했었다. 물론 어제 조국 구속영장청구에 사모펀드 관련한 내용이 빠진 것으로 보아 검찰의 사찰 내용도 틀렸다는 것이 드러났지만 말이다.

5. 검찰은 지금 미칠 지경일 게다. 반년 넘게 이 무리한 수사와 기소를 끌고 왔는데 조국은 개인 비리나 가족 관련해서 엮을 것이 나오지를 않으니 '직권남용'이라는 구차한 혐의로 기소를 했다. 정경심, 조범동의 공판은 계획과 달리 엉망으로 진행되고 있는 중이고 정경심의 이중기소도 '법리적으로 말이 안 된다'는 안팎의 비난에 직면해 있다. 검찰은 과거

에 이런 식으로 희생자를 잡아 고위직의 누군가를 털면 검찰개혁의 목소리가 줄어들고 응원을 받는데 조국 일가는 털 것도 없고, 털수록 검찰이 욕을 먹고 검찰개혁의 목소리만 높아진다. 이 와중에 정보의 질과 양에서 차원을 달리하는 유시민이 시비를 걸어온 것이다. 어디까지 알고 있는지 짐작이 안 가니 쉬운 대응도 어렵다.

6. 내가 검찰의 시나리오를 예상하면 최대한 시간을 끌면서 일단 부인을 하는데 너무 강하게 부인해서 유시민을 자극하지는 못할 것이다. "증거가 있으면 내놔봐라. 고소하겠다" 이런 식의 대응을 했다가 정말 유시민이 증거를 까면 큰일이니 말이다. 지금까지 해왔던 방식으로 이상한 관변단체 통해서 고발 정도 하는 수준으로 우선 시간을 끌 것이다.

상황이 불리해지면 결국 내부 희생자를 세울 것이다. "조직에 대한 과잉 충성을 하고 있는 개인의 일탈로 그런 행위가 있었다. 유감스럽다. 내부에서 인사조치하겠다." 대충 이렇게 봉합하려고 하지 않을까? 조국을 기소한 직권남용이란 이럴 때 써 먹는 것인데 말이다. 어쨌든 '유시민 vs 검찰'은 당분간 팝콘각으로 관전하면 될 듯하다. 분명한 것은 검찰이라는 강력한 괴물 조직을 상대로 이렇게 일기무쌍하는 인물은 대한민국 역사에 없었다. 그 어떤 정치인도 하지 못한 싸움을 유시민이 하고 있는 중이다. 그것도 유리하게 이끌어가면서 말이다. 리스펙 유시민~

7. 크리스마스이지만 조국 이야기를 하지 않을 수 없다. 법리적 해석, 정치적 상황은 구속영장이 나올 가능성은 0%에 수렴한다고 그제 글을 썼지만 솔직히 대한민국의 사법계에도 워낙 미친 일들이 많이 벌어지

다 보니 결과가 나올 때까지 장담하기 힘든 것도 사실이다. 그래서 나도 불안하다. 어제 아내 정경심 교수를 면회하는 조국 장관의 사진을 보니 마음이 많이 짠했다. 만약에 조국에게 구속영장이 나오면 당분간 부부는 서로 얼굴도 보기 힘들 것이다. 조국의 얼굴도 많이 상했더라.

8. 게다가 서울대에서는 지금 조국에 대한 교수 직위해제 및 징계 절차에 착수했다고 한다. 검찰이 기소를 하면 무조건 직위해제 및 징계를 하는 학칙이 있었나 보다. 죄의 유무와 무관하게 기소만 해도 직위가 해제가 되는 학칙은 좀 많이 이상하다. 지금 검찰은 누구도 마음만 먹으면 기소할 수 있다. 우리는 이번에 조국 일가를 통해 제대로 보지 않았는가? 기소는 죄의 유무와 무관하게 검찰의 마음이라는 것을 말이다. 검찰 공화국 시대에 결국 그러한 학칙은 결국 서울대의 모든 교수와 학자들은 검찰에게 충성을 강요하는 학칙인 셈인데 예외규정을 만들던가 혹은 시대에 맞춰 바꿔야 하는 것 아닌가 싶다. 하지만 서울대 오세정 총장이 바른미래당 전직 국회의원 신분이라는 것을 보니 가능성은 없어 보인다.

9. 조국 일가의 고통과 시련을 지켜본다는 것은 상당히 괴로운 일이다. 본인 스스로가 "검찰개혁을 위한 불쏘시개가 되겠다"고 말했지만 설령 지금 국회에 올라간 패스트트랙이 통과되고 검찰개혁을 이룬다고 한들 만신창이가 된 그들 가족의 잃어버린 행복은 누가 보상한다는 것인가? 조국 일가의 시련은 현대판 번제를 보는 것 같아 마음이 많이 불편하다. 때문에 국민들은 검찰개혁을 위한 조국과 가족들의 희생을 잊지 말아야 한다고 생각한다. 적어도 나는 잊지 않을 것이다. 크리스마스 아침에

내 가족이 아닌 다른 누군가를 위해 기도해본 것은 나에게도 처음 있는 일이다.

10. 나아가 조국은 서울대 교수직까지 직위해제가 된다면 돌아갈 곳이 없어진다. 그는 스스로 정치에 뜻이 없고, 백면서생이라고 (진심으로) 이야기했지만 이제는 정치의 격변을 끌어왔고 그 중심에 '자신이 서 있다'는 것을 스스로 인정해야 한다. 문재인이 평생 야인으로 살려던 뜻을 노무현의 죽음 이후 생각을 바꿔 본격적인 정치인의 길에 들어선 것처럼 조국도 이제는 스스로 생각을 바꿔야 하는 시기가 왔다고 생각한다. 시대적 소명은 그와 가족에게 큰 고통을 주었지만 대신 그것을 이겨내고 더 큰 일을 향해 나아가야 하는 선택의 순간에 직면한 것이다. 개인적인 생각이지만 이제 조국은 백면서생과 학자로서의 삶이 아닌 정치인으로 새롭게 환골탈태하기를 바란다. 물론 나는 그럴 경우 뜨겁게 응원할 생각이다.

2020년 1월 6일
조국 아들 관련 공소장 vs 주광덕의 생기부 유출

1. 형법에는 죄의 '구성요건'과 '처벌내용'이 담겨 있다. 죄를 밝혀내는 것과 형량을 구형하는 것은 모두 검사가 할 일인데 알다시피 그들은 법전에 적힌 대로 하지 않고, 자신들의 편의에 따라 법을 움직여왔다. 때문에 이제 그들은 국민들의 응원이나 설득 혹은 공정한 법집행을 위한 애원의 대상이 아닌 그저 개혁의 대상이 되었다. 현재 유일하게 그들을 견

제할 수 있는 힘을 갖춘 언론도 거의 그들과 한편이 되었다. 욕망과 안락을 위해 '검언유착'을 한 것인데 양심을 버린 기자들에게 '저널리즘의 정의'를 요구할 수는 없는 일이다. 그냥 안 보고, 비웃어주면 될 일이다. 하지만 검찰과 언론의 짬짜미에 박수치는 시민들에게는 개인적으로 할 말이 많다. 그릇되고 왜곡된 정보에 속고 있는 시민들이라면 차라리 이해가 되는데 틀린 사실에 대한 가치판단을 할 수 있는 지식과 판단력을 갖추고 있음에도 의도적으로 고개를 돌리는 '선택적 분노'에는 가끔은 혐오의 감정마저 생겨날 지경이다.

    2. 형법과 무관하게 일반 시민들에 해당되는 우리는 죄와 벌의 단계를 다르게 구분하고 판단할 수도 있다고 생각한다. 가령 어떤 이는 '살인'보다 '강간'을 더 지독한 범죄라고 생각할 수 있고, 또 어떤 이는 '폭력'보다 '사기'가 더 나쁘다고 생각할 수 있다. 법이 아닌 개인의 가치판단이니 직접 법을 다루는 자리에 있지 않는 이상 일반 시민의 그런 판단이 딱히 사회의 법질서에 영향을 줄 수는 없다. 그런데 가령 강간을 당한 피해자에게 "네가 그렇게 짧은 옷을 입고 밤늦게 다닌 것이니 잘못한 거야" 혹은 "사기를 당한 네가 멍청해서 당한 거야"라는 식의 가치 판단이 통용되는 사회라면 그건 사회 전반의 규범과 도덕기준에 심각한 문제가 있고, 이는 바로 잡아야 하는 것이 아닐까? 나는 그 사례로 지금 조국이 '아들 시험을 대리해주었다'는 공소장에는 분노하면서 주광덕이 조국 딸의 생기부를 유출하는 것을 모른 척하는 이들도 지적하고 싶다.

    3. 처음 조국이 아들의 온라인 시험을 대리시험해서 검찰에게 기

소를 당했다는 기사를 보고 웃음이 나왔다. "검찰이 오죽 기소할 거리가 없으니 별걸 가지고 다 기소를 하는구나. 한국대학 같으면 우선 압수수색부터 했을 텐데 외국대학이라 기소부터 하는구나"가 내 최초의 소감이었다. 하지만 이 절반쯤은 웃음거리에 불과하다고 생각한 내용이 의외로 또 이슈가 되었다. 검찰의 뻘짓과 언론의 대대적인 호응까지는 무시할 수 있었지만 페북 타임라인에 이 문제를 거론하는 글들이 많아지는 것을 보니 결국 한마디 하지 않을 수가 없었다. 다시 말하지만 난 선택적 분노에는 동의하지 않는다.

4. 일단 현재 알려진 사실은 검찰은 "아들의 두 번에 걸친 온라인 시험문제를 조국이 풀어줬고, 이를 미국 조지워싱턴대학에 대한 업무방해죄를 적용해서 기소했다"는 것이 전부이다. 다른 내용은 없다. 그 내용을 가지고 스마트폰으로 사진을 찍어 어쩌구 저쩌구, 이메일로 어쩌구 저쩌구, 조국 아들 하드디스크의 개수가 어쩌구 저쩌구 하는 기사 내용들은 그 동안 검찰과 언론이 해왔던 짬짜미 언플이자 그들이 짜고 있고, 대중들에게 알려지기를 희망하는 시나리오이다. 참, 이 또한 엄연한 피의사실 유포에 해당된다. 그 혐의로 기소를 당하는 검사가 나오기 전까지 절대로 멈추지 못할 못된 버릇인 것 같다.

5. 검찰의 기소내용이 100% 사실이라는 전제하에 내가 궁금한 것은 딱 두 가지다. 첫째, 재판에서 공소장의 혐의 내용을 입증하려면 조지워싱턴대학에 아들이 제출한 답안지와 부모가 적어준 답안을 비교해보았다는 것인데 검찰은 한국 대학도 아닌 미국 대학에서 이러한 증거를 확보

했는지 궁금하다. 이게 아니라면 검찰의 이 공소장은 본인들도 아무 의미 없는 그저 망신 주기 위한 공소장 남용에 불과하다는 것을 스스로 알고 있다고 확신한다. 둘째, 설령 조지워싱턴대학을 압수수색했거나 혹은 아들이 제출한 시험지를 운 좋게 어디에서인가 받아와서 부모가 도와준 것이 사실이라고 입증할 수 있다고 한들 그것이 기소가 되는 내용이라고 생각하는가?

6. 이전부터 검찰은 스스로를 초엘리트 집단이라고 생각해서 사회적 어젠다를 본인들이 해결해야 한다는 묘한 책임감(사실은 오지랖)을 가지고 있다는 것은 익히 알려진 사실이다. 가령 절대 내가 그린 그림이 아니라고 주장해도 "우리가 맞다 하면 당신의 그림이 맞는 거야"라고 주장해서 위작을 진품으로 관철시킨 천경자 화백의 '미인도 논란'이 있었고, 입원비가 없어 퇴원하겠다고 강권하는 환자를 할 수 없이 의료 조치 후에 퇴원시켰는데 얼마 후 그 환자가 사망하자 해당 의사를 '살인죄'로 기소한 '보라매 병원 사건'도 있었다. 천경자 화백은 그 충격으로 한국을 떠나 붓을 꺾어버렸고, 검찰의 해당 의사에 대한 기소는 이후 병원에서 입원과 퇴원에 대한 절차와 방법에 대해 의사와 환자 간의 불필요한 논쟁을 불러일으켰다. 다 떠나서 이런 판단을 왜 검사가 하려고 드는지 당최 이해가 안 간다.

7. 동양대 표창장의 경우도 처음에는 '서식을 훔치고 도장을 몰래 찍어서 위조했다'는 공소장을 제출하더니 나중에는 '아래한글로 두 장의 표창장 파일을 이어붙이기를 했다'는 공소장으로 바꾸어 제출하면서 한

사건에 두 개의 다른 공소장을 제출하는 이중기소 논란을 만든 것이 바로 지금의 엘리트 검찰이다. 여기에 이제는 미국 대학의 온라인 시험을 대리로 해줬다고 업무방해죄로 기소까지 하는 어이없고 황당한 경우를 보게 될 줄이야. 이는 상기에 언급한 그림 위작 여부를 자신들이 판별하려고 들거나 혹은 환자 퇴원의 적정성 여부에 대한 의료적 판단까지도 넘어서는 과도하고 쪽팔린 기소가 아닐 수 없다. 앞으로 학교 시험 보기 전에 감독관들이 "니덜 컨닝하면 검사가 기소한다"라고 경고를 하면 매우 효과적이겠다. 이런 일련의 상황들을 보다보니 이제는 조국 가족이 방귀를 뀌거나 트림을 했다고 검찰이 '환경오염죄'로 기소한다고 해도 놀라지 않을 자신이 생겼다.

8. 그런데 이러한 보는 것만으로 부끄럽거나 혹은 황당한 소감이 드는 것이 정상인 공소장에도 신이 난 사람들이 적지 않다. 그들에게 초를 치는 이야기를 해서 미안하지만 이 건은 검찰 주장대로 해도 혐의 입증도 안 되고, 기소거리도 안 되지만 가장 큰 문제로 검찰이 주장하는 범죄의 사실관계조차도 '왜곡'이라는 점을 말하고 싶다. 조국 아들이 치른 것은 검찰의 주장대로 온라인 시험도 아니고, 때문에 학칙 위반도 아니다. 이 떡밥을 뿌린 중앙일보 기사에 등장한 학교 당국의 도드 국장이라는 사람은 자신의 인터뷰 내용이 지금 이렇게 우라까이 되고 있는지 알고 있다면 아마 기절초풍할 거다. 인터뷰 원문을 보고 싶다. 원래 중앙일보에서 했던 질문과 학교 관계자의 내용이 궁금하다. 이미 여러 교민들이 학교 측에 문의를 넣었으니 이 또한 곧 나올 것이다.

9. 우선 시험이 아니고 과제라는 사실관계부터 이야기하자. 해당 교수의 과목 평가가 담긴 사이트와 커리큘럼 그리고 미국 내 거주하는 교민들에 경험과 증언에 의하면 문제가 되고 있는 그 과제는 '온라인퀴즈'에 해당된다고 한다. 나도 두 아이를 (상해에 있지만) 미국학교 커리큘럼에 따라 교육을 시켜보았기 때문에 여기서 말하는 온라인퀴즈에 대해서는 웬만큼 이해하는 편이다. 미국 초중고 그리고 대학까지의 교육과정에는 GPA(학점)를 평가하는 데 있어 시험, 과제, 퀴즈, 수업시간 참여도 등을 종합해서 평가한다. 이 중 퀴즈는 내가 수업시간에 배웠던 내용을 가지고 객관식(혹은 단답식)으로 문항을 푸는 것인데 수업 시간에 교사가 직접하기도 하고, 혹은 집에서 온라인상에서 풀기도 한다. 주로 점수를 주기 위한 목적이 더 강하다. 온라인퀴즈의 경우 요즘 한국에서도 유행하는 영어교육 프로그램인 레즈키즈(Raz-Kiz)와 형식이 유사하니 아는 분들은 이해가 빠를 것이다. 이 온라인퀴즈는 전체 성적에 그렇게 크게 반영되는 것도 아니다. 성실도를 체크하는 것이 더 주요한 목적이기 때문에 대략 10% 수준으로 반영이 되고 또한 문항의 난이도도 그리 높지 않다. 그 온라인퀴즈에서 도움을 받아 A의 성적을 받았다고 하는 것은 사실여부 확인도 필요하겠지만 상상력이다. 그리고 법을 전공한 학자로 살아온 사람이 현역 대학생의 다른 문제를 더 잘 풀어줄 수 있다는 것도 나는 납득이 어렵다. 그 과목은 아들이 더 잘하는 것이 정상이다. 자세한 내용은 더 브리핑에서 고일석 기자가 자세하게 취재해서 다뤘으니 가서 확인해보자. 고일석 기자 이전에도 클리앙에 어떤 유저가 직접 미국 교수평가사이트(retemyprofessors.com)에 가서 해당 교수의 강의평가를 보고 확인해서 올린 글도 있다.

10. 검찰과 언론이 대단히 악의적인 것이 이번에는 '온라인 대리시험'이라고 프레임을 짠 것이다. '아빠찬스가 없는 이들의 비애'로 재미를 보더니 똑같은 방식으로 한 번 더 써먹는 것이다. (두 번은 안 당한다. 나쁜 넘들아~) 학교에 가서 직접 시험을 치른 것이 아니니 '온라인시험'이라는 말을 쓴 것이지만 보통 토플, AP, IB 같은 공인 시험의 경우 주어진 시간, 주어진 장소에서 감독관의 관리하에 온라인에 접속해서 시험을 보는 것이고, 그게 아닌 일반적인 온라인 퀴즈나 가벼운 에세이는 자유롭게 푸는 과제에 해당되는 것인데 마치 공인 온라인 시험에서 나쁜 부정이 있는 것처럼 프레이밍한 것이다. 거기에 부화뇌동해서 조국이 자식의 대리시험까지 봐주었다는 것에 분노하는 이들의 모습은 이전에 장학금, 논문, 입시 스펙 문제에서 선택적으로 분노했던 감정의 리메이크를 보는 것 같다. 그들의 특징은 나경원 자녀들의 입시비리는 관대하고, 장제원 아들의 음주운전 사고에는 여전히 모른 척한다는 것이지만 말이다.

11. 정리하면 검찰이 조국을 (조지워싱턴대학에 대한) 업무방해죄로 기소한 것은 증거가 없으니 혐의입증도 불가능하고, 증거가 있다고 해도 기소거리가 될 수 있는지 다툼의 여지가 많은데 실제 사실과 다른 내용으로 왜곡을 한 것이라는 것이 종합적인 내 판단이다. 검찰과 언론의 이러한 책략의 목적은 조국에 대한 '흠집내기'와 '망신 주기'로 조국과 검찰개혁을 지지하는 이들의 지지 동력을 떨어뜨리려는 것이 주요하고 (검찰 입장에서는) 이 모든 일의 근원이라고 생각하는 조국 일가에 대한 치졸한 복수심도 포함되어 있다고 생각된다.

12. 문제는 아무리 자유한국당을 좋아하고 민주당을 미워하고 조국을 미워한다고 해도 분노할 일에 분노해야 상호 이해의 접점을 찾고, 토론도 되지 않겠는가? 그냥 다짜고짜 사실 확인 없이 조국에 대한 맹목적 적개심만 터뜨리는 사람들과는 어떻게 대화를 하는 것이 맞는 것인지 모르겠다. 선거를 앞두고 더 극심하게 이런 일들이 생겨날 텐데 이 혼란을 부추기는 검찰과 언론이 원망스러울 뿐이다. 빨리 완벽한 총선 승리로 개혁이 마무리되면 좋겠다. 요즘 진정한 흑마법 포텐을 터뜨리고 있는 진중권을 보니 똑똑한 사람일수록 확증편향이 심하고, 자신이 보고 싶은 것에 더 집착한다는 것을 볼 수 있어 선택적 분노에 대한 심리는 다소나마 이해가 된다.

13. 최근 조상신이 강림해서 필력이 물 오른 이종걸 의원이 진중권에게 페이스북에서 말했던 방식으로 나도 아들 대리시험을 봐주었다는 검찰 기소에 대해 조국을 욕하는 이들에게 몇 마디 전하고 싶다.

첫째. 주광덕이 조국 딸의 생기부를 유출했는데 그들은 이 문제를 어떻게 생각하는지 참으로 궁금하다. 참고로 생기부는 환자의 진료기록만큼이나 민감한 개인정보에 해당되고, 유출하면 엄벌을 받도록 규정되어 있다. 검찰의 기소 내용이 설령 사실이라 해도 주광덕의 생기부 유출과 비할 바가 아니다. 전자가 교통신호 위반이라면 후자는 강간상해 수준으로 큰 차이가 나는 죄질이라고 할 수 있다.

둘째. 그 주광덕의 혐의를 밝혀낼 수 있는 기본적인 수사과정에 해당되는 통신영장을 경찰이 청구했는데 검찰이 기각했다. 생기부 유출은 학교와 검찰만이 할 수 있다. 이미 학교와 담당 교사들에 대한 수사에서

'혐의 없음'으로 종결되었으니 현재는 검찰이 유출했을 가능성이 매우 유력하다. 하지만 검찰이 수사를 못하게 하니 확인의 방법이 없다. (물론 우리는 검찰의 이러한 기각을 통해 '검찰이 했네, 했어'라고 자백한 것이라고 이미 심증을 굳히지만 말이다.) 마지막으로 '분노대상에 대한 호불호' 때문에 선택적으로 발동하는 것까지는 인지상정으로 이해한다 하더라도 죄와 벌의 단계가 이 정도로 뚜렷한 차이가 나는 사실관계까지도 선택적 분노를 하는 것은 좀 부끄러워야 할 일이 아닌가 싶다.

정확한 증거가 있는 불법에 대해서는 조사를 미루고, 이런 소설 같은 이야기에 적극 조사를 하는 검찰이 적어도 국민을 위한 조직이 아니라는 것은 알 수 있는데 거기에 부화뇌동해서 '표창장 위조'와 '대리시험'을 외치다가 나중에 사실과 다르면 그건 이불킥을 할 일이 아닌가 걱정이 되어 하는 말이다.

페이스북: 정영태 변호사, 전 판사
www.facebook.com/youngtae.jung.100

2019년 9월 8일
검찰의 사문서위조죄 기소를 보며

1. 이 광풍에 관한 글을 그만 적어야겠다는 생각은 관련 글을 두세 개 적은 시점부터 줄곧 했었다. 생각을 적고자 페북을 시작했지만 내가 정치에 관해서만 생각하는 것도 아니고, 내 페북 글조차 이미 과잉과 광란을 여과 없이 보여주고 있기에 '이제 그만' 했다. 그렇지만 조국 후보자 부인을 사문서위조죄로 기소하는 걸 보고는 정치적 입장을 떠나 답답함을 도저히 어찌할 수가 없어 다시 생각을 쓴다.

2. 나는 법관 생활 14년, 변호사 생활 2년여 동안 피의자를 조사하지 않고 기소한 사건을 단 한 건도 본 적이 없다. 사실 들은 적도 없다. 증

거도 명백하고, 공소시효 때문에 피의자를 조사하지 않고 기소했다고 하는 반론도 있다. 나는 증거의 명백성에 대해서도 동의할 수 없을 뿐더러 이 사건의 본질을 생각해보면 비겁한 변명이라는 생각밖에 들지 않는다.

3. 증거… 사문서위조죄는 '사문서 위조사실' 이외에 '행사할 목적'이 있어야 성립하는 목적범이다. 피의자를 조사하지 않고 '행사할 목적'에 대한 입증이 어떻게 가능한지 나는 알 수 없다. 위조된 사문서가 이용된 사안을 찾아 '행사할 목적'을 확인했을 수는 있겠지만, '위조사문서행사죄'를 같이 기소하지 않은 점에 비추어 볼 때, 검찰이 이 부분에 대해 조사를 완료하지 않았다는 데 한 표다. 아마도 이 사건은 위조사문서행사죄에 대한 사후적 수사를 통해 기소된 사문서위조죄를 입증하는 아주 독특한 구조를 취할 것이다. (아마도 보강수사라고 쉴드치겠지.)

4. 공소시효 문제도 그렇다. 사문서위조죄에 대해 공소시효가 도과하더라도 위조사문서행사죄에 대한 공소시효는 남아 있다. 위조사문서행사죄에 대해 조사하고, 그 부분이 입시비리와 연결되어 있다면 위조사문서행사죄와 위계에 의한 업무방해죄로 기소하면 그만이다. 검찰이 구형을 할 때도, 법원이 양형을 결정할 때도 공소시효가 경과한 사문서위조죄 부분에 대해 고려한다. 걱정은 구속하시라. 그리고 현재의 검찰 논리라면 피의자가 도망가거나 소환에 불응해 피의자 조사를 하지 못해 캐비닛에 넣어 둔 사건, 특히 공소시효 임박 사건은 모두 꺼내 기소해야 한다. 피의자가 도망가거나 이유 없이 소환에 불응하는 사실만큼 피의자가 범인임을 추정케 하는 사실은 없다.

5. 피의자 조사가 꼭 필요하지는 않다는 소리도 인권의식을 그대로 보여주는 개소리다. 형사소추를 위해 피의자조사를 반드시 하라고 규정되어 있지는 않지만, 형사소송법 247조의 정신에 비추어 보면 이는 사실상 당연히 거쳐야 하는 절차이다. 형사소송법 247조는 "검사는 형법 제51조의 사항을 참작하여 공소를 제기하지 않을 수 있다"라고 규정하고 있다. 그리고 형법 51조에는 "형을 정할 때, ① 범인의 연령, 성행, 지능과 환경 ② 피해자에 대한 관계 ③ 범행의 동기 ④ 수단과 결과, 범행 후의 정황을 참작하여야 한다"고 적혀 있다. 피의자를 조사하기 전에는 형법 51조가 규정하고 있는 사항들을 알 수가 없다. 그래서 증거가 명백한 사건들, 예컨대 음주운전 같은 사건도 피의자를 불러 형식적이나마 3페이지 전후의 피신조서를 남기는 것이다. 피의자신문을 통해 형법 51조에서 정한 사유들을 살펴보고 기소 여부를 결정하라는 것은 형사소송법의 명령이다.

6. 솔직히 지지부진한 패스트트랙 사건처럼 피의자 조사가 필요 없는 것이 명백한 사건도 없다. 패스트트랙 충돌 당시 상황에 관한 영상이 수도 없이 존재하고, 범인인 국회의원들의 연령과 성행, 지능은 고등학생인 우리 애도 인터넷 검색을 몇 번 해보면 알 수 있다. 피해자에 대한 관계는 원수지간이고, 범행의 동기는 두목급, 간부급들의 경우 개혁저항, 발목잡기이고, 행동대원의 경우 공천을 따기 위해서다. 수단과 결과, 범행 후의 정황 역시 인터넷 검색을 한 다음, 수사보고서로 때우면 된다. 그런데도 두 달 넘게 지지부진한 것은 범인들이 소환에 불응해서이다. 조국의 검찰과 패스트트랙 검찰은 서로 다른 검찰인가. 사건이 경찰에 있어

못한다고… 진짜 개소리다. 수사지휘권은 왜 갖고 있나. 그럴 거면 수사지휘권 포기해라.

*개인적으로는 피의자 조사 없이 기소하는 건 이 건조차 당연히 반대한다.

7. 사실 내가 이 글을 쓰는 이유는 이론적인 부분을 이야기하거나 욕지거리를 위해서가 아니라 적어도 이 사건에서 보여준 언론과 검찰의 인권의식과 위선 때문이다. 이 사건 본질이 무엇이든 그리고 이에 대해 각자가, 각 진영이 어찌 생각하든 조국과 그 가족들에 대해 가해지는 지금의 언론과 검찰의 칼날은 검증을 넘어 광기에 가까운 폭력이다. 온 국민이 공직후보자 자녀의 성적과 생기부와 가족의 이혼사까지 다 아는 게 정상인 사회인가. 특수부가 투입되어 생기부 뒤지고 그 수사과정이 실시간 생중계되는 게 우리가 바라는 사회인가. 이 미친 칼바람 속에 서 있는 사람과 그 가족에 대해 조금이라도 생각이 미친다면 이렇게는 못한다.

8. 라캉은 인간의 욕망 또는 무의식은 말을 통해 나타난다고 했다. 인간은 말하는 것이 아니라 말하여지는 것이다. 지금 검증이라는 이름으로 가하여지는 글의 성찬과 과잉 수사는 상대에 대한 엄청난 적개심, 그 이상도 이하도 아니다. 적어도 작금의 언론의 말과 글에서, 검찰 수사의 모습에서 드러나는 욕망과 그들의 무의식은 정의와 공정이 아니라 조국과 문재인 정부에 대한 극도의 반감 그것밖에는 안 보인다.

9. 나는 조국과 그 가족들에 대한 수사를 덮자는 입장이 결코 아니다. 그러나 이 일이 생기부, 표창장 펴놓고 특수부 두 개 부가 투입되어

생중계하면서 수사할 일은 아니라고 생각한다. 앞으로 검찰은 고발이 있으면 특수부 검사들을 투입해 청문후보자 자녀 생기부의 진실성에 대해 조사할 것인가. 검찰을 흔히 칼잡이, 검객이라 한다. 우리가 윤석열 검찰에 바란 것은 검객 이상의 의사의 모습이었는데 지금은 검객은 고사하고 백정의 모습만 어른거린다. 나는 이 광풍과 비바람 속에 칼춤을 추고 있는 검찰의 모습이 슬프다. 그리고 칼바람 앞에 서 있는 아내와 딸의 모습을 안쓰럽게 바라만 봐야 하는 한 인간과 그 가족들 때문에 더 슬프다.

10. 글을 다 쓰고 나면 좀 나을 줄 알았는데 이유만 명확해졌을 뿐 더 답답하고 더 슬프다. 그래서 이 글을 마지막으로 이 부분 글은 이제 진짜 그만이다.

P.S. 참… 배우자와 자녀와 가족을 관리대상으로 보는 수신제가치국평천하는 정말 넌더리가 난다. 고위공직자로서 도덕적 책임을 이야기하는 건 몰라도 가족은 내 맘대로 할 수 있는 물건이 아니다. 그리고 내 경우는 와이프와 애에 대해 내 맘대로가 전혀 안 된다. 오히려 애네가 날 맘대로 하려 한다.

2019년 9월 26일
조국의 길, 윤석열의 길

1. 문재인 대통령은 조국 장관을 임명하면서 조 장관의 검찰수사 개입 우려에 대해 "검찰은 이미 엄정한 수사의지를 행동을 통해 의심할

여지없이 분명하게 보여주었다"고 말하며, "검찰은 검찰이 해야 할 일을 하고, 장관은 장관이 해야 할 일을 해나간다면 그 역시 권력기관의 개혁과 민주주의 발전을 보여주는 일이 될 것"이라고 했다.

2. 윤석열 검찰은 엄정함을 넘어 살벌한 수사의지를 행동을 통해 만천하에 보여주었다. 11시간 동안 일반 가정집을 압수수색한 데 이어 아들에 대해 16시간 동안 검찰 조사를 했단다. 검찰이 조국 부인 정경심 교수를 검찰청사 포토라인에 세운다는 부산일보의 꼭지까지 보니 개인적으로는 정말 꼭지가 돌았다. 그래서 약속을 어기고 이 글도 쓰는 거지만…

3. 난 개인적으로 조국 대전은 2차 내지 3차까지 가리라 생각한다. 조국 대전을 성격에 따라 분류하자면 조국 장관 임명을 둘러싼 공방이 1차다. 1차 대전에서 검찰은 장관 후보자 일가족에 대하여 특수부를 중심으로 한 대규모 검찰 인력을 투입해 강제수사에 돌입했다. 그러고도 조국 장관이 후보에서 사퇴하지 않자 청문회 날 자정 무렵에 장관 후보자 부인에 대해 단 한 차례 소환 통보조차 하지 않은 채 사문서위조죄로 기소하는 초유의 일을 저질렀다. 그런데도 문 대통령과 조국 장관은 종전 패턴과 전혀 달리 정면돌파했다. 검찰 입장에서는 의외의 패였을 것이다. 만약에 서울중앙지검 특수부가 아닌 동서남북지검 일반형사부가 나름 조용조용 수사한 후 확실한 증거를 토대로 정경심 교수나 조국 장관을 기소했다면 검찰이 원하는 바대로 되었을 것이다. 그러나 이번 수사의 폭력성, 수사 및 기소 내용의 허접함과 이에 대한 문 대통령 및 조국 장관 지지자들의 반발, 여론의 추세 등에 비추어볼 때 이제는 조국 장관이 기소된다

고 하여 조국 장관은 사퇴하지 않는다. 그렇다고 1차 조국 대전에서 조국 장관이 이긴 것도 아니다. 너무 많은 상처를 입었고, 임명은 과정에 불과하기 때문에 2차 대전에서 이기기 전까지 이긴 것이 아니다.

4. 2차 조국 대전은 검찰개혁을 둘러싸고 진행될 것으로 보인다. 이는 크게 두 방향으로 진행될 것으로 보이는데, 하나는 공수처, 검경 수사권 조정 입법이고, 다른 하나는 검찰 내부 개혁이다. 아마도 내년 1, 2월 또는 7, 8월 아니면 두 시기 모두에 전쟁이 날 텐데 언론과 SNS까지 이에 대해 조용해 의외이다. 두 법안이 올 4월 30일에 패스트트랙에 올라탔고 선거법과 연동되어 있으니 그 시한은 대략 내년 1, 2월이다. 그리고 이때 통과되지 못하면 4월 총선 후 처음 열리는 국회에서 공수처, 검경 수사권 조정 법안이 다시 논의될 텐데 그 때가 대략 7, 8월로 보인다. 검찰 입장에서는 버닝썬 경찰을 내세워 검경 수사권 조정을 막고, 적폐청산 검찰을 내세워 공수처를 저지해야 하는데 조국 장관 일가족 수사로 망한 형국이다. 현재는 누구나 검찰권력의 비대화와 살벌함을 인식하고 있다. 그나저나 비대와 살벌은 조폭의 형상 아니던가.

어쨌든 검찰 내부라도 똘똘 뭉쳐야 되는데, 내년 1, 2월은 평검사 인사(일부 검사장 포함), 7, 8월은 부장급 이상 인사가 있다. 참고로 인사권은 법무부 장관이 가지고 있다. 내 생각에 조국 장관은 종전과 다른 패턴으로 인사를 할 것이다. 검사는 크게 인사 난 후에 자기 인사 아는 사람, 인사 나기 전에 자기 인사 아는 사람, 자기 인사를 자기가 하는 사람으로 나뉜다고 할 정도로 검찰조직은 인사에 민감하다. 종전처럼 부장, 차장, 검사장한테 잘 보인 사람이 아닌 구성원 대다수가 동의하는 원칙을 세운

후 칼같이 인사하면 아마 검찰 내부에서도 환호성과 난리가 날 것이다. 당연히 2차 조국 대전 게임 셋이다.

    5. 조국 장관은 현재 무엇을 하고 있는가. 보도에 그리 나오지는 않지만 조국 장관은 의정부지검에 이어 대전지검 천안지청에서 검사와의 대화를 가졌다. 참고로 천안지청은 고 이상돈 검사가 30대 나이에 순직한 곳이다. 아들이 검찰청에서 검사들의 파상공격을 온몸으로 받고 있었을 그 시간에 조국 장관은 천안지청에서 평검사와 일반 직원의 이야기를 들었다. 아마도 이를 부득부득 갈았으리라. "죽어도 검찰 바꾼다"고 몇 번을 생각했으리라.

    먼저 참석 대상이 시사하는 바가 크다. 간부들이 불참한 채 평검사와 검찰직원만 참석하였다. 누구는 장관이 왕따라고 생각하겠지만 내가 보긴 반대다. 논의 주제 역시 의미심장하다. "형사공판부 우대강화방안, 검찰직원들의 향후 지위나 처우 개선 방안"이다. 형사공판부는 기소유지를 위한 부처다. 검찰에서 지금까지는 한직이었다. 그런데 검경 수사권 조정하면 검찰은 형사공판부 위주로 재편된다. 조국 장관은 평검사들과 그걸 지금 이야기하고 있다. 그리고 검경 수사권 조정으로 수사기능이 대폭 축소되거나 박탈되면 검사 이상으로 타격받는 데가 검찰수사관이다. 일반 직원들의 마음을 잡는 건 그런 의미에서 매우 중요하다. 아마도 조국 장관은 국감 직전까지 주구장창 전국 지검, 지청을 돌 텐데 나는 이 과정을 터 파고 바닥 다지는 과정이라 생각한다. 이런 과정을 통해 평검사 70% 이상의 찬성을 받을 만한 인사 원칙 세우고 특수라인, 공안라인이 아닌 일반 검사들 중심으로 인사 공구리치면 검찰 내부개혁이 시작되고 입법전쟁에서도 이긴다. 즉 2차 조국 대전은 게임 끝난다.

6. 어쨌든 쉽지 않을 일이지만 조국 장관은 그 길로 들어선 거 같다. 오늘 새벽에 본 사진에 의하면, 조국 장관은 천안지청을 방문한 후 밤늦은 시간 딸 생일 케이크를 들고 어두운 아파트 입구에 들어선 것으로 보인다. 아마도 가족들에 대해 미안한 마음뿐이었으리라. 조국 대전의 끝과 그 과정에서 각자가 보인 모습을 상상해 보면 이 전쟁이 어떻게 끝나야 할지 보인다. 검찰개혁으로 갈 것인지, 검찰공화국으로 갈 것인지가 여기에 달려 있다. 이런 이유로 나는 검찰의 칼바람을 다 맞으면서도 묵묵히 자신의 길을 걷고 있는 조국의 길을 지지한다.

2019년 9월 29일
일요진단 라이브 보도를 보고 ―조국 가족 수사 지나치지 않음 49%, 지나침 41%

1. 친한 기자들도 많이 있지만 진짜 기자들은 요즘 무슨 생각을 하나 싶다. 여론, 당연히 중요하다. 근데 하나 물어보자. 그대들, 특히 법조 출입 기자 분들께서는 이 건 수사가 적정하다고 생각하나. 지나치지 않다는 여론이 많으면 앞으로도 이렇게 수사하라는 건가. 지금까지의 조국 장관 관련 보도가 질과 양에서 그 모양이었음에도 어제 엄청난 숫자가 모인 건 조국 장관과 그 가족이 잘해서가 아니라 '수사가 지나치다'는 국민의 감정을 건든 측면에 기인한 바가 분명 있다.

2. 어쨌든 이 사건은 망한 수사다. 윤석열 총장은 정말 후배들에게 큰 빚을 졌다. 과거 수사는 그렇다 쳐도 후배들은 앞으로 모든 정치적 사건, 특히 청문회 고소·고발 건에서 특수부 동원 왜 안 하냐, 왜 70군데 압수수색 안 하냐, 후보자 집 11시간 압수수색 왜 안 하냐는 댓글과 아우성을 수도 없이 마주치게 될 것이다. 민주당이든 자한당이든 앞으로 야당은 무조건 청문회와 관련해 고발도 밥 먹듯 하면서 검찰에 조국만큼을 외칠 것이다. 그리고 이제부터는 수사결과와 무관하게 조국 장관 수사만큼 안했다는 그 이유 하나만으로 검찰의 정치적 중립성을 의심받는 상황이 초래될 가능성이 크다. 이러한 국면은 정치적 사건 이외에 일반 사건에도 영향을 미칠 가능성이 농후하다. 그 많은 고소·고발사건에서 검찰은 조국 수사의 반의 반만큼이라도 수사해달라는 요청을 들을 것이다. 당근 그렇게 못할 뿐만 아니라 단지 그렇게 수사 못했다는 이유로 수사결과에 대해 당사자로부터 불신받을 가능성이 높다.

3. 살 길은 두 가지 뿐인데 윤석열 총장과 검찰 조직의 생리를 보면 두 가지 다 대략 난감이다. 첫 번째 살 길은 이번 수사를 정말 신속히 종결하고(대충하라는 말은 아님) 과한 수사에 대해서는 잘못을 인정하는 것이다. 그리고 그와 함께 수사와 기소에 있어서 인권 보장책을 마련해 제도화하는 것이다. 그러나 이 길은 윤 총장의 성격상 불가능한 안이다.

4. 두 번째 길은 조국 가족 사건과 유사한 사례 중 진짜 문제될 만한 사건을 추려 이번 수사처럼 피혐의자 내지 피의자를 철저하게 아작을 내는 것이다. 예를 들면, 조국 장관 전화 건에 전력투구할 것이 아니라

(이 건은 정말 수사깜이 아니다) 국회의원들이 법원과 검찰, 기타 기관에 청탁한 사건을 뽑아 이에 대해 총력을 다하는 것이다. 권성동 강원랜드 사건은 무죄 판결이 나왔지만 그것 말고도 아직 여러 건이 있다. 권성동 사건도 항소되었는지는 모르겠지만 항소되었다면 최강 파이터를 투입해 공소유지하는 것도 한 방법이다. 이들 사건에서 관련 검사들이 있다면 정말 추상같이 처리하는 것도 좋은 그림이다. 이와 동시에 검찰에 대한 국회의원, 전관변호사들의 구두변론이나 청탁에 대해서는 지위고하를 막론하고 엄정 처리할 것을 약속하고 제도화하는 방안을 마련하면 가산점을 받을 수 있다.

5. 사문서 위조도 마찬가지다. 정경심 교수 건은 그 시기를 보면 권력형 비리 사건이 아니다. 기소 내용이 다 맞다고 하더라도 서울대 교수를 남편으로 둔 강남 아줌마가 자녀입시에 눈멀어 저지른 개인적 범죄다(기사만 보면, 난 무죄에 한 표!). 이에 반해 부산지검의 한 검사가 고소장을 복사해 위조한 사건은 그 과정에 참작할 만한 사유가 있지만 그 처리 과정은 전형적인 권리형 비리사건이다. 기록이 삭을 정도로 오래 묵힌 사건인데 이제 꺼낼 때도 되었다. 꺼내서 한 번 조져보는 것이다.

6. 사모펀드도 그렇다. 국회의원이나 고위공직자의 내부 정보 이용 사례는 쉽게 찾을 수 있다. 두 사건이 유사한 것은 아니나 중요하지 않다. 어차피 이미지다. 이에 대한 고발건도 있는 것으로 알고 있다. 조국 수사건과 함께 정치인, 고위공직자의 내부 정보 이용 사례 등을 발굴해 조국 가족에 썼던 칼로 그때 한 것만큼 찌르는 것도 살기 위해서는 좋은

방안이다.

    7. 내가 보기는 조국 가족 수사는 사과 깎는 데 무림 최고의 검객을 동원해 명검을 쓴 형국이다. 조국 장관의 권력형 비리를 캐내지 못하는 한 100만, 200만의 분노를 잡을 수가 없다. 그런데 현재 돌아가는 상황을 보면, 그리고 시간이 얼마 남지 않은 점을 고려하면, 수사의 결과와 재판의 결과는 분노를 더 키울 것으로 보인다. 그렇다고 윤석열 총장은 검찰조직에 칼을 들지는 못할 것이다. 총장 되는 과정을 보면, 서울중앙 특수부를 제외하고는 장악력이 이를 감당할 만큼 안 될 것으로 보인다. 결국 그 칼은 자한당으로 향할 수밖에 없는데 마지막에는 패스트트랙 수사 등을 통해 자한당 몇몇을 죽이고 끝날 공산이 크다. 그렇게라도 하면 그나마 덜 욕먹겠지만 어쨌든 후배들에게는 빚만 남긴 채 무림을 떠나지 않을까 싶다.

    P.S. 이 사건에 대해 살아 있는 권력에 대한 사건이라는 견해도 있다. 사견으로는 지금 정권이 죽은 권력은 아니지만 검찰에 대해 그 권력을 행사하지 않는 이상 이 건을 살아 있는 권력에 대한 영웅담으로 볼 수는 없다.

시민들의
언론 모니터

'조국 보도'를 심층 분석한 두 편의 언론 모니터 보고서를 소개한다. 첫 번째 모니터 보고서(2019년 9월 11일)는 청와대가 개각을 발표하고 조국 법무부 장관 후보자 인사청문회가 열리기까지 지상파 3사와 종편 4사의 저녁종합뉴스 분석을 통해 '조국 검증' 보도의 문제점을 정리한 글이다. 두 번째 모니터 보고서(2019년 10월 1일)는 2019년 9월 10일부터 9월 24일까지 7개 종합일간지와 7개 방송의 '단독' 보도를 분석하고 '검언 유착' 실태를 검증한 글이다. 민주언론시민연합의 동의를 얻어 전문을 싣는다.

카더라에 가까웠던 조국 검증 보도
―민주언론시민연합 방송 모니터 보고서 2019년 9월 11일

2019년 8월 9일 오전, 청와대의 개각 발표가 있은 지 한 달 만에 조국 서울대학교 법학전문대학원 교수가 법무부 장관에 임명되었습니다. 민주언론시민연합은 청와대가 개각을 발표한 8월 9일부터 조국 법무부 장관 후보자의 청문회 개최가 결정된 9월 4일까지 총 27일간 지상파 3사와 종편 4사의 저녁종합뉴스 보도를 모니터했습니다.

조국 검증 방송사 저녁종합뉴스 보도량 분석

―능력·전문성 검증엔 관심 없고, 의혹 보도에만 치중

지상파 3사와 종편 4사 등 총 7개 방송사 저녁종합뉴스에서는 27일간 총 923건의 조국 법무부 장관 후보자 관련 보도가 나왔습니다. 방송

	KBS	MBC	SBS	JTBC	TV조선	채널A	MBN	총
개각 발표 및 전문성 검증	3건 (3.8%)	2건 (2.3%)	2건 (1.9%)	2건 (1.7%)	5건 (2.8%)	2건 (0.9%)	4건 (2.8%)	20건 (2.2%)
조국 혹은 가족 의혹 보도	75.5건 (96.2%)	84건 (97.7%)	102건 (98.1%)	113건 (98.3%)	175건 (97.2%)	212건 (99.1%)	140.5건 (97.2%)	903건 (97.8%)
합계	78.5건	86건	104건	115건	180건	214건	144.5건	923건

조국 후보자 관련 방송사 저녁종합뉴스 보도량(8월 9일~9월 4일) *0.5건은 단신

사별로 살펴보면, 채널A가 214건으로 가장 많은 보도량을 보였고, SBS, JTBC, TV조선, MBN도 100건이 넘는 보도량을 보였습니다. 이에 비해서 KBS는 78.5건, MBC는 86건으로 비교적 정제된 보도량을 보였습니다. 7개 방송사 모두 조국 후보자 관련 보도가 톱보도였던 날이 10일 이상이었는데요. TV조선과 채널A는 조국 후보자 관련 보도가 톱보도였던 날이 13일로 가장 많았습니다.

    7개 방송사 저녁종합뉴스에서 내놓은 총 923건의 조국 후보자 관련 보도 중 청와대 개각 소식을 알리거나 조국 후보자의 능력·전문성을 검증하는 보도는 20건에 그쳤던 반면, 조국 후보자 혹은 조국 후보자 가족에 대한 의혹 보도는 총 903건으로 전체 보도량의 약 97.8%에 달했습니다. 장관 후보자가 직무를 수행하는 데 적합한 인물인지를 알아보기 위해서는 후보자가 가진 능력과 전문성, 그리고 도덕성을 검증해야 합니다. 하지만 7개 방송사 저녁종합뉴스에서는 조국 법무부 장관 후보자의 능력이나 전문성을 검증하는 보도는 거의 찾아볼 수 없었습니다. 조국 후보자의 도덕성을 검증한다는 이유로 후보자 개인 혹은 후보자 가족과 관련된 의혹 보도만 넘쳐났을 뿐입니다.

부실한 근거를 토대로 한 의혹 제기 사례

―석연찮은 구석의 근거는 '야당의 의심'뿐인 TV조선

TV조선 〈[단독] 조국 모친, 부산대 병원에 그림 기증〉(8월 21일 신정훈 기자)에서 신동욱 앵커는 "조 후보자의 딸이 부산대 의전원에서 첫 유급을 당한 뒤 조 후보자의 모친이 대학병원에 직접 그린 그림 4점을 기증한 것으로 확인됐습니다. 그리고 공교롭게도 조 후보자의 딸은 다음 학기부터 여섯 학기 연속으로 장학금을 받았습니다"라고 말하며 "이 과정 역시 석연치 않은 구석이 많습니다"라고 덧붙였습니다.

신정훈 기자는 "웅동학원 이사장인 조국 후보자의 모친이 기증자로, 2015년 9월 직접 그린 그림 4점을 기증했다", "부산대 의전원에 다니는 조 후보자의 딸이 낙제해 유급한 직후다", "2014년 9월 의전원에 입학한 조 후보자 딸은 (조 후보자 모친이 2015년 9월 그림 4점을 기증하고) 이듬해 1학기부터 여섯 학기 연속 장학금을 받았다"고 보도했습니다. 조 후보자 모친의 그림 기증이 조 후보자 딸이 6학기 연속 장학금을 받는 데 영향을 준 것 아니냐는 의혹 제기 보도였습니다. 그러나 TV조선이 조 후보자 모친의 그림 기증과 조 후보자 딸이 받은 장학금에 관련성이 있다며 근거로 제시한 것은 병원 관계자 발언, 조 후보자 딸이 부산대 의전원 지원 시 제출한 자기소개서, 야당의 의심, 이 세 가지가 전부였습니다.

먼저 신정훈 기자는 "병원 관계자는 그림을 4점이나 기증한 건 이례적이라고 말한다"며 병원 관계자가 "기부하는 것 자체가 돈을 안 주잖아요. 받고 사는 게 아니라서 기부 건수가 별로 없는데요"라고 발언한 것을 녹취 인용했습니다. 그러면서 신정훈 기자는 "병원에 별도 갤러리 공간을 만든 것 역시 처음"이라고 덧붙였는데요.

다음으로 TV조선이 근거로 제시한 것은 조 후보자 딸이 부산대 의전원 지원 시 제출한 자기소개서 내용이었습니다. 조 후보자 딸이 자기소개서에서 "'집안에 부산대 출신이 많다'며 인연을 유독 강조"했고, (공교롭게도) 그림을 기증한 "조 후보자의 모친은 부산대 간호학과 출신"이었다는 것입니다. 이것 역시 앞선 병원 관계자 발언과 마찬가지로 그림 기증과 6학기 연속 장학금의 관련성을 입증하기엔 무리가 있어 보입니다.

마지막으로 TV조선이 근거로 제시한 것은 야당의 의심입니다. 신정훈 기자는 "야당에선 그림 기증과 장학금 지급과의 연관성을 의심한다"며 김도읍 자유한국당 의원의 발언을 녹취 인용했는데요. TV조선이 그림 기증과 6학기 연속 장학금의 관련성에 대한 의혹 제기를 하며 내놓은 근거 중 확실한 건 '야당의 의심'뿐이었습니다.

―TV조선의 후속 보도도 근거 없기는 마찬가지

TV조선은 이튿날인 8월 22일 〈조국, 부산대 병원 '모친 갤러리' 제막식 참석〉(8월 22일 하동원 기자)을 통해서 의혹 제기를 이어갔는데요. 조 후보자 모친의 그림 기증식에 조 후보자도 참석했고, 이 자리에 조 후보자 딸의 지도교수도 참석했다는 사실을 보도하며, 지도교수가 그림 기증과 장학금의 관련성을 부인했다는 내용도 전했습니다. 리포트에서 "양산부산대병원은 조 후보자 어머니의 그림 가운데 3점을 새로 만든 갤러리에, 다른 사람들이 기증한 그림 6점은 병원 여러 곳에 나눠 전시하고 있다"고 보도한 하동원 기자는 곧바로 "양산부산대병원은 조국 후보자 어머니의 그림 기증 때문에 병원 내 갤러리를 만든 것은 아니라고 밝혔다"

고 덧붙였습니다. 그럼에도 TV조선은 기사 제목을 〈조국, 부산대 병원 '모친 갤러리' 제막식 참석〉이라고 하여 조 후보자 모친의 그림 기증으로 갤러리가 만들어졌다는 인상을 주었습니다.

조 후보자 모친이 부산대병원에 2015년 9월 그림 4점을 기증한 것과 2016년 1학기부터 조 후보자의 딸이 6학기 연속 장학금을 받았다는 것은 사실입니다. 하지만 TV조선처럼 두 사실의 관련성을 주장하는 의혹 제기 보도를 하려면 확실한 근거가 뒷받침되어야 할 것입니다. 그러나 TV조선의 이 추가 보도에서도 조 후보자 모친의 그림 기증과 딸 장학금의 연관성의 근거는 "공교롭게 (조 후보자 모친의 그림 기증과 조 후보자 딸이 장학금을 받은) 시기가 겹치면서 장학금 관련 의혹이 확산"되었다는 내용뿐이었습니다.

―MBN의 주민번호 변경 의혹 보도 '카더라'에 가까워

이런 보도 행태는 MBN에서도 있었습니다. MBN 〈주민번호 변경 왜?〉(8월 22일 오태윤 기자)에서 김주하 앵커는 조 후보자 딸의 주민등록번호 변경 사실을 전하며 "(부산대) 의학전문대학원에 지원하기 전에 주민번호를 바꾼 건데, 보통 주민번호를 바꾸면 뒷자리를 바꾸죠. 그런데 조 후보자의 딸은 앞자리도 바꿨습니다"라며 석연찮은 부분이 있다는 식으로 보도했습니다. 그러나 MBN이 해당 보도에서 조 후보자 딸 주민번호 변경이 석연찮다며 근거로 제시한 것은 '야권의 의혹 제기'뿐이었습니다. 오태윤 기자가 "야권에선 조 씨의 주민번호 변경이 부산대 의전원 진학과 관련 있는 건 아닌지 의혹을 제기하고 있다"고 보도한 것이었죠.

그리고 오태윤 기자는 "주민번호는 번호가 유출돼 피해를 입거나

입을 우려가 있다고 인정되는 경우 변경할 수 있지만, 까다로운 변경 심사를 거쳐 이뤄지고 있다", "조 후보자 측은 '생년월일 정정 신청을 한 것으로 알고 있다'며 '의전원 합격과 관련성이 없다'고 확대 해석을 경계했다"고 전하기도 했는데요. 이처럼 기자가 전한 내용을 뒤집고 '조 후보자 딸의 주민번호 변경'이 석연찮다고 할 만한 근거는 '야권의 의혹 제기' 밖에 없는데도 MBN은 무조건 보도부터 하고 나선 것입니다. TV조선과 MBN의 보도 모두 의혹 제기만 있을 뿐 이를 뒷받침할 확실한 근거는 없었습니다. 확실한 근거 없는 무분별한 의혹 제기는 후보자 검증을 어렵게 할 뿐입니다.

―사모펀드 문제, 제대로 알고 지적했을까?

8월 15일에는 MBC와 JTBC를 제외하고, KBS, SBS, TV조선, 채널A, MBN을 통해 조국 후보자의 사모펀드 가입 논란이 보도되었습니다. 이중 SBS 〈수석 시절, 가족이 사모펀드에 10억…약정액은 74억〉(8월 15일 전형우 기자)과 TV조선 〈전 재산보다 많은 74억 사모펀드 투자 약정〉(8월 15일 김보건 기자)은 기사 제목부터 내용 모두 조 후보자 측이 합법적이지 않은 행위를 한 것처럼 느껴지게 하는 보도였습니다.

SBS 〈수석 시절, 가족이 사모펀드에 10억…약정액은 74억〉(8월 15일)에서 김현우 앵커는 "조국 법무부 장관 후보자 가족이 사모펀드에 74억 원을 투자하겠다고 약정했던 사실이 확인됐습니다. 민정수석이던 지난 2017년의 일인데 조국 후보자가 이번에 신고한 재산 56억 원보다 18억 원이 더 많습니다"라고 전했습니다. 전형우 기자는 "(투자 약정액 74억은) 조 후보자 신고 재산 56억 원보다 18억 원이나 많은 액수다", "이런 거액

투자 약정을 한 이유가 무엇인지, 어떻게 자금 조달을 할 계획이었는지 의문이 드는 대목이다"라고 보도했습니다. 물론 보도에서는 "출자 약정금액은 유동적으로 정한 것으로 계약상 추가 납입 의무도, 계획도 없었다"는 조 후보자 측의 답변 내용을 덧붙였습니다. TV조선도 조 후보자 가족이 전 재산보다 많은 74억 원이나 투자하기로 약정한 것이 이해가 안 된다고 보도했고, 조 후보자 측의 해명을 전하기는 했습니다.

이 두 보도는 조 후보자가 분명 신고재산보다 훨씬 많은 금액을 투자하겠다고 약정한 것에 대한 석연찮은 의혹이 있다는 메시지를 줍니다. 그러나 유튜브 채널 〈선대인TV〉의 '[이슈 브리핑] 조국 사모펀드 가입 논란, 도대체 뭐가 문제? 개념을 알고나 기사 쓰는지 의문!'(8월 20일)에 출연한 이종우 IBK리서치센터 전 센터장은 사모펀드의 투자 약정액은 은행의 마이너스 대출과 같은 개념이라고 설명했습니다.

이종우 IBK리서치센터 전 센터장: 이거는 한마디로 약정해놓은 거거든요. 은행에 마이너스 대출을 하게 되면, 만약 5000만 원 마이너스 대출을 한다고 하면, 항상 5000만 원을 다 써야 되는 건 아니잖아요. 내가 필요하지 않으면 그냥 100만 원만 쓸 수도 있는 거고. 이렇게 되지 않습니까? (사모펀드도 이와 마찬가지로) 75억에 약정을 했다고 해서 75억 다 채워야 하는 게 아니고, 내가 필요하면, 정말로 이게 좋다고 생각하면 75억을 다 넣을 수도 있는 거고, 그렇지 않으면 1억만 넣을 수도 있는 거고, 그런 거거든요.

이런 설명을 토대로 하면, 조 후보자의 사모펀드 투자 약정액에 대해서는 조 후보자의 해명조차 필요가 없는 문제일 수 있습니다. SBS와 TV조선을 비롯한 방송사들이 사모펀드의 '투자 약정액'에 대한 개념조차 제대로 파악하지 못한 채 이에 대해 섣불리 문제제기를 하고 기계적으로 조 후보자 측의 해명을 전한 것이라는 의미이죠.

―'가족펀드' 딱지…이해 부족에서 기인한 것으로 보여

조국 후보자 가족 사모펀드 관련 보도는 8월 28일이 되어 절정에 이릅니다. 검찰이 조 후보자 가족의 사모펀드 투자와 관련해 조 후보자의 처남을 출국금지 조치했기 때문이었는데요. 이날은 7개 방송사가 모두 조 후보자 사모펀드 관련 소식을 전했는데, 특히 지상파 3사와 JTBC가 모두 2건씩 보도를 내놓았습니다. 이 중에서도 MBC 〈'의문의 투자'만 계속…'조국 알았나'가 핵심〉(8월 28일 강나림 기자)와 SBS 〈檢 칼날이 겨냥한 핵심…'가족펀드 의혹' 사모펀드〉(8월 28일 임찬종 기자)에서는 조 후보자 가족이 가입한 사모펀드에 조 후보자 가족들이 가입되어 있어 '가족펀드'라는 의혹까지 불거지고 있다고 보도했습니다.

MBC 〈'의문의 투자'만 계속…'조국 알았나'가 핵심〉(8월 28일)에서 왕종명 앵커는 "이 사모 펀드에는 조 후보자의 아내와 두 자녀, 친인척들이 가입돼 있다 보니 조국의 가족펀드라는 말까지 나왔습니다"라고 전했습니다. 강나림 기자는 조 후보자 가족이 투자한 사모펀드 중 "7억 원이 지난 2017년 경기도에 있는 가로등 자동점멸기 생산업체 웰스씨앤티에 투자"됐는데, "조 후보자가 민정수석으로 근무한 2017년 7월 이후부터 최근까지는 (…) 지방자치단체와 공공기관 공사를 싹쓸이하다시피 하며 30억 원어치를 수주했다"고 보도했습니다. 사실상 조 후보자가 민정수석으로 있던 시기에 해당 업체에 특혜를 준 게 아니냐고 의혹을 제기한 것인데요.

MBC가 보도한 대로 조국 후보자 가족이 투자한 사모펀드 중 7억 원이 웰스씨앤티에 투자된 것, 그리고 2017년 7월 이후부터 최근까지 웰스씨앤티의 지자체와 공공기관 공사 수주액이 늘었다는 것은 사실입니다. 하지만 조국 후보자가 웰스씨앤티에 특혜를 준 것 아니냐는 의혹을 제기하기 위해서는 명확한 근거를 제시해야 합니다. 조국 후보자의 민정수석 시절과 웰스씨앤티의 공사 수주액이 늘어난 기간이 '공교롭게도 겹친다'는 의심 하나만으로 의혹을 제기하는 것은 책임 있는 언론의 자세가 아닙니다.

SBS 〈檢 칼날이 겨냥한 핵심…'가족펀드 의혹' 사모펀드〉(8월 28일)에서는 8월 23일 "조국 후보자 관련 사모펀드의 출자자 전원이 조 후보자의 친인척 등으로 밝혀졌다며 '가족펀드' 의혹을 제기"했던 주광덕 의원의 주장을 전하며 '가족펀드' 의혹을 제기했습니다. 임찬종 기자는 "만약 검찰 수사에서 출자금 전부가 조 후보자 가족의 것이고 조 후보자 측이 운용에도 개입한 것으로 드러나면 그 자체로 자본시장법 위반인 데다 사모펀드를 둘러싼 각종 불법 의혹에서 조 후보자가 책임을 피하기 어렵다"고 보도했습니다. '만약'을 덧붙여 검찰 수사 결과까지 가정하며 조 후보자 관련 사모펀드에 위법성이 있을 가능성을 강하게 예측하고 나선 것입니다.

그러나 앞서 말한 〈선대인TV〉의 '[이슈 브리핑] 조국 사모펀드 가입 논란, 도대체 뭐가 문제? 개념을 알고나 기사 쓰는지 의문!'(8월 20일)에서 이종우 전 센터장은 방송사들이 '가족펀드'라며 의혹을 제기한 것은 비합리적이며 무분별하게 의혹을 제기하는 것이라고 주장했습니다. 사모펀드는 "50명 미만의 사람들한테 돈을 모아서 투자를 하는 것"으로 "누가 투자를 했는가는 비공개"이고, (종목 비율에 제한을 두는 공모펀드와 달리) "종목 비율에 제한 없이 자유롭게 투자가 가능"하다는 것입니다. 이종우 전 센터장은 조국 후보자 사모펀드와 관련하여 제기되는 의혹들을 반박하는 설명을 하면서 말미에 다음과 같이 말했습니다.

> 이종우 IBK리서치센터 전 센터장: 왜 자꾸 이런 얘기(조 후보자 사모펀드 관련 의혹)가 나올까? 우리나라 기자들의 실력이 너무 없기 때문에 그렇습니다. 도대체 뭐가 뭔지 이해를 못하는 상황인데, 그렇다면 (기자들이) 알기 위해서 노력을 했다면 (사모펀드 관련 각종 의혹들이) 말도 안 되는 얘기구나 알 수 있었을 텐데, 그렇지 않으니 본인도 모르는 상황에서 계속 얘기(보도)를 하는 거예요.

이 외에도 JTBC 〈잇따르는 '가족펀드' 의혹, 운용사 내부 문건엔…〉(8월 28일 허진 기자)에서 손석희 앵커는 "(조 후보자와 그 가족들이 가입된) 사모펀드 운용회사가 설립될 때부터 우회상장을 노렸다는 것을 보여주는 내부 문건을 확보했습니다"라고 전했는데요. 선대인경제연구소의 선대인 소장은 같은 날 페이스북을 통해 "비상장회사가 직접 상장하든 우회상장 하든 그게 무슨 문제인가? (…) 합법적으로 다 열려 있는 길이다. (…) 사모펀드가 당연히 할 걸 한 것일 뿐인데, 그것 때문에 조국 교수에게 무슨 문제가 있단 말인가?"라고 지적했습니다.

이처럼 조국 후보자의 사모펀드 관련 의혹을 열심히 제기하는 방송사들 중에서 '사모펀드'의 개념을 정확히 파악하고 보도했다고 보기 어려운 보도가 여럿 보였으며 '사모펀드'라는 용어 자체를 낯설어하고 거부감을 느끼는 시청자들에게 이러한 개념을 설명해주는 보도는 찾기 어려웠습니다.

—마구잡이식 의혹 제기한 TV조선

TV조선 〈[단독] KT보다 낮은 기술 평가 받고 '77억 사업' 따내〉(9월 4일 류병수 기자)에서 신동욱 앵커는 "조국 후보자 가족펀드가 투자한 회사들이 관급공사인 지하철과 버스의 와이파이사업에 뛰어든 과정에 대해서도 의혹이 눈덩이처럼 불어나고 있습니다. 저희 TV조선 취재 결과 사모펀드와 투자협약을 맺은 업체가 기술 평가에서 뒤지고도 통신 대기업인 KT를 따돌리고 우선협상 대상자로 선정됐던 것으로 확인됐습니다"라고 전했습니다.

류병수 기자는 "조국 후보자 가족펀드가 투자를 위임한 PNP플러스의 자회사 메가크래프트가 통신 대기업 KT를 제치고 우선협상 대상자 자격을 따냈다", "야당은 기술 평가에서 뒤진 메가크래프트가 우선협상 대상자로 선정된 데에는 친문 인사인 문용식 한국정보화진흥원장의 입김이 작용한 게 아니냐고 의심한다", "하지만 메가크래프트는 기술력 부족이 문제가 돼 결국 사업권을 박탈당했고, 현재는 KT가 사업을 진행 중이다"라고 보도했습니다.

TV조선의 보도만 보면, 'KT보다 기술력도 부족한 회사가 조국 후보자 가족펀드가 투자를 위임한 회사의 자회사라는 이유로 특혜를 받고 우선협상 대상자로 선정됐었지만, 결국 기술력 부족으로 KT가 사업을 진행 중'인 것으로 보입니다. 하지만 한국경제TV 〈[단독] 입찰서 지더니…
KT, 중소기업에 갑질〉(2018년 7월 23일)을 보면 얘기가 달라지는데요. 한국
경제TV에서는 다음과 같이 보도했습니다.

> 통신사업을 하는 이 중소기업(PNP플러스)은 최근 한국정보화진흥원이 발
> 주한 버스 공공와이파이사업에서 KT를 제치고 우선협상 대상자에 선정
> 됐습니다. 하지만 기쁨도 잠시, 이 사업을 위해 이 중소기업에 LTE망을
> 빌려주기로 했던 KT가 갑작스레 태도를 바꾼 겁니다.

그리고 이어진 한국경제TV 〈[단독] "국정과제 때문에"…'갑질' 공
조한 KT과기부〉(2018년 11월 2일)에서는 한국경제TV의 앞선 보도 후, "KT
는 '갑질'이 논란이 되자 내부적으로 이 사업을 포기"했지만, 과학기술정
보통신부에서 KT가 이 사업을 맡도록 압박한 것으로 나타났다고 전했습
니다.

> 이 사업을 하려면 LTE망에 대한 공인된 서류를 조달청에 내야 하는데, 돈
> 을 받고 망을 빌려주는 KT는 (해당 중소기업에) 인증서를 받아주지 않았습
> 니다. (…) 당초 KT는 '갑질'이 논란이 되자 내부적으로 이 사업을 포기
> 했고, (…) 버스 공공와이파이는 통신비를 줄이려는 문재인 정부 국정과
> 제 중 하나로, 2차 협상자인 KT가 이 사업을 포기할 경우 연내 시행이 불
> 가능해집니다. 특히 과기부가 이미 연내 시행하겠다고 발표까지 한 상황.
> 안정적이고 빠른 진행을 위해 대기업인 KT가 맡기를 원했다는 겁니다.

즉, 해당 중소기업(PNP플러스)이 KT를 제치고 한국정보화진흥원이 발주한 버스 공공와이파이사업의 우선협상 대상자로 선정됐지만, LTE망이 필요한 사업의 특성상 KT가 해당 중소기업에 망을 빌려주어야 가능한데, 망을 빌려주기로 했던 KT가 태도를 바꾸고 망을 빌려주지 않았고, 한국경제TV의 보도로 KT가 사업에서 손을 떼려 했지만, 연내 사업 시행을 원하는 과기부의 압박으로 사업을 포기하지 않고 해당 중소기업에 LTE망에 대한 공인된 서류를 주지 않으면서 해당 중소기업이 우선협상 대상자에서 최종탈락하게 됐다는 것이었습니다.

앞서 언급한 TV조선 〈[단독] KT보다 낮은 기술 평가 받고 '77억 사업' 따내〉(9월 4일)에서도 한국정보화진흥원 관계자는 "해당 입찰은 조달청이 결정한 것으로 문 원장과 진흥원과는 무관한 사항", "메가크래프트가 KT보다 35%나 낮은 입찰가를 써낸 게 낙찰 이유로 안다"고 했습니다.

한국경제TV의 보도와 TV조선의 보도에 나온 한국정보화진흥원 관계자의 발언을 종합해볼 때, PNP플러스의 자회사 메가크래프트의 버스 공공와이파이사업 우선협상 대상자 선정 건은 조 후보자와는 무관한 것으로 보입니다. 그러나 TV조선은 조 후보자 관련 의혹에 대한 야당의 의심을 근거로 삼아 마구잡이식의 의혹 제기 단독 보도를 내놓은 것입니다.

기타 부적절한 보도 사례

─조 후보자 딸 자소서 가격까지 보도한 채널A

조국 후보자 관련 보도 중에는 조 후보자 자녀에 대한 사생활 캐기 보도로 눈살을 찌푸리게 하는 것도 있었습니다. 채널A〈[단독] 부산대 의전원 소개서 5만 원에 팔아〉(8월 21일 최선 기자)에서 최선 기자는 "대학생들이 이력서나 자기소개서, 리포트 등을 사고파는 인터넷 사이트"에서 "조국 후보자의 딸과 관련된 자료가 6건 올라와" 있고, "3000원에서 5만 원까지 가격은 다양했는데, 부산대 의학전문대학원 자기소개서는 같은 대학원생이 올린 것보다 25배나 비싸게 올려놓았다"고 보도했습니다.

최선 기자는 해당 기사에서 "(조 후보자 딸과 관련된 자료 6건에 나온) 이런 스펙을 학생 혼자 관리하긴 힘들다고 전문가들은 입을 모았다", "조국 후보자는 지난 2014년…스펙 쌓기를 비판하기도 했다"고 덧붙였는데요. 이 기사에서 채널A가 비판하고자 한 것이 "같은 대학원생이 올린 것보다 25배나 비싸게 올려놓은" 부산대 의학전문대학원 자기소개서인지, 조 후보자 딸의 자기소개서에 나온 스펙인지 알기 어렵습니다.

또한 채널A도 보도에서 밝혔듯이 조 후보자 딸과 관련된 자료가 올라와 있는 인터넷 사이트는 "대학생들이 이력서나 자기소개서, 리포트 등을 사고파는" 곳입니다. 그런데 이런 사이트에서 취재라는 목적으로, 후보자 본인도 아닌, 후보자 자녀가 올린 것으로 보이는 게시물을 찾아내고 보도하는 것이 적절한 것일까요?

―조국 후보자 자녀에 대한 무분별한 사생활 캐기

　채널A〈강남 입시학원서 '구술 조교' 알바〉(8월 22일 조영민 기자)는 더 황당합니다. 보도는 "서울 강남의 입시전문학원"에서 조 후보자의 딸이 2010년부터 "각종 스펙이 중요한 평가요소인 이른바 '학생부종합전형'을 준비하는 학생을 상대로 면접 준비 요령 등을 코치하는 '구술 조교'로 일했다", "조 씨의 조교 아르바이트는 2015년 부산대 의학전문대학원에서 유급된 뒤에도 계속됐다", "학원 관계자는 당시 조 씨가 얼마를 받았는지 밝히길 거부했다"고 보도했습니다.

　조영민 기자는 "금수저 스펙을 대입에 활용했다는 의혹에 휩싸인 조 씨가, 사교육 시장에서 합격 비결을 전수한 정황까지 더해지면서 논란은 확산되고 있다"고도 했는데요. 대체 조 후보자의 딸이 입시전문학원에서 '구술 조교'로 아르바이트했다는 사실을 시청자들이 왜 알아야 하는지 의문일 뿐입니다.

　채널A〈조국 아들, 누나 따라 '스펙 대물림'〉(9월 2일 이은후 기자)에서 김승련 앵커는 "학생들의 스펙을 부모가 만들어줬다는 이 의문, 저희 취재 결과, 4살 더 어린 조국 후보자의 아들도 누나의 스펙을 상당히 대물림한 것으로 나타났습니다"라고 전했습니다. 이은후 기자는 "조 후보자 딸이 앞서 편집장 겸 총무를 맡았던 곳(동아리)"에 "4년 터울을 두고 남매가 같은 학교, 같은 유학반, 같은 동아리를 똑같이 거쳐 간 거다", "조 후보자의 딸은 고3이던 2009년 제네바 유엔 인권 인턴십 프로그램에 합격해 활동했는데, 4년 뒤 조 후보자 아들도 똑같이 참여했다"고 보도했는데요. 이은후 기자는 "남동생도 누나의 이력 코스를 그대로 따라 간 셈인데 스펙 대물림이란 지적이 나온다"고 덧붙였습니다. 그러나 '스펙 대물림'

이라고 주장하는 근거는 리포트에서 제시되지 않았습니다.

인터넷 사이트에서 거래되는 조 후보자 딸의 자기소개서나 조 후보자 딸의 아르바이트 이력, 조 후보자 자녀들의 동아리나 인턴십 참여 이력은 조국 후보자의 장관 직무 수행 적합성을 검증하는 데 도움이 되지 않을 뿐만 아니라 조국 후보자를 검증한다는 목적 아래, 조 후보자 자녀들의 사생활을 과도하게 침해하는 것이라고도 볼 수 있습니다.

―조국 화장실 방문 횟수까지 알려주는 MBN

MBN 〈간담회, 추진에서 성사까지〉(9월 2일 정광재 정치부장)에서는 조국 후보자의 기자간담회 소식을 전하며 불필요한 정보를 전달하기도 했습니다. 김주하 앵커가 "조 후보자도 굉장히 긴장을 했던 것 같습니다"라고 기자간담회 당시 상황에 관해 묻자 정광재 정치부장이 "조 후보자도 굉장히 긴장을 했습니다. 2시 30분에 국회에 도착했는데, 한 시간여를 국회 214호실에서 대기했습니다. 그런데 한 시간 동안 화장실을 2번이나 가는 모습이 목격될 정도로 긴장하는 모습이 역력했고요"라고 말한 것인데요.

조 후보자가 기자간담회를 앞두고 긴장했다는 소식을 전하는 것이야 그럴 수 있다고 하더라도 조 후보자가 기자간담회를 앞두고 화장실에 몇 차례나 갔는지 시청자들이 알아야 할 이유는 전혀 없습니다. 이 역시 후보자 검증에 도움이 되지 않는, 그야말로 신변잡기식 보도라고 할 수 있습니다.

—가장 먼저 '조국 미투' 표현 사용한 중앙일보

언론에서 조국 후보자 혹은 후보자 가족 관련 의혹 보도가 무분별하게 이어지면서 김부겸 민주당 의원, 이재명 경기도지사, 박원순 서울시장, 유시민 작가 등 여권 정치인과 유명인들이 SNS나 라디오 프로그램 등을 통해 조국 후보자와 관련하여 제대로 된 사실 확인 없이 무분별한 의혹 제기가 계속되고 있는 상황을 비판하고 자신들도 이와 비슷한 경험이 있다는 입장을 내놨습니다. 그러자 중앙일보가 이를 보도하며 '조국 미투'라고 표현했습니다.

중앙일보 〈여권 차기주자들 일제히 "나도 당했다"…'조국 빙의'〉(9월 2일 하준호 기자)에서는 "조국 법무부 장관 후보자에게 쏟아진 의혹 국면에서 초반에는 침묵하던 여권의 유력한 차기 주자들이 연이어 지원사격에 나서고 있다", "대부분 '나도 조 후보자처럼 공격당한 경험이 있다'는 식이다. 성범죄 피해사실 고발 캠페인이었던 미투 운동과 표현 방식이 비슷하다고 해서 '조국 미투'란 말이 정치권에서 나오고 있다"고 보도했습니다. 그런데 중앙일보는 해당 보도에서 '조국 미투'라는 말이 나오고 있는 정치권이 어디인지 근거를 내놓지 않았습니다.

—미투 본질 훼손 비판에 제목 바꾼 중앙일보

또한 하준호 기자는 "성범죄 피해사실 고발 캠페인이었던 미투 운동과 표현방식이 비슷하다고 해서 '조국 미투'"라고 밝혔는데요. 민언련은 모니터 보고서 'TV조선은 미투를 어떻게 인식하고 있나'(2018년 12월 11일)에서 "'미투'는 우월적인 지위나 권력 관계를 악용해 은폐되어 왔던 성폭력 피해자들의 목소리를 고발하는 사회적 운동이며, 연예인 가족의 '단순 채무불이행 사건'과는 궤를 달리합니다"라고 밝히며 '미투'에 빗댄 부적절한 용어 '빚투' 사용을 비판하기도 했습니다.

즉 중앙일보는 해당 보도에서 '미투'의 의미에 대해서 제대로 파악하지 못한 채 섣불리 '조국 미투'라는 출처 불명의 조어를 사용한 것입니다. 같은 날 여성신문 〈'미투' 본질 훼손하는 언론…'빚투', '약투' 이어 '조국 미투'까지〉(9월 2일)와 미디어오늘 〈허위 의혹 비판 여권 정치인이 '조국 미투'라는 중앙일보〉(9월 2일)에서는 중앙일보 보도를 비판하기도 했습니다.

이런 비판 때문이었는지 중앙일보는 기사 제목을 앞선 〈'조국 미투' 등장…여권 차기주자들 일제히 "나도 당했다"〉에서 〈여권 차기주자들 일제히 "나도 당했다"…'조국 빙의'〉로 바꾸었습니다. 그러나 중앙일보가 기사 제목을 수정한 것과는 달리 중앙일보에서 처음 사용한 '조국 미투'라는 표현을 같은 날 저녁종합뉴스에서 그대로 언급한 방송사가 있었습니다.

─앵커가 '조국 미투'라고 말한 TV조선

TV조선 〈[포커스] "부당한 허위 의혹"…범여권 '조국 감싸기'〉(9월 2일 조덕현 기자)에서 윤우리 앵커는 "지난 주 여권 내에서 '조국 지키기' 발언이 연이어 터져나왔죠. 이 발언들을 들여다보면, '나도 당해봤는데'라는 식으로, 과거 자신들이 겪은 논란들에 빗대는 이른바 '조국 미투'가 이어집니다"라고 말했습니다. "과거 자신들이 겪은 논란들에 빗대는" 것이 '미투'의 본질인지, TV조선에서 '미투'의 의미를 제대로 파악하고 있는 건지 묻고 싶어지는 대목입니다.

— 모니터 기간과 대상: 2019년 8월 9일~9월 4일 KBS 〈뉴스9〉, MBC 〈뉴스데스크〉, SBS 〈8뉴스〉, JTBC 〈뉴스룸〉(1, 2부), TV조선 〈종합뉴스9〉(평일), 〈종합뉴스7〉(주말), 채널A 〈뉴스A〉, MBN 〈뉴스8〉

조국 단독 기사의 절반은 검찰이 썼다
―민주언론시민연합 신문방송 모니터 보고서 2019년 10월 1일

 조국 법무부 장관을 둘러싼 언론의 관심이 계속되고 있습니다. 2019년 9월 23일 검찰이 조국 장관과 그의 배우자 정경심 동양대 교수의 자택을 압수수색하던 당시, 현장에 있던 기자들이 중식 배달원에게 달려들어 취재하던 모습은 과열된 언론 양상을 보여주는 대표적인 그림이 됐습니다. '검찰개혁' 촉구 집회, 앞으로 예정되어 있는 20대 국회 국정감사까지 언론의 '조국 앓이'는 계속될 것으로 보입니다.
 한편 조국 장관과 관련한 단독 보도는 지금까지도 이어지고 있습니다. 민주언론시민연합은 '조국에 대해 언론은 무엇을 단독 보도했나'(9월 18) 보고서에서 단독 보도의 '출처'를 분석했습니다. 당시 보고서에 따르면 조국 장관의 국회 인사청문회가 있었던 9월 6일에는 자유한국당 의원들을 출처로 한 단독 보도가 많았습니다. 그러나 장관 임명 이후 검찰 수사가 본격적으로 시작되면서 자유한국당발 단독보다 검찰을 출처로 하

는 '검찰에 따르면', '서울중앙지검 특수 O부에 따르면', '검찰은 이러한 증언을 확보했습니다' 같은 단독 기사가 주를 이뤘습니다. 이에 민언련은 '단독' 보도를 모니터할 필요성을 느꼈습니다. 신문의 경우 인터넷 판까지 중복을 제외하고 포함했으며 방송의 경우 전파를 탄 뉴스 중 가장 앞선 보도를 모니터했습니다.

'단독' 보도 얼마나 나왔나

—15일간 166건…하루에 11건 이상

임명 다음 날인 9월 10일부터 압수수색 다음 날인 24일까지, 총 15일간 신문과 방송에서 나온 조국 관련 단독 기사를 모니터했습니다. 그 결과 총 166건의 단독 보도가 나왔습니다. 이는 지난 보고서에서 한 달간 280여 건의 단독 보도가 쏟아진 것보다 더 심해진 수치입니다. 15일 동안 166건의 단독 보도가 나왔으니 거의 하루에 대략 11건씩 새로운 소식이

경향신문	국민일보	동아일보	조선일보	중앙일보	한겨레	한국일보	합계
5건	3건	21건	23건	27건	6건	14건	99건

조국 관련 7개 종합일간지 단독 기사 보도량(9월 10일~24일)

KBS	MBC	SBS	TV조선	채널A	MBN	YTN	합계
8건	1건	10건	11건	34건	2건	1건	67건

조국 관련 7개 방송사 단독 기사 보도량(9월 10일~24일)
* 기사 제목에 '단독' 붙이지 않는 JTBC는 모니터에서 제외

나왔다고 볼 수 있습니다.

　　신문의 경우 7개 종합일간지에서 99건의 단독 보도를 내놨습니다. 가장 단독이 많았던 곳은 중앙일보로 27건, 그 뒤를 조선일보 23건, 동아일보 21건이었습니다. 이 기간 중 중앙일보는 매일 1.8건씩 단독 기사를 썼다고 말할 수 있습니다.

　　방송의 경우도 2주간 67건의 단독 보도를 낸 것으로 나타났습니다. 그중 절반은 채널A가 썼고 15일간 34건의 단독 기사를 썼으니 하루에만 2.3건의 단독 기사를 쓴 것입니다. 모니터 기간을 한 달로 잡았던 지난 보고서보다 지난 15일간 단독 보도를 더 많이 쓴 방송사도 있었습니다. KBS와 SBS가 8월~9월 초까지 한 달 동안 각각 5건씩 단독 기사를 냈는데, 이번에는 각각 8건, 10건씩 단독 기사를 냈습니다.

무엇을 단독으로 다뤘나

—'조국' 내세운 조국 '주변인' 보도

　　검찰 수사가 시작되면서 언론에서는 주로 사모펀드와 관련된 의혹이 다뤄졌습니다. 그 외에 단국대 논문 제1저자, 동양대 표창장, 서울대 인턴 등도 있었으나 사모펀드 관련 검찰 수사가 여러 갈래이다보니 민언련은 사모펀드, 동양대 표창장 같은 의혹의 '주제' 외에 의혹을 받는 '주체' 별로 기사를 분류해봤습니다.

　　신문에서 나온 99건의 단독 기사 중 배우자 정경심 교수가 가진 의혹이 22건 단독 보도되어 가장 많았습니다. 사모펀드 의혹과 관련성이 높

	경향신문	국민일보	동아일보	조선일보	중앙일보	한겨레	한국일보	합계
조국	-	-	3	6	7	-	1	17
정경심	2	-	6	2	6	3	3	22
조국 5촌 조카	-	-	1	2	-	1	4	8
정경심 동생	-	-	1	4	2	1	-	8
조국 동생	-	2	-	-	-	-	-	2
자녀	-	-	6	3	6	-	2	17
법무부 업무	-	-	-	-	2	1	-	3
수사 상황	-	-	1	1	1	-	3	6
기타	3	1	3	5	3	-	1	16
합계	5	3	21	23	27	6	14	99

조국 관련 7개 종합일간지 단독 기사 '의혹 주체'별 보도량(9월 10일~24일)

	KBS	MBC	SBS	TV조선	채널A	MBN	YTN	합계
조국	-	-	2	-	5	-	1	8
정경심	6	-	2	2	11	1	-	22
조국 5촌 조카	-	-	2	5	7	1	-	15
정경심 동생	-	-	1	-	-	-	-	1
조국 동생	-	-	2	-	-	-	-	2
자녀	1	-	1	2	6	-	-	10
법무부 업무	-	-	-	-	1	-	-	1
수사 상황	-	-	-	1	2	-	-	3
기타	1	1	-	1	2	-	-	5
합계	8	1	10	11	34	2	1	67

조국 관련 7개 방송사 단독 기사 '의혹 주체'별 보도량(9월 10일~24일)

은 조국 5촌 조카, 정 교수 동생은 각각 8건씩 단독으로 보도됐습니다. (정경심 교수 동생의 경우 언론에선 주로 조국 장관의 처남으로 거론하나 조국 장관과의 관련성보다는 그의 누나인 정경심 교수와 더 관련 있다는 판단하에 정경심 교수 '동생'으로 표기했습니다.)

물론 정경심 교수와 관련된 단독 보도 내용으로 사모펀드만 있는 것은 아닙니다. 동양대 표창장이나 그가 병원에 입원했다는 내용도 있었습니다. 정 교수 동생과 관련해서는 그가 일하는 해운사와 관련된 단독 기사도 있었습니다.

물론 '조국'으로 분류된 단독 중에서도 사모펀드가 주제인 기사들도 있고, 웅동학원이 주제인 기사들도 있습니다. 조국 장관이 사모펀드를 주제로 함께 쓰였다면 주로 동아일보 〈[단독] "급조된 보고서 초안, 코링크 관계자가 조국에 직접 전달"〉(9월 20일 김정훈. 신동진 기자)처럼 '기자간담회에 쓰려고 펀드 보고서를 새로 만들었다'는 내용이거나 채널A 〈[단독] 버닝썬 윤 총경, '조국 펀드' 관련업체 주식 투자〉(9월 11일 권솔 기자)처럼 조국 장관과 버닝썬 사건을 엮는 식의 단독 보도였습니다.

이러한 분류를 통해 알 수 있는 것은, 각 언론이 주요 의혹을 내세우는 기사 머리마다 '조국'이라고 붙이고 있지만, 사실은 '조국 배우자' 또는 '조국 처남', '조국 5촌 조카'에 대한 내용이라는 것입니다. 또한 실제 조국 장관이 펀드 운용에 관여했다거나 표창장 또는 인턴증명서를 직접 만들었다는 의혹이 아님에도 거의 모든 내용이 조국 장관 당사자의 문제인 것으로 일축되고 있다는 점입니다.

이는 방송사에서도 마찬가지였습니다. 방송사 또한 정경심 교수의 사모펀드 운용 의혹과 증거인멸 의혹 등을 보도하며 22건의 단독 기사를 내놨습니다. 그 다음으로는 조국 5촌 조카를 다룬 단독 보도가 15건, 자녀들과 관련된 의혹을 다룬 단독 보도가 10건으로 많았습니다. 조국 장관과 관련한 단독 보도는 8건이 나왔습니다.

단독의 출처는 무엇이었나

—단독의 절반은 검찰이 썼다

검찰 수사가 시작된 뒤 언론이 '검찰에 따르면' 또는 '검찰이 이같이 파악하고 있다' 등으로 단독을 내놓는 숫자가 늘어났습니다. 신문과 방송을 통틀어 2주간 나온 단독 기사 166건을 조국 장관과 관련한 의혹인지 아닌지로 나눴고, 의혹인 경우 그 출처가 어딘지 파악했습니다. 사모펀드, 웅동학원, 동양대 표창장 등의 의혹을 다룬 기사가 133건, 의혹이 아닌 법무부의 업무 상황이나 조국 장관 임명 이후 여야의 총선 전략을 다룬 기사가 33건이었습니다. 이 133건의 출처가 어딘지 따져봤을 때, '검찰'과 '법조계'가 가장 많았습니다.

기사 초입에서 '~에 따르면'이라고 명시한 경우 그대로 분류했고, 그와 같은 출처가 없다면 기사가 주로 제기하고 있는 의혹이 누구의 입을 빌려 나왔는지 살핀 다음 분류했습니다. 주된 내용이 '검찰에 진술했다', '검찰이 파악하고 있다', '검찰 조사 결과 이러하다' 등인 경우 '검찰'로 분류함과 동시에 기사 뒷부분에서 '검찰 조사에서 A씨가 이렇게 진술했다고 우리 매체에 밝혔다'라고 나온 경우, A씨를 출처로 분류했습니다.

그 결과, 신문에서는 검찰을 출처로 하는 단독 기사가 절반 가까

	경향신문	국민일보	동아일보	조선일보	중앙일보	한겨레	한국일보	합계
검찰	2	2	12	8	3	1	2	30
법조계	-	-	1	1	4	-	6	12
자유한국당	-	-	-	6	2	-	-	8
펀드 관계자	-	-	2	2	2	1	-	7
자산관리인	-	-	1	-	-	-	-	1
대학 관계자	-	-	-	-	5	-	2	7
조국 관련인	-	-	-	-	2	-	-	2
웅동학원	-	-	-	-	-	-	-	0
문서	1	-	-	-	-	1	-	2
기타	-	-	1	-	3	-	-	4
없음	-	-	-	-	-	2	-	2
합계	3	2	17	17	21	5	10	75

조국 관련 7개 종합일간지 단독 기사 출처(9월 10일~24일)

	KBS	SBS	TV조선	채널A	MBN	YTN	합계
검찰	3	6	7	20	2	1	39
법조계	-	-	-	-	-	-	0
자유한국당	-	-	1	2	-	-	3
펀드 관계자	-	-	-	3	-	-	3
자산관리인	2	-	-	1	-	-	3
대학 관계자	-	-	-	-	-	-	0
조국 관련인	1	-	-	1	-	-	2
웅동학원	-	1	-	-	-	-	1
문서	1	2	-	-	-	-	3
기타	-	-	1	1	-	-	2
없음	-	1	-	1	-	-	2
합계	7	10	9	29	2	1	58

조국 관련 7개 방송사 단독 기사 출처(9월 10일~24일)
＊MBC는 '의혹'을 다룬 단독이 없어 모니터에서 제외

이 됐습니다. 75건의 단독 기사 중 30건이 검찰에서 나왔으며 유독 동아일보와 조선일보가 각각 12건, 8건으로 검찰발 단독 기사를 많이 낸 것을 알 수 있습니다.

'법조계에 따르면'이라고 시작하는 단독 기사도 12건이나 됐습니다. 언론이 말하는 법조계가 검찰인지 법원인지 변호사인지 모호하지만 이렇게 시작한 대부분의 기사는 검찰의 수사 중 밝혀진 의혹, 즉 피의사실 공표가 될 만한 내용을 담고 있었습니다. 일례로 중앙일보의 〈[단독] 정경심, 한투 직원에 "익성도 알아봐 달라" 말했다〉(9월 21일 정용환 기자)나 한국일보의 〈[단독] 조국 5촌 조카 "2차전지 사업 선택 때 국정과제 채택 여부 중요 고려" 진술〉(9월 19일 이상무 기자) 등 입니다. 중앙일보 기사는 "법조계에 따르면 검찰은 정 교수의 자산관리를 도맡았던 한투증권 김 씨로부터 '정 교수가 사모펀드에 투자할 때쯤 더블유에프엠(WFM)에 대해 알아봐달라고 하면서 익성도 함께 알아봐달라고 했다'는 진술을 확보했다"는 내용이, 한국일보 기사는 "법조계에 따르면 서울중앙지검 특수2부(부장 고형곤)는 조 장관 일가의 사모펀드 운용사인 코링크프라이빗에쿼티(PE)의 투자 과정을 조사하면서 '2차전지 기업을 중심으로 (우회상장을) 진행하기로 할 때 국정과제 채택 여부를 중요하게 고려했다'는 진술을 확보했다"는 내용이 초반에 쓰여 있습니다.

방송의 경우도 마찬가지였습니다. 방송사 전체의 단독 기사 58건 중 39건(67%)이 검찰에서 나왔습니다. 놀라운 점은 채널A가 이번에도 신문과 방송 14개 매체 중에서 가장 많은 검찰발 단독 보도를 냈다는 것입니다. 신문에서는 동아일보, 방송에서는 채널A가 검찰이 흘린 수사 상황을 가장 많이 받아썼다는 의미일 것입니다.

낯부끄러운 단독 보도

—터무니없는 '조국 주변인' 단독 보도

민언련은 9월 18일 발표한 방송모니터 보고서 '조국 5촌 조카 보도에 조국 모습만 뜨는 상황 이게 정상인가?'에서 조국 장관과 버닝썬 사건 관련 인물들이 연관 있는 것처럼 보도한 TV조선 〈'조국 펀드' 수사에 '버닝썬' 연루 사업가 등장…왜?〉(9월 11일 백연상 기자), 채널A 〈[단독] 꼬리 자르기 수사〉(9월 13일 최주현 기자) 등의 기사를 지적한 바 있습니다. 그런데 조선일보 〈[단독] '판도라의 상자' 조국 펀드…청 민정수석실 턱밑까지 번졌다〉(9월 11일 윤주헌, 김형원 기자), 동아일보 〈[단독] 버닝썬 연루 총경, 조국가족 펀드 운용사 관련업체 주식투자〉(9월 12일 윤다빈, 조건희 기자), 채널A 〈버닝썬 윤 총경, '조국 펀드' 관련업체 주식 투자〉(9월 11일 권솔 기자)도 조국 장관과의 연관성도 없고 그 자체로도 너무나 터무니없는 내용이었으나 '단독'을 달고 나왔다는 점에서 비슷했습니다.

조선일보 〈[단독] 조국 처남이 몸담은 해운사, 계열사 명의로 북석탄 운반선 소유〉(9월 18일 김형원 기자)는 조국 법무부 장관의 처남, 즉 정경심 교수의 동생과 관련된 기사이지만, 이게 조국 장관과 무슨 상관이 있는지 기자 본인도 아마 모를 것입니다. 이 '단독' 기사의 보도 내용은 정경심 교수의 동생이 한 운송업체에서 상무이사로 근무하는데, 그 회사의 모기업인 A해운의 관계사가 중국계 선사에 팔았던 '선박 한 척'이 북한산 석탄을 실어 다른 나라에 팔았다는 것입니다.

정경심 교수 동생이 북한산 석탄을 운반한 것이 아닙니다. A해운이 일정 지분을 가지고 있던 관계사가, 자사가 갖고 있던 선박을 중국 회사에 팔았고, 이 중국 회사의 배가 중미 국가인 벨리즈 국적의 선박으로 이름을 바꾼 후, 북한 남포항에서 석탄을 실어 중국·베트남 등지로 운송한 것이 UN 조사에서 드러난 것입니다.

조선일보는 이런 내용을 압축해 '조국 처남이 몸담은 해운사'라고 칭했고, '북한 석탄을 운반한 선박을 소유하고 있다'고 제목에 쓴 것입니다. 논란이 피해가기 위해서인지, 소제목에서는 '2년 전 중국계 선사에 넘겨'라고 썼습니다. 그러나 보도 제목만 보면 정경심 교수 동생이 다니는 회사의 모기업이 그 배를 아직 소유하고 있는 것처럼 보입니다. 이 내용은 자유한국당 주광덕 의원실을 출처로 하는 기사입니다. 조선일보에는 정경심 교수의 동생이 일하는 해운업체와 관련된 기사가 이외에도 3건 더 나왔는데요. 총 4건의 단독 기사 모두 자유한국당 주광덕 의원실, 강석호 의원실을 출처로 하는 기사였습니다.

—병원장은 정경심과 동기라는 채널A 단독

채널A의 〈[단독] "정경심 처음 봤다"던 병원장은 서울대 동기〉(9월 21일 조영민 기자)는 이미 논란이 됐던 기사입니다. 물론 이 기사가 그냥 나온 기사는 아닙니다. 동아미디어그룹은 정경심 교수의 입원과 퇴원에 굉장히 관심이 많았습니다.

동아일보는 이미 〈[단독] 조국 부인 입원…검, 피의자 신분 소환 채비〉(9월 16일 황성호 기자)를 단독으로 써서 정경심 교수가 병원에 입원했다는 사실을 밝혔습니다. 이어 채널A가 〈[단독] 추석 전 입원했다가 퇴원…한 층 홀로 사용〉(9월 21일 최수연 기자)을 내며 정경심 교수가 추석 전인 9월 11일에 퇴원했다고 단독 보도했습니다. 채널A는 이 보도에서 "정 교수는 이 병원 7층 병실에 머물렀고, 7층 병실에 있었던 환자는 정 교수 뿐"이라며 다른 환자들은 5층이나 6층 병실을 사용하고 있다고 전했습니다. 또한 병원 관계자가 "채널A 취재진에게 정 교수의 내원 이력이 남아 있지 않다고 했다"고 설명했습니다. 종합해보면, 이 병원이 정경심 교수를 숨겨주고 있다는 인상을 주려는 듯합니다.

이런 밑자락을 깐 후에 채널A는 〈[단독] "정경심 처음 봤다"던 병원장은 서울대 동기〉(9월 21일 조영민 기자)에서 "그런데 이 병원의 원장은 서울대 의과대 81학번으로 확인됐습니다. 정 교수도 서울대 영문과 81학번입니다"라면서 "하지한 병원장은 '정 교수는 과거에도 몰랐고 이번에 처음 봤다'며 '다른 환자와 똑같은 입퇴원과 진료절차를 거쳤다'고 설명했습니다"라고 보도했습니다. 또한 "병원장은 또 조국 장관과도 한 번도 만난 적이 없다고 밝혔습니다"라는 설명도 덧붙였습니다.

병원에서 정경심 교수의 진료 기록이 없다고 하는데, 이는 병원장이 정경심 교수와 같은 해에 서울대에 입학했기 때문이라는 것이 채널A의 주장인 셈입니다. 그러나 특별한 연관성이 없다면, 누가 자신과 같은 해에 입학한 다른 학생을 알겠습니까? 또 누가 자신과 같은 해에 입학한 다른 학생의 '배우자'를 만나봤겠습니까? 이런 어처구니없는 취재를 하고도 보도를 하는 것은 조국 장관의 가족과 관련해선 어떤 꼬투리라도 잡겠다는 의지의 표현이면서 동시에 얼마나 논리가 부족한지 보여주는 행태입니다.

—"심부름도 시켰는데, 한투 VIP 아니었다"는 중앙일보 단독

이외에도 중앙일보 〈[단독] 식재료 심부름도 시켰는데…정경심,

한투 VIP 아니었다〉(9월 18일 정용환 기자)는 정경심 교수가 한국투자증권의 VIP 고객으로 알려졌으나 사실은 아니라는 내용을 단독 보도했습니다. 정경심 교수의 자산관리인이었던 김 씨가 검찰 조사에서 "VIP 고객의 부탁을 거절할 수 없었다"며 하드디스크를 교체해준 이유를 설명했는데, 알고 보니 VIP의 기준에 미달한다고 다른 한국투자증권 관계자의 입을 빌려 단독 보도한 것입니다. 그러면서 중앙일보는 "정 교수가 실제로는 VIP 기준에 미달한 것으로 밝혀지면서, 정 교수가 청와대 민정수석을 지낸 남편 조 장관의 사회적 지위를 활용해 VIP 이상의 대우를 받았을 가능성이 제기된다"고 썼습니다. 기사 안에는 정경심 교수가 조국 장관의 사회적 지위를 활용했다는 내용이 없는 데도 말입니다. 심지어 김 씨가 자산관리인으로 일한 것은 5년 전부터라고 기사에도 나와 있습니다. 조국 장관이 장관도, 민정수석도 아니었을 때부터 정경심 교수가 조국 장관의 사회적 지위를 활용해 VIP 대우를 받은 것일까요?

―조선일보의 제대로 확인하지도 않은 곽상도 의원발 단독

조선일보의 〈[단독] 딸 장학금 이어 학자금 지원까지 챙긴 조국 부부〉(9월 20일 김형원 기자) 또한 자유한국당이 제기하는 '내로남불' 프레임을 그대로 옮겨 쓴 기사입니다. 조선일보는 "자유한국당 곽상도 의원실에 따르면 조 장관은 2011~2013년 재직 중이던 서울대에서 자녀 학비 보조 수당, 대학 학자금 명목으로 641만 원을 받았다. 같은 기간 아내인 정경심 교수도 동양대에서 407만 원을 수령했다"고 썼습니다. 그러면서 곽상도 의원이 "신고된 재산만 56억 원에 달하는 조 장관 부부가 이번에는 '학자금 재테크'에 나섰다"고 말한 것을 그대로 실었습니다.

다른 기사들을 참고하면 곽상도 의원 측은 조국 장관과 정경심 교수가 받은 수당 및 학자금은 규정 위반이 아니란 걸 알고 있었습니다. 뉴시스 〈조국 부부, 장학금은 물론 자녀 학자금도 수령〉(9월 20일 이승주 기자)에선 곽상도 의원실 관계자가 "규정상 부부가 모두 국립대 교수라면 학자금은 둘 중 한 명만 지원이 가능하다. 한쪽이 사립대 교수라면 사립대가 국고지원금을 받지 않는 한 부부 모두 지원을 받을 수 있다. 정 교수가 국고지원금을 통해 지원받은 것이 아니기 때문에 규정상 문제될 것은 없다"고 말했기 때문입니다. 그러나 조선일보에 이 같은 해명은 없었습니다. 무엇보다 애초에 대학 교수의 보수체계에 있는 시스템을 가지고 조국 장관 부부가 비위를 저지른 양 단독 기사를 쓴 것이죠.

— '믿고' 쓴 검찰발 단독인데…사실도 틀려

동아일보의 〈[단독] 검찰에 압수수색당한 첫 법무장관〉(9월 24일 신동진, 장관석 기자)은 9월 23일에 있었던 조국 장관 가족 자택 압수수색을 보도하면서 검찰의 압수수색 영장에 조국 장관이 '피의자'로 적시되었다고 쓰인 단독 기사입니다. 동아일보는 "조 장관이 수사 대상인 것을 검찰이 분명히 한 것"이라고 덧붙였습니다. 기사는 이날 압수수색에 나섰던 서울중앙지검 특수2부가 무엇을 확보했고 수사 중인지, 또 어떤 혐의를 의심하고 있는지 조목조목 설명하고 있습니다. 이후 조국 장관이 '피의자'라고 설명하는 기사들이 많이 나왔습니다.

그러나 압수수색 영장엔 조국 장관이 피의자로 적시되지 않았으며 나중에 발부받은 영장에도 조국 장관의 이름은 적시되지 않은 것으로 드러났습니다. 한국일보 〈"조국 자택 압수수색 때 의견충돌은 부부 공용

PC 때문"〉(9월 25일 최동순 기자)에 의하면 검찰이 당초 압수수색을 하면서 제시한 영장에는 피의자로 조 장관의 이름이 어디에도 기재되지 않았습니다. 그러나 압수할 물건에 조국 장관과 정경심 교수가 공용으로 사용하던 컴퓨터가 포함되면서 변호인 측이 '영장에 조 장관이 피의자로 적시되지 않았기 때문에 조 장관과 정 교수가 함께 사용하는 컴퓨터를 압수하는 것은 압수물 범위를 넘어선다'고 항변했던 것으로 알려졌습니다. 이에 검찰이 "컴퓨터의 소유자를 보다 분명히 한 문구가 추가된 영장을 새로 발부"받았고 이후 "검찰이 추가 영장까지 발부받아 조 장관 부부 컴퓨터에서 확보한 문건이 구체적으로 누구의 혐의와 관련된 것인지는 확인되지 않았습니다." 즉, 영장에 쓰인 압수품 목록에 '정경심 교수과 조국 장관이 함께 사용한 컴퓨터'와 같은 말이 쓰이면서 조국 장관의 이름이 등장했을 뿐 피의자로 적시되지는 않은 것입니다. 대체 동아일보의 단독 기사는 무엇을 취재하여 쓴 것인지, 어떻게 하면 검찰에서 흘린 내용도 틀리게 쓸 수 있는지 묻고 싶습니다.

— 모니터 기간과 대상: 2019년 9월 10일~24일 경향신문, 국민일보, 동아일보, 조선일보, 중앙일보, 한겨레, 한국일보(지면, 온라인 포함) / KBS, MBC, SBS, TV조선, 채널A, MBN, YTN(전파를 탄 뉴스프로그램. 중복 기사의 경우 처음 보도된 뉴스프로그램 기준)

시민들의
창작물

시민들은 검찰의 무리한 수사와 검찰발 정보를 '받아쓰기'하는 언론의 행태를 다양한 형식으로 풍자했다. 인터넷과 SNS을 통해 수많은 '짤'이 만들어지고 공유되었다. 촛불집회 참여를 독려하는 여러 가지 홍보물도 자발적으로 제작되었다. 조국 전 장관을 격려하고 검찰개혁을 주장하는 창작물도 많았다. 그 가운데 일부를 싣는다. 인터넷 창작물의 특성상 제작자나 최초 게시자를 확인하기 어려웠다. 창작물을 만든 시민들에게 양해를 구한다.

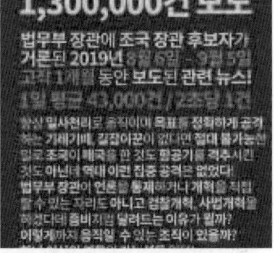

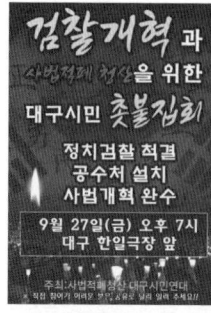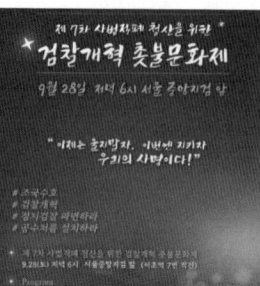

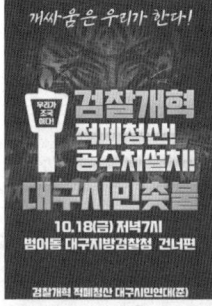

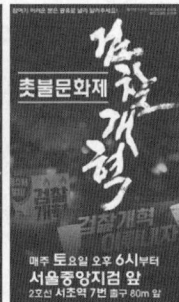

해외에서도
"검찰개혁"

— 광고, 인증샷, 집회 등 재외국민들의 활동

재외국민들도 적극적으로 검찰개혁, 언론개혁을 촉구하는 목소리를 냈다. 가장 두드러진 활동을 보인 곳은 미주 한인 온라인 커뮤니티 '미시USA'(Missy USA, www.missyusa.com)였다. 미시USA 게시판에서는 조국 사태 초기부터 활발한 토론이 이뤄졌다. 이들은 검찰의 무리한 수사와 여론몰이를 우려하며 청와대 청원, 서명, 댓글 달기 등의 활동을 벌였다. 다른 지역의 재외국민들도 검찰개혁을 촉구하는 성명을 발표하는 등 국내에서 벌어지는 검찰개혁 움직임에 힘을 보탰다. (자료수집 도움: 미시USA의 Gina Leon)

'검찰개혁' 전광판 광고

2019년 9월 22일 미시USA에 '우리 서울 한복판에 검찰개혁 공수처 설치 광고라도 낼까요?'라는 제목으로 "뭐라도 하고 싶지만 미국에 있으니 댓글 달고 서명하는 거 외에 할 수 있는 게 없어서 안타깝다", "언론이 안 내주니 서울 한복판에 광고라도 내어 우리가 해외에서도 검찰개혁 공수처 설치 지지한다는 걸 보여주면 어떨까 생각해봤다"는 글이 게시됐다.

다음 날 펀딩사이트 '고펀드미'(gofundme)에 '한국 검찰개혁 공수처 설치 지지 광고' 펀딩 글이 게시되었다. 텍사스에 거주하는 지나 레온(Gina Leon) 씨는 "지금 한국 검찰은 국민 위에 군림하고 그 자리를 지키기 위해 언론과 담합하고 온갖 수단과 방법을 가리지 않고 있다"며 "이제 그 선을 넘었다. 우리가 힘을 합쳐 그들이 국민 위에 있지 않음을 보여줘야 한다"고 펀딩 취지를 밝혔다. 모금이 시작되고 8시간 만에 목표금액인 1만 달러를 돌파했고 22시간 만에 1만 4395달러(1700만 원)이 모였다.

광고 문구는 참여자들의 의견을 반영해 검찰개혁과 언론 보도의 문제점을 지적하는 내용으로 정했다. 광고는 서울의 신촌과 신사동(10월 3일부터 11월 2일까지), 부산(10월 4일부터 11월 2일까지) 시내 전광판에서 하루 100회 이상 20초씩, 5~10분마다 송출되었다. 광고 내용은 다음과 같았다.

더 이상 언론은 우리를 대변하지 않습니다.
검찰개혁, 공수처 설치, 사법부 개혁은 국민의 명령입니다.
NO 정치검찰 NO 가짜언론 YES 적폐청산 권력을 국민에게로 우리의 조국을 함께 지킵시다.
조국을 사랑하는 재외국민들이 촛불집회를 함께합니다.

10월 7일에는 2차 모금이 시작되었다. 14일까지 9816달러(1100만 원)가 모금되었다. 2차 광고는 10월 18일부터 한 달 동안 대구, 광주, 울산 시내 전광판에서 송출되었다. 해당 지역의 많은 시민들이 송출된 전광판 광고의 인증샷을 SNS를 통해 공유했다.

> @joguksuhoUSA
>
> MissyUSA에서 8시간만에 목표 금액 만불을 넘겼으며 22시간만에 총 $14,395 (원화로 1천7백만원)이 모였습니다.
> 드디어 오늘부터 '검찰개혁지지' 전광판 광고 송출이 신사동 송천빌딩과 신촌 유강빌딩에 시작되었습니다.
> 보시게 되면 사진/비디오 찍어서 '조국수호USA' 꼭 테그해 주세요! 😊

미시USA의 전광판 광고 인증샷을 요청하는 SNS 메시지

미시USA 전광판 광고(울산 번영 사거리)

미시USA 전광판 광고(광주 금남로 광주일보 앞)

미시USA 전광판 광고(부산 연산로터리)

미시USA 전광판 광고(서울 신촌)

미시USA 전광판 광고(대구시청 앞)

공수처 법안 통과를 위한 의원 압박 활동

미시USA 회원들은 〈최인호TV〉와 함께 국회의원들을 상대로 공수처 법안 통과를 독려했다. 이들은 유튜브 방송을 만들고, 관련 사이트(www.jinzzanews.com)에서 실시간으로 공수처 법안에 대한 의원들의 찬성, 반대, 답변유보 현황을 공개했다. 의원들의 전화번호를 공개해 입장 표명을 촉구하는 활동을 벌이기도 했다. 이후 〈다스뵈이다〉를 통해 활동이 확대되었고 '파란장미 시민행동' 출범으로 이어졌다.

인증샷과 번개 집회

재외국민들의 '검찰개혁' 인증샷 올리기도 이어졌다. 자신이 실제 거주하는 곳을 나타낼 수 있는 차량 번호판 앞이나 거리에서 사진을 찍은 뒤 게시판에 올리는 방식으로 진행되었다.[12]

지역별로 모여 피켓과 촛불을 들기도 했다. 한국의 서초동 집회 현장에는 참석하지 못하지만 그 뜻에 동의하고 함께한다는 메시지를 전하기 위한 행동이었다.

---

12 재외동포 검찰개혁 촛불 인증샷 (조국수호USA, 2019. 9. 28.)

2019년 9월 27일 버지니아주

2019년 9월 27일 버지니아주

2019년 10월 6일 미시간주

2019년 10월 11일 버지니아주

2019년 10월 6일 파리

2019년 11월 1일 뉴욕

'우리는 해외 독립군' 해외동포 연대 성명

아베규탄 일본 불매운동이 벌어지던 시기에 페이스북 페이지를 중심으로 재외동포들이 '우리는 해외 독립군'을 만들어 활동했다. 이들은 청문회 직후 조국 후보자의 장관 임명을 촉구하는 연대 성명서를 발표했다. 1시간 만에 1000여 명의 해외동포가 참여했다.[13]

〈조국 법무부 장관 임명을 촉구하는 해외 동포 1천명 긴급 연대 성명서〉
장관 후보의 청문회인지 장관 후보 딸의 사생활 침해 청문회인지 가름이 나지 않던 저급한 수준의 조국 법무부 장관 후보자의 청문회를 마친 지금 해외동포들은 사법부 개혁을 위한 조국 후보자의 자질을 충분히 인정하는 바이며 지난 몇 주 동안의 지리멸렬한 공방을 마치고 후보자가 하루라도 속히 법무부 장관의 소임을 시작할 수 있도록 조국 후보자의 임명을

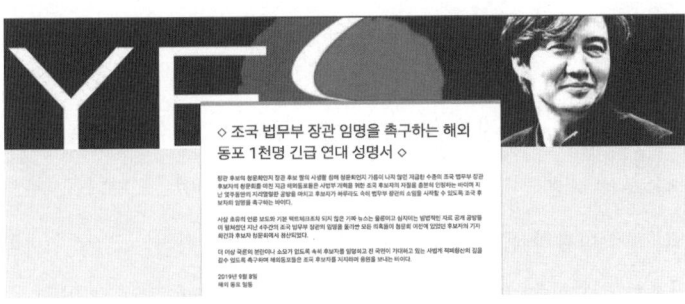

---

13 해외동포들, '조국 법무부 장관 임명 촉구' 긴급 연대 성명 내(오마이뉴스, 2019. 9. 8.)

촉구하는 바이다.

사상 초유의 언론보도와 기본 팩트 체크조차 되지 않은 가짜 뉴스는 물론이고 심지어는 범법적인 자료 공개 공방들이 펼쳐졌던 지난 4주간의 조국 법무부 장관의 임명을 둘러싼 모든 의혹들이 청문회 이전에 있었던 후보자의 기자회견과 후보자 청문회에서 청산되었다.

더 이상 국론의 분란이나 소모가 없도록 속히 후보자를 임명하고 전 국민이 기대하고 있는 사법계 적폐청산의 길을 갈 수 있도록 촉구하며 해외동포들은 조국 후보자를 지지하며 응원을 보내는 바이다.

- 2019년 9월 8일 해외 동포 일동

'4·16 해외연대'의 검찰개혁 성명

세월호 진상규명을 촉구해온 4·16 해외연대도 검찰개혁을 촉구하는 성명을 발표했다.

최근 검찰은 중앙지검 특수부를 대거 투입해 현 법무부 장관을 압수수색하였다. 장관 지명 이래로 장관의 처를 비롯하여 그 자녀들, 부모, 동생 심지어 이혼한 동생의 전처에 이르기까지 전방위적인 강압 수사를 한 달 넘게 해오고 있다. 우리는 '정의를 실현하기 위해서 수사를 정해진 절차에 맞추어 진행한다'는 검찰의 말을 있는 그대로 믿고 싶다.

검찰이 진정으로 공정한 사회, 정의로운 사회를 위해 일한다면, 조국 장관에게 휘두른 것과 똑같은 잣대로 세월호 참사를 야기한 자들과 구조를 방기한 자들, 더 나아가 참사의 진실을 왜곡, 은폐했던 자들에 대해서도 철저한 수사를 해야 한다. 유가족을 사찰하고 왜곡된 정보로 여론을 조작했던 해경, 국정원과 기무사를 비롯한 국가권력기관 또한 철저한 압수수색을 통해 한 점의 의혹도 남기지 말고 수사하여 관련자들을 전원 처벌하여야 한다.

세월호 참사에 대한 즉각적이고 전방위적인 수사에 돌입하지 않는다면, 그것은 "정의"라는 이름을 팔며 검찰의 기득권을 유지하기 위한 칼부림에 지나지 않으며, 더 나아가 스스로 적폐 세력임을 인정하는 꼴이 될 것이다.

모든 권력은 국민으로부터 나온다는 믿음 아래 온 국민이 촛불을 들었고, 부당하고 무능했던 국가 권력에 대항해 싸웠다. 매서운 겨울 바람 속에서도 끝까지 우리가 성취한 것은 단순히 박근혜를 끌어내린 것이 전부가 아니다. 모든 국가 권력은 국민이 통제하에 있다는 체험적 확신이다.

검찰은 지금이라도 국민의 명령을 받들어 검찰 개혁을 수용하고 세월호 참사를 전면 재수사하라! 4.16 해외연대는 촛불시민들과 더불어 국민의 명령을 어기는 적폐 세력에 맞서 끝까지 투쟁해 나갈 것이다.

-2019년 9월 27일 4·16 해외연대

후기

　백서 작업을 마무리하며 만감이 교차한다. 무엇보다 백서 발간이 애초 계획보다 늦어진 데 대해 죄송한 마음이다. 백서의 생명은 사실을 정확히 기술하는 것이고, 그런 면에서 필자 선정이 무엇보다 중요했다. 변명하자면 백서 진행 초기에 참여했던 필진과 자문진 일부가 중도하차하면서 차질을 빚게 되었다. 새로운 필진을 찾고 다시 호흡을 맞추는 과정에 예상보다 많은 시간이 필요했다. 해당 분야의 필자가 바뀌면서 처음으로 돌아가 다시 작업을 해야 했다.

　애초 조국 전 장관을 둘러싼 검찰의 인디언 기우제식 수사와 언론의 허위왜곡 보도에 분노해 촛불을 든 시민들 사이에서 2019년 8월 9일부터 공수처법이 통과한 12월 30일까지 대한민국에서 일어난 일들을 기록해야 한다는 논의가 오갔다. 백서가 필요하다는 제안이었다. 당시 조국 전 장관과 가족 관련 피의사실이 검찰 주변에서 흘러나왔고, 언론은 출처와 사실 여부가 불분명한 '피의사실'을 '중계보도'하고 있었다. 이에 대한 '팩트 체크'에 주력하고 있던 1인 미디어 생산자들과 전직 언론인들이 각자 백서를 준비하다가 2019년 10월 중순 무렵 〈다스뵈이다〉에서 '조국 백서'가 공론화되면서 함께 백서 제작을 추진하게 되었다.

　백서의 굵직한 방향과 기획안이 확정되고 해당 필자들이 원고 쓰기에 돌입한 것은 2019년 말이었다. 이후 전체 원고가 모두 마무리되는 데 거의 반년 가까이 소요되었다. 백서의 핵심 주제가 '검찰과 언론'이다 보니 점검하고 확인해야 할 내용이 적지 않았고 법률적인 검토에도 시간이 소요되었다. 불필요한 논란을 피하기 위해 4·15 총선 이후로 백서 발간 시기를 잡는 데는 이견이 없었다.

백서를 준비하는 과정에서 또 다른 '암초'는 정경심 교수에 대한 재판 진행이었다. 정경심 교수의 재판 과정은 '2차 조국 대전'이 시작되었다는 평가가 나올 만큼 검찰 측과 변호인 측의 열띤 공방이 이어지고 있다. 그 과정에서 '기이한 광경'도 속출했다.

검찰이 재판부에 항의하는 진풍경, 어떤 시민단체가 정경심 교수 재판담당 판사를 고발하는 진풍경, 표창장 위조라는 한 개의 범법 행위에 두 개의 공소장이 존재하는 진풍경, 검찰의 핵심 증인들이 진술을 공공연히 뒤집는 진풍경, 같은 사진 속 인물의 실체를 두고 증인 간에 공방이 벌어지는 진풍경, 법정에서 "검사가 시키는 대로 진술했다"는 요지의 증언이 나오는 진풍경, 검사 신문이 있는 오전과 변호인 반대신문이 있는 오후 재판 내용이 180도 다르게 보도되는 진풍경까지 재판에 대한 관심은 갈수록 고조되고 있다. 물론 여전히 정 교수 재판을 둘러싼 법정 외 공방도 뜨겁다.

한편 조국 전 장관의 동생과 5촌 조카에 대한 재판도 진행 중이다. 재판 과정과 그 언론 보도를 어디까지 다뤄야 할 것인가에 대해서도 논의가 필요했다. 결국 재판과 재판 관련 언론 보도에 대한 평가는 이번 백서에서 다루기 어렵다는 결론에 이르렀다. 어차피 관련 재판에는 많은 시간이 소요될 것이므로 이번 백서는 정경심 교수와 조국 전 장관의 기소와 관련한 언론 보도까지를 대상으로 삼기로 했다. 만약 재판 과정까지 이번 백서에 포함시킨다면 아마도 백서 발간은 2년 후로 미뤄야 할 것이다. 재판 과정과 관련 언론 보도에 대한 2차 백서는 법률가들이 중심이 되어 촘촘하게 준비되길 기대한다.

그럼에도 재판 과정에서 나타난 몇 가지 특이사항은 이 글에 남겨두고자 한다. 첫째, '동양대 표창장 관련 두 개의 공소사실'에 관한 것이다. 검찰은 2019년 9월 6일 조국 전 장관의 인사청문회 도중 정경심 교수를 불구속기소했다. 당시 검찰은 "정경심 교수가 동양대에서 성명불상의 공모자와 공모했고 총장 직인을 임의로 날인해 표창장을 위조했다"며 위조날짜를 '2012년 9월 7일'로 적시했다. 위조 목적에 대해서는 '유명 대학 진학'이라고 밝혔다.

2019년 11월 11일 검찰은 정 교수를 2차 기소하면서 공소장 내용을 대폭 바꾸었다. '표창장 위조'라는 범법행위만 같을 뿐 육하원칙 대부분이 바뀌었다. 검찰은 2차 공소장에서 "정 교수가 정 교수 주거지에서 표창장을 위조했다"며 딸을 공범자로 적었다. 위조 방식도 "스캔, 캡처 등 방식을 사용해 만든 이미지를 붙여 넣었다"고 바꾸었다. 표창장 위조 목적도 '서울대에 제출할 목적'으로 구체화되었다. 정 교수가 표창장을 위조했다고 치더라도 과연 정 교수는 오프라인에서 임의로 도장을 찍어 위조한 것인가, 아니면 컴퓨터에서 도장 파일로 위조한 것인가라는 의문이 드는 지점이다. 순서상 2019년 9월 7일 기소 당시 시간에 쫓겨 수사가 미진했다면 검찰은 9월 7일 기소 사실을 거둬들이고 재기소를 해야 상식인데, 이도 저도 아닌 길을 택했다.

2019년 12월 10일 열린 정경심 교수 3차 공판준비기일에서 재판부는 검찰의 공소장 변경을 불허했다. 그러나 재판부 역시 1차 공소장을 기각하지 않았다. '같은 범법행위, 두 개의 공소장'으로 재판이 계속되는 희한한 사태를 목도하며 국민들은 재판부가 어떤 판결을 내릴지 지켜보고 있다.

둘째, 정경심 교수의 재판을 맡았던 송인권 부장판사에 대한 고발이다. 검찰의 입장을 일방적으로 편들지 않았던 송인권 판사의 재판은 1차 재판부터 '편파성 논란'에 휩싸였고 급기야 보수시민단체가 그를 고발하기에 이르렀다. 2019년 12월 22일 '법치주의 바로세우기 행동연대'는 송인권 판사를 고발하면서 검찰과 같은 논리를 내세웠다. 그들은 1, 2차 공소장이 "정경심 교수가 동양대 표창장을 위조했다는 기본적인 사실관계의 동일성을 해한다고 볼 수 없다"며 "위조 시점이나 범행 장소와 방법 등을 변경한 것도 수사를 통해 드러난 사실을 바탕으로 공소장 내용을 구체화한 것에 불과하다"고 주장했다. 이어 그들은 "송인권 판사의 공소장 변경 불허 행위는 명백히 재량권의 일탈남용에 해당해 위법하다"며 송인권 판사를 직권남용죄로 고발했다. 이후 송인권 판사는 제도권 언론들의 표적이 되다시피 했고 법원은 2020년 초 정기인사에서 송인권 판사를 정 교수 재판에서 제외시켰다.

'편파재판'이라는 프레임이 설정되자 언론은 송인권 판사를 '편파 판사'로 낙인찍었다. 양승태 사법농단 재판과 관련해 사법부 독립성, 삼권분립 운운했던 정치인들과 언론이 송인권 판사를 두고 사법부 독립성이나 재판독립 훼손을 언급하는 모습은 차마 보고 있기가 힘들었다.

셋째, 김경록 PB의 최후진술을 기억해야 한다. 2020년 5월 22일 재판에서 김경록 씨의 증거인멸 행위와 관련해 검찰은 그에게 징역 10개월을 구형했다. 김경록 씨는 검찰이 기소한 증거인멸 혐의를 대체로 인정한 것으로 알려졌다. 그러나 그는 최후진술을 통해 "살면서 언론 및 검찰개혁에 관심을 갖게 될 것이라 생각하지 못했다. 직접 경험한 이 순간 언론개혁, 검찰개혁은 당사자인 나뿐만 아니라 우리 모두에게 중요한 과제임을 절실히 느낀다"고 일갈했다.

검찰에 의해 10개월 실형이 구형된 피고인이 법정에서 '검찰개혁과 언론개혁의 중요성'을 언급하기까지는 상당한 용기가 필요했을 것이다. 자신의 최후진술이 형량에 안 좋은 영향을 줄 수도 있는 상황에서 김 씨는 검찰개혁과 언론개혁의 필요성뿐만 아니라 "(이번) 경험을 통해서 (검찰개혁과 언론개혁에) 조금이라도 기여할 수 있는 시민이 되도록 하겠다"는 말까지 덧붙였다.

2020년 5월 10일 정경심 교수가 석방되었다. 조국 전 장관의 5촌 조카 조범동 씨의 사모펀드 관련 재판에서 조 씨는 "정 교수가 자신에게 준 돈은 대여금이었으며 코링크PE의 실소유주는 익성"이라고 일관되게 주장하고 있다. 6월 30일 조범동 씨 1심 재판부는 정경심 교수가 조범동 씨에게 건넨 돈이 '대여금'이라고 판단했고 정 교수는 코링크PE의 의사결정권자가 아니라는 점을 분명히 했다. 사모펀드 관련 정 교수의 재판은 아직 시작되지 않았지만 조범동 씨의 재판과 연동되어 있는 것으로 보인다.

이미 검찰의 공소장에서도 확인된 것이지만, "조국 전 장관이 대선 출마자금 마련을 위해 사모펀드를 만들어 관급공사를 싹쓸이하는 등 불법행위를 자행했다"는 미래통합당 일각에서 제기한 엄청난 의혹들은 사실이 아닌 것으로 판명났다. 검찰도 '가로등 점멸기 사업'과 관련해 조국 전 장관을 기소하지 못했다. 그러나 이에 대해 누구도 해명하거나 사과하지 않고 있다. 애초 제도권 언론들이 설정했던 '주가조작 가족사기단' 프레임도 온데간데없이 사라졌다. 심지어 미래통합당 전직 의원은 "인도네시아 자카르타 살인사건에 조 전 장관이 연루됐다"고 주장했지만 무책임한 의혹 제기로 끝났을 뿐이다.

2019년 8월 9일부터 시작된 조국 사태 국면은 여전히 현재진행형이다. 관련 재판이 진행되면서 일방적인 '검찰 프레임'이 서서히 깨지고 있기는 하지만 재판 관련 언론 보도는 오전과 오후가 다르다. 대다수 언론은 오전에 재판을 취재해서 관련 기사를 쓰는데 제도권 언론의 기사를 보고 있으면 정경심 교수에 대한 유죄판결은 마치 기정사실화된 분위기다. 가끔 오후 재판을 취재해서 기사를 쓰는 기자들이 있다. 이 기사들은 오전 재판 기사들과 사뭇 다르다. 시차가 꼭 오전과 오후가 아니더라도 '중요한 사안'에 있어서는 재판 관련 보도가 180도 다른 경우도 종종 등장한다.

예를 들면 부산대 의전원 입시에서 동양대 표창장이 어느 정도 영향을 주었느냐는 부분이 그렇다. 언론은 부산대 의전원 입시 때 면접관이었던 교수가 검찰조사에서 "서류평가 위원에 따라서는 총장 표창장이 긍정적으로 반영됐을 수도 있다고 생각한다"는 식의 보도로 동양대 표창장이 부산대 의전원 합격에 영향을 주었다는 방향으로 몰고 갔다. 심지어 5월 28일 재판 관련 보도를 보면 "면접을 본 해당 교수가 '최악의 학생을 뽑은 것 같아 허탈하다'고 말했다"는 내용의 기사가 당일 낮 12시 전후로 쏟아졌다. 주로 검찰 신문과 관련된 내용만을 보도한 것이다.

그러나 이 발언은 당일 재판에서 나온 발언이 아니라 검찰조서의 일부였다. 그나마 관련 교수의 발언도 "만일 언론에 보도된 사실이 맞다면…"이라는 전제가 달린 추측성 진술로 확인되었다. 이날 오후에 진행된 변호인 신문에서도 반전이 있었다. 관련 교수는 변호인 반대신문에서 "(면접자들은) 블라인드 평가를 했다"고 밝혔으며 "당시 면접관들에게 지원자들의 입학원서나 자기소개서가 일절 제공되지 않았기 때문에 표창장이 점수에 전혀 반영될 수 없지 않느냐"는 변호인 질문에는 "전혀 반영될 수 없다"고 증언했다.

재판에 결정적인 영향을 줄 수도 있는 면접관 교수의 이 발언은 아주경제, 글로벌뉴스 등 극히 일부 언론만 제대로 보도했을 뿐이다. 대부분의 언론 특히 당일 검찰 신문조서로 정경심 교수에게 불리한 기사를 쓴 보수매체들은 "표창장이 점수에 전혀 반영될 수 없다"는 증인의 발언은 외면했다.

우리가 백서를 준비하는 동안 언론계에서는 '특별한 사과'가 두 번 있었다. 윤석열 검찰총장의 별장 접대 의혹을 제기했던 한겨레는 "사과를 받아야겠다"는 윤 총장의 요구를 받아들여 2020년 5월 22일 1면에서 이례적으로 공개 사과했다. 2020년 7월 현재 세상을 떠들썩하게 하고 있는 '검언유착' 의혹 사건과 관련해 KBS는 7월 18일 내보낸 한동훈 검사와 이동재 전 채널A 기자 관련 보도에 대해 "정확히 확인되지 않은 사실이 단정적으로 표현됐다"며 다음 날 사과했다. 조국 전 장관과 가족에 대해 수많은 악의적 허위왜곡 보도들이 있었지만 우리는 지금 이 순간까지도 조국 전 장관이 언론의 사과를 받았다는 소식을 듣지 못했다. 대한민국의 최대권력이 '누구인지'를 보여주는 씁쓸한 장면이 아닐 수 없다.

현실에서 권력은 정의롭게 작동하기 어렵다. 그러나 권력은 현실적 힘이다. 그래서 권력은 무섭다. 권력이 카르텔을 형성하면 더 무섭다. 현재 대한민국 권력지형을 보면 보수정치 세력과 경제권력, 검찰권력, 언론권력 등 수구보수 카르텔이 개혁정부와 개혁 정치세력을 포위하고 있는 형국이라는 의견이 지배적이다. 검찰개혁 국면에서는 검찰과 언론이 손잡고 기득권 카르텔의 이해관계에 따라 '검찰개혁'에 반대하고, 더 나아가 문재인 정부를 흔들고 있다는 것이 '촛불시민'들의 강력한 의심이다. 조국 전 장관에 대한 수사를 넘어 '윤석열 검찰'이 청와대와 문재인 대통령을 겨냥한 수사를 이어가는 것을 보면서 이 '의심'은 '의혹'이 되어갔다. 이것이야말로 수많은 시민들이 검찰개혁 촛불에 동참하게 된 이유가 아닐까.

검찰권력과 언론권력은 개별적으로도 막강한 힘을 갖고 있다. 일개 시민이 두 권력에 맞서는 것은 불가능해 보인다. 검찰과 언론이 손을 잡고 '선택적 정의'에 의기투합한다면 그 결과는 참혹할 것이다.

우리는 감히 이 백서를 통해 검찰과 언론에 대해 문제를 제기하고 개혁을 촉구하고자 한다. 공수처법 통과만으로는 검찰개혁이 완성되지 못한다는 것을 모두가 잘 알고 있다. 공수처 설치 과정에서 정치적 갈등이 격화될 것은 불 보듯 뻔하다. 검경 수사권 조정법이 통과되었다고 해서 하루아침에 검찰이 정상화되지는 않을 것이다. 그래도 검찰개혁은 이미 첫발을 내디뎠다. 그렇다면 언론개혁은 어디서부터 시작해야 하는가.

검찰개혁보다 더 어렵다는 언론개혁을 화두로 던지며 이 백서를 세상에 내놓는다. 부족한 점도 있을 것이다. 그러나 이 백서가 진실을 밝히기 위해 애쓴 수많은 사람들의 노력으로 탄생했다는 것을 기억해주시길 바란다.

우리는 꿈을 가질 자유가 있다. '정의가 실현되는 세상', '사람 사는 세상'을 이루는 것은 우리 모두의 바람이다. 검찰개혁이 완성되고 언론개혁이 이뤄지는 그날까지 각자 자기가 선 자리에서 무엇인가를 할 수 있었으면 좋겠다.

역사는 꿈꾸는 사람들의 것이다.

최민희
조국백서추진위원회 집행위원장

조국 사태 일지
2019년 8월 9일~12월 31일

일러두기

- 이 일지는 2019년 8월 9일 조국 법무부 장관 후보자 지명부터 장관 임명, 의혹 제기, 검찰 수사, 검찰개혁 추진, 장관 사퇴, 그리고 12월 31일 불구속기소까지의 급박했던 사건의 흐름을 언론 보도를 기초로 작성한 것이다.

- 포털사이트 네이버의 뉴스검색 기능을 이용했으며 2019년 8월 9일부터 12월 31일까지 '조국 장관'을 키워드로 검색된 18만 3885건을 대상으로 했다(제목+내용, 전체 언론사).

- 각 언론사의 주요 단독 기사는 같은 기간 '단독+조국'을 키워드로 검색된 862건과 '단독+정경심'을 키워드로 검색된 132건을 대상으로 했다(제목, 전체 언론사). 여기에 '웅동학원'이나 '코링크' 등 주요 사건 키워드를 검색어로 활용했다.

8월 9일 조국 법무부 장관 후보자 지명
문재인 대통령은 조국 청와대 민정수석을 신임 법무부 장관 후보자로 지명했다. 조국 후보자는 "공정한 법질서 확립, 검찰개혁, 법무부 혁신 등 소명을 완수하겠다"는 소감을 밝혔다.

8월 14일 인사청문 요청안 국회 제출
문재인 대통령은 조국 후보자 등 장관급 후보자 7명에 대한 인사청문 요청안을 국회에 제출했다. 조국 후보자는 지명 직후 불거진 '사노맹(남한사회주의노동자동맹) 사건' 논란에 대해 "자랑스러워하지도, 부끄러워하지도 않는다. 부족하고 미흡했지만 뜨거운 심장이 있었기에 국민의 아픔을 같이하고자 했다"는 입장을 밝혔다.
- 서울경제는 〈[단독] 조국, 민정수석 시절 사모펀드에 75억 투자약정〉에서 사모펀드 의혹을 제기했다.
- KBS는 〈[단독] 조국 후보자, 20년 전 위장전입…"7대 배제원칙 해당 안 해"〉를 보도했다.
- 채널A는 〈[단독] 2주택 피하려 집 판 조국…동생 전 부인에 매도〉에서 '부동산 위장 매매' 의혹을 제기했다.

8월 17일
- 채널A는 〈[단독] 11년 만에 또 낸 조국 가족의 '수상한 소송'〉에서 '웅동학원 위장소송' 의혹을 제기했다.

8월 18일
- 중앙일보는 〈[단독] 이혼 뒤에도 전처 법적 대리인…조국 동생 '수상한 결별'〉에서 조국 후보자 동생 부부의 '위장이혼' 의혹을 제기했다.

8월 19일 자유한국당 등 조국 후보자 고발
자유한국당 김진태, 주광덕 의원은 각각 '부동산 위장매매' 의혹, '웅동학원 위장소송' 의혹에 대해 조국 후보자 부부와 후보자 동생 부부 등을 서울중앙지방검찰청과 대검찰청에 고발했다. 또한 '행동하는 자유시민'(공동대표 이언주)은 사모펀드 의혹 등에 대해 조국 후보자를 서울서부지방검찰청에 고발했다.
- 한국일보는 〈[단독] 조국 딸, 두 번 낙제하고도 의전원 장학금 받았다〉에서 '장학금 부정수수' 의혹을 제기했다.

8월 20일

조국 후보자는 아동성범죄자 전담보호관찰 강화와 정신질환 범죄자 치료 및 관리 강화, 스토킹 특별법 제정, 데이트폭력·가정폭력 가해자 적극 체포 등 국민 안전과 관련된 1차 정책을 발표했다. 서울중앙지검은 김진태 의원의 고발 건을 형사1부에 배당해 수사에 착수했다. 서울서부지검은 '행동하는 자유시민'의 고발 건을 형사1부에 배당해 수사에 착수했다. 조국 후보자의 딸은 '포르쉐' 루머 등 허위사실을 유포한 혐의로 유튜브 채널 〈가로세로연구소〉(대표 김세의) 등을 경찰에 고소했다. 조국 후보자의 동생은 법무부 인사청문회 준비단을 통해 '웅동학원 논란'과 관련하여 사과하고 모든 채권을 채무를 변제하는 데 내놓겠다고 밝혔다. 자유한국당 김진태 의원은 조국 후보자의 선친 묘비 사진을 자신의 페이스북에 게시했다. 법무부 인사청문회 준비단은 조국 후보자 가족의 실명이 그대로 노출된 문제에 대해 "자녀, 미성년자에 대해서는 사생활 보호를 해주기를 다시 한번 간곡히 요청드린다"고 밝혔다.
- 동아일보는 〈[단독] 고교 때 2주 인턴 조국 딸, 의학논문 제1저자 등재〉에서 조국 후보자 딸이 단국대 인턴을 통해 논문저자로 등재되고 이를 입시에 활용했다는 의혹을 제기했다.
- 채널A는 〈[단독] 공주대 인턴 면접 동행…"조국 부인이 딸 인사시켰다"〉에서 공주대 인턴 활동에 대한 의혹을 제기했다.
- 동아일보는 〈[단독] 조국 5촌 조카 명함에 '코링크PE 총괄대표'〉를 보도했다.

8월 21일

청와대 윤도한 국민소통수석은 브리핑을 통해 "합리적인 의혹 제기도 있지만 일부 언론은 사실과 전혀 다른 의혹을 부풀리고 있다", "국회 청문회 과정에서 철저히 검증될 것"이라고 밝혔다.
- 조선일보는 〈[단독] "옛 학교 땅 담보대출, 웅동학원이 빌린 35억 사라졌다"〉를 보도했다.[1]

---

1   기사 제목에 언급된 발언은 '웅동학원 핵심 관계자'의 인터뷰 내용이다.

8월 23일 조국 법무부 장관 후보자 입장문 발표

조국 후보자는 사모펀드 투자금 기부, 후보자 가족의 웅동학원 직함 및 권한 포기 등을 주요 내용으로 하는 입장문을 발표했다. 서울대에서는 '조국 후보자 사퇴' 촛불집회가 열렸고, 고려대에서는 조국 후보자 딸의 입학 과정에 대한 진상규명을 촉구하는 촛불집회가 열렸다. 8월 21일부터 시작된 '청와대는 조국 법무부 장관 후보자의 임명을 반드시 해주십시오'라는 제목의 청와대 국민청원에 20만 명 이상이 동의했다. 유튜브 채널 〈가로세로연구소〉는 조국 후보자의 딸과 공주대 교수를 '위계에 의한 공무집행방해죄'로 서울중앙지검에 고발했다.

8월 24일

8월 20일부터 시작된 '조국 전 청와대 민정수석의 법무장관 임용을 반대합니다'라는 제목의 청와대 국민청원에 20만 명 이상 동의했다.

8월 26일

조국 후보자는 검경 수사권 조정과 고위공직자범죄수사처 설치를 통한 검찰개혁 완수와 검사의 공익적 역할 강화, 재산비례 벌금제 도입, 범죄 수익 환수 강화 등 2차 정책을 발표했다. 국회는 법제사법위원회 여야 간사합의를 통해 조국 후보자 인사청문회 일정을 법정기한을 넘긴 9월 2일부터 3일까지 이틀간 열기로 합의했다. 서울대 총학생회는 조국 후보자의 사퇴를 촉구하는 입장문을 발표했다.

8월 27일 서울중앙지검 특수2부 본격 수사 착수

서울중앙지검은 형사1부에 배당했던 조국 후보자 관련 사건을 특수2부(부장검사 고형곤)에 재배당했다. 특수2부는 부산대, 서울대, 고려대, 웅동학원 등 20여 곳에 대한 압수수색을 실시했다. 온라인 커뮤니티를 중심으로 '조국 힘내세요' 검색 운동이 진행되어 포털사이트 급상승 검색어 1위에 올랐다. 뒤이어 '조국 사퇴하세요'도 2위에 올랐다.[2]

---

[2] 네이버가 제공하는 데이터랩의 '급상승 검색어' 기준이며 이후에 언급된 급상승 검색어 기준도 모두 동일하다.

8월 28일
서울대에서는 총학생회가 주최하는 '조국 후보자 사퇴' 2차 촛불집회가 열렸고 부산대에서는 조국 후보자 딸 장학금과 관련한 진상규명을 촉구하는 1차 촛불집회가 열렸다. 포털사이트 급상승 검색어 1위에 '가짜뉴스 아웃'이 올랐다.[3]

8월 29일
서울중앙지검 특수2부는 조국 후보자 딸의 장학금 특혜 의혹과 관련해 오거돈 부산시장 집무실을 압수수색했다. 또한 조국 후보자 딸의 고교 시절 인턴 활동과 관련해 한국과학기술연구원(KIST) 소속 연구소장을 소환조사했다.

8월 30일
'조국수호 사법적폐청산 범국민시민연대'가 주최한 '가짜뉴스 언론개혁 조국수호 촛불문화제'가 일본대사관 앞에서 진행되었다. 고려대 총학생회는 조국 후보자 딸의 입시비리 의혹에 대한 진상규명을 촉구하는 2차 촛불집회를 열었다.

9월 1일
문재인 대통령은 조국 후보자 자녀의 입시 의혹과 관련해 "논란의 차원을 넘어서서 대학입시 제도 전반을 재검토해달라"는 의견을 당정청 관계자에게 당부했다.[4] 자유한국당 주광덕 의원은 기자회견을 통해 조국 후보자 딸의 고등학교 생활기록부를 공개했다. 더불어민주당 박찬대 원내대변인은 "주광덕 의원이 개인정보보호법과 초중등교육법 위반 소지가 있는 개인 신상정보를 언론에 무차별적으로 공개했다"며 "수사를 받아야 할 것"이라고 논평했다.

9월 2일 조국 후보자 기자간담회 진행
조국 후보자 인사청문회가 여야의 합의 실패로 무산되었다. 이후 조국 후보자의 요청으

---

3   8월 29일에는 '한국언론 사망'(최고 2위), '정치검찰 아웃'(13위), 30일에는 '보고싶다 청문회'(2위), 31일에는 '나경원 자녀의혹'(1위), 9월 1일에는 '나경원 사학비리의혹'(3위), 기자간담회가 진행된 9월 2일에는 '법대로 조국 임명'(6위), '한국 기자질문 수준'(3위), 다음 날인 3일에는 '근조 한국언론'(6위), '보고 있다 정치검찰'(8위) 등이 급상승 검색어에 올랐다.
4   문재인 대통령은 이날 아세안 3개국 순방을 위해 출국했다.

로 국회에서 기자간담회가 열렸다. 기자간담회는 11시간 동안 진행됐고, 3일 새벽 2시경 종료되었다. 부산대 총학생회는 조국 후보자 자녀 의혹에 대한 진상규명을 촉구하는 2차 촛불집회를 열었다.
- 동아일보는 〈[단독] '조국 딸 1저자' 교수, 그 아들은 서울법대 인턴〉을 보도했다.

9월 3일

문재인 대통령은 조국 장관 후보자 등에 대한 인사청문 경과보고서를 6일까지 송부해 달라고 국회에 다시 요청했다. 서울중앙지검 특수2부는 조국 후보자 딸의 '논문 저자' 논란과 관련해 단국대 교수, 조국 후보자 가족 관련 사모펀드가 투자한 가로등 점멸기 생산업체 웰스씨앤티 상무, 웅동학원 행정실장을 지낸 후보자 손위 처남 등을 소환조사했다. 또한 조국 후보자 부인인 정경심 동양대 교수의 연구실 및 대학본부, 서울대 의대, 한국국제협력단(KOICA) 등을 압수수색했다. 자유한국당 주광덕 의원은 국회 예산결산특별위원회 전체회의에서 조국 후보자 딸의 영어 성적을 공개했다. 더불어민주당 이재정 대변인은 "위법한 정보를 활용해서 이와 같은 방식의 정치 공방, 조국 후보자 딸의 인생을 망치는 행위는 그 책임을 반드시 져야 할 것"이라고 논평했다. 조국 후보자 딸은 경남 양산경찰서에 자신의 생활기록부, 의학전문대학원 성적 등 개인정보를 유출한 사람에 대한 고소장을 냈다.
- KBS는 〈[단독] 조국 딸, 어머니 재직 대학서 총장상 받아…동양대 압수수색〉에서 '동양대 표창장' 의혹을 제기했다.

9월 4일

더불어민주당 이인영 원내대표와 자유한국당 나경원 원내대표는 조국 법무부 장관 후보자의 인사청문회를 6일 하루 동안 열기로 합의했다. 서울중앙지검 특수2부는 웰스씨앤티 대표, 정경심 교수의 자산관리인인 한국투자증권 프라이빗뱅커(PB), 동양대 최성해 총장 등을 소환조사했다. 조국 후보자와 버닝썬 사건 관련자인 '윤 총경'이 함께 찍은 사진이 공개되어 논란이 일었다.[5] 교원단체인 실천교육교사모임은 조국 후보자 딸의 '학생부 불법 공개' 혐의로 자유한국당 주광덕 의원을 검찰에 고발했다.

---

5 9월 6일 국회 법제사법위원회 인사청문회에 출석한 조국 후보자는 '전체 회식에서 단순 사진 촬영만 한 것'이라고 밝혔다. '윤 총경'은 2019년 8월까지 청와대 민정수석실 행정관으로 근무했다.

- 중앙일보는 〈[단독] 조국 딸 받은 '동양대 총장상'…총장은 "준 적 없다"〉에서 동양대 최성해 총장과의 인터뷰를 보도했다.
- 동아일보는 〈[단독] 조국 부인, 딸 허위 인턴증명서 조작 개입〉에서 정경심 교수가 한국과학기술연구원(KIST) 인턴증명서 조작에 개입했다고 보도했다.

9월 5일

서울중앙지검 특수2부는 한국투자증권 영등포PB센터를 압수수색했다. 또한 조국 후보자 관련 사모펀드의 운용사로 알려진 코링크PE 대표를 소환조사했다. 전날 소환된 최성해 총장은 이날 새벽 조사를 마친 뒤 기자들에게 "교육자적인 양심을 택했다"고 말했다. 이병태 카이스트 교수, 조동근 명지대 명예교수 등 전·현직 교수 200여 명이 '조국 법무부 장관 지명 철회' 등을 요구하는 시국선언을 발표했다. 서울대 총학생회는 '조국 법무부 장관 임명 반대' 기자회견을 열었다. 대한병리학회는 조국 후보자 딸이 제1저자로 등재된 논문의 대한병리학회지 게재 취소를 결정했다.
- 동아일보는 〈[단독] 여권 핵심-의원, 동양대 총장에 "도와달라" 전화〉를 단독 보도했다. 당사자로 알려진 유시민 노무현재단 이사장과 더불어민주당 김두관 의원은 통화 사실은 인정했지만 관련 의혹은 부인했다.
- KBS는 〈검찰, '정경심 교수 PC 무단 반출' 수사…정 교수 "바로 검찰에 제출, 훼손 안 해"〉에서 증거인멸 의혹을 제기했다.
- 채널A는 〈[단독] 웅동학원 관계자 "조국 일가가 웅동학원을 망쳤다"〉에서 조국 후보자의 손위 처남이 위와 같이 말했다고 보도했다.

9월 6일 조국 법무부 장관 후보자 인사청문회, 정경심 교수 기소

조국 법무부 장관 후보자에 대한 국회 법제사법위원회 인사청문회가 진행되었다. 서울중앙지검 특수2부는 동양대 표창장 위조 혐의(사문서위조)로 정경심 교수를 소환조사 없이 불구속기소했다. 또한 코링크PE 대표를 이틀째 소환조사하고 웅동학원 이사, 부산대 교수 등도 소환조사했다. 자유한국당은 동양대 최성해 총장에게 외압을 가해 증거인멸을 시도한 혐의로 유시민 노무현재단 이사장과 더불어민주당 김두관 의원을 서울중앙지검에 고발했다. 고려대 재학생과 졸업생들은 조국 후보자 딸의 입시비리 의혹에 대한 진상규명을 촉구하는 3차 촛불집회를 진행했다.
- 머니투데이는 〈[단독] 조국 배우자, 압수수색 직전 PC 반출해 자산관리인 차량 트렁크에 보관〉을 단독 보도했다.

- 헤럴드경제는 〈[단독] 최성해 총장 "조국이 거짓증언 종용…괜찮냐 물었더니 '문제없다' 했다"〉를 단독 보도했다.
- 채널A는 〈[단독] 조국 5촌 '코링크 실소유주' 증거…정황 녹취 확보〉를 단독 보도했다.

9월 7일
서울중앙지검 특수2부는 정경심 교수의 자산관리인인 한국투자증권 PB를 2차 소환조사했다.
- SBS는 〈[단독] "조국 아내 연구실 PC에 '총장 직인 파일' 발견"〉에서 검찰에 임의제출된 정경심 교수의 컴퓨터에서 '총장 직인 파일'이 발견되었다고 보도했다.

9월 8일
서울중앙지검 특수2부는 코링크PE 전 이사와 코링크PE에 40억 원 이상 투자한 자동차 부품업체 익성의 부사장 등을 소환조사했다. 정경심 교수는 입장문을 내고 SBS의 '총장 직인' 관련 보도에 대해 "정확한 경위나 진위를 알지 못한다"고 밝혔다.

9월 9일 조국 법무부 장관 취임
문재인 대통령은 조국 후보자를 법무부 장관으로 임명했다. 조국 법무부 장관은 취임사에서 "누구도 함부로 되돌릴 수 없는 검찰개혁을 시민들, 전문가들 그리고 여러분(법무부 직원)과 함께 완수하겠다"고 밝혔다. 서울중앙지검 특수2부는 조국 법무부 장관 가족이 투자한 펀드 운용사 코링크PE 대표에 대해 특정경제범죄가중처벌법상 횡령·배임, 증거인멸 교사 혐의로 구속영장을 청구했다. 코링크PE가 투자한 웰스씨앤티 대표에 대해서도 특정경제범죄가중처벌법상 횡령 혐의로 구속영장이 청구되었다. 서울대 총학생회가 주최하고 재학생과 졸업생이 참가한 '조국 법무부 장관 사퇴' 3차 촛불집회가 열렸다. 부산대에서는 재학생과 졸업생이 참가한 조국 법무부 장관 사퇴 3차 촛불집회가 열렸다. 자유한국당은 '조국 법무부 장관 임명 철회 촉구' 집회를 광화문광장에서 진행했다.
- TV조선은 〈[단독] 조국 딸 출생신고자는 '父'…청문회 위증 논란〉을 보도했다.
- 조선일보는 〈[단독] PC 빼간 그날 아침…정경심, 사무실서 서류뭉치 가득 안고 나왔다〉를 보도했다.
- 경향신문은 〈[단독] 조국 부인, 가족펀드 투자사서 매달 고문료 받았다〉를 보도했다. 정경심 교수는 자신의 SNS를 통해 '영어교육과 관련한 정상적인 자문료'라고 밝혔다.

9월 10일

법무부는 조국 장관이 취임 후 '1호 지시'로 '검찰개혁 추진지원단'을 구성해 운영할 것을 지시했다고 밝혔다. 조국 장관은 또한 '본인과 가족에 대한 수사에 개입하지 않겠다'고 밝혔다. 서울중앙지검 특수2부는 조국 장관 동생 전처의 자택 및 웰스씨앤티 대표 자택 등을 압수수색했다. 또한 익성 대표를 소환조사했다. 무소속 이언주 의원이 조국 장관 임명에 항의하는 삭발식을 진행했다.

9월 11일 사모펀드 관련자 구속영장 기각

법무부는 조국 장관이 '2호 지시'로 '제2기 법무·검찰개혁위원회'를 신속하게 발족할 것을 지시했다고 밝혔다. 정경심 교수의 동양대 표창장 위조 사건이 서울중앙지법 형사합의29부(부장판사 강성수)에 배당되었다. 서울중앙지방법원 명재권 영장전담 부장판사는 9일 청구된 코링크PE 대표, 웰스씨앤티 대표의 구속영장을 모두 기각했다. 자유한국당 박인숙 의원은 조국 장관의 임명 철회를 요구하는 삭발식을 진행했다.
- KBS는 〈[단독] 조국 장관 자산관리인 "정경심, 코링크·WFM 먼저 언급…친척이 운용한다 했다"〉에서 한국투자증권 PB의 인터뷰를 단독 보도했다.[6]

9월 12일
- YTN은 〈[단독] 조국, PC 하드 교체한 증권사 직원에 "아내 도와줘서 고맙다"〉를 보도했다.

9월 14일 사모펀드 의혹 5촌 조카 체포

조국 장관의 5촌 조카가 귀국 직후 인천공항에서 체포되었다. 코링크PE 대표와 웰스씨앤티 대표는 구속영장 기각 사흘 만에 다시 소환되어 조사를 받았다.

9월 15일

자유한국당 이학재 의원이 조국 장관의 사퇴와 대통령의 사과를 요구하며 단식투쟁을 시작했다.

---

[6] KBS는 정경심 교수의 자산관리인이었던 한국투자증권 김경록 PB 인터뷰를 9월 11일과 12일 네 건으로 단독 보도했다. 이 보도에 대해 유튜브 채널 〈유시민의 알릴레오〉는 10월 8일 반박 내용을 방송했다.

9월 16일 사모펀드 의혹 5촌 조카 구속, 조국 장관 딸 비공개 소환조사

서울중앙지검 특수2부는 조국 장관의 5촌 조카에 대해 자본시장법 위반(부정거래·허위공시), 특정경제범죄 가중처벌법 위반(횡령·배임), 증거인멸교사 혐의로 구속영장을 청구했다. 서울중앙지법 임민성 영장전담 부장판사는 '도망 내지 증거인멸의 우려가 있다'는 취지로 구속영장을 발부했다. 서울중앙지검 특수2부는 조국 장관의 딸을 비공개 소환조사했다. 또 조국 장관의 손아래 처남을 처음으로 소환조사했다. '검찰개혁 사법적폐청산 범국민시민연대'가 주최한 검찰개혁 사법적폐청산 1차 촛불문화제가 서초동 대검찰청 인근에서 열렸다.[7] 자유한국당 황교안 대표가 조국 장관의 파면을 요구하며 삭발식을 진행했다. 서울대 총학생회는 학생회 차원에서 촛불집회를 더 이상 추진하지 않겠다고 발표했다.

- 한겨레는 〈[단독] 조국 부인 돈 5억, 사모펀드 운용사 설립 종잣돈으로〉를 보도했다.
- TV조선은 〈[단독] IFM 실소유주는 '조국 5촌 조카'…'2차전지 사업' 직접 투자〉를 보도했다.

9월 17일

서울중앙지검 특수2부는 더블유에프엠(WFM) 전 대표를 소환조사했다. 조국 장관은 국회를 찾아 더불어민주당 이해찬 대표, 정의당 심상정 대표 등을 예방했다. 자유한국당이 조국 장관 사퇴와 대통령 사과를 요구하는 촛불집회를 광화문에서 진행했다. 자유한국당 강효상 의원이 조국 장관 사퇴를 촉구하는 삭발식을 진행했다. 자유한국당 소속 김문수 전 경기지사가 조국 장관 퇴진과 문재인 대통령 하야를 촉구하는 삭발식을 진행했다.

- KBS는 〈[단독] "정경심, 아들 표창장 스캔해 딸 표창장 만들어"…동양대 컴퓨터서 물증〉을 보도했다.
- 조선일보는 〈[단독] "조국 가족의 '동양대 표창장' 위조 수법, 영화 기생충과 닮았다"〉를 보도했다.
- 한국일보는 〈[단독] "정경심, 동양대에 신고 않고 WFM 자문료 받아"…직접투자 의혹 커져〉를 보도했다.

---

7   9월 16일부터 20일까지 1차~5차 검찰개혁 사법적폐청산 촛불문화제가 열렸으며 이때까지는 소규모로 진행되었다.

9월 18일

자유한국당과 바른미래당은 조국 장관 의혹 관련 국정조사요구서를 국회 의안과에 제출했다. 자유한국당 이주영, 심재철 의원이 조국 장관 사퇴를 촉구하는 삭발식을 진행했다. 정경심 교수는 'WFM 자문료' 논란과 관련해 자신의 SNS에 '교원인사팀과 사전 협의를 거쳐 겸직허가서를 득했다'고 밝혔다.

9월 19일

조국 장관이 국회를 찾아 민주평화당 정동영 대표, 법제사법위원회 박지원 위원, 문희상 국회의장 등을 예방했다. 자유한국당 송석준, 최교일, 장석춘, 이만희, 김석기 의원이 조국 장관 사퇴를 촉구하며 삭발식을 진행했다. '사회정의를 바라는 전국교수모임'이 조국 장관 사퇴를 촉구하는 기자회견을 열고 시국선언문을 발표했다.[8] 서울대, 연세대, 고려대에서 각각 조국 장관의 사퇴를 촉구하는 촛불집회가 열렸다.

9월 20일

조국 장관이 의정부지방검찰청을 찾아 일선 검사와의 대화를 진행했다. 서울중앙지검 특수2부는 익성 본사 및 자회사 IFM 전 대표 자택 등을 압수수색했다. 서울중앙지검 특수2부는 조국 장관 아들의 '서울대 인턴증명서 조작' 의혹 고발 건으로 한인섭 한국형사정책연구원장을 소환조사했다. 자유한국당은 부산에서 조국 장관의 파면을 요구하는 촛불집회를 진행했다. 자유한국당 이헌승 의원이 삭발식을 진행했다.

9월 21일

서울중앙지검 특수2부는 '웅동학원 허위공사' 의혹 관련 웅동중학교와 사건 관계자 자택 등을 압수수색했다. 검찰개혁 사법적폐청산 6차 촛불문화제가 서초동 대검찰청 인근에서 진행되었다. 자유한국당은 광화문광장에서 '문정권 헌정유린 중단과 위선자 조국 파면 촉구 집회'를 진행했다.
- 한국일보는 〈[단독] "코링크 운용, 정경심 갑질로 힘들어" 입 여는 5촌 조카〉를 보도했다.
- 채널A는 〈[단독] 추석 전 입원 후 퇴원…정경심, 병실 홀로 쓰며 '쉬쉬'〉, 〈[단독] "정경심 처음 봤다"던 병원장은 서울대 동기였다〉를 보도했다.

---

8   290개 대학에서 3396명의 전·현직 교수가 시국선언에 참여했다고 밝혔으나 명단을 공개하지는 않았다.

9월 22일
서울중앙지검 특수2부는 조국 장관의 딸을 두 번째로 비공개 소환조사했다.

9월 23일 조국 장관 자택 압수수색
서울중앙지검 특수2부는 조국 장관의 방배동 자택을 압수수색했다. 자택 압수수색은 11시간 만에 종료되었다.[9] 한편 조국 장관의 자녀가 재학 중이거나 지원했던 아주대·충북대·이화여대·연세대 등도 압수수색했다. 조국 장관은 자녀의 서울대 공익인권법센터 인턴증명서 발급에 자신이 관여했다는 보도에 대해 '악의적이며 법적 조치를 고민하고 있다'고 밝혔다. 포털사이트 급상승 검색어에 '우리가 조국이다'가 2위에 올랐다. 자유한국당은 헌법재판소에 '조국 장관 직무 효력정지 가처분'을 신청했다.

9월 24일
서울중앙지검 특수2부는 조국 장관의 아들을 처음으로 비공개 소환조사했다. 법무부는 조국 장관의 지시로 '법무·검찰 개혁을 위한 국민제안' 접수를 시작했다. 접수된 제안은 '법무·검찰개혁위원회'의 안건으로 상정하겠다고 밝혔다. 정경심 교수 변호인단이 11일 요청한 수사기록 열람·등사를 검찰이 거부했다고 알려졌다.

9월 25일
조국 장관은 대전지방검찰청 천안지청에서 두 번째 검사, 직원과의 대화를 진행했다. 정경심 교수는 자신의 SNS에 자녀의 검찰 소환조사에 대해 "가슴에 피눈물이 난다"는 심경을 밝혔다. 윤석열 검찰총장은 조국 장관 관련 수사에 대해 "절차에 따라 진행되고 있다"고 처음으로 언급했다.
- 동아일보는 〈[단독] 檢, 익성-IFM-WFM 자금흐름 적힌 사진 확보〉를 보도했다.

9월 26일
서울중앙지검 특수2부는 '웅동학원 위장소송' 의혹과 관련해 조국 장관의 동생과 전 배우자를 처음으로 소환조사했다. 조국 장관은 국회 정치 분야 대정부질문에 참석, 신임 국무위원 인사에서 "법무부 혁신·검찰개혁을 완수할 것"이라고 밝혔다. 자유한국당 의

---

9   조국 장관 자택에 대한 압수수색이 이뤄진 전날, 문재인 대통령은 유엔총회 참석을 위해 출국했다.

원들은 조국 장관의 신임 국무위원 인사 때 단체로 등을 돌려 앉았다. 자유한국당 주광덕 의원과 조국 장관의 질의응답 과정에서 자택 압수수색 당시 검사와 통화한 사실이 공개되었다. 포털사이트 급상승 검색어에 '검찰 자한당 내통'이 9위에 올랐다. '한반도 인권과 통일을 위한 변호사모임'은 조국 장관 퇴진을 요구하는 기자회견을 열고 '조국 퇴진 법치수호 시국선언'에 1036명이 서명했다고 발표했다. 국내외 교수·연구자들이 검찰개혁을 지지하는 기자회견을 열고 '지금 중요한 것은 검찰개혁이다!'라는 제목의 서명운동에 6120명이 서명했다고 발표했다.

9월 27일

유엔총회 참석 후 9월 26일 귀국한 문재인 대통령은 조국 장관과 관련한 검찰 수사에 대해 "사실관계 규명이나 조 장관이 책임져야 할 일이 있는지도 검찰의 수사 등 사법 절차에 의해 가려질 것"이라고 말했다. 서울중앙지검 특수2부는 조국 장관 동생을 이틀 연속 소환조사했다. 또한 사모펀드 의혹과 관련해 금융감독원을 압수수색했다. '사회정의를 바라는 전국교수모임'은 조국 장관의 사퇴를 촉구하는 기자회견을 열고 시국선언 명단 공개에 동의한 3265명의 이름을 발표했다.[10] 자유한국당은 조국 장관을 자택 압수수색 당시 검사와 통화한 문제에 대해 직권남용권리행사방해, 부정 청탁 및 금품 등 수수의 금지 위반 혐의로 대검찰청에 고발했다. '법치주의 바로세우기 행동연대' 또한 조국 장관을 직권 남용 혐의로 서울중앙지검에 고발했다.

9월 28일 검찰개혁 사법적폐청산 7차 촛불문화제

서울중앙지검, 서초역, 교대역 인근에서 검찰개혁 사법적폐청산 7차 촛불문화제가 대규모로 진행되었다.[11] 자유한국당이 8개 지역에서 '文정권 헌정유린 규탄, 위선자 조국 파면 촉구' 집회를 열었다.

---

10 해당 명단에는 대학과 학과 정보 없이 이름만 나열되어 있어 진위 여부에 대한 논란이 제기되었다. 일부 명단에 오른 교수들은 자신의 명의가 도용되었다고 주장하기도 했다.

11 이날 열린 검찰개혁 촛불문화제에는 수십만 명에서 수백만 명의 인파가 몰려 참여 인원에 대한 논란이 벌어졌다. 한편 검찰개혁, 공수처 설치 등을 요구하는 촛불문화제가 9월 말부터 대구, 광주, 부산, 제주, 울산 등 전국 각지에서 꾸준히 진행되었다.

9월 29일
윤석열 검찰총장은 "검찰개혁을 위한 국민의 뜻과 국회의 결정을 검찰은 충실히 받들고 그 실현을 위해 최선을 다할 것"이라는 입장을 밝혔다.
- 채널A는 〈[단독] 조국 딸, 검찰 진술서 "집에서 서울대 인턴했다"〉를 보도했다.

9월 30일 문재인 대통령, 검찰총장에게 검찰개혁 지시
문재인 대통령은 조국 법무부 장관으로부터 첫 업무 보고를 받았다. 대통령은 "검찰이 앞장서서 개혁의 주체가 되어야 할 것"이라고 당부하며 "검찰총장에게 지시한다. 검찰개혁을 요구하는 국민들의 목소리에 귀를 기울이면서 (…) 국민으로부터 신뢰받는 권력기관이 될 수 있는 방안을 조속히 마련해 제시해주기 바란다"라고 밝혔다. 조국 장관은 제2기 법무·검찰개혁위원회 발족식에서 28일 촛불문화제와 관련해 "국민들의 검찰개혁에 대한 열망이 헌정 역사상 가장 뜨겁다"고 발언했다. 법무·검찰개혁위원회(위원장 김남준 변호사)는 '(검찰의) 직접수사 축소와 형사·공판부로 중심 이동'을 1호 권고로 발표했다. 서울중앙지검 특수2부는 조국 장관의 동생이 연루된 '웅동학원 채용비리' 의혹과 관련된 전달책에 대해 구속영장을 청구했다. 정경심 교수는 자신의 SNS에서 서울대 공익인권법센터 인턴 활동과 관련해 '집에서 인턴 활동을 했다'라고 진술했다는 보도는 사실이 아니라고 밝혔다.

10월 1일
조국 장관은 국회 교육·사회·문화 분야 대정부질문에 출석해 가족 관련 의혹, 압수수색 당시 검사와 통화, 촛불집회 관련 등의 질문에 답변했다. 서울중앙지법 신종열 영장전담 부장판사는 '웅동학원 채용비리' 의혹 관련 조국 장관 동생에게 금품을 전달한 혐의로 전달책에게 청구된 구속영장을 발부했다. 서울중앙지검 특수2부는 웅동학원 관련 의혹에 대해 조국 장관 동생을 세 번째로 소환조사했다. 대검찰청(검찰총장 윤석열)은 전날 대통령의 개혁 지시에 따라 첫 번째 자체개혁안으로 서울중앙지검 등 3개 검찰청을 제외한 전국 검찰청의 특수부 폐지, 외부 기관 파견 검사의 복귀, 검사장 전용차량 이용 중단을 발표했다.[12]

10월 2일 더불어민주당, 조국 수사 담당 검사 및 검찰관계자 고발
2019년 국회 국정감사가 시작되었다. 문화체육관광위원회, 기획재정위원회, 정무위원회, 교육위원회 등에서 조국 장관 관련 의혹에 대한 여야의 공방이 이어졌다. 더불어민주당은 조국 장관 자택 압수수색 당시 검사와의 통화 사실을 자유한국당에 유출했다는 의혹에 대해 '조 장관 친인척 수사 담당 검사 및 검찰 관계자'를 '피의사실 공표 및 공무상 비밀누설' 혐의로 서울중앙지검에 고발했다. '투기자본감시센터'는 조국 장관, 정경심 교수, 장관의 5촌 동생 등 7명을 공직자윤리법, 특정경제범죄가중처벌 등에 관한 법률 위반 혐의로 대검찰청에 고발했다. 정경심 교수 변호인단은 서울중앙지법 형사합의29부에 검찰이 거부한 수사기록 열람·등사 신청서를 제출했다.

10월 3일 정경심 교수 첫 소환조사, 5촌 조카 구속기소
서울중앙지검 특수2부는 정경심 교수를 첫 소환조사했다. 정경심 교수는 8시간가량 조사를 받았으며 '건강상 이유'로 조사 중단을 요청하고 귀가했다. 9월 16일 구속된 조국 장관의 5촌 조카가 특정경제범죄가중처벌 등에 관한 법률 위반(횡령) 등 혐의로 기소되었다. '웅동학원 채용비리' 의혹과 관련해 또 다른 전달책에게 구속영장이 청구되었다. 자유한국당과 '문재인하야범국민투쟁본부'(총괄대표 전광훈) 주최로 광화문광장에서 조국 장관의 사퇴를 요구하는 대규모 집회가 진행되었다.[13] 고려대, 연세대, 단국대, 부산대 등 학생들이 모인 '전국 대학생 연합 촛불집회 집행부'가 주최한 조국 장관 사퇴 집회가 대학로에서 진행되었다. 9월 15일부터 19일 동안 '조국 사퇴, 문재인 대통령 사과'를 요구하며 단식 투쟁을 벌인 자유한국당 이학재 의원이 단식을 종료했다.

10월 4일 조국 장관 동생 구속영장 청구
서울중앙지검 특수2부는 특정경제범죄가중처벌법상 배임, 배임수재, 증거인멸교사 혐의로 조국 장관 동생에게 구속영장을 청구했다. 서울중앙지법 임민성 영장전담 부장판사는 전날 청구된 '웅동학원 채용비리' 관련자에게 구속영장을 발부했다. 대검찰청은 두 번째 자체개혁안으로 사건관계인에 대한 '공개소환'을 전면 폐지한다고 발표했다. 조국 장관 딸의 첫 언론 인터뷰가 TBS 〈김어준의 뉴스공장〉을 통해 방송되었다. 조 씨는 그간의 소회를 밝히며 "봉사활동이나 인턴을 하고 나서 받은 것을 학교에 제출했다,

---

12 여당인 더불어민주당은 대검찰청의 자체개혁안에 대해 '시늉만 내지 말아야 한다', '특수부 기능의 실질적인 축소가 필요하다', '서울중앙지검 특수부가 개혁안에서 제외된 것이 문제' 등의 반응을 보였다. 또한 검사장 전용차량 이용 중단은 2018년 박상기 법무부 장관이 이미 발표한 내용이라는 비판도 나왔다. 이날 발표를 비롯해 대검찰청의 자체개혁안은 계속해서 '진정성'을 의심받았다.

13 자유한국당이 '총동원령'을 내린 이날 집회에서 총 46명이 폭력·불법 행위로 체포되었다.

위조한 적 없다"고 말했다. 정경심 교수 변호인단은 보도자료를 내고 "과거 사고 등으로 현재 건강 상태가 좋지 않아 장시간 연속 조사를 받기 힘들다"고 밝혔다.

10월 5일 정경심 교수 2차 소환조사, 검찰개혁 8차 촛불문화제
서울중앙지검 특수2부는 정경심 교수를 2차로 소환조사했다. 정경심 교수는 출석 15시간 만인 자정 무렵 귀가했다. 서초역 사거리를 중심으로 검찰개혁 8차 촛불문화제가 대규모로 진행되었다.

10월 6일
정경심 교수 변호인단은 보도자료를 통해 2009년 5월 학술대회 동영상에 조국 장관의 딸이 등장하지 않는다는 보도는 오보라고 밝히며 동영상 캡처 사진을 공개했다.

10월 7일
포털사이트 급상승 검색어에 '조국 구속'이 1위에 올랐다. 앞서 유튜브 채널 〈가로세로연구소〉의 강용석 변호사는 라이브 방송을 진행하고 '조국 구속' 실시간 이슈 검색어(실검) 올리기 운동을 제안했다. 조국 장관 지지자들은 이에 대항해 '조국수호 검찰개혁'을 포털사이트 '다음' 실검 1위에 올렸다. 대검찰청은 세 번째 자체개혁안으로 오후 9시 이후 '심야 조사'를 폐지하겠다고 발표했다. 자유한국당 김도읍 의원은 국회 법제사법위원회 국정감사에서 유재수 부산시 경제부시장(전 금융위원회 금융정책국장) 감찰이 조국 당시 민정수석의 지시로 중단되었다고 주장했다. 소설가 황석영, 시인 안도현 등 작가 1276명이 "조국을 지지한다. 검찰개혁 완수하라"는 제목으로 성명을 발표했다.

10월 8일 조국 장관 검찰개혁안 발표, 정경심 교수 3차 소환조사
조국 법무부 장관은 '국민과 검찰이 함께하는 검찰개혁 추진계획'을 발표했다. 검찰 직접수사부서 축소, 특수부의 반부패수사부 개편, 형사부·공판부 확대, 검사 외부 파견 최소화, 형사사건 공개금지 규정 시행, 8시간 이상 장시간·심야 조사 금지, 피의자 출석 조사 최소화, 부당한 별건 수사·수사 장기화 제한, 법무부 감찰기능 강화 등이 발표되었다. 서울중앙지검 특수2부는 조국 장관 동생에 대한 구인영장을 집행했다. 조 장관 동생은 전날 허리디스크 수술을 이유로 법원에 심문기일 변경신청서를 제출했다. 조 장관 동생은 구속 전 피의자 심문(영장실질심사)에 대해 심문포기서를 제출했다. 서울중앙지검 특수2부는 정경심 교수를 3차로 소환조사했다. 또한 정경심 교수의 자산관리인이 근무했던 한국투자증권 목동지점을 압수수색하고 해당 자산관리인을 소환조사했다. 정경심 교수 변호인단은 검찰이 수사기록 열람·등사를 거부함에 따라 '의견서 제출 기한을 연기시켜주거나 공판준비기일을 연기시켜달라'는 의견서를 재판부에 제출했다. 자유한국당은 헌법재판소에 헌법소원심판을 청구했다. 헌법소원 사유는 "조 장관을 고발한 한국당의 공정한 수사를 통해 그 결과를 받을 권리 및 재판절차진술권 침해", "장관이 아닌 다른 범죄자들을 고발한 고발인들과 비교할 때 한국당의 평등권·행복추구권 등 침해" 등이라고 밝혔다. 〈유시민의 알릴레오〉에서는 정경심 교수의 자산관리인 김경록 한국투자증권 PB와의 인터뷰를 공개했다. 유시민 노무현재단 이사장은 KBS 법조팀과 검찰의 유착 의혹을 제기했다.

- 조선일보는 〈[단독] 주말 미술관 찾은 조국, '나꼼수' 주진우와 저녁… 왜?〉를 보도했다.

10월 9일 조국 장관 동생 구속영장 기각

서울중앙지법 명재권 영장전담 부장판사는 지난 4일 특정경제범죄가중처벌법 등에 관한 법률(배임) 위반 등의 혐의로 구속영장이 청구된 조국 장관의 동생에 대한 영장을 '주요 범죄(배임) 성부에 다툼의 여지가 있다'는 취지 등으로 기각했다. '문재인 하야 범국민투쟁본부'가 주최한 조국 장관의 사퇴를 요구하는 '대한민국 바로세우기 국민대회'가 대규모로 열렸다. 자유한국당의 황교안 대표, 나경원 원내대표 등 주요 인사들은 개인자격으로 참석했다고 밝혔다. 이날 집회에는 '서울대학교 광화문집회 추진위원회' 소속 학생들도 참석했다. 온라인 커뮤니티 루리웹 이용자들('북유게 사람들')이 주최한 '야당 규탄, 조국 수호를 위한 우리가 조국이다 시민참여문화제'가 여의도에서 열렸다.

10월 10일

조국 장관은 '법무·검찰 개혁에 관한 국민제안 간담회'를 열어 국민제안에 참여한 시민 15명과 대화를 나눴다. 대검찰청은 네 번째 자체개혁안으로 '경제·부정부패·공직·방위산업·선거분야 등 중대범죄 대응에 직접수사 역량을 필요 최소한으로 집중', '전문공보관 도입으로 수사보안 강화'를 발표했다.

10월 11일

자유한국당은 대법원 앞에서 '文정권 사법농단 규탄' 현장 국정감사대책회의를 열고 조국 장관 동생의 구속영장 기각이 "사법농단의 결정판"이라고 주장했다.

10월 12일 정경심 교수 4차 소환조사, 검찰개혁 9차 촛불문화제
서울중앙지검 특수2부는 정경심 교수를 4차 소환조사했다. '최후통첩' 검찰개혁 사법 적폐청산 9차 촛불문화제가 서초역 사거리에서 대규모로 진행되었다. 대학로에서 조국 장관 사퇴를 촉구하는 대학생 연합 촛불집회가 진행되었다. 법무부와 대검찰청은 검찰개혁안에 대한 협의를 진행했다. 법무부는 "대검 건의를 받아들여 3개 검찰청의 특수부만 남기되 명칭은 반부패수사부로 변경한다" 등의 협의 내용을 발표했다.

10월 13일
더불어민주당, 정부, 청와대가 검찰개혁 방안에 대한 당·정·청 협의회를 열었다. 더불어민주당 이해찬 대표, 이인영 원내대표, 이낙연 총리, 조국 법무부 장관, 김상조 정책실장, 김조원 민정수석 등이 참석했다.

10월 14일 조국 장관, 검찰개혁 추진상황 브리핑 및 사퇴 발표
조국 장관은 오전 11시 법무부 브리핑실에서 '검찰개혁 추진상황' 브리핑을 진행했다. 특수부 축소, 반부패수사부로 개편, '인권보호수사규칙' 제정, 검찰에 대한 법무부의 감찰권 확대 등 추진 상황을 보고했다. 조국 장관은 오후 2시 사퇴 입장문을 발표했다. 문재인 대통령은 오후 5시 38분 조국 장관 면직안을 재가했다. 조국 장관은 서울대 법학전문대학원에 복직원을 제출했다. 서울중앙지검 특수2부는 정경심 교수에 대한 5차 소환조사를 진행했다. 이날 조사는 조국 장관 사퇴 발표 후 정경심 교수의 요청으로 종료되었다.

10월 15일
서울중앙지검 특수2부는 '웅동학원 채용비리' 혐의로 구속된 전달책 2명을 구속기소했다. 주진우 기자는 TBS 〈김어준의 뉴스공장〉에서 정경심 교수가 "최근 뇌종양·뇌경색 증상 진단을 받았다"고 밝혔다. 이낙연 총리 주재로 열린 국무회의에서 특수부 축소, 반부패수사부로 명칭 변경을 담은 '검찰청 사무기구에 관한 규정'을 심의·의결했다. 법무부는 인권보호수사규칙 제정(안)을 입법예고했다. 해당 안은 '부당한 별건수사, 장기간 조사 금지', '심야조사·장시간 조사 제한', '중요 범죄에 대한 수사 개시, 구속영장 청구 등 검사장에 보고', '형사사건에 대한 공개, 출석 일시 등 공개 금지, 세부 절차는 법무부장관 훈령으로 정함' 등의 내용을 담고 있다.
- 채널A는 〈[단독] 조국 전 장관, 사표 수리 20여분 만에 서울대 복직 신청〉을 보도했다.

- 중앙일보는 〈[단독] 정경심 투자 1년 반 前, 코링크 PC엔 '여회장.hwp' 파일〉을 보도했다.

10월 16일
문재인 대통령은 김오수 법무부 차관, 이성윤 법무부 검찰국장을 만나 '조국 장관의 검찰 개혁안을 10월 중 마무리'해달라고 주문하고 '추가적인 개혁 방안, 대검과 법무부의 감찰 강화 방안을 직접 보고해달라'고 지시했다. 대검찰청은 보도자료를 통해 "변화와 개혁을 바라는 국민의 엄중한 뜻을 경청하고 공감하며, 국민과 함께하는 검찰개혁을 중단 없이 추진하겠다"고 밝혔다. 또한 다섯 번째 자체개혁안으로 대검 내 '외부 전문가로 구성한 인권위원회 설치'를 발표했다. 서울중앙지검 특수2부는 정경심 교수에 대한 6차 소환조사를 진행했다. 정경심 교수 변호인단은 입원확인서를 검찰에 제출했고 검찰은 추가 자료 제출을 요청했다.

10월 17일 정경심 교수 소환조사 마무리
서울중앙지검 특수2부는 정경심 교수에 대한 7차 소환조사를 진행해 전날 중단된 조서 열람 절차를 마무리했다.

10월 18일 정경심 교수 첫 공판준비기일
서울중앙지법 형사합의29부는 사문서위조 혐의로 기소된 정경심 교수에 대한 첫 공판준비기일을 열었다. 검찰의 '사건 기록 열람·등사 거부'에 대해 재판부는 '증거목록과 사건목록만큼은 제대로 변호인에 제공하고 거부하더라도 구체적인 이유를 밝혀야 한다', '정당한 이유가 없으면 모두 허용해야 한다'고 밝혔다.

10월 19일
검찰개혁 사법적폐청산 10차 촛불문화제가 여의도에서 진행되었다. 서초동에서는 커뮤니티 루리웹의 '북유게 사람들'이 주최하는 '끝까지 검찰개혁 시민참여촛불문화제'가 진행되었다. 자유한국당은 광화문에서 '국민의 명령, 국정 대전환 촉구 국민보고대회'를 열었다.

10월 21일 정경심 교수 구속영장 청구
서울중앙지검 특수2부는 '동양대 표창장' 의혹, '사모펀드 비리' 의혹과 관련해 11개 혐의로 정경심 교수에 대한 구속영장을 청구했다. 또한 조국 전 장관 동생을 소환조사했다.

10월 22일
법무부의 '검찰청 사무기구에 관한 규정' 일부 개정령이 공포·시행됨에 따라 특수부 명칭이 반부패부로 변경되고 전국 3개 검찰청에만 남게 되었다. 문재인 대통령은 국회 시정연설에서 "공정과 개혁에 대한 국민 열망을 다시 한번 절감"했다고 밝히면서 학생부종합전형 실태조사, 고교서열화 해소 방안 강구, 정시 비중 상향을 포함한 입시제도 개편안을 마련하겠다고 밝혔다. 또한 "검찰개혁을 멈추지 않겠다", "공수처법과 수사권 조정법안 등 검찰개혁과 관련된 법안들을 조속히 처리해주길 당부한다"고 말했다.

10월 23일 정경심 교수 영장실질심사 출석
서울중앙지법 송경호 영장전담 부장판사는 21일 청구된 정경심 교수에 대한 구속 전 피의자 심문(영장실질심사)을 진행했다. 영장실질심사는 7시간여 만에 종료되었다. 서초동에서는 '국민 필리버스터 정경심 교수 구속 기각 촉구 촛불문화제'가 진행되었다. 인근에서 영장 발부를 촉구하는 집회 또한 진행되었다.
— SBS는 〈[단독] WFM 주식 매입 자금 일부, 조국 계좌서 이체 정황〉을 보도했다.

10월 24일 정경심 교수 구속영장 발부
서울중앙지법 송경호 영장전담 부장판사는 정경심 교수에게 청구된 구속영장에 대해 "범죄 혐의의 상당 부분이 소명되고 증거인멸 염려가 있다"는 취지로 구속영장을 발부했다. 대검찰청은 '비위자 사표 수리 제한', '감찰위원회 출석요구권 부여' 등 '검찰 자체 감찰 강화 방안'을 여섯 번째 자체개혁안으로 발표했다.

10월 25일 정경심 교수 구속 후 첫 소환조사
서울중앙지법 형사합의24부(부장판사 소병석)는 '사모펀드' 의혹으로 구속된 조국 전 장관의 5촌 조카에 대한 공판준비기일을 진행했다. 서울중앙지검 반부패수사2부(부장검사 고형곤)는 정경심 교수를 구속 후 첫 소환조사했다. 법무부는 인권보호수사규칙 제정(안)을 재입법예고했다. 해당 안은 '중요 범죄에 대한 수사 개시, 구속영장 청구 등 검사장에 보고' 내용 삭제, '세부 절차는 법무부장관 훈령으로 정함'이 '세부사항은 검찰총장이 정함'으로 수정되었다. '문재인하야범국민투쟁본부'(총괄대표 전광훈)는 광화문에서 '문재인 하야 3차 투쟁대회'를 열고 조국 전 장관의 처벌과 문재인 대통령 하야를 촉구했다. 자유한국당 지도부를 비롯한 주요 인사들이 개인 자격으로 참석했다.

10월 26일
검찰개혁 사법적폐청산 11차 촛불문화제가 여의도에서 두 번째로 진행되었다. 서초동에서는 검찰개혁과 공수처 설치를 촉구하는 시민참여촛불문화제가 진행되었다.

10월 27일
서울중앙지검 반부패수사2부는 정경심 교수를 구속 이후 두 번째 소환조사했다.

10월 29일 조국 전 장관 동생 구속영장 재청구
서울중앙지검 반부패수사2부는 조국 전 장관 동생에 대한 구속영장을 재청구했다. 범인도피와 강제집행면탈 혐의가 추가되었다. 또한 정경심 교수를 구속 이후 세 번째 소환조사하고 한국투자증권 김경록 PB도 소환조사했다. 대검찰청은 7번째 자체 개혁안으로 피해자와 참고인 등 모든 사건관계인이 검찰 조사 시 변호사를 동석할 수 있는 '변호인의 변론권 강화 방안'을 발표했다. 〈유시민의 알릴레오〉는 '조국 전 장관에 대한 8월 초 내사설'의 근거로 윤석열 검찰총장의 '비공개 발언'의 요지를 공개했다.

10월 30일
더불어민주당 이해찬 대표는 기자간담회에서 "청년들이 느꼈을 불공정에 대한 상대적 박탈감, 좌절감을 깊이 헤아리지 못했다"고 유감을 표하는 한편 "마지막 기회라는 마음가짐으로 고위공직자범죄수사처 설치와 검경 수사권 조정, 검찰 내부의 조직 문화와 잘못된 관행을 철저히 개혁하겠다"고 밝혔다. 서울동부지검 형사6부(부장검사 이정섭)는 유재수 부산시 경제부시장에 대한 '감찰 무마' 의혹과 관련해 대보건설 등을 압수수색했다.

10월 31일 조국 전 장관 동생 구속
서울중앙지법 신종열 영장전담 부장판사는 29일 조국 전 장관의 동생에게 청구된 구속영장에 대해 구속 전 피의자심문(영장실질심사)을 진행했다. 조국 전 장관 동생 변호인은 '채용비리'와 관련한 혐의는 인정했다고 밝혔다. 신종열 영장전담 부장판사는 '구속의 필요성과 상당성이 인정된다'며 구속영장을 발부했다. 정경심 교수는 건강상의 이유로 불출석 사유서를 서울중앙지검 반부패수사2부에 제출했다. 서울중앙지검 반부패수사

2부는 정경심 교수의 구속기간 연장을 신청해 법원의 허가를 받았다. 법무부는 '인권보호수사규칙'을 법무부령으로 제정·공포했다. '부당한 수사방식(일명 별건수사) 제한', '장시간 조사 및 심야조사 제한', '중대사건 법무부장관·검찰총장·검사장 보고' 등이 포함되었다.

11월 1일
서울중앙지검 반부패수사2부는 조국 전 장관의 동생을 구속 후 첫 소환조사했다.

11월 2일
서울중앙지검 반부패수사2부는 정경심 교수를 구속 이후 네 번째로 소환조사했다. 검찰개혁 사법적폐청산 12차 촛불문화제가 여의도에서 진행되었다. 검찰개혁, 공수처 설치 시민참여 문화제가 서초동에서 진행되었다. '대한민국바로세우기국민운동본부'(총재 전광훈)는 광화문에서 '문재인 퇴진 국민대회'를 열었고, 조국 전 장관의 사퇴를 요구해 온 대학생 단체인 '공정추진위원회'도 광화문에서 집회를 개최했다.

11월 3일
서울중앙지검 반부패수사2부는 조국 전 장관의 동생을 구속 이후 두 번째로 소환조사했다.

11월 4일
서울동부지검 형사6부는 유재수 부산시 경제부시장의 '감찰무마' 의혹과 관련해 금융위원회와 업체 두 곳을 압수수색했다. 서울중앙지검 반부패수사2부는 조국 전 장관 동생을 구속 이후 세 번째 소환조사했다. 정경심 교수는 건강상의 이유로 불출석 사유서를 제출했다.

11월 5일
서울중앙지검 반부패수사2부는 정경심 교수를 구속 이후 다섯 번째로 소환조사했다. 또한 '허위 인턴증명서 발급' 의혹 수사로 서울대 법학전문대학원의 조국 교수 연구실 등을 압수수색했다.

11월 6일
서울중앙지법 형사합의24부(부장판사 소병석)은 구속된 조국 전 장관의 5촌 조카에 대한 2차 공판준비기일을 진행했다.

11월 7일
정경심 교수는 서울중앙지검 반부패수사2부, 조국 전 장관 동생은 서울동부지검 형사6부에 건강상의 이유로 불출석 사유서를 제출했다.

11월 8일
서울중앙지검 반부패수사2부는 정경심 교수를 구속 이후 여섯 번째로 소환조사했다. 조국 전 장관 동생은 건강상의 이유로 불출석 사유서를 서울동부지검 형사6부에 제출했다. 서울동부지검 형사6부는 조국 전 장관 동생의 구속기한 연장을 신청해 법원의 허가를 받았다. 문재인 대통령은 '공정사회를 향한 반부패정책협의회'에서 "(검찰개혁에 대해) 윤석열 총장이 아닌 다른 누가 검찰총장이 되더라도 흔들리지 않는 공정한 반부패 시스템을 만들어 정착시키는 것이 과제"라고 말했다. 해당 회의에는 윤석열 검찰총장도 참석했다.
- 채널A는 〈[단독] 정경심 차명 주식 뒷면에 적힌 '코링크PE 소유'〉를 보도했다.

11월 9일
검찰개혁과 공수처 설치를 촉구하는 시민참여 문화제가 서초동에서 열렸다. '대한민국 바로세우기국민운동본부'(총재 전광훈)는 광화문에서 '문재인 퇴진 국민대회'를 열었다.

11월 10일
정경심 교수는 건강상의 이유로 불출석 사유서를 서울중앙지검 반부패수사2부에 제출했다.

11월 11일 정경심 교수 추가 기소
서울중앙지검 반부패수사2부는 정경심 교수를 14개 혐의로 추가 기소했다. 정경심 교수의 딸과 조국 전 장관의 동생 및 5촌 조카를 공범으로 적시했다. 조국 전 장관 동생을 구속 이후 네 번째로 소환조사하고 '부산대 장학금' 의혹과 관련해 노환중 부산의료원장을 소환조사했다. 조국 전 장관은 자신의 SNS에 '참담한 심정이지만 진실이 밝혀지고 저의 명예가 회복되도록 모든 노력을 다하고자 한다', '국민 여러분께 송구하다'는 입장을 밝혔다.

11월 14일 조국 전 장관 첫 소환조사
서울중앙지검 반부패수사2부는 조국 전 장관을 '자녀 입시비리', '사모펀드' 의혹과 관련해 소환조사했다. 조국 전 장관은 조사 후 "혐의 전체가 사실과 다른 것으로서 분명히 부인하는 입장"이라고 밝혔으며 "일일이 답변하고 해명하는 것도 구차하고 불필요하다고 판단"했다고 말했다.

11월 16일
'끝까지 검찰개혁 시민모임'은 '끝까지 검찰개혁, 서초동 시민참여문화제'를 열었다.

11월 18일 조국 전 장관 동생 구속기소
서울중앙지검 반부패수사2부는 조국 전 장관 동생을 배임수재와 업무방해, 증거인멸 교사 등 6개 혐의로 구속기소했다. '법치주의 바로세우기 행동연대'는 고려대 총장이 조국 전 장관 딸의 입학취소를 거부하고 있다며 서울중앙지검에 고발했다.

11월 19일
서울동부지검 형사6부는 유재수 부산시 경제부시장의 자택, 자산운용사 등 5곳을 압수수색했다. 문재인 대통령은 '2019 국민과의 대화'에서 "결과적으로 국민들에게 갈등을 주고, 분열시키게 한 점에 대해서는 정말 송구스럽다. 다시 한번 사과 말씀드린다"고 말했다. 또한 "이번 기회에 검찰개혁의 중요성이 부각된 것이 한편으로는 다행스럽다"고 밝혔다.

11월 21일 조국 전 장관 두 번째 소환조사
서울중앙지검 반부패수사2부는 조국 전 장관을 두 번째로 소환조사했다. 서울동부지검 형사6부는 특정경제범죄가중처벌법상 뇌물수수 혐의로 유재수 부산시 경제부시장을 소환조사했다.

11월 22일
부산대는 '조국 전 장관 자녀 관련 의혹에 대한 대학본부의 입장표명'이라는 제목의 공문을 총학생회에 보내고 '학칙이나 규칙을 위반하지 않았더라도 교육 형평성과 도덕적 차원에서 특혜 소지가 있었다'고 밝혔다. 고려대에서는 일부 학생들이 조국 전 장관 딸의 입학 취소를 요구하는 집회를 열었다.

11월 25일
서울동부지검 형사6부는 유재수 전 부산시 경제부시장에 대해 뇌물수수, 수뢰 후 부정처사, 청탁금지법 위반 등의 혐의로 구속영장을 청구했다.

11월 26일 정경심 교수 2차 공판준비기일
정경심 교수의 '동양대 표창장 위조' 사건을 담당하는 서울중앙지법 형사합의25부(부장판사 송인권)는 기존 공소사실 내용과 추가 기소 내용이 상당한 차이가 있다는 이유로 '자녀 입시비리'와 '사모펀드' 의혹의 재판을 병합하지 않겠다고 밝혔다. 검찰은 추가 기소에 따라 공소장 변경을 신청하겠다고 밝혔다.
- 경향신문은 〈[단독] 경찰, 김기현 비위수사 때 수사 상황 청와대에 보고〉에서 김기현 전 울산시장에 대한 경찰 수사에 청와대가 개입했다는 의혹을 제기했다. 해당 기사에서는 울산지방검찰청이 1년 8개월간 맡았던 자유한국당의 황운하 대전지방경찰청장 고발 건을 서울중앙지검 공공수사2부가 수사한다고 보도했다.

11월 27일 조국 전 장관 5촌 조카 3차 공판준비기일
서울중앙지법 형사합의24부(부장판사 소병석)는 구속된 조국 전 장관 5촌 조카에 대한 3차 공판준비기일을 진행했다. 조국 전 장관 5촌 조카의 변호인은 16개로 분류된 공소사실 중 9개 공소사실에 대해 전체 혹은 일부를 부인한다고 밝혔다. 서울중앙지검 반부패수사2부는 정경심 교수에 대한 공소장 변경 신청서를 법원에 제출했다고 밝혔다. 서울동부지법 권덕진 영장전담 부장판사는 지난 25일 뇌물수수 등의 혐의로 청구된 유재수 전 부산시 경제부시장에 대한 구속영장을 발부했다. 청와대는 전날 제기된 김기현 전 울산시장에 대한 '청와대 하명수사' 의혹에 대해 '정상적인 절차에 따라 관련 기관에 이관'했다고 밝혔고, 당시 울산지방경찰청장이었던 황운하 대전지방경찰청장은 '경찰청 본청에서 하달받아 절차대로 수사했다'고 밝혔다.

11월 28일
정경심 교수는 서울중앙지검 반부패수사2부에 건강상의 이유로 불출석 사유서를 제출했다. 또한 조국 전 장관의 아들이 두 번째 소환조사를 받은 것으로 알려졌다. 청와대 민정비서관이었던 백원우 민주연구원 부원장은 '청와대 하명수사' 의혹에 대한 입장문에서 '관련 제보를 단순 이첩'했다고 밝히고 '(2018년 고발된 사건을) 돌연 서울중앙지검으로 이첩해 이제야 수사하는 이유에 대해 여러 가지 의혹을 갖지 않을 수 없다'고 입장을 밝혔다.

11월 30일
'검찰개혁 사법적폐청산 범국민시민연대'는 여의도에서 검찰개혁 13차 촛불문화제를 열었다. 또한 '함께 조국수호 검찰개혁'이 주최하는 촛불집회가 서초동 대검찰청 앞에서 열렸다. '문재인 하야 범국민투쟁본부'가 주최한 '대한민국 바로세우기 국민대회'가 광화문에서 진행되었다.

12월 3일 조국 전 장관 동생 첫 공판준비기일
서울중앙지법 형사합의21부(부장판사 김미리)는 조국 전 장관의 동생에 대한 첫 번째 공판준비기일을 진행했다. '웅동학원 채용비리' 혐의는 인정하고 '허위 소송', '증거 인멸' 혐의는 부인했다. '법치주의 바로세우기 행동연대'는 부산대 전호환 총장이 조국 전 장관의 딸을 입학 취소하지 않았다는 이유로 서울중앙지검에 고발했다.

12월 4일 청와대 압수수색
서울동부지검 형사6부는 '유재수 감찰무마 의혹'과 관련해 청와대를 압수수색했다.

12월 5일
문재인 대통령은 조국 전 법무부 장관 후임으로 더불어민주당 추미애 의원을 지명했다. 자유한국당 친문게이트 진상조사위원회(위원장 곽상도)는 '청와대 하명수사' 및 울산시장 선거 개입 의혹, 유재수 전 부산시 경제부시장 감찰무마 의혹과 관련해 조국 전 장관, 백원우 전 민정비서관, 박형철 반부패비서관, 이광철 민정비서관, 송병기 울산시 경제부시장 등 10명을 대검찰청에 고발했다.

12월 7일
14차 검찰개혁 사법적폐청산 촛불문화제가 여의도에서 열렸다. '함께 조국수호 검찰개혁'이 주최하는 촛불집회가 서초동에서 열렸다.

12월 10일 정경심 교수 3차 공판준비기일
서울중앙지법 형사합의25부는 정경심 교수에 대한 세 번째 공판준비기일을 진행했다. 재판부는 검찰의 공소장 변경에 대해 '공범, 범행일시, 장소, 범행방법, 행사목적 모두 동일성을 인정하기 어렵다'며 불허했다. 공주대는 조국 전 장관 딸의 인턴십 활동, '학술활동 발표 초록' 제3저자 등재에 문제가 없다고 밝혔다.

12월 11일 조국 전 장관 3차 소환조사
서울중앙지검 반부패수사2부는 조국 전 장관을 3차 소환조사했다.

12월 12일
백원우 전 민정비서관은 '유재수 감찰 중단' 의혹에 대해 "박형철 반부패비서관이 감찰결과 보고서를 가져와 회의할 때는 이미 감찰이 종료됐을 때"라며 감찰 중단이 아니라는 입장을 밝혔다.

12월 13일
서울동부지검 형사6부는 뇌물수수 등의 혐의로 유재수 전 부시장을 구속기소했다. '법치주의 바로세우기 행동연대'는 정경심 교수에 대한 검찰의 공소장 변경을 허가하지 않은 서울중앙지법 송인권 부장판사를 '직권남용' 혐의로 서울중앙지검에 고발했다.

12월 14일
15차 검찰개혁 사법적폐청산 촛불문화제가 여의도에서 열렸다.[14]

12월 16일 조국 전 장관 첫 소환조사
서울중앙지법 형사합의24부는 조국 전 장관 5촌 조카에 대한 1차 공판기일을 열었다. 검찰은 조국 전 장관 5촌 조카의 공소장에 정경심 교수와 동생을 공범으로 추가한 공소장 변경을 신청하고 이를 재판부가 허가했다. 서울동부지검 형사6부는 '유재수 감찰무마' 의혹과 관련해 조국 전 장관을 1차 소환조사했다.

---

14   검찰개혁 사법적폐청산 촛불문화제는 15차로 공식 마무리되었다.

12월 17일
조국 전 장관 변호인단은 '유재수 감찰 무마' 의혹과 관련해 '공적인 업무수행과 관련된 일이며 잘못된 프레임이 확산되고 있다', '알고 기억하는 내용을 충실히 밝혔다', '정무적 최종 책임은 조 전 장관 자신에게 있다', '확인되지 않은 검찰발 보도가 계속되고 있다'는 입장을 발표했다. 서울중앙지검 반부패수사2부는 '동양대 표창장 위조' 의혹으로 정경심 교수를 추가 기소했다. 검찰은 앞서 9월 6일 제기한 기소에 대해서도 공소 유지를 하겠다고 밝혔다. 이에 대해 동일한 하나의 사건에 대해 두 건의 기소가 이뤄지는 것은 검찰의 공소권 남용이라는 비판이 나왔다.

12월 18일 조국 전 장관 2차 소환조사
서울동부지검 형사6부는 '유재수 감찰 무마' 의혹과 관련해 조국 전 장관을 2차 소환조사했다. 서울중앙지검 공공수사2부는 '청와대 하명수사' 의혹과 관련해 국무총리실을 압수수색했다.

12월 19일 정경심 교수 4차 공판준비기일
서울중앙지법 형사합의25부는 '사문서위조' 혐의로 기소된 정경심 교수에 대한 4차 공판준비기일을 열었다. 교육부는 최성해 동양대 총장의 학위 5개 중 3개가 허위라고 발표했다. 교육부는 학교법인 측에 최성해 총장 면직을 요구했다.

12월 20일
자유한국당은 '울산시장 선거 개입' 의혹으로 임종석 전 대통령 비서실장, 한병도 전 청와대 정무수석, 조국 전 장관 등 8명을 대검찰청에 고발했다.

12월 21일
'함께 조국수호 검찰개혁'은 '조국수호, 검찰개혁, 공수처 설치를 위한 서초달빛집회'를 서초동 대검찰청 앞에서 진행했다.

12월 23일 조국 전 장관 '유재수 감찰 무마' 의혹 구속영장 청구
서울동부지검 형사6부는 조국 전 장관에 대해 '유재수 감찰 무마' 의혹 관련 직권남용권리행사방해 혐의로 구속영장을 청구했다. 청와대 윤도한 국민소통수석은 '유재수 감찰 무마' 의혹으로 인한 조국 전 장관 구속영장 청구에 대해 서면브리핑으로 "당시 검찰 수사를 의뢰할지 소속 기관에 통보해 인사조치 할지는 민정수석실의 판단 권한"이라고 밝히며 "청와대가 이러한 정무적 판단과 결정을 일일이 검찰의 허락을 받고 일하는 기관이 아니라는 입장을 다시 한번 밝힌다"고 말했다.

12월 24일
서울중앙지검 공공수사2부는 '청와대 하명 수사' 의혹과 관련해 울산경찰청과 울산남부경찰서 등을 압수수색했다.

12월 26일 조국 전 장관 구속 전 피의자 심문 출석
서울동부지법 권덕진 영장전담 부장판사는 '유재수 감찰 무마' 의혹으로 기소된 조국 전 장관에 대한 구속 전 피의자심문(영장실질심사)을 진행했다. 조국 전 장관은 영장실질심사에 출석하면서 "영장신청 내용에 동의하지 못한다"고 밝혔다.

12월 27일 조국 전 장관 구속영장 기각
서울동부지법 권덕진 영장전담 부장판사는 '유재수 감찰 무마' 의혹으로 기소된 조국 전 장관에 대한 구속영장을 기각했다. 재판부는 '범죄 혐의는 소명된다'면서도 '구속해야 할 정도로 범죄의 중대성이 인정되기 어렵다', '증거인멸, 도주의 염려가 있다고 보기는 어렵다'고 밝혔다. 청와대 고민정 대변인은 브리핑을 통해 "조국 전 장관의 구속영장에 대한 법원의 기각 결정을 존중한다"며 "검찰의 구속영장 청구가 얼마나 무리한 판단이었는지 알 수 있다"고 밝혔다.

12월 30일 공수처법 본회의 통과
국회 본회의에서 '고위공직자범죄수사처 설치 및 운영에 관한 법률안에 대한 수정안'이 통과되었다. 조국 전 장관은 자신의 SNS에 "되돌릴 수 없는 검찰개혁의 제도화가 차례차례 이루어지고 있기에 눈물이 핑 돈다"고 소감을 밝혔다.

12월 31일 조국 전 장관 불구속기소
서울중앙지검 반부패수사2부는 조국 전 장관을 공직자윤리법 위반, 형법상 위계공무집행방해 및 업무방해, 뇌물수수, 증거은닉 및 위조 교사 등 11개 혐의로 불구속기소했다. 또한 자녀 입시비리와 관련해 정경심 교수를 추가 기소하고 노환중 부산의료원장을 뇌물공여 및 부정청탁 및 금품수수 금지에 관한 법률 위반 혐의로 기소했다. 조국 전 장관 변호인단은 입장문을 통해 '조 전 장관을 최종 목표로 정해놓고 가족 전체를 대상으로 총력을 기울여 벌인 수사라는 점을 생각하면 초라한 결과', '검찰의 상상과 허구에 기초한 정치적 기소'라고 밝혔다.

백서 제작을 후원해주신 분들

ㄱ

ㄱㄱ임경훈 가락 가영진언 가현원경아빠 간드용욧 간명균 갈명자 갈태규 감도 강건모강산 강경민 강경숙 강경애 강경인 강경희 강관형 강규형 강규홍 강기연 강기태 강길순 강남정 강다현 강다희강동현 강대근 강대룡 강대원 강덕신 강도현 강돈혁 강동국 강동민 강동오 강동우 강동윤 강동일 강동현 강동협 강둥이 강라영조아진 강림 강명구 강명성 강명원 강무관율아빠 강문 강문식 강문창 강미경 강미숙 강미애BR 강미정 강미현 강미현 강미화 강미희 강민관 강민구 강민구 강민석강서연 강민성 강민주 강민준 강병권 강병호 강보경 강상우 강상원 강상원제주 강상현 강석연 강석원 강석준 강석호 강선구 강선희 강설아 강성모 강성모 강성묵 강성민 강성민 강성실 강성웅 강성재 강성필 강성학 강성한 강성훈 강성훈 강세호 강소영가족 강수경 강수미 강수희 강순복 강순일 강순진 강순환 강승렬 강승철 강승현 강승훈 강신민 강신준 강애미 강애숙 강애숙 강연숙 강연진 강영구 강영규 강영근 강영상 강영수 강영주 강오순 강옥경 강옥진 강용구 강용수 강용희 강용희 강우석 강욱천 강원아 강유신 강윤경 강윤경 강윤석 강윤영 강윤희 강은성 강은영 강은주 강은희 강의성 강의열 강인규 강장윤 강재건 강재봉 강재현 강정관 강정실 강정욱 강정현 강정훈 강정훈 강정훈 강종문 강종미 강종원 강종윤 강종필 강주보 강주형 강준구 강지선 강지안 강지애 강지연 강지헌 강지현 강직모 강진 강진구 강진수 강진우 강진학 강창규 강창우오정민 강천석 강철 강철기 강철민 강철호 강춘성 강충호 강태권 강태민 강태순 강태준 강태형 강태호 강학진 강한배 강한별 강한수 강혁구 강현규 강현석 강현자 강현정 강현주 강현태 강형조 강혜란 강혜순 강혜영 강혜진 강효선 강효정 강효진 강희숙 강희준 건우수미맘 건우정우 건휘엄마아빠 경나희 경민형 경아종혁 경애윤영준희 경옥영선 경유하 경희 계동균 계양명가부매 계효숙 고강우 고광석 고광식 고광욱 고광채 고광형 고남수 고다현 고단우 고대건 고대섭 고대욱 고동욱 고동운 고동형 고동환 고두석 고만청 고명국 고명인 고명자 고문종 고미선

고민기 고민성 고민주 고병탁 고상윤자스민 고석환 고성규 고성우 고성원 고성준 고성호 고성호 고성훈 고순영 고승권 고승태 고연희 고영경 고영성 고영의 고영이 고운종 고은아 고은영 고은지 고은하 고은희 고인도나라 고인영 고재만 고재옥 고재욱 고재필 고제석 고종필 고종희 고준석 고준호 고중길 고진석 고창민 고태경 고태영 고한솔 고현기 고현석 고현수 고현진 고희숙 고희승 고희주 고희형 고희환 곡수김진섭 곰자매 공기진 공명진 공명환 공미정 공병천 공선출 공성예 공영균 공영민 공원호 공윤종 공임순 공재선 공지은 공현승 공형섭 곽경원 곽경화 곽규빈 곽대영 곽대종 곽도철 곽동한 곽명기 곽민우 곽부현 곽선희 곽성태 곽여원 곽용신 곽윤숙 곽은영 곽은주 곽인혜 곽재원 곽주연 곽진영 곽철영 곽필희 곽행석 곽혜숙 곽호영 곽호정 곽효은 광주시린해 광주의김성민 구경모 구관민 구기환 구남선 구대원 구리빛천사 구마왕 구명석 구민경 구민영민지민 구본엽 구본영 구본철 구봉출 구상헌 구서풍 구선희 구성모 구성태 구성학 구성회 구영모 구유미 구윤경 구윤경 구은혜 구인모 구자경 구자성 구자승 구자승 구자한 구재돈 구재준 구정희 구진모 구진숙 구창근 구태경 구현회 국희숙 군만두 권June 권경목 권경미 권경미 권경숙 권경신 권경이 권금정 권기복 권기연 권기윤 권기진 권남석 권대근 권덕기 권동희 권모자 권미정 권미향 권미현 권민영 권민욱 권민정 권백희 권병표 권상백 권상헌 권서우강지수 권석 권석도 권성호 권성희 권세경 권세음 권세정 권수윤 권순기 권순길 권순범 권순인 권영랑 권영무 권영미 권영수 권영아 권영아 권오남 권오륜 권오복 권오선 권오인 권오철 권완주 권용범 권용우 권용준김현진 권용필 권용호 권우현 권원규 권은경 권은정 권인숙 권인엽 권일 권재원 권재현 권재환 권재환 권정아 권정일 권종미 권종순 권종철 권주현 권주현 권지영 권지영 권진석 권창민 권창용 권철환 권춘경 권충영 권태집 권태현 권태훈 권태희 권하영 권해용 권해주 권혁수 권혁일 권혁제 권혁찬 권현숙 권현자 권혜선 권혜영 권효정 권효준 규림 규연 규혁우혁아빠 그냥늘께 그때그놈들 그림 그빛 금님은님 금동항 금동환 금령하 금숙향 금지현 기록기억 기순희 기억에베이다 기영석 기영유정범준 기운내자 기정아 기태형 기프트밸리 기현균 기현다현 기현숙 길소담 길쓸별 길은주 길이권 길진세 김가나 김가람 김가은 김감지 김갑수 김갑태 김강민 김강일 김강정 김강표 김건연 김건엽 김건영 김건우 김건우 김건혁 김건호 김건호 김건휘 김경국 김경덕 김경래 김경록 김경미 김경민 김경수 김경수 김경수 김경숙 김경식 김경식 김경아 김경애 김경연 김경열 김경옥 김경옥 김경용 김경운 김경은 김경은 김경인 김경인 김경일 김경일 김경임 김경자 김경재 김경정 김경주 김경주 김경준 김경진 김경철 김경태 김경태 김경태 김경태 김경필 김경혜 김경호 김경호 김경호 김경화 김경화 김경화 김경환 김경환 김경희 김경희 김관정 김광수 김광수 김광수 김광숙 김광열 김광원 김광일 김광천 김광태하지영 김광호 김교민 김국현 김귀복 김귀성 김귀영 김규리 김규민 김규태 김규태 김규현 김근배 김근애 김근영 김근우 김근우 김근호 김금석 김기덕 김기덕 김기돈 김기록 김기만 김기백 김기범 김기

범 김기석 김기선 김기수 김기수 김기숙 김기업 김기연 김기연 김기열전경은 김기영 김기옥 김기완 김기용 김기우 김기욱 김기자 김기태 김기태 김기태 김기태 김기형 김기호 김기호 김기훈 김길은 김나경 김나영 김나영 김나윤 김나은 김나이 김낙우 김난아 김난희 김남권 김남균 김남수 김남숙 김남식 김남오 김남주 김남진 김남혁 김남혁 김남훈 김남희 김네아 김다영 김다정 김단비 김달중 김대광 김대근 김대범 김대성 김대수 김대수 김대식 김대영 김대영 김대영 김대욱 김대웅 김대종 김대중 김대중 김대진 김대현 김대현 김대현 김대형 김대훈 김대훈 김덕기 김덕수 김덕용 김덕윤 김덕종 김덕중 김도경 김도경 김도균 김도길 김도영 김도영 김도영 김도영 김도원 김도원 김도윤 김도한 김도형 김도형 김도형 김도형 김도훈 김동 김동규 김동규 김동균 김동근 김동기 김동기 김동민 김동배 김동언 김동엽 김동영 김동우 김동우 김동우 김동우 김동욱 김동욱 김동욱 김동원 김동원 김동은 김동은 김동인 김동일 김동재 김동조 김동주 김동준 김동찬 김동철 김동혁 김동현 김동현 김동현 김동현 김동현 김동현 김동현 김동호 김동호 김동환 김동훈 김두만 김두봉 김두언 김두영 김두일 김두종 김두한 김두환 김래수 김레베카 김로사 김만구 김만영 김만우 김만진 김만진주효신 김말례 김명수 김명수 김명수 김명수 김명숙 김명숙 김명식 김명식 김명신 김명자 김명재 김명주 김명주 김명주 김명진 김명현 김명호 김명호 김명훈 김명훈 김명희 김명희 김묘선 김무섭 김무진 김무한 김문규 김문배 김문수 김문식 김문일 김문주 김문주 김문표 김문회 김미경 김미경 김미경 김미경 김미경 김미남 김미란 김미선 김미선 김미선 김미숙 김미숙 김미숙 김미숙바실리 김미아 김미연 김미연 김미연 김미영 김미영 김미영 김미영 김미오 김미옥 김미옥 김미옥 김미원 김미자 김미자 김미정 김미정 김미정 김미정 김미정 김미진 김미진 김미희 김민 김민경 김민경 김민경 김민경 김민구 김민규 김민규 김민규 김민상 김민상 김민서 김민서 김민서김윤서 김민석 김민석 김민석 김민성 김민성 김민수 김민수 김민수 김민수 김민승 김민아 김민영 김민욱 김민재와어요 김민정 김민정 김민정 김민주 김민중 김민지 김민지 김민철 김민철 김민철 김민태원다연 김민혜 김민혜 김민호 김백 김백면 김백진 김버들 김범관 김범석 김범수LSS 김범식 김범용 김범진 김병곤 김병곤 김병권 김병규 김병규 김병규 김병기 김병기 김병만 김병문 김병민 김병수 김병수 김병수 김병영 김병윤 김병익 김병인 김병종 김병준 김병철 김병혁 김병희 김보경 김보균 김보라 김보람 김보름 김보민 김복운 김본일 김봉간 김봉규 김봉균 김봉서 김봉석 김부경 김부성 김부종 김부현 김사훈 김산 김삼영 김상갑 김상경남수 김상근 김상도 김상미 김상민 김상배 김상배 김상복 김상수 김상숙 김상아 김상언 김상업 김상열 김상엽 김상우 김상욱 김상원 김상윤 김상일 김상진 김상천 김상혁 김상협 김상호 김상훈 김샘이나 김서연 김서유 김서진 김서환 김석균 김석렬 김석순 김석영 김석준 김석태 김석현 김석호 김선권 김선규 김선도 김선동 김선미 김선미 김선미 김선미 김선숙 김선아 김선애 김선애 김선영 김선영 김선우 김선우 김선우가족 김선웅 김선자 김선정 김선주 김선중 김선진 김선학 김선향 김선혜 김선화 김선환 김선희 김선희 김선희 김선희 김선희sun 김성곤 김성곤 김성곤 김성관 김성광 김성국 김성국 김성균 김성균 김성기 김성길 김성길 김성락 김성란 김성룡 김성만 김성만 김성모 김성모 김성모 김성목 김성미 김성미 김성배 김성배 김성배 김성복 김성수 김성수 김성숙 김성숙도윤 김성식 김성열 김성용 김성윤 김성윤 김성은 김성은 김성일 김성주 김성준 김성중 김성진 김성진 김성진 김성택 김성한 김성혁 김성현 김성현 김성현 김성현 김성혜 김성호 김성호 김성호 김성호 김성화 김성환 김성훈 김성훈 김성훈 김성훈 김성훈 김성훈 김성흔 김성희 김성희 김성희 김성희 김세경 김세광 김세나 김세련 김세미 김세미 김세연 김세연 김세연하연 김세용 김세웅 김세준 김세호 김세환 김세훈 김세희 김소라주만종 김소연 김소영 김소영 김소원 김소정장호진 김소희 김소희 김소희 김소희 김수강 김수경 김수경우성오 김수경최현수 김수련 김수면 김수민 김수민 김수병 김수복 김수안 김수양 김수연 김수연 김수연 김수연 김수열 김수원 김수인 김수일 김수정 김수정 김수정 김수진 김수진 김수진 김수진 김수찬 김수현 김수현 김수호 김수환 김수환 김수희 김수희 김수희박재호 김숙 김숙경 김숙영 김숙이 김숙정 김숙진 김숙현 김숙희 김순길 김순덕 김순선 김순성 김순영 김순옥 김순옥 김순철 김순화 김순희 김슬기 김슬기 김슬람 김슬국 김승근심정화 김승모김종미 김승민 김승민 김승민 김승범 김승수 김승영팝존 김승욱 김승원 김승정 김승주 김승주 김승지 김승진 김승현 김승환 김승훈문보배 김시형 김신 김신규 김신애 김신우 김신우 김신현 김신형 김아라 김아영 김안선 김애경 김애숙 김애영 김양규 김양의 김양진 김양희 김양희 김양희 김어진강준구 김언 김언경 김여금 김여정 김연구 김연규 김연규문은경 김연기 김연상 김연석 김연성 김연수 김연숙 김연옥 김연원 김연의 김연주 김연주 김연진 김영각 김영경 김영관 김영광 김영구 김영권 김영권 김영규 김영규 김영균 김영길 김영남 김영대 김영란 김영란 김영로 김영림 김영모 김영미 김영미 김영미 김영미 김영배 김영배 김영배 김영범 김영범 김영산 김영선 김영수 김영수 김영숙 김영숙 김영숙 김영순 김영순 김영식 김영식 김영식 김영심 김영애 김영애 김영옥 김영옥 김영욱 김영욱 김영욱 김영웅 김영이 김영일 김영일 김영자 김영주 김영주 김영주 김영준 김영준 김영지 김영진 김영진 김영진 김영찬 김영찬 김영채 김영천 김영철 김영필 김영현 김영호 김영화 김영화 김영환 김영환 김영환 김영훈 김영희 김영희 김영희 김예선 김예성 김예준김서준 김오임 김오희 김옥경 김옥경 김옥녀 김옥선 김옥수 김옥순 김옥자 김완종 김완태 김용덕 김용만 김용민 김용민 김용배 김용섭 김용성 김용성 김용순 김용식 김용옥 김용완 김용우 김용우 김용인 김용정 김용진 김용진 김용찬 김용천 김용학 김용한 김용헌 김용현 김용호 김용호 김용호 김용화 김용환 김용환 김용회 김용효 김용훈 김우겸 김우남 김우목 김우영 김우영 김우진 김우찬 김우현 김운기 김운하 김웅 김웅기 김원갑 김원기 김원미 김원배 김원범 김원식 김원영 김원일 김원태 김원희 김유 김유경 김유덕 김유라 김유림 김유선 김유성 김유승 김유정 김유정 김유진 김유현 김유호 김육진 김윤 김윤경 김윤경 김윤경 김윤구 김윤규 김윤동조인선 김윤미 김윤미 김윤민 김윤서 김윤선 김윤섭 김윤성 김윤성 김윤승윤수 김윤식 김윤이 김윤정 김윤정 김윤주 김윤주 김윤한 김윤호 김윤호 김윤희 김윤희 김은경 김은경 김은경 김은구 김은량 김은명 김은미 김은선 김은선 김은수 김은숙 김은숙 김은실 김은실 김은실 김은영 김은영 김은정 김은정 김은정 김은정 김은정 김은조 김은주 김은주 김은주 김은주 김은중 김은향 김은혜 김은희 김은희 김은희 김은희 김은희 김응래 김응석 김응순 김응용 김응주 김응진 김의숙 김의진 김이규 김이랑 김이슬 김이정 김이종 김이환 김익조 김인 김인 김인경 김인기 김인선 김인섭 김인수 김인수 김인수 김인수 김인숙 김인숙 김인악 김인현 김인혜 김일 김일기 김일기 김일도 김일동 김일문 김일한 김일형 김일홍 김자옥 김재경 김재권 김재동 김재만 김재범 김재성 김재성 김재성 김재순 김재영 김재영 김재영 김재영 김재오 김재옥 김재완 김재완 김재용 김재욱 김재운 김재원 김재원 김재윤 김재은 김재준 김재중 김재중 김재철 김재필 김재헌 김재현 김재호 김재환 김재환권채령 김점경 김정곤 김정곤 김정곤 김정곤 김정국 김정국 김정규 김정규 김정근 김정근 김정기 김정기 김정돈 김정란 김정묘 김정문 김정미 김정민 김정빈 김정수 김정수 김정수 김정수 김정숙 김정숙 김정숙 김정숙 김정순 김정아 김정연 김정연 김정연 김정연 김정우 김정우맘 김정웅 김정윤 김정윤 김정은 김정은 김정이 김정인 김정주 김정진 김정철 김정태 김정태 김정한 김정헌 김정호 김정화 김정화 김정화 김정환 김정환 김정환 김정후 김정훈 김정훈 김정훈 김정희 김정희 김정희 김정희 김정희 김정희 김제문 김제영 김제욱 김제환 김제건 김종곤 김종미 김종민 김종배 김종복 김종복 김종산 김종서 김종서 김종석 김종석 김종성 김종수 김종연 김종열 김종염 김종운 김종은 김종의 김종진 김종진 김종천 김종철 김종철 김종태 김종필 김종하 김종한 김종현 김종현 김종현 김종현 김종훈 김좌겸 김주경 김주광 김주난 김주령 김주미 김주아 김주연 김주연 김주연 김주영 김주영 김주완 김주한 김주한 김주현 김주호 김주휘 김주희 김주희 김주희 김주희 김준 김준 김준만 김준모 김준배 김준범 김준석 김준영 김준우 김준현 김준홍 김준희 김중욱 김지나 김지만 김지민 김지민 김지선 김지성 김지성 김지수 김지수 김지수 김지수 김지숙 김지숙 김지숙 김지순 김지식 김지안 김지연 김지연 김지연 김지연 김지연 김지연 김지영 김지영 김지영 김지용 김지용 김지우 김지우 김지원 김지원 김지원 김지원 김지윤 김지현 김지현 김지현 김지현 김지현한준석 김지형 김지혜 김지호 김지훈 김지훈 김지훈 김지훈 김지훈 김지훈 김지희 김진 김진 김진각 김진경 김진규 김진규 김진만 김진만김동건 김진선 김진섭 김진섭 김진수 김진수 김진수 김진숙 김진숙 김진숙 김진숙 김진아 김진영 김진영 김진옥 김진용 김진용 김진용 김진용 김진우 김진우 김진우 김진우 김진욱 김진웅 김진위 김진철 김진태 김진하 김진현 김진현 김진호 김진호 김진화 김진화 김진희 김진희 김진희 김진희 김차식 김찬수 김찬우 김찬일 김찬호 김창기 김창남 김창범 김창수 김창원 김창윤 김창인 김창준 김창훈 김창희 김채영 김채영 김채훈 김천일 김철 김철수 김철순 김철중 김철화 김철훈 김청수 김춘광 김춘근 김춘배 김춘순 김춘식 김충헌 김충현 김취득 김치수 김태관김나영 김태규 김태균 김태균 김태균 김태근 김태리 김태선 김태성 김태수 김태연 김태엽 김태영 김태오 김태오 김태완 김태완 김태완 김태용 김태우 김태우김영례 김태욱 김태원 김태은 김태은 김태은 김태이 김태종 김태준 김태진 김태한 김태헌 김태헌 김태헌 김태현 김태현 김태형 김태형 김태형 김태호 김태홍이지은 김태훈 김태훈 김태희 김태희 김택구 김필은 김하경 김하숙 김하연 김학라 김학봉 김학성 김학수 김학승 김한밀 김한솔 김한얼 김한영 김한용 김한욱 김한중 김해경 김해인 김향숙 김향자 김헌일 김혁수 김혁식 김현경 김현경박지훈 김현곤 김현곤 김현곤 김현남 김현도 김현동 김현미 김현미 김현보 김현봉 김현상 김현석 김현석 김현섭 김현수 김현수 김현수 김현수 김현숙 김현숙 김현숙 김현식 김현식 김현식 김현식 김현아 김현영 김현옥 김현우 김현우 김현일 김현정 김현정 김현정 김현조 김현주 김현주 김현주 김현진 김현진 김현진 김현집 김현철 김현태 김현호 김형 김형균 김형균 김형균 김형근 김형기 김형삼 김형석 김형선 김형수 김형식 김형식 김형우 김형주 김형준 김형준 김형준 김형진 김형태 김형태 김형호 김혜경 김혜경 김혜란 김혜란 김혜련 김혜리 김혜림 김혜명 김혜명 김혜숙 김혜숙 김혜영 김혜영 김혜영 김혜원 김혜정 김혜정 김혜진 김혜진 김혜진 김혜형 김호섭 김호일 김호진 김호창 김호천 김호철 김호혁 김홍기 김홍민 김홍민 김홍배 김홍섭 김홍식 김홍열 김홍진 김홍희 김화신 김화영 김환식 김회진연선미 김효경 김효경 김효상 김효선 김효순 김효신 김효준 김효진이훈재 김훈 김훈배 김훈정 김훈희 김홍업 김홍주 김희경 김희경 김희경 김희근 김희동 김희동 김희선 김희수 김희용 김희인조순옥 김희자 김희재 김희재 김희정 김희정용용 김희주 김희준 김희준 김희진 김희진 김희창 김희태 김희태 깨시민 꼬미유자 꼼꼼한가족 꾸물럭 꿈틀이

ㄴ

나강수 나경수 나경수 나경필 나경한 나규리 나근일 나기준 나나 나나소현지우 나니&모모 나도조국 나미경 나병학 나보경 나보미 나소영 나손득 나암수 나연이랑두원 나영웅 나윤경 나인배 나인용 나정은 나정주 나종기 나종만 나종협 나채길 나치케타스 나태일 나한석 나향순 나현규 나현숙 나혜란 나화연 나황경 낙영혜수봉 날개구이 남경문 남경임 남경희 남계현 남관우 남궁동석 남궁수미 남궁순 남궁연 남궁은영 남궁현 남궁훈이현주 남규호 남근영 남기룡 남기선 남기완 남기원 남기한 남동현 남두현 남명주 남문선 남상군 남수연 남영일 남예서 남용진 남원스타짐 남윤철 남윤호 남은지 남은하 남인숙 남재환 남점법 남정미 남정용 남정윤 남종현 남준우

남지호 남창선 남태현 남현주 내가조국이다 냥발 냥찡슝 너굴너굴곰돌 너의별을따라 너의향기 네모심장 노sj 노건우 노경근 노경미 노경혁 노경호 노광민 노광우 노광일 노남규 노대규 노대석 노동열 노동희 노명자 노미순 노민아 노상돈 노상미 노소영 노승원 노승환 노승환 노영배 노영훈 노윤미 노윤서 노은동 노인호 노자(오유) 노재관 노재민 노재승 노재형 노정림 노정일 노정호 노정희 노종숙 노종현 노중현 노지연 노지은 노진학 노칠용 노태업 노하늬 노학민 노학성 노현걸 노현국 노현종 노현주 노현주 노현희 노호원 노환호 놀자 농축우라늄 누가 눈길닿는곳

ㄷ

다경건우건율 다리머리 다스 닥용 닥터마틴 달달한달 달바다 달빛사랑 대구-김영동 대붕이영두 대연복희정우 대장김찡가 대진 대홍진숙 데이워커 데이코코 도겸엄마아빠 도겸이네 도경주 도도미미복동 도둑놈의시키 도미&탄산 도민하도재훈 도방주 도병훈 도영건영 도용호 도은주 도재준 도재혁 도필리 도해윤 도현태 도휘아빠 도희정 돈보스꼬 동경미 동규 동균동주 동그라미 동글이 동동맘파 동동브라더스 동실이네 동영하을이네 동욱수민은표 동인 동준/승연 동화사 동후니네가족 두선화 두율이엄빠 두은석 두혁 딴게 딴게이 딴게이모쿠마 딴게이몰라요 딴게이브이콘 딴게이카카모 딴지까순이 딴지다욧트방 딴지부르닉 딴지非酒流 딴지이상호 딸기바바 땡삐 또다른나의미

ㄹ

라경이 라경자 라남정 라니 라영선 라윤라희 라코코 랑다비네집 랑다비네친구 레옹레옹 레이첼 로사2660 로즈마리 루시아 류경화 류기업 류민수 류병희 류석현 류성민김정원 류성용 류성훈 류성희 류승희 류시현 류연복 류영준 류영화 류우주다원 류욱상 류은경 류재선 류재식 류재형 류정기 류종식 류종택 류주형 류진수 류진아 류창순 류해숙 류현종 류호진 류희재 리종우

ㅁ

마성진 마수정 마야안젤루 마이결 마정란 마정아 마준채 마중물 마카롱딴게이 마포을이재훈 망글망글 맥&달팽이 맹계선 맹진훈 머가필요해 멀더요원 메시아빠 메시엄마 메이슨 명기웅 명성재 명진호 모규희 모상미 모재우 목영중 몬무도람보 몽브로 몽유 무도와아가들 문경규 문경순 문경식 문경애 문경철 문광현 문규리 문대찬 문덕영 문명환 문미영 문민희 문명록 문병순 문병태 문봉규 문상용 문상은 문상철 문상호 문상희 문새롬 문서연 문선미 문선영 문선희 문성근 문성기 문성미 문성숙 문성주 문성준 문성환 문세련 문수 문승모 문승유 문영권 문영기 문영주 문원종 문윤선 문은기 문은영 문의선 문재확 문정민 문정숙 문정식 문정웅 문정준 문정준 문정호

문정훈 문정훈 문종대 문종선 문종욱 문중철 문창 문천식 문철현 문파위 문평곤 문현규 문형철 문혜진 문호주 문홍주 문환이 문희원 문희창 물고기조아 미경 미경종희 미냥순이사시 미라벨가든 미라콜리 미선승훈원석 미야 미영 민경 민경철 민경호 민노대학노조 민돈후 민동우 민병권 민병서 민병욱 민병훈김진희 민상필 민상호 민서아빠 민서은서아범 민선숙 민성민아빠 민수진 민승현 민시홍 민영일 민영철웅 민윤혜경 민재영 민재홍 민정배 민정홍 민준기 민준기 민지우아빠 민충기 민현철 민형준 민혜경 민혜정 민혜정 밍구와아이들

ㅂ

바람수학 바람숲서종희 바람흔적 바른숲 바이크인커피 박가람 박감열 박강규 박강모 박강태 박건수 박건태 박경 박경근 박경덕 박경란 박경련 박경록 박경률 박경미 박경석 박경석 박경석 박경선 박경수 박경수 박경숙 박경숙 박경욱 박경원 박경준 박경호 박경호 박경훈 박경훈 박경희 박경희 박경희 박계속 박관욱 박광규 박광목 박광우 박광천 박국제 박권선 박권용 박규락 박근록 박근수 박근순 박근정이태우 박금원 박금주 박기두 박기백 박기석 박기영 박기영 박기원 박기윤 박기철 박기태 박기태 박기현 박기호 박기화 박길동 박길용 박길주 박나래 박남걸 박남일 박남진 박남호 박남희 박노곤 박노성 박노원 박노진 박노진 박대권 박대영 박대웅 박대원 박대희이교남 박동빈 박동석 박동섭 박동숙 박동욱 박동재 박동훈 박동훈 박래희 박만제 박명규 박명남 박명렬 박명숙 박명숙 박명우 박명우 박명진 박명하 박명현 박문국 박문길 박문철 박미경 박미경 박미경 박미경 박미나 박미라 박미란 박미란 박미례 박미리 박미림 박미숙 박미애 박미연 박미영 박미원 박미자 박미정 박미정 박미지 박미현 박미혜 박미희 박민 박민구 박민규 박민기 박민석 박민수 박민수 박민우 박민재 박민정 박민정황상필 박범신 박병규 박병선 박병열 박병윤 박병은 박병철 박보근 박보라 박보성 박보영 박복숙 박부식 박비석 박빈희 박삼균 박삼선 이상희 박상갑 박상권 박상규 박상기 박상미 박상민 박상수 박상수 박상숙 박상용 박상우 박상욱 박상준 박상준 박상철 박상철 박상현 박상현 박상현 박상환 박상희 박서연 박서은 박서진 박서현 박석환 박석환 박선기 박선미 박선순 박선애 박선용 박선자 박선재 박선희 박선희 박성국 박성돈 박성민 박성민 박성민 박성석 박성석오영숙 박성수 박성식배지민 박성연 박성열 박성용 박성용 박성우 박성욱 박성윤 박성은 박성준 박성준맹현희 박성진 박성진 박성철 박성해 박성협 박성호 박성환 박성환 박세봉 박세영 박세용 박세일 박세진박민규 박세훈 박세훈 박소연 박소열 박소영 박소을 박소정 박소정 박소정 박소진 박소현 박수경 박수아박서진 박수용 박수정 박수진 박수진 박수찬 박수현 박수환 박숙향 박숙희 박순돈 박순애 박순옥 박순옥 박순정 박순준 박순찬 박순호 박순호 박승규 박승길 박승민 박승민 박승배 박승섭 박승원 박승재 박승재 박승진 박승철 박승현 박시현 박신영 박신준 박아름 박애경 박애지김춘자 박양서 박연경 박연근

박연수 박연순 박연옥 박연우연준 박연재 박연정 박연주 박연철 박영란 박영만 박영미 박영미 박영선 박영성 박영숙 박영순 박영식 박영옥 박영주 박영준 박영진 박영진 박영철 박영택 박영호 박영환 박영희 박옥선 박옥수 박외수 박용구 박용국 박용덕 박용석 박용선 박용수 박용승 박용준 박용준 박용준 박용태 박용헌 박용현 박용호 박용호 박용환 박용환정수현 박우람 박우석 박우직이유미 박운철 박원 박원미 박원서 박원식 박원신 박원이 박원확 박유식 박유정 박유진 박윤석 박윤식 박윤우--윤민 박윤화 박윤희 박은경꼬꼬범 박은교 박은덕 박은미 박은미 박은서 박은성 박은숙 박은아 박은자 박은정 박은정 박은정조규섭 박은주 박은현 박의진 박이나 박익서 박익선 박인권 박인선 박인숙 박인아 박인옥 박인진 박인혜 박일 박일권 박일규 박일환 박임환 박자명 박자미 박재관 박재균 박재범박도원 박재성 박재성 박재열 박재영 박재완 박재용 박재욱 박재원 박재정 박재준 박재현 박재형 박재홍 박재홍 박정균 박정득 박정렬 박정례 박정미 박정미 박정미 박정민 박정민 박정선 박정선 박정수 박정숙 박정숙 박정숙 박정숙 박정식김은영 박정심 박정암 박정애 박정옥 박정용 박정우 박정인 박정자 박정제 박정준 박정태 박정하 박정하 박정현 박정화 박정훈 박정희 박제건 박제윤 박제은 박제이 박종경 박종관 박종규 박종균 박종락 박종렬 박종문 박종봉 박종석 박종성 박종성 박종수 박종열 박종욱 박종은 박종은 박종은 박종주 박종준 박종진 박종하 박종현 박종호 박종호 박종황 박종훈 박종훈 박종휘 박주신 박주연 박주열 박주영 박주영 박주자 박주현 박주현 박주희 박준 박준모 박준배 박준범 박준서 박준석 박준선 박준섭 박준수 박준용 박준하 박준혁 박준형 박중수 박중열 박중영 박지민 박지수 박지수 박지수 박지애 박지애 박지영 박지영 박지영 박지영 박지영배진섭 박지용 박지우 박지욱 박지윤 박지은 박지은 박지혜 박지호 박진남 박진만 박진모아빠 박진서 박진수 박진영 박진우 박진욱 박진웅 박진일 박진하 박진헌 박진형윤재화 박진호수지 박진홍 박진후 박진희 박진희 박찬규 박찬규 박찬기 박찬복 박찬선 박찬양 박찬영 박찬의 박찬일 박찬정 박찬주 박찬호 박찬희 박창만 박창욱 박창주 박천관 박철규이유미 박철민 박철민 박철성 박철수 박철현 박청옥 박초희 박춘지 박춘호 박충구 박치준 박태구 박태근 박태웅 박태웅 박태진 박태충 박하늘 박하련 박하준 박한경 박한영 박해성 박해수 박해운 박해인 박향분 박향원 박헌춘 박현 박현배 박현상 박현석 박현수 박현수 박현수 박현옥 박현정 박현준 박현진 박현철 박현희 박현희 박형권 박형근 박형남 박형민 박형진홍진미 박혜경 박혜란 박혜령 박혜선 박혜영 박혜영 박혜진유키 박호재 박호진 박홍근 박홍영 박화식 박화영 박환서김민애 박회원 박회중 박효선 박효선 박효원 박휘영 박홍록.김선 박홍석 박홍선 박홍식 박홍진 박희만 박희성 박희성 박희성 박희순 박희영 박희웅 박희정 박희제 박희진 반대현 반디 밤이슬과거지 밤참 방규식 방대현 방명혁 방민성 방배마이구미 방상훈 방선희 방성극 방성업 방수연 방승우 방승혁 방정열 방종환 방진아 방촌_이재훈 방혜영 배강호 배경숙 배규인 배금숙 배금정 배기승 배기호 배대현 배동균 배동균무온 배동필 배만수 배명순 배범철 배병기 배상현 배선미 배성완 배성용 배성우 배성진 배성효 배순자 배순자 배순희 배시현 배아람 배영숙 배완기 배용재 배용한 배유재 배윤진 배윤희 배은경 배은주 배인준 배인회 배자성 배장렬 배재남 배재익원적 배재환 배정규 배정현 배종길 배준욱 배준상 배지운 배지은 배지혜 배진석 배진성 배진숙 배창훈 배태환 배태환 배현옥 배형곤 배형철 배효식 백건우 백경수 백경용 백경훈 백곰 백권익 백기덕 백기수 백나무 백두성 백두헌 백두현 백명숙 백미영 백미옥 백미정 백미향 백봉훈 백비가 백성우 백승 백승기 백승선 백승엽 백승우 백승우 백승일 백승준 백승호 백승호유리 백승환 백승훈 백승훈 백영기 백용현 백우종 백윤정 백익순 백인걸 백장군 백정민 백정현 백정희 백종성 백종호 백중현 백지우 백지현 백지현 백철 백필규 백형철 백혜옥 백홍범 범홍진 베로니카 변도원 변문건 변민호 변상용 변석영 변성수 변성혁 변소희 변의용 변인환 변정민 변정환 변주경 변창호 변태석 변태영 변태우 변혁수 변형규 변효심 별과허나 병철 보리보라가족 보리수 보미아빠현동 보주썬촌장 복일근 복희맘알렉쓰 봉모지영 봉민자 봉봉하니 봉서나 봉자네푸긋간 부민아빠 부시원 부유호 브레이브하트 비바람코지 비올이 빅초가 빈동욱 빈이네가족 빈현정 빙봉빙봉 빙진아 빙해 뺀주 뻔한거짓말 뻬움 뻽루나

ㅅ

사강훈 사공철 사람과사랑 사람이김광석 사운드피스 사재덕주지영 사천임지훈 사필귀정 산하 삼달센트럴 상묵스님 상민 상윤권진채은 상준수아가족 상홍 상훈윤희효미 상희 새론출발 새벽달 생명보험 생활의활력 샤이닝문 샹그릴라 서가현 서강석 서경수 서경숙 서경숙 서경희 서경희 서권규 서귀이상기 서기문 서기영 서기원 서대규 서도희 서동호 서동훈 서명석 서무균 서무수 서민기 서민선 서민성 서민식 서민우 서민정 서범석 서병희 서보수 서본근 서봉상 서봉희 서상배 서상호 서상환 서선 서선이 서선주 서성수 서수민 서순팔 서승건 서승규 서승우 서승학 서승현 서신일 서양민 서연세아소율 서영남 서영미 서영민 서영수 서영수빈 서영안 서예나 서예찬 서요한 서용준 서우경 서우리 서원경 서원영 서원우 서유정 서윤.준 서윤희 서은경 서은미 서은미 서은영 서은파 서의화 서이현서이준 서인석 서일권 서재승 서재웅스킹 서재은 서재표 서제현 서재홍 서재화 서정길 서정문 서정민 서정봉 서정성 서정원 서정원 서정인 서정태 서정환 서정환 서정훈 서주형 서준아빠 서지선 서지영 서지원 서진호 서진희 서채희 서청룡 서태수 서태호 서평원 서풍권 서하경 서하얀 서한교 서한라 서현석 서현희 서형구 서혜경이준 서혜정 서호성 서호연 서호진 서환웅 서효석 서효석 서효준 서훈석 서휴순 서희가희지담 석순이 석익수 석인보 석정순 석종권 석현옥 석현진 석혜정 석혜진 선경 선구경은도훈 선드리 선우.재인 선우_소현 선우옥 선은정 선홍심 설명숙 설상훈 설정현 설희 성금자 성기남 성기석 성년윤석병택

성민선 성보경 성상훈 성선수현다현 성소현 성수진 성순미 성열탄 성영지 성우석 성우화 성원식 성유정 성윤경 성은이망극 성정순 성정혜 성지 성진아 성창수 성창우 성창우 성호준 성훈유리 세발자전거 세상향기 세용 소광진 소기범 소달 소동욱 소소자매가족 소시민 소월이가족 소종호 소하이연이동 소현명 손갑재 손강익 손경미 손경범 손경희 손기수 손기홍 손난희 손대식 손동국 손동규 손명균 손명원 손미옥 손민영 손민우 손민지 손병대 손병현 손봉우 손상문 손상현 손석호 손선희 손설경 손성기 손성헌 손수경 손수정 손수정 손승길 손영설 손영식 손영인 손영진 손영희 손요람 손용재 손우진 손우형 손유림 손윤석 손윤석 손윤식 손정경 손정대 손정승 손정학 손정화 손정희 손종복 손종하 손주영 손준만 손준영 손중권 손증호 손지영 손지원 손지환 손지훈 손찬호 손창오 손창형 손태호 손향미 손현수 손현옥 손현정 손형락 손형민 손형진 손혜정 손홍규 손힘찬 송경미 송경복 송경순 송경주 송광희 송규희 송금이 송기선 송기숙 송기윤 송나림 송낙원 송남규 송대광 송덕 송덕수 송동우 송만기 송명언 송명이 송명희 송미정 송민규 송민수 송민영 송민우 송민의 송민주 송민지 송민철 송병은 송병환 송보라 송상덕 송상욱 송상희 송선미 송선화 송선희 송성화 송세나 송세영 송세종 송수미 송수연 송수진 송승근 송승아 송승헌 송승현 송시우 송아랑 송앙옥 송연옥 송연주 송영수 송영운 송영주 송영훈 송오석 송완희 송용선 송용일 송용하 송우택 송원석 송유득 송유진 송윤자 송은경 송은경 송은석 송은영 송은정 송은주 송은혜 송이Kang 송이현 송인선 송인옥 송인화 송장섭 송재국 송재두 송재석 송재원 송재호 송재호 송정미 송정원 송정은 송정호 송제영 송제영 송종만 송종숙 송종호 송준섭 송준철황주영 송준화 송지나 송지민 송지정 송지현 송지호 송지훈 송지훈 송진만 송진범 송진욱 송철운 송치평 송태상 송학주 송학헌 송한나 송해영 송행정 송현 송현용 송현주 송형민 송혜영 송호성 송호형 송화숙 송화식 송화정 송화정 송희문 송희선 수미채원채아 수민아빠 수영도균 수원윤지환 수현재현아빠 수환영일도건 순영 슈썬씨 슈차녜비쫑e 스코키 스톤헤드 슬기덕예댕굴 슬픈총각 승한현준 승헌현정유호 승환&태환 승환지훈아빠 시고레 시나몬가족 시민보쌈족발 시민의힘 시발상사 시온건우 시우 시우서연아빠 시윤소미 식혜 신가람 신가온 신강 신강수 신건만 신경봉 신경석 신경아 신경애 신경준 신계수 신관식 신광식 신기운 신기철 신남희 신동선 신동식 신동웅 신동윤 신동천 신명섭 신명자 신명철 신명훈 신명희 신미숙 신미열 신미영 신미영 신미진 신민기신현오 신민순 신민형 신범석 신상엽신미주 신상원 신상훈 신서희 신석훈 신선호 신선희 신성균 신성덕 신성민 신성용 신성철 신성호 신성회 신소희 신소희 신수량 신수연 신수연 신수연 신승민 신승범 신승철 신승헌 신승훈 신연재 신연주 신연희 신연희 신영수 신영식 신영신 신영은진 신영진 신영택이경애 신예석 신왕호 신용 신용화 신용환 신우섭 신우용 신원규 신원용 신원찬 신유진 신유희 신윤섭 신은경 신은성 신은숙 신은주 신은혜 신인섭 신인환 신일용 신재근 신재돈 신재용 신재은 신재일 신정균 신정민 신정수 신정신 신정애 신정은 신정화 신정훈 신정훈임해연 신정희 신종금 신종철 신주원 신중철 신지영 신지윤 신지훈 신진만 신진유 신진호 신진홍 신창길 신청섭 신촌길냥이 신필순 신향섭 신현기 신현숙 신현승 신현승 신현심 신현우 신현재 신현주 신현진 신형준 신혜경 신혜경 신혜성 신호순 신호승 신효식 신희경 신희성 신희철 신희철 심경보 심경필 심규대 심규열 심기우 심기현 심다비다 심대보 심도연 심미화 심민혁 심보민 심상영 심상옥 심성태 심순섭 심승관 심승중 심영선 심영신 심은주 심인보 심장섭 심재숙 심재학 심준식 심현명 심현목 심현석 심현석 심현혜 심현희 심형수 심혜경 심혜선 심효정 심훈-고채영 씨알가람 씩씩아빠

ㅇ

아까보당 아누라미 아비도스 아스키소프트 아영우네 아영이아빠 아인라마 아정나정 아현김갑수 안** 안경섭 안경신 안경자 안경찬 안경희 안광숙 안기호 안길섭 안남주 안대원 안동이수영 안동일 안두식 안령경 안명혁 안명희 안병국 안병준 안보민 안상구 안상근 안상선 안상욱 안상준 안상천 안상현 안상호 안서경 안석현 안선미 안선홍 안선희 안선희 안성균 안성례 안성수 안성수 안성진 안성호 안세원 안소영 안솔 안수경 안수희 안승희 안시리오 안양근 안연숙 안영 안영갑 안영민 안영선 안영수 안영진 안우성 안운혁 안원태 안유선 안윤성 안은숙 안은일 안은주 안은진 안익모 안인숙 안인철 안장옥 안재오 안재은 안재진 안재철 안정남 안정남 안정마 안정수 안정식 안정웅부모 안정일 안정현 안정호 안종성 안종수 안종옥 안종태 안준기 안준홍 안중열김선영 안중욱 안지애 안지유 안진숙 안진열 안진홍 안진희한상우 안창길 안철민 안충현 안치원 안치현 안태민 안태진 안태형 안필선 안학준 안해권 안해정한예림 안혁 안현석 안현주 안형석 안혜경 안혜란 안혜리 안호 안호남 안홍균 안효민 안효수 안효진 안후정 안희웅김주희 양경모 양경숙 양경진 양경택 양경필 양광훈 양귀연 양금희 양기성 양기정 양다녕 양대영 양대윤 양대희 양덕규 양동기 양동석 양동진 양명숙 양문희 양미영 양민석 양민숙 양배영 양상오 양선호 양성임 양성하 양성호 양성환 양수빈 양순애 양승로 양승철 양승화 양시영 양영민 양용수 양우경 양우창 양원모 양원석 양원정 양유빈 양유재 양은전 양은화 양을창 양의진 양인숙 양일명 양재선 양재성 양정무 양정배 양정애 양정하 양정환 양정훈 양종규 양종숙 양주일 양주희 양준혁 양지수 양지연 양지운 양지웅 양지웅김진선 양지혁 양지훈 양지훈 양진영 양진훈 양철혁 양춘희 양태서 양태우 양태천 양해철 양혜연 양희경 양희원 어나니 어민서 어성철 어연희 어윤학 어진아빠 언론개혁가자 엄광수 엄다임 엄동일 엄동현 엄명진 엄미란 엄영란 엄영애 엄익삼 엄정숙전상윤 엄정현 엄정현 엄주연 엄태연 엄호영 엄휘영엄채린 엄희숙 에스더경숙박 에스테반 여금희 여니소리동해 여름무지개 여상윤 여수운 여영곤 여용주 여유로움 여은주 여은호 여재암 여태명 여현주 여형수 여호업 여화진 연나율 연도훈 연민희 연서아빠 연은주 연응열 연제홍 연

주예지가족 연태흄 연희동 열린공간 열혈소녀 염상윤 염영연 염정웅 염진희 염창열 염평화 염현정 영광차운경 영우영서가족 예담 예슬예준아빠 예은석 예진수진 오건석 오경숙 오경진 오경태 오계득 오관영 오광재 오근혜 오금렬 오금숙 오기열 오길석 오덕순 오데레사 오도희 오동곤 오동규 오동근 오동택 오동훈 오로라 오명선 오명진 오문석 오문인 오미나 오미숙 오미영 오미영 오미영 오미영 오민교 오민정 오민정 오병구 오병모 오병화 오산 오상미 오상영 오상옥 오상윤 오상준 오상헌 오상훈 오석민 오선아 오선영 오선옥 오선택 오성호 오성희 오세생 오세영 오세현 오세훈 오수경 오수용 오수철 오수현오수혁 오승만 오승목 오승욱 오승호 오승환 오안배 오영 오영미 오영재 오영한 오예림 오예진 오우석 오원택 오윤주 오은미 오은숙 오은정 오은찬 오일국 오작가 오장훈 오재경 오재훈 오정아 오정은 오정훈 오제원 오종기 오종철 오주현 오준호 오지원 오지원 오지은 오지현 오진숙 오진효 오창석 오창원 오창환 오창훈 오충환 오케이디바 오태영 오한울 오한울 오혁주 오현무 오현숙 오현영 오현주방종훈 오현지 오홍기 오홍엽 옥일권 옥정인 옥현준 온소영 와니아빠 완이맘 왕금동 왕민성 왕성숙 왕콩심 왕홍근 요니맘 요한아빠_ 욘닐 용담에서 용두진 용맹호야 용왕현 용헌 우경우 우경자 우남희 우대홍 우덕주 우드김진홍 우리농원 우만동김상민 우미경 우병옥 우상윤 우상훈 우생규 우성형 우수경 우승수 우연화 우영락 우영복 우영석 우영수 우완제 우유팸 우장빈 우정아 우주다람사람 우주똑띠위해 우짜쓸꼬 우치의꽃님 우태환 우해밀 우혜란 우혜정 우혜진 우희재 울산이정우 원동웅 원동현김가현 원선희 원성숙 원성현 원영준 원우원윤부모 원유만 원유진 원임희 원정래 원정석 원종민 원종효 원철 원철미선도현 원향숙 원형섭 원희원영원찬 월남쭈꾸미 위대용 위명인 위선경 위세욱 위정호 유가현 유경 유경근 유경민 유경선 유경식 유경애 유경완 유경원 유경은 유경임 유경한 유경호 유광규 유광선 유광수 유광춘 유규열 유근춘 유기선 유기성 유기일 유기출 유기태 유남중 유대광 유덕영 유도원 유도현 유돈형 유동수 유동숙 유동진 유동현 유라온 유락형 유명남 유명종 유명희 유문자 유미영 유미옥 유미정 유병길 유병현 유보연 유보현 유분란 유사용 유상배 유상봉 유상원 유석환 유선 유선영 유선영 유선하 유성린 유수림 유수용 유숙경 유승덕 유승민 유승삼 유승호 유승호 유신 유신종 유양미 유연강 유연정 유연창 유영규 유영길 유영미 유영상 유영진 유영진 유영철 유영후 유영희 유옥현 유온샘 유요한 유용 유운병 유웅희 유원은수애비 유원창 유위철김경주 유유미 유유히 유윤정 유은숙 유을숙 유이서 유인경 유인무 유일석 유일한 유재량 유재명 유재봉 유재상 유재영 유재용 유재용 유재원 유재일 유재준 유재철 유정 유정림 유정숙 유정애 유정운 유정임 유정주 유정화 유정환 유정희 유제욱 유종곤 유주 유주하진가족 유주현 유준호 유지안 유지연 유지영 유지웅 유지원 유지현 유진명 유진영 유진옥 유진현 유진현 유진형 유창근 유창성 유창완 유창훈 유채민 유철민 유철종 유철호 유충권 유태림 유학윤 유한경 유한옥 유한호 유해성 유해용 유현실 유현영 유현재 유형록 유형열 유형인 유혜경 유혜림 유혜숙 유혜원 유혜이 유화랑 유희경 유희상 유희주 육민경 육상수 윤겸윤건 윤경림 윤경선 윤경숙 윤관호 윤권 윤규리 윤규식 윤근관 윤금란 윤기엽 윤기영 윤기영 윤길자 윤길환 윤나래 윤난희 윤덕기 윤덕수 윤돌섭 윤동식 윤동열 윤명모 윤명익 윤미숙 윤미영 윤미정 윤미혜 윤민지 윤민현 윤민호 윤병철 윤보라 윤부근 윤상대 윤상석 윤상연 윤상원 윤상필 윤서현 윤석민 윤석원 윤선미 윤선영 윤선호 윤성애 윤성인 윤성조 윤성준 윤성진 윤성진 윤성현 윤성호 윤성호 윤성환 윤성훈 윤세연 윤세희 윤소담 윤소영 윤소현 윤소현 윤수미 윤수민 윤수봉 윤수인 윤수정 윤순연 윤순우 윤슬윤하아빠 윤승상 윤신정 윤연 윤연중 윤영길 윤영란 윤영식 윤영일 윤영조 윤영채 윤영채 윤영태 윤옥연 윤용 윤용석 윤용현 윤원상 윤원철 윤월수 윤유나 윤유원 윤은경 윤이나 윤인구 윤인규J 윤인주 윤일성 윤일식 윤재민 윤재영 윤재철 윤재환 윤정란 윤정숙 윤정운 윤정이 윤정화 윤정화 윤제경 윤종국 윤종만 윤종선 윤종식 윤종식 윤종완 윤종진 윤종호 윤주상 윤주영 윤주원 윤준모 윤준호 윤중옥 윤증헌 윤지나 윤지수 윤지원 윤지환 윤진 윤진숙 윤진혁 윤진현 윤진형 윤짜장 윤창근 윤창오 윤천웅 윤치호 윤태수 윤태영 윤태우 윤태한 윤태현 윤태훈 윤택선 윤필주 윤하은하아빠 윤한주 윤한진 윤해성 윤해철 윤혁 윤현진 윤형근 윤형식 윤혜경 윤혜림 윤혜영 윤혜정 윤혜준 윤호중 윤흥법 윤화영 윤효영 윤희정 윤희정 윤희정 율이네파파 율이아빠 은규현우아빠 은돌이무돌이 은서민서현서 은선은수 은성은유 은우아빠 은정 은종출 은희관 음규식 의찬효찬다연 이가 이가경 이가림 이가선 이가영 이가을 이갑진 이갑춘 이강빈 이강석 이강연 이건수 이건우 이건우 이건재 이건홍 이경 이경남 이경란 이경록 이경만 이경면 이경문 이경미 이경미 이경선 이경수 이경숙 이경숙 이경아 이경원 이경원 이경은 이경자 이경진 이경진 이경창 이경탁 이경태 이경하 이경협 이경호 이경호 이경호 이경호 이경훈 이경훈 이경훈 이경희 이경희 이경희 이경희 이경희 이경희 이경희 이경희 이계춘 이고은 이공주 이관식 이광민 이광석 이광은 이광호 이광호 이광훈 이광희 이광희 이국승 이국호 이권영 이귀룡 이귀선 이귀영 이규남 이규정 이규진 이규한 이규호 이근원 이근재 이근정 이근형 이근호 이근희 이금성 이금옥 이금재 이기림이주원 이기병 이기삼 이기선 이기수 이기순 이기연 이기열 이기영 이기영 이기영 이기옥 이기욱 이기욱 이기원 이기원 이기은 이기자 이기태 이기태 이기택 이기혁 이기호 이길로 이나결 이나연 이나영 이나희 이남미 이남석 이남일 이남제 이남중 이년선 이누리 이능수 이다용 이담이해 이대연 이대열 이대현 이대훈 이대희 이덕 이덕우 이덕윤 이덕재 이덕종 이덕진 이도경 이도영 이도윤 이도현 이도형 이동근 이동근 이동민 이동석 이동석 이동선 이동열 이동엽 이동엽 이동욱 이동율 이동준오유숙 이동한 이동헌 이동현 이동현 이동현 이동호 이동호 이동호 이동환 이동훈 이동훈 이동훈 이두한 이마루 이만우 이만형 이만호 이명곤 이명국 이명동 이명성 이명숙 이명순 이명신 이명아 이명재 이명주 이명철 이명헌 이명화 이명훈 이명훈 이명희 이명희 이명희 이명희 이무호 이문건 이문수 이문숙 이문종 이문주 이문행 이문희 이문희 이문희 이미경 이미경 이미경 이미경 이미나 이미남 이미란 이미선 이미선 이미숙 이미숙 이미숙 이미숙 이미숙amy 이미애 이미연 이미연 이미연 이미연 이미영 이미영 이미영 이미영 이미오 이미자 이미자 이미정 이미진 이민규 최효련 이민선 이민섭 이민성 이민식 이민영 이민우 이민주 이민철 이민하 이민형 이민호 이민호 이배남 이범각 이범용 이병구 이병만 이병선 이병양 이병연 이병욱 이병욱 이병진 이병찬 이병철 이병탁 이병현 이병형 이병호 이병호 이병희 이보근 이보미 이보영 이보영 이복남 이복호 이봄솔형아 이봉규 이봉남 이봉미 이사야 이상걸 이상경 이상구 이상기 이상기 이상기 이상동 이상동 이상동 이상래 이상로 이상록 이상모 이상묵 이상문 이상미 이상미 이상미 이상민 이상범 이상복 이상선 이상성 이상숙 이상신 이상열 이상용 이상우 이상욱 이상원 이상원 이상원 이상윤 이상윤 이상윤노효성 이상은 이상일 이상준 이상준 이상준 이상준 이상준 이상지 이상진 이상진 이상철 이상학 이상학 이상헌 이상헌 이상헌 이상현 이상현 이상현 이상현 이상현 이상협 이상훈 이상훈 이상훈 이상훈김연호 이상훈리쌍 이상희 이상희 이상희 이상희 이서영 이서원 이서진 이서현 이석규 이석모 이석봉 이석주 이석찬 이석호 이선경 이선교 이선녀 이선영 이선영 이선영 이선영 이선옥 이선용 이선자 이선재가족 이선춘 이선형 이선호 이선화 이선화 이선희 이선희 이성기 이성덕 이성민 이성수 이성숙 이성숙 이성순 이성엽 이성용 이성용 이성욱 이성욱 이성은 이성일 이성주 이성주 이성준 이성준 이성천 이성철 이성헌 이성현 이성호 이성희 이성희 이세욱 이세윤 이세학 이세형 이세훈 이세희 이소민 이소민 이소연 이소영 이소정 이소정 이소정 이소현 이솔 이송기 이송락 이송희 이수동 이수림 이수만 이수비 이수빈 이수빈 이수연 이수연 이수영 이수원 이수원 이수인 이수일 이수전 이수정 이수진 이수진 이수진 이수창 이수하 이수현 이수현 이수현 이수현 이수희 이숙 이숙경 이숙희 이순교 이순림 이순미 이순애 이순자 이순채 이순희 이슬기 이슬기 이슬기 이슬기 이슬아 이승건 이승경 이승구 이승민 이승민 이승방 이승석 이승석 이승신 이승애 이승연 이승연 이승용 이승원 이승원 이승윤 이승은 이승재 이승재 이승주 이승준 이승진 이승진 이승진 이승찬 이승철 이승철 이승헌 이승현 이승현이부안 이승혜 이승호 이승호 이승환 이승후 이승훈 이승훈 이승훈 이승훈 이승훈박수현 이승희 이승희 이시달 이시연 이시원 이시윤 이신영 이안열음아빠 이애경 이양순 이양재 이양훈 이어진 이언주 이연국 이연섭 이연성 이연오 이연정 이연주 이연주 이연진 이연호 이연호이채호 이연화 이연희 이영갑 이영경 이영경 이영근 이영근 이영기 이영기 이영미 이영미 이영미 이영민 이영민 이영선 이영숙 이영숙 이영실 이영암 이영옥 이영은 이영은 이영재 이영주 이영주 이영주 이영창 이영철 이영호 이영호 이영화 이영화 이영환 이영환 이영훈 이영희 이영희 이영희 이옥경 이옥경 이옥정 이옥희 이왕규 이용규 이용규 이용래 이용수 이용우 이용우 이용재 이용재 이용철 이용현 이용호 이우균 이우동 이우리 이우석 이우슬기 이우양 이우연

이우주 이우혁정민 이우현 이우호 이욱필 이운구 이웅호 이원 이원규 이원균 이원근 이원기 이원동 이원문 이원석 이원영 이원영 이원영 이원옥 이원욱 이원일 이원장 이원찬 이원태 이원호 이원호 이원호 이원호 이유남 이유라 이유미 이유민 이유섭 이유성 이유신 이유정 이유진 이유진 이유진 이유형 이윤경 이윤경 이윤경 이윤기 이윤석 이윤선 이윤성 이윤영 이윤재 이윤정 이윤정 이윤정 이윤주 이윤주 이윤태 이윤형 이윤형 이윤호 이윤화 이윤희 이은경 이은경 이은광 이은교 이은규 이은미 이은미 이은서 이은석 이은석 이은선 이은선 이은성 이은수 이은숙 이은숙 이은순 이은순 이은식김옥미 이은신 이은실 이은아 이은아 이은아 이은애 이은애 이은열 이은영 이은영 이은영 이은영 이은오 이은정 이은정 이은주 이은주 이은주 이은주 이은주 이은진 이은택 이은하 이은형 이은화 이은희 이은희 이은희 이을순 이응규 이응전 이의경 이의령 이의섭 이의열 이익남 이익선 이인 이인구 이인모 이인석 이인선 이인수 이인순 이인우 이인철 이인표 이인호 이인호 이인희 이일경 이자령 이자영 이장원이주현 이장익 이재경 이재광 이재군 이재권 이재근 이재덕 이재룡 이재범 이재범 이재봉 이재상 이재서이윤서 이재석 이재석 이재선 이재성 이재성 이재연카셀 이재열 이재열 이재영 이재옥 이재옥 이재용 이재우 이재우 이재운최명희 이재웅 이재원 이재윤 이재일 이재정 이재죽 이재진 이재찬 이재철 이재하 이재혁 이재현 이재형 이재형 이재호 이재홍 이재화 이재환 이재훈 이재희 이재희 이점덕 이점옥 이정구 이정규 이정규 이정규 이정근 이정대 이정란 이정란 이정림 이정미 이정미 이정민 이정민 이정석 이정선 이정선 이정수 이정수 이정수강은희 이정숙 이정순 이정아 이정애 이정애 이정연 이정옥 이정우 이정우 이정원 이정은 이정이 이정인 이정일 이정일 이정주 이정주 이정주 이정태 이정학 이정헌 이정헌 이정현 이정호 이정호 이정호가족 이정화 이정화 이정화 이정환 이정환 이정환 이정회 이정훈 이정훈 이정훈 이정희 이정희 이제열 이제우 이제필 이제형 이종걸 이종경 이종경 이종규 이종민 이종석 이종선 이종선 이종성 이종용 이종우 이종욱 이종욱 이종원 이종원 이종일 이종철 이종필 이종학 이종현 이종현 이종협 이종환 이종훈 이종훈 이종훈 이주련 이주성 이주식 이주아 이주연 이주연 이주연 이주연 이주영 이주영 이주영 이주영 이주용 이주한 이주한 이주헌 이주현 이주형 이주호 이주호 이주화 이주희 이주희 이준 이준경 이준규 이준석 이준수 이준수 이준열 이준영 이준영 이준이솔아빠 이준하노진호 이준협 이준호 이준호 이준호 이준호 이준호 이준훈 이준희 이준희 이준희 이중곤 이중석 이중인 이지나 이지두이 이지민 이지민이지윤 이지선 이지숙 이지숙 이지안 이지애 이지연 이지연 이지연 이지연 이지영 이지영 이지우 이지운 이지웅 이지원 이지윤 이지은 이지은 이지은 이지이 이지인 이지현 이지형 이지호 이진 이진 이진경 이진경 이진구김승희 이진규 이진규 이진균 이진복 이진석 이진섭 이진아 이진영 이진우 이진우 이진욱 이진원 이진이 이진하 이진헌 이진혁 이진형 이진환 이진희 이진희 이진희 이진희 이진희 이진희 이찬경 이찬희 이찬희 이창길 이창남 이창민 이창복 이창삼 이창석 이창선 이창섭 이창섭 이창영 이창영 이창용 이창우 이창원 이창윤 이창제 이창준 이창중 이창진 이창진 이창진 이창행 이창호 이창호 이채영 이채영 이채원 이채원 이채진 이천수 이천용 이철민 이철영 이철웅 이철준 이철훈 이철희 이추희 이춘근 이춘도 이춘섭 이춘우 이충선 이충헌 이충환 이칼 이크레센시아 이태건 이태근이지혁 이태수 이태수 이태식 이태영 이태진 이태진 이태진 이태형 이태환 이태훈 이태희 이태희 이하나/촨느 이하늘 이하린 이하온 이학범 이학주 이한기 이한니 이한민 이한섭 이한솔 이해미박성훈 이해창 이해형 이행열 이향 이향기들꽃향 이향란 이향숙 이향숙 이향자 이혁 이혁이욱 이혁진 이현경 이현경 이현구 이현구 이현래 이현미 이현백 이현비이가연 이현상 이현석 이현송 이현수 이현수 이현수 이현숙 이현숙 이현숙 이현애 이현우 이현재 이현정 이현정 이현제 이현주 이현주 이현주 이현주 이현주 이현주 이현주 이현진 이현진 이현채 이현철문지인 이현태 이현호 이현호 이현희 이형관 이형로 이형석 이형석 이형순 이형원 이형종 이형진 이혜경 이혜경 이혜경 이혜경 이혜령 이혜선 이혜숙 이혜연 이혜용 이혜원 이혜은 이혜임 이혜정 이혜정 이혜정 이혜진 이호 이호 이호권 이호석 이호영 이호원 이호윤 이호일 이호준 이호진 이호혁 이홍록 이홍석 이홍섭 이홍섭 이홍우 이홍원 이화기 이화수 이화영 이환희 이황희 이효남 이효성 이효성 이효재 이효진 이후범 이후선 이후식 이훈 이훈구 이훈희 이흑용 이흥선 이희경 이희범 이희성 이희승 이희욱 이희정 이희종 이희진 이희진 이희훈 인디애나 인만순 인명훈이준희 인상우 인성덕 인성준 인수엄마아빠 인윤아빠 인정희 인추식 일격살충 잃지않기로 임경리 임경상 임경아 임경애 임경애 임경종 임경춘 임경희 임경희 임광수 임규익 임기범 임기영 임길재 임다정 임대령 임대철 임덕균 임도하 임동국 임동민 임동익 임동현 임만섭 임명국 임명빈 임명심 임명호 임미화 임병용 임병철 임병회 임병희 임보경 임보집사 임봉기홍승혜 임상욱 임상주 임상표 임상호박미리 임서경 임서연 임서진 임석화 임선경 임선진 임성근 임성렬 임성배 임성용정민주 임소영 임소희 임수경 임수빈 임수언 임수영 임수정 임수정 임수진 임수현 임순섭 임순자 임승관 임승뭇 임승미 임승민 임승용 임연우 임연우 임연주 임영민 임영백 임영수 임영자 임영준 임영지 임영한 임영환 임옥균 임용택정우은 임우빈 임운천 임원석 임유라 임유정 임은숙 임은영 임은영 임은정 임은주 임은진 임은택 임은희 임응구 임응식 임의택 임인숙이은양 임인철 임인철 임재순 임재영 임재웅 임재천 임재현 임재호 임정규 임정도 임정미 임정민 임정민 임정빈 임정선 임정숙 임정환 임제열 임종각 임종규 임종민 임종순 임종현 임종희 임주빈 임주영 임준혁 임준홍 임중혁 임지연 임지영 임지은 임지훈 임진경 임진성 임진한 임진희 임찬식 임찬우 임채근 임채병 임채석 임채원 임채필 임철 임철승 임철재 임철호 임춘석 임충식채도유 임태희 임필수 임한묵 임현묵 임현수 임현실 임현아 임현용 임형섭 임형준 임형준 임형택 임혜선 임혜숙 임혜숙 임혜진 임효찬 임효철 임홍수 임홍수 임희동

ㅈ

자아훼방 자윤나윤엄마 작은주먹 잠실쌍둥맘 잡부반장스티 장경상 장경순 장광균 장국남 장권철 장규철 장근호 장기웅 장남순 장대진 장덕용 장덕윤 장동민 장동수 장동욱 장동화 장동훈 장두울 장명서 장명선 장명섭 장명우 장명자 장문석 장문회 장미경 장미경 장미숙 장미숙 장미정 장미정 장민숙 장민주 장범진 장병남 장병천허은미 장보영 장복순 장상윤 장성민 장성민 장성민 장성옥 장성일 장성임 장성진 장세권 장소영 장송호 장수인 장수정 장수철 장수현 장숙경 장숙영 장숙현 장순덕로사 장순선 장순웅 장순정 장승일 장시원 장시종 장시헌 장연우 장연우 장영은 장영재 장영주 장영진 장예림 장옥분 장옥현 장용관 장용규 장용범 장용숙 장용호 장우 장우혁 장우현 장원범 장원영 장유정 장윤나 장윤숙 장윤주 장윤혁 장윤호 장은석 장은섭 장은아 장은하 장을규 장의경 장인기 장인선 장인영 장일구 장일동 장일우 장재상김진만 장재영 장재이신재범 장재준 장재진 장재형 장재호 장재훈으뜸벗 장정숙 장정순 장정은 장정호 장주웅 장주을 장준영 장준호 장준희 장지미 장지태 장지현 장지혜 장지혜 장진기 장진언 장진호 장창섭 장채은 장철영 장철호 장춘자 장태병 장태성 장태주 장하나 장한빛 장혁재 장현길 장현정 장현주 장현주 장현진 장혜성 장혜영 장혜지 장호준 장홍석 장효경 장희영 장희정 재호 재홍 재희민희아빠 저스티스 전경빈 전경식 전경실 전경일 전경호 전경희 전계진 전광주 전군한 전기송 전대성 전대헌 전대현 전도훈 전동중 전명길 전명배 전문경 전미경 전미남 전미라 전미선 전미애 전미연 전미자 전미즙 전민준 전바울 전병원 전병준 전병천 전병호 전병훈 전복희 전상용 전상철 전상희 전서연 전석환 전선기 전선아 전선영 전선표 전설의레전드 전성남 전성주 전성준 전성현 전성환 전세환 전소현 전수미 전수정 전수진 전수협 전승권 전승엽 전영규 전영규 전영록 전영민 전영태 전영희 전요한 전용석 전용태 전용환 전우수 전우주 전우형 전유신 전유실 전윤석 전은경 전은애 전은주 전은주심규근 전은준 전은희 전의재 전이원 전일웅 전재만 전재정 전쟌 전정욱윤수민 전정재 전제이전도이 전종덕 전종빈전경희 전종영 전종원 전종훈 전주호 전주희 전준배 전지선 전지훈 전지훈 전진배 전진우 전진형 전찬열 전창원 전철호 전태규 전태화 전하령 전해곤 전해환 전현미 전현미 전현숙 전현우 전현우 전현진 전현필최진영 전형광 전혜경 전혜정 전홍빈 전홍일 전화선 전화숙 전화진 정갑철 정건호 정경렬 정경민 정경수 정경수 정경순 정경자 정경진 정경택 정경화 정광철 정광호 정교순 정교영 정구경 정구루 정구영 정규진 정규택 정균용 정금자 정기경 정기락 정기웅 정기현 정기홍 정기환 정길 정길락 정끼꿍 정남규 정다운 정대호 정덕영 정덕영 정도원 정도현 정동명 정동미 정동섭 정동수 정동순 정동영 정동호 정동효 정락찬 정만 정명관 정명일 정명화 정명희 정무영 정문석 정문선 정문성송수진 정문정 정문정 정미경 정미경 정미경 정미경 정미라 정미란 정미란 정미랑 정미선 정미선 정미숙 정미순 정미옥 정미정 정미진 정미희 정민성 정민수 정민욱 정민주 정민진 정민철 정민호 정

민호 정민호 정범래 정변영 정병관 정병국김현선 정병문 정병석 정병욱 정병철 정병탁 정보라 정보문 정봉재 정봉주 정부용정시윤 정상구 정상균 정상목 정상이랑 정상철 정상현 정상훈 정새힘정한힘 정서용 정서진 정석원 정석현 정석호 정석환 정선교 정선순 정선아 정선용 정선화 정선환 정선희 정섭 정성열 정성원 정성원 정성철 정성현 정성회 정성훈 정성회 정성희 정성희 정성희 정세아 정세윤 정세준빠77 정세훈 정소은 정소희 정수미 정수빈 정수아 정수용 정수하 정수현 정수희 정순애 정순영 정순원 정순이 정순철 정승석 정승열 정승욱 정승웅 정승원 정승채 정승화 정승훈 정승희 정승희 정시몬 정시현 정식혜민하런 정신수 정신영 정신환 정연경 정연모 정연세 정연수 정연승 정연조 정연택 정연희 정영권 정영규 정영대 정영덕 정영미 정영민 정영범 정영숙 정영순 정영주 정영주 정영태김미래 정영희 정예나 정예원 정완가은 정왕우 정용걸 정용신 정용인 정용희 정우근 정우석 정우철 정우혁 정운교 정웅문회자 정원교 정원기 정원식 정원식 정원식 정원정 정원준 정원준 정원준 정원희 정유민 정유민 정윤권 정윤금 정윤모 정윤석 정윤우 정윤정 정윤종 정윤지 정윤지 정윤희 정윤희 정은경 정은성 정은수이민우 정은숙 정은영 정은영 정은영 정은정 정은주 정은주 정은하 정은희 정의는이긴다 정의중 정인근 정인기 정인숙 정인영 정인철 정인태 정일국 정일규 정일균 정일영 정일용 정일채 정일형 정일호 정재관 정재근 정재근 정재근 정재기 정재상 정재숙 정재순 정재연 정재엽 정재영신효선 정재운 정재원 정재천 정재철 정재헌 정재혁 정재호 정재환 정재훈 정재훈 정정균 정정은 정정자 정정표 정정화 정정훈 정정리 정정희 정종근 정종봉 정종천 정종하 정종혁 정종호 정주애 정주영 정주영 정주영 정주혜 정준호 정지민 정지승 정지연 정지영 정지영 정지영 정지웅 정지혁 정지혁 정지현 정지혜 정지호 정지홍 정지훈 정지훈 정진우 정진욱 정진욱 정진욱 정진욱 정진욱 정진형 정진호 정진호 정진호 정진호 정진희 정찬규 정찬혁 정창구 정창국 정창덕 정창면함선애 정창수 정창술 정창영 정창윤 정창희 정채경 정천수 정천호 정철원 정철화 정치문 정치영 정태갑 정태곤 정태민 정태섭 정태익 정택복 정필섭 정하군 정하정 정학진 정한규 정행옥 정헤이든 정혁 정혁식 정현 정현명 정현민 정현민홍기문 정현수 정현옥 정현우 정현우 정현주 정현주 정현철 정현철 정현희 정형근 정형섭 정혜경 정혜금 정혜란 정혜선 정혜영 정혜영 정혜원 정혜원너부리 정혜정 정혜진 정혜진 정호균 정호기 정호원 정호택 정환구 정회정 정효범 정효상 정효선 정효주 정효주 정후하니 정희 정희 정희경 정희순 정희연 정희영 정희자 정희진 정희철 제영탁 제옥금 제이크 제제 제주해가빛 조가희최동명 조갑현 조강영 조강진 조강현 조강호 조경노 조경돈 조경민 조경석 조경숙 조국가족응원 조국수호 조국수호 조국수호 조국에게빛진 조국을위해 조국을지켜라 조국평화통일 조규완 조규항정가영 조금영 조기정 조난호 조남국 조남열 조남주 조대섭 조대환 조도연 조동복 조동욱 조동욱 조동준 조래철 조만구 조만묵 조말순 조면식 조명숙 조명희 조무영 조무철 조무현 조문선 조문호 조문호 조미경 조미량 조미숙 조미애 조미연 조미영 조미영 조미영 조미자 조미진 조미향 조민규 조민서 조민석 조민양힘내요 조민용 조민우이 조민재 조민준 조민지 조민형 조민혜 조민화 조민희 조범승 조병주 조병찬 조병혁 조보규 조보름 조복숙 조봉철 조삼옥 조상우 조상우조준형 조상철 조상현 조상흠 조서영 조서윤 조석란 조선미 조선영 조선이 조선주 조선화 조성권조윤희 조성대 조성대 조성례 조성범 조성식 조성용 조성우 조성욱 조성일 조성주 조성주 조성진 조성진이선영 조성희 조세영 조수영 조수일 조수진 조수현김보나 조수호 조숙현 조숙현 조순옥 조승한 조승현조서현 조시형 조언희 조연수 조연순 조연의 조영국 조영미 조영민 조영봉 조영식김은주 조영옥 조영주 조영주 조영진 조영창 조영탁 조옥란 조용기 조용득 조용문 조용성 조용이 조용필 조용한나무 조용한아침족 조우리 조우범 조우진 조우진 조욱 조옥제 조원상 조원숙 조원혁 조유경 조유순안병열 조윤수 조윤진 조은 조은경 조은미 조은석 조은아 조은영 조은영 조은진 조은태 조은하 조은혜 조은희 조의진 조이종 조인석 조인영 조인제 조인혁 조인호 조일수 조일오 조일제 조일현 조재균 조재범 조재용 조재우 조재현 조재호 조재환 조재환이윤아 조재훈 조재희 조점호 조정규 조정아 조정한 조정해 조정현 조정환 조정희 조정희 조종철 조종호 조준식 조준태 조준호 조준훈 조중훈 조지영김진회 조진석 조진성 조찬웅김인영 조창현 조창희 조천수 조철영 조철웅 조치형 조태식 조평호 조하철 조한준 조한철 조함래 조항남 조항훈 조해숙 조행숙 조현 조현 조현경 조현국 조현미 조현상 조현숙 조현욱 조현정 조현정고희상 조현주 조현중 조현진 조현철 조현태 조현희 조형근 조형기 조형호 조혜경 조혜민 조혜연 조혜정 조홍규 조홍신 조홍찬 조화순 조화영 조효영 조희영 조희진 조희화 조희화김영진 존똘부부 주강호 주경민 주경언수 주경진 주경택 주권삼 주기철 주남순 주도은 주미룡 주민석 주병돈 주상모 주석준 주석희 주선 주성우 주성준 주성태 주소영 주수남 주영지 주옥선 주우영 주원기 주원배 주원아빠 주원정원 주윤선 주은덕 주은희 주재문 주재현 주정익 주정임 주주형제모친 주지영 주지현 주철기 주철은 주태경 주헌정 주헌진 주현주 주현화 주혜수 준별동건동욱 준서 준승/세라 준준.준준. 준호잉기태 지강덕 지강유철 지강훈 지경원 지경필 지광일 지나영나명옥 지니 지동배 지득명 지득인 지상진 지성구 지성진 지성태 지순애 지승용 지승희 지아모야치 지안대디 지애영서인철 지연희 지영사랑 지용동 지우네 지우연우네 지우현 지우현우선우 지유소유아빠 지윤진 지율아빠 지은 지일영 지정아 지즈치즈길자 지창수 지청호 지충선 지현우 지혜경 지효철 지후경후 지후지수 진격의짜장 진광욱 진권기 진규철 진길임 진대연 진만복 진면목 진상교 진상훈 진선광 진선미 진선영 진성 진성자 진소영 진수영 진승언 진승영이의중 진승현 진신호 진실승리 진심 진영주 진완기 진용한 진은미 진은정 진재란 진재영 진쥬니한결이 진창운 진창훈 진춘은아 진충기 진호 진호석 징성민 짜수민 찜준내사랑

ㅊ

차강혜 차경순 차경주 차귀연 차기수 차명복 차미선 차미정 차민숙 차범진 차빈홍은주 차상배 차상연 차세환 차수연 차영재 차영진 차용화 차윤경 차은정 차정훈 차지웅 차지현 참꽃마리 창호 채경희 채교열 채금원 채민정 채성배 채성주 채승기 채연옥 채영근 채영시영승한 채용기 채용배 채용중 채종상 채진영 채충기 채학병 채현석 채형민 채화용 채효정 채희명 채희연희아빠 채희찬 채희철 천성일 천수영 천순길 천재호 천저 천준영 천지영 천현옥 철갑송사리 청라에서 청주이용기 초육민 총수팬이소야 최강 최강우 최강원 최강인 최건호 최경란 최경선 최경선 최경숙 최경신 최경아 최경진 최경호 최경화 최경화 최계숙 최광선 최광수 최광식서연주 최광운 최광웅 최광윤 최광진 최광호 최교현 최규림 최규영 최규일 최규태 최규호 최근 최근재 최금성 최금숙박세은 최금연 최기남 최기대 최기원 최기현 최기훈 최꽃다이 최대규 최대운 최대헌 최덕환 최도휘 최동신 최동욱 최동운 최동은 최동진 최락용 최렬 최만규 최면경 최명숙 최명운 최명지 최명진 최명훈 최무경 최문봉 최문호 최미경 최미경 최미란 최미선 최미향 최미현박상현 최민규 최민서 최민수 최민영 최민웅 최민호 최민음 최병석 최병석김나연 최병선 최병욱 최병일 최병주 최병찬 최병해 최병훈 최병희 최병희 최보민 최보연 최보영 최보윤 최복희 최봉산 최봉준 최부섭 최분경 최상도 최상락 최상원 최상현 최상호 최상훈 최상훈 최서빈 최서연 최서진 최석민 최석봉 최석주 최석주 최석호 최선광 최선미 최선미 최선미 최선아 최선영 최선영 최선옥 최선옥 최선이 최선임 최선희 최선희 최선희 최성규 최성규 최성기 최성림 최성미 최성민 최성복 최성봉 최성숙 최성영 최성찬 최성호 최성호 최성환 최성환 최성훈 최세진 최세진 최소연 최수정 최수진 최수철 최수현 최숙경 최순애 최순영 최순재 최승겸 최승균 최승렬 최승민 최승식 최승완 최승용 최승우 최승인 최승일 최승현 최승환 최승희 최신명 최안례 최애경 최애란 최양규 최억규 최여준 최연 최연만 최연수 최연실 최연재 최연정 최연주 최영남 최영대 최영란 최영세인가족 최영숙 최영애 최영우 최영일 최영자 최영주 최영준 최영준 최영진 최영진 최영택 최영훈 최영훈 최예주 최오종 최용민 최용숙 최용식 최용조 최용주 최용준 최용진 최용진 최용혁 최용훈 최우석 최우수 최우영 최우진 최우철 최운혁 최원 최원 최원길 최원식 최유라 최유미 최유진 최유환 최윤덕 최윤미 최윤서 최윤석 최윤석 최윤송 최윤은 최윤정 최윤정ㄷㄷ 최윤진 최윤창 최윤천 최윤철 최윤희 최은경 최은경 최은경 최은숙 최은숙 최은승 최은심 최은용 최은조 최은주 최은희 최은희 최이숙 최인경 최인기 최인영 최인영 최인용 최인철 최일랑 최일환 최장호 최재구 최재민 최재석 최재석 최재선 최재영 최재욱 최재웅 최재원 최재은 최재인 최재청 최재현 최재환 최재훈 최재희 최전관 최정규 최정령 최정룡 최정선 최정선 최정수 최정식 최정옥 최정우 최정운 최정일 최정임 최정현 최정현 최정호 최정호 최정호 최정훈 최정희 최정희 최제호 최종걸 최종교 최종근 최종금 최종성 최종완 최종임 최종한 최종현 최종훈 최주섭 최주숙 최주영 최주희 최준규 최준용 최준원 최준철 최준희 최중필 최지나 최지명 최지숙 최지안최지호 최지웅 최지윤 최지윤 최지윤 최지혁 최지현 최지혜 최지혜 최지효 최지훈 최진선 최진영 최진영 최진하 최진한 최진혁 최진혁 최진호 최진호 최진호 최진환 최진희 최진희 최찬녀 최창근 최창현 최철수 최철영 최철원 최춘애 최충명 최태명 최태욱 최택식 최평희 최하늘 최한성 최해경 최해남 최해운 최헌관 최혁 최혁재 최현경 최현석 최현수 최현숙 최현숙 최현승 최현실 최현이 최현주 최현진 최형순 최혜연 최혜영 최호석 최호순 최호용 최호웅 최호재 최호정 최화삼 최화숙 최효정 최훈최민제 최홍규 최희 최희경 최희복 최희준 추병문 추은경 추은영 추정화 추현성 춘천김동일 충기선영수지 취운신공 치치냐옹 친절한김선생 칠보

ㅋ

카라 캐나다김혜경 커피친구 콤마씨 콴 쿠니아빠 쿨엔케이 쿨피스 큰푸른물결 클리앙이성근 클리이안

ㅌ

타의반유권열 탁기환 탁요한 탁윤주 태동빈 태랑태웅 태미태은태리 태선정 태원주 태윤라윤 태혜경 테드앤루시 텐텐실내양궁 텐트메이커스 토요일오후 토커플

ㅍ

파타타 팽주현 퍼쿠버 편진희 포탈사십칠 표길우 표미영 표석 표선경 표순향 표정미인 표정태 푸른바다보리 푸름별꽃님 풀내음 품팔이 프리지아 피주용 피터박 필영우

ㅎ

하Q 하나석원 하늬아빠 하대은 하동욱 하동현 하루토 하명은 하미경 하미옥 하보영 하상혁 하석현 하성욱 하성훈 하승연 하승홍 하시소티비 하양자 하윤하연 하인성 하인철 하재근 하재성 하정령 하정림 하정탁 하정훈 하종숙 하주영 하지영 하지용 하진성 하진영 하태경 하태훈 하현희 하회정 하효열 학영 한가희 한건한강채원 한경봉 한경옥 한경욱 한경택 한계수 한귀완 한금희 한나남편 한다경 한대영 한대희 한동우 한동원 한동일 한명라 한명우 한미란 한미선 한미현 한병철 한병학 한보라 한상민 한상민 한상엽 한상옥 한상용 한상우 한상은 한상익 한상호 한상화 한상희 한선희 한성모 한성옥 한성우 한성욱 한성준 한성진 한성호 한성호 한세진 한소윤 한송희 한수연 한수인 한순옥 한순희 한승언 한승옥 한승진 한승진 한아롱 한양미 한연숙 한영란 한영리 한영재 한오목 한옹 한원석 한월순 한윤복 한윤선 한윤희 한은주 한은진 한인규 한인영

한인형 한재명 한정림 한정미 한정민 한정수 한정아 한정엽 한정현 한정환 한정훈 한주옥 한주현 한주현 한준석 한준호 한지안 한지용 한지원 한지윤 한지인 한지현 한진걸 한진원 한진환 한창숙 한창헌 한태우 한태욱 한태인 한택규 한풀 한현구 한현민 한형진 한혜선 한혜유 한홍규 한홍택 한홍희 한효진 한효찬 한희영 한희준 함기남 함상준 함선호 함연옥 함원규 함중현 함지철 함창훈 함형수 함혜란 항상응원 해든해리가족 해운대김약사 해인해성 해피텐 행복하자 행복한 가족 행복한은혜 행복한재환 향숙 허강현 허견최유정 허경림 허경숙 허경자 허광범 허난 허남득 허남욱 허담희 허동창 허만회 허미경 허민 허범용 허병회 허봉 허상욱 허석현 허선도 허성 허성회 허솔아 허수진 허순정 허승옥 허승진 허양미 허웅 허윤아 허은아 허이랑 허영영 허재영 허재영 허재행 허재훈 허정실 허정철 허종남 허종원 허진산 허진석 허진수 허철 허태혁 허행민 허향진 허혁재 허환구 허훈 허희성 현규현찬현빈 현목 현분희 현산 현상철 현상효 현성스님 현영숙 현우네집 현율서아빠 현정우 현정호 현종주 현주딸기엄마 현준희 현지훈 현진우 현진주파 파 현창배 현혜정 현호찬 형곤승희혜나 형순정년 혜윰골 호른딴따라 호박 호부월선 호조네 홍경여 홍경옥 홍규원 홍균지해봄greg 홍기웅이채은 홍길동 홍남주 홍단영 홍동근 홍동민 홍두석 홍두유 홍미연 홍미영 홍배관 홍삼열 홍서현 홍석범 홍석우주명옥 홍석원 홍석주 홍석호 홍선미 홍선민 홍선애 홍선욱 홍선주 홍성문 홍성영 홍성완 홍성준 홍성창 홍성혁 홍성현 홍성훈 홍성희 홍소담 홍소연 홍수아 홍수현 홍숙녀 홍순기 홍순민 홍순원 홍순일 홍순형 홍승곤 홍승미 홍승연홍승희 홍승용 홍승육 홍승우 홍승표 홍신덕 홍아림 홍영기 홍영란 홍영섭 홍영식 홍영찬 홍영희 홍예나 홍예원주원 홍용기 홍용택 홍우동 홍우진 홍원숙 홍유찬 홍윤선 홍윤표 홍은미 홍은선 홍은희 홍인 홍인배 홍인희 홍재준 홍재호 홍정미 홍정선김남정 홍정숙 홍제숙 홍준기 홍준영 홍준웅 홍지연 홍지원 홍지은 홍지현 홍지훈 홍지흔 홍진주 홍진호 홍진희 홍창선 홍창표 홍창효 홍태도 홍현순 홍현정 홍현주 홍형익 홍혜란 홍혜정 홍효선 홍휘수 홍희수 홍희자 화염병 화이팅이현숙 황경모 황경화 황경환 황광우 황교익 황권남 황규환 황근형 황대장 황동석 황동택 황만규 황미숙 황미용 황미진 황민아 황민철 황민혁 황범석 황법재 황병구 황병하 황보미 황보인구 황보희 황상석 황상욱 황석미 황석중 황석헌 황선기 황선미 황선애 황선자 황선재 황선희 황성근 황성기 황성민 황성용 황성운 황성원 황성진 황성호 황성희 황소개구리 황수민 황수민 황수영 황숙이 황순용 황순화 황승현 황시영 황시우 황씨아저씨 황연식 황영경 황영석 황영선 황영순 황욱 황윤선 황윤하 황은선 황인규 황인웅최은영 황인철 황일성 황일억 황재순 황재홍 황정기 황정남 황정란 황정순 황정아 황정운 황정인 황정임 황정현 황정환 황정희 황주섭 황주영 황준선 황지영 황지현 황진 황진우 황진호 황진호 황창민 황철훈 황태경 황태경 황태규 황현성 황혜성 황혜연 황혜영 황희두 효민도은지안 후남매들 훈·형 훈이 훙지 희망맘김민정 희망의나라 희자매파파 희희맘 힘 힘내자

A.ri Adagio altong auggie azujoa BONG bOOST drj ek절라 ERIS for원더린 GAGDOC Guu H2O H5K1 HBB heetu hyoban hyucki Jackie Jayden jeemin Joshua jungha kslee LEBB Luna L 지호 Min MJ.KIM MJW MorMro NiceM nomad rhombo Risse sh1nos SteveU Storm Sunys vana yjlee zehn02 ziniyo zzo 772 0213 2020V7

- 이 백서에 실린 후원자 명단은 1만 원 이상 후원 등록을 해주신 분들 가운데 후원자명 표기에 동의하신 8188명입니다. 익명으로 후원해주신 분들에게도 깊은 감사를 드립니다.

검찰개혁과 촛불시민
조국 사태로 본 정치검찰과 언론

초판 1쇄 펴낸날 | 2020년 8월 5일
초판 6쇄 펴낸날 | 2020년 9월 10일

지은이 조국백서추진위원회
펴낸이 오연호
편집장 서정은

펴낸곳 오마이북
등록 제2010-000094호 2010년 3월 29일
주소 서울시 마포구 월드컵로14길 42-5 (04003)
전화 02-733-5505(내선 271) 팩스 02-3142-5078
홈페이지 book.ohmynews.com 이메일 book@ohmynews.com
페이스북 www.facebook.com/Omybook

ⓒ 조국백서추진위원회, 2020

ISBN 978-89-97780-40-2 03300

이 도서의 국립중앙도서관 출판예정도서목록(CIP)은 서지정보유통지원시스템
홈페이지(http://seoji.nl.go.kr)와 국가자료종합목록 구축시스템(http://kolis-net.nl.go.kr)에서
이용하실 수 있습니다.(CIP제어번호: CIP2020030420)